Tilda Shalof

TÉMOIGNAGE d'une infirmière

LA VIE, LA MORT ET L'ENTRE-DEUX DANS UNE UNITÉ DE SOINS INTENSIFS

Publié précédemment au Canada sous le titre *A NURSE'S STORY* par McClelland & Stewart Ltd., Toronto, Ontario, Canada.

Traduction : Denis Dewez
Révision : Marie Rose De Groof
Photographie de couverture : Hal Roth
Conception graphique et mise en pages : Olivier Lasser

Imprimé au Canada

ISBN 2-923351-18-5

Dépôt légal – 4e trimestre 2005
Bibliothèque nationale du Québec
Bibliothèque nationale du Canada

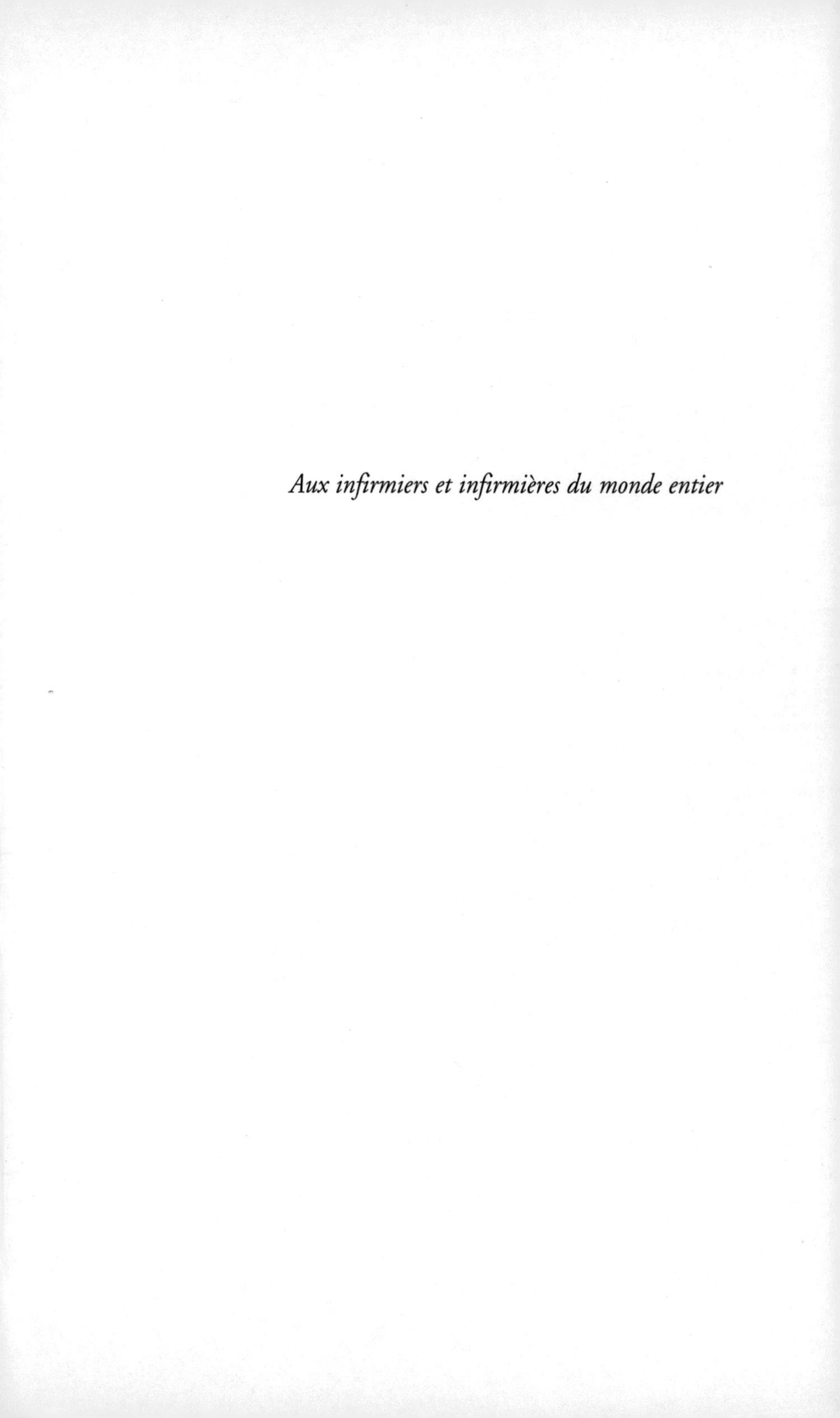

Aux infirmiers et infirmières du monde entier

Avant-propos

Ce livre est l'histoire de ma vie d'infirmière. En l'écrivant, j'ai éliminé de mes vingt années d'expérience professionnelle à peu près tout ce qui a trait aux soins des personnes qui souffraient de maladies graves ou mortelles dans les différents hôpitaux de Toronto et d'ailleurs. Les faits rapportés sont authentiques et sont basés sur une expérience directe (la mienne ou, dans quelques cas, celle de collègues), j'ai modifié les noms et la description des personnes pour préserver leur identité. Quelques personnages décrits résultent en réalité de la combinaison des caractères de deux ou de plusieurs personnes. L'époque que j'ai considérée s'étend du début des années 1980 jusqu'à aujourd'hui, cependant quelques chapitres ne s'intéressent qu'à une courte période de temps alors que d'autres couvrent plusieurs années. J'ai étendu ou raccourci l'échelle du temps afin de mieux traduire les tendances dans le soin des malades et dans le système hospitalier plutôt que de décrire des exemples spécifiques à caractère politique ou historique.

Mon métier consiste à m'occuper des cas graves et je travaille dans une Unité de soins intensifs. Parfois, même après toutes ces années, je conçois la phonétique anglaise des initiales

ICU (Intensive Care Unit) comme des mots – *I See You.* Ils évoquent pour moi le privilège qu'ont les infirmières de plonger profondément dans la vie de leurs patients tandis qu'elles accompagnent ceux-ci dans certains des moments les plus privés, les plus inquiétants et les plus importants de leur vie. Mais lorsque j'explique que mes patients sont gravement malades et que plusieurs risquent de mourir ou même sont certains de mourir, on me demande souvent si je ne trouve pas ce métier bouleversant. Je réponds que je l'ai jugé ainsi pendant un certain temps, mais que maintenant j'ai changé d'avis. Je sais que mes interlocuteurs ont peine à me croire. « Ce doit être tellement déprimant », disent-ils. J'essaie alors de leur expliquer pourquoi je ne trouve pas ce rôle triste, mais je ne réussis pas à les convaincre parce qu'*eux-mêmes* le voient ainsi.

Ce livre représente pour moi une tentative d'expliquer pourquoi je ne trouve mon travail ni déprimant ni pénible – pourquoi, en réalité, je le trouve stimulant, motivant et infiniment fascinant. La profession d'infirmière m'a donné l'occasion de maîtriser des connaissances techniques, d'atteindre un certain degré de maturité en tant que personne, de maîtriser ma propre vulnérabilité et, par-dessus tout, de travailler avec d'autres personnes, hommes et femmes, qui se sont révélés, selon ma propre expérience, des amis généreux et dévoués, et des praticiens extraordinairement accomplis dans notre profession.

Non, je ne trouve mon travail ni perturbant ni déprimant, bien que je sois persuadée que beaucoup d'infirmières le jugent parfois ainsi et que je me sois efforcée de faire une place à leurs préoccupations. Non seulement cela, mais je connais beaucoup d'infirmières qui sont déçues et découragées par ce qu'elles perçoivent comme un manque de reconnaissance et de respect de la part des hôpitaux, du public et des responsables politiques. Beaucoup d'infirmières sont exténuées par les exigences du travail d'équipe, par la charge de travail et par la grave pénurie de personnel. En outre, un autre problème de stress, selon moi tout aussi grave et envahissant, est celui de l'exposition permanente à la souffrance et au désespoir suscités par les maladies graves. Plus déconcertant encore est le fait que les infirmières ont affaire à ces stress connus et familiers, mais aussi qu'elles doivent faire face aujourd'hui à de nouveaux risques susceptibles de mettre leur santé – et même leur vie – en danger. Ces dangers se présentent sous forme de maladies infectieuses nouvelles et plus virulentes, et de risques professionnels relatifs à l'environnement.

Il n'est peut-être pas fréquent de le dire, mais même après toutes ces années, je suis toujours fière de ma profession d'infirmière et heureuse d'en faire partie. Parfois, j'ai certaines inquiétudes au sujet de cette profession. Récemment, un soir d'été, lors d'un barbecue avec des amis, j'ai demandé à une mère d'adolescents ce qu'elle aurait pensé si ses enfants s'étaient orientés vers cette carrière.

« Je n'aurais pas été enchantée. J'aurais fait tout mon possible pour les diriger vers une autre profession. »

J'ai aussi demandé à la fille de quatorze ans de cette dame si elle n'avait jamais envisagé d'entreprendre une carrière d'infirmière.

« Jamais de la vie ! Pourquoi m'engagerais-je dans une voie dont la réputation est d'être difficile, que toutes les infirmières disent détester, et cela, au moment où le gouvernement réduit les subsides aux soins de santé ? Je me ferai courtière à la Bourse. »

J'ai alors décidé de mener ma petite enquête plus près de moi, dans ma propre maison, et j'ai donc demandé l'avis de mes enfants. Max, mon fils de six ans, m'a dit : « Non ! Pas ce métier. Je serai un artiste et un médecin. » (J'en suis arrivée à me demander si une telle combinaison ne pourrait pas se révéler excellente.) Mais il pourrait y avoir un soupçon d'espoir, car lorsque j'ai posé la question à Harry, mon aîné de dix-huit ans, il m'a dit : « Je veux d'abord jouer dans la Ligue nationale de hockey et ensuite, je me ferai peut-être infirmier. »

Le présent ouvrage n'a cependant pas pour but d'inciter les jeunes à adopter cette profession, ni, non plus, de les en dissuader. La profession d'infirmier ou d'infirmière ne convient pas à tous, cependant, je puis dire honnêtement qu'après en avoir appris quelques-unes des leçons les plus exigeantes, je suis toujours heureuse d'avoir choisi cette voie. La profession d'infirmière me convient admirablement.

Il y a quelques années, j'ai eu l'occasion d'assister aux funérailles d'une dame âgée. Le rabbin qui officiait parlait de la nature généreuse de cette dame et de la façon dont, tout au long de sa pénible maladie, elle avait toujours dominé ses souffrances pour consacrer son temps à écouter ses enfants et à jouer avec ses petits-enfants.

« C'est une femme qui a su se dominer afin de pouvoir servir les autres », disait le rabbin.

Cette phrase me mit l'esprit en feu. En un instant je compris ce que j'avais toujours essayé de comprendre. Je devais dominer mes peurs personnelles, mes anxiétés, mes préjugés et mes incertitudes. Je devais apprendre l'essentiel de la façon de prendre soin de moi-même afin de devenir le type d'infirmière auquel j'aspirais. Je me suis parfois heurtée à de sérieuses difficultés, mais maintenant je progresse fièrement. Je m'arrêtais parfois devant la porte d'un patient, hésitante et irrésolue, m'efforçant de rassembler le courage de faire le pas et de faire œuvre utile. D'une certaine façon, je me propulsais dans le jeu par la bande, espérant ne pas être remarquée, tentant de me glisser dans mon équipe sans blesser personne. J'aurais pu ainsi donner davantage à beaucoup de patients que j'ai soignés pendant des années, si j'avais mieux pris soin de moi-même et si j'avais su ce que je sais aujourd'hui, mais il m'a fallu bien du temps pour apprendre toutes ces choses.

Voici l'histoire de nombreuses histoires. Elle représente ce que j'ai appris de mes collègues et de mes patients au cours des années. Elle dit mon cheminement pour apprendre à me conquérir moi-même afin de pouvoir mieux servir les autres. Elle exprime ma gratitude à l'égard du métier d'infirmière et des infirmières que j'ai connues et avec lesquelles j'ai eu le privilège de travailler. Celles-ci m'ont apporté le meilleur des soins infirmiers et cela a fait toute la différence.

Chapitre 1

DES NOMBRES DONT IL FAUT TENIR COMPTE

Équipe de soir. Je griffonnais quelques chiffres sur la feuille de rapport journalier de mon malade et je me préparais à lire ces données à haute voix au médecin de service qui se trouvait comme moi au chevet de notre patient, et qui les attendait.

« Tout est détraqué, dis-je, 7,26 – 68 – 76 – 14. »

C'était un cas désespéré. Personne ne pouvait survivre à un tel déséquilibre acide-base, à de tels niveaux de dioxyde de carbone, d'oxygénation et d'ions bicarbonatés.

« De telles valeurs ne sont pas compatibles avec la vie », conclut le médecin résident.

« Avec la vie sur *cette* planète, tout au moins », précisa Lynne, l'infirmière agenouillée près de la porte, qui bouclait son sac à dos, prête à partir. Elle était de l'équipe de jour et la seule dans la pièce à sourire : elle rentrait chez elle. « Je fous le camp. Je rentre chez moi pour faire l'amour avec mon mari. » Lynne venait de terminer le rapport qu'elle avait préparé à mon intention au sujet de M. DeWitt, avec tous les détails et tous les chiffres, ce qui était trop élevé, ce qui était trop bas, ce qui augmentait et ce qui diminuait. C'était à moi, maintenant, qu'incombait la tâche de poursuivre la surveillance pendant la nuit.

«Amuse-toi bien, lui dis-je, tandis que je pensais à tout autre chose. Tu sais quoi, Lynne? Je crois que nous devrions convoquer la famille. Est-ce que sa femme est informée de la gravité de son état? Quelqu'un le lui a-t-il dit? Je vais l'appeler. Je crois qu'elle devrait venir.»

«Elle vient tout juste de rentrer chez elle, dit Lynne. Elle a été ici toute la journée et elle était exténuée en quittant. Qu'est-ce qui te fait croire qu'il ne passera pas la nuit? Son état s'aggrave progressivement depuis des semaines. Il passera probablement encore la nuit.»

Ensemble, nous restions là, Lynne juste en dehors de l'entrée, moi juste à l'intérieur, surveillant le corps de cet homme d'âge moyen, étendu sur le lit, entouré de machines et d'enregistreurs, de tubes et de fils, de sacs et de drains qui dévoilaient tous les fluides secrets du corps.

«Je te comprends pourtant, dit Lynne. Si tu consacres une minute à réfléchir et à considérer le tout, tu te mets à douter parfois. Mais penses-tu réellement que ce sera pour cette nuit?»

Je le pressentais. J'avais appris à tenir compte de mes pressentiments. Après avoir pris l'avis du médecin résident, nous décidâmes de téléphoner à Mme DeWitt et de lui demander de venir. Je lui dis que, malheureusement, son mari n'allait pas bien. Que sa tension artérielle était très basse et j'ajoutai, aussi délicatement que possible, qu'elle était encore en train de baisser. Pour lutter contre cet état, il recevait, par voie intraveineuse, de puissants médicaments que nous appelons inotropes, mais nous avions dû y ajouter un médicament pour remédier à de sérieuses irrégularités cardiaques apparues aujourd'hui. Un autre problème était apparu : sa diurèse faiblissait. Peut-être souhaiterait-elle revenir à l'hôpital pour que nous puissions en parler. Quelqu'un pourrait peut-être l'y conduire?

«Réunion de famille» est le terme que nous utilisons pour rassembler les proches du patient et les informer de l'état réel de celui-ci. Parfois, nous convoquons une réunion de famille pour parler de la mort et de la façon dont nous la laisserons survenir. Une réunion de famille est rarement convoquée si l'état du patient s'améliore.

On se réunit dans une minable petite salle appelée la «pièce tranquille». C'est un salon sans fenêtre, éclairé par des lampes fluorescentes bourdonnantes – et où je ne voudrais jamais y amener quelqu'un qui souffre de claustrophobie. Elle donne l'impression d'être un bunker dans une zone de guerre et, esthétique mise à part, elle paraît être la seule pièce de cet immense hôpital affairé et surpeuplé susceptible d'être affectée à un tel usage. La pièce tranquille! C'est probablement l'endroit le plus angoissant de tout l'immeuble. C'est ici que des bombes sont mises à feu.

Nous fixions notre attention sur Mme DeWitt. C'est elle qui connaissait le mieux Edgar DeWitt. C'est elle qui pourrait parler en son nom parce qu'il n'était plus conscient et n'était pas capable de nous dire lui-même ce qu'il voudrait que nous fassions. Elle occupait la chaise, frêle mais tendue. Elle savait pourquoi nous étions réunis ici.

«Qu'aurait souhaité M. DeWitt?» demanda le médecin à l'épouse du malade.

« Vivre ! C'est ça qu'il aurait souhaité. » Elle sanglotait dans ses mains.

Bien sûr, n'est-ce pas évident ? N'est-ce pas ce que chacun voudrait ?

« Nous comprenons, dit le médecin, mais, compte tenu de son état qui se détériore et de ses problèmes médicaux irréversibles, si nous continuons les mesures de soutien mises en place, nous retardons seulement l'inévitable. »

Je regardai Mme DeWitt et je pus voir que, dans son état de panique, elle trouvait du réconfort dans le simple fait que le médecin parlait et que son mari était toujours en vie. « Nous ne croyons pas pouvoir remédier à ses problèmes médicaux. Le temps est peut-être venu, lorsque vous serez prête, bien sûr, d'enlever petit à petit, très lentement, la ventilation et les adjuvants de survie et de laisser la nature suivre son cours. »

Elle resta assise, pleurant, le visage enfoui dans ses mains. Je lui tendis une nouvelle boîte de Kleenex, en retirai le premier mouchoir pour l'entamer.

« Avez-vous déjà discuté de cette situation avec lui ? insistai-je doucement. Est-ce que vous croyez qu'il aurait aimé que tout cela soit mis en œuvre ? » Mes mots étaient comme des bâtons fouillant le feu en l'attisant.

« Qui *aimerait* que tout cela soit fait ? » demanda-t-elle.

Le médecin et moi souriâmes à sa réponse, si vraie et si honnête.

« Je ne sais que faire, dit Mme DeWitt. Chaque fois que nous avions une décision importante à prendre, Ed et moi l'avons toujours prise ensemble. »

« Il n'y a aucune obligation de décider quoi que ce soit dans la minute même, dis-je, mais son état est très grave. Tout peut arriver ce soir. »

Quoi qu'il arrive, ce serait une longue nuit pour chacun de nous.

La réunion de famille était terminée et nous revenions dans la chambre de M. DeWitt.

Frances passa la tête par l'entrebâillement de la porte et chuchota :

« Voulez-vous commander un repas, Tilda ? »

Frances était une de mes copines – nous avons travaillé ensemble pendant des années. Ce soir, elle était l'infirmière de service et ses obligations comprenaient l'organisation des transferts vers et en provenance de l'hôpital ainsi que les sorties et les admissions pour le service des soins intensifs, faire des rondes avec le médecin pour vérifier l'état des patients et s'enquérir des besoins éventuels des médecins et des infirmières en casse-croûte ou en repas qui sont tenus à leur disposition – mets grecs, thaï ou pizzas. Je ne me suis jamais accoutumée à manger de tels repas le soir – il était déjà 9 h, ou 21 h selon le cadran de vingt-quatre heures que nous utilisions – mais nous le faisions parce que nous étions toujours affamées. Je commandai un sous-marin aux légumes avec poivrons rouges et une bouteille de jus de raisin, puis je retournai à mes patients qui étaient, l'un comme l'autre, M. et Mme DeWitt.

Madame DeWitt souriait à ses voisins de rue qui étaient venus au chevet de son mari. Ils étaient là, mal à l'aise. Ces gens serviables l'avaient amenée à l'hôpital dès qu'elle avait reçu mon appel téléphonique. Le sourire de Mme DeWitt traduisait la gratitude normale de quelqu'un qui n'a pas de parents ni d'amis intimes à appeler et qui doit compter sur l'obligeance de ses connaissances. On choisit ses amis, on naît dans une famille, mais les voisins sont choisis par le hasard et n'ont pas d'obligations d'aucune sorte. Ce qu'ils vous offrent est un don pur et simple.

« Je ne veux pas que mon mari meure le 5 mars », dit Mme DeWitt.

Ce n'est pas comme réserver un billet d'avion. Peut-être? Je regardai l'horloge au mur, près de la porte, et je notai qu'il était 22 h ce 5 mars 2004. Dans deux heures, nous ne serions plus le 5 mars. Pourrions-nous le maintenir en vie jusque là? Tout pouvait arriver. Il n'y avait aucune garantie. Bien sûr, j'étais curieuse de savoir pourquoi elle avait exprimé cette demande, mais j'en avais entendu de plus étranges. J'attendais qu'elle s'explique, si elle le voulait.

« C'est l'anniversaire de Greta, dit-elle, indiquant sa voisine, et cela fit sourdre une larme dans les yeux de Greta. Je ne voudrais pas que la mort de Ed gâche son anniversaire. On ne trouve pas facilement de bons voisins. »

Nous étions autour du lit de M. DeWitt et je remplissais ma tâche qui consistait à mesurer et à surveiller, à aider et à attendre. Nous veillions ensemble.

J'instillais des gouttes lubrifiantes, appelées larmes artificielles, dans les yeux gonflés et bouffis de M. DeWitt. Le terme médical décrivant cet état est l'œdème scléreux, mais, entre nous, nous l'appelions « yeux vitreux ». Nous voyions tout le temps de tels yeux au Service des soins intensifs.

« Pourquoi son visage est-il si tuméfié? » demanda Mme DeWitt.

Anasarque, œdème massif... Comment lui expliquer tout cela? C'est tellement perturbant pour elle de le voir dans cet état!

« Quand une infection se généralise à l'ensemble du corps, les tissus ne retiennent plus les fluides à l'intérieur des cellules et ils s'écoulent et causent de gonflements appelés oedèmes », dis-je.

« Mais alors pourquoi lui donnez-vous davantage de liquide ? » Elle indiquait la série de machines électroniques qui pompaient du fluide dans ses veines.

« Ce fluide-là contient des médicaments puissants qui soutiennent sa pression sanguine. »

« Pourquoi sa pression sanguine est-elle si basse ? »

« À cause de l'infection de son sang. L'infection libère des substances appelées endotoxines qui provoquent l'élargissement des artères. »

« Pourquoi le sang est-il infecté ? »

« C'est son diabète qui cause cet état, et la chirurgie qu'il a subie la semaine passée... » Je repris les explications que nous lui avions déjà données maintes fois.

« La maladie elle-même ainsi que les traitements peuvent causer tous ces problèmes. »

Une chose en entraîne une autre...

« Pourquoi l'infection ne s'améliore-t-elle pas ? N'est-ce pas aux antibiotiques de traiter ce problème ? »

« Oui, mais les antibiotiques ne semblent pas faire d'effet. »

« Pourquoi les antibiotiques n'agissent-ils pas ? »

« Ils n'agissent pas toujours dans ces circonstances... de septicémie irrépressible. Nous pourrions en ajouter un autre. »

« Un plus puissant ? »

« Oui. »

« Est-ce qu'il sera meilleur ? »

« Il pourrait agir mieux dans son cas. »

« Est-il meilleur ? »

« Peut-être dans son cas. »

« Eh bien alors ! Pourquoi ne le lui a-t-on pas administré depuis longtemps ? »

Je restai silencieuse. Je n'avais plus de réponse parce que ce n'était pas là les vraies questions qu'elle voulait poser. Pour de telles questions, il n'y avait pas de réponses, certainement pas de ma part. Elle se renfrogna et je revins au patient, j'auscultai son cœur, ses poumons, son estomac. J'examinai les battements de son cœur sur le moniteur et j'inscrivis quelques notes sur la feuille des températures.

« Vous avez fait tout cela convenablement, n'est-ce pas ? » demanda-t-elle. Elle se tenait debout à côté de moi, regardant par-dessus mon épaule tandis que j'inscrivais quelques notes, mais, depuis longtemps, elle tenait aussi ses propres notes, particulièrement au début du long séjour de son mari au Service de soins intensifs. Un jour, elle avait son carnet sur la table du patient et une infirmière avait pu le récupérer. Elle avait noté des commentaires sur chacune d'entre nous et tenait une liste des « bonnes » infirmières ainsi que des « mauvaises » ; de celles qu'elle appréciait et de celles qu'elle n'appréciait pas. Elle notait les noms et les doses des médicaments que nous administrions chaque jour et la quantité d'oxygène que son mari recevait. C'était insupportable pour nous toutes d'être ainsi surveillées.

Son visage était dur et osseux, ce qui n'incitait guère à l'établissement de sentiments chaleureux à son égard, mais c'est ce que j'essayais pourtant de faire dans les circonstances. Je tins bon, lui fis face et je trouvai en moi le courage de l'entourer de mes bras et de l'embrasser. Par ce geste, j'aurais voulu offrir une réponse aux questions de Mme DeWitt. Je m'efforçais réellement de l'aimer, et sans y arriver, j'apprenais quand même à accomplir correctement ma tâche. Je la serrai donc dans mes bras, elle sanglota et je la laissai s'épancher.

Le service était calme pour l'instant. Seules les quelques lampes indispensables étaient allumées, la lumière des autres avait été atténuée. Le tourbillon et l'agitation de la salle où un nouveau transplanté du poumon avait été admis quelques heures auparavant s'étaient maintenant apaisés et le calme était rétabli, je savais donc que l'état du patient était stabilisé. Quelques infirmières étaient réunies au poste, sirotant un café ou bavardant tranquillement, le chuchotement de leurs voix produisant un murmure familier et plaisant.

Dans ma chambre, je captais la détresse croissante de Mme DeWitt et je m'imposais de rester calme. Car ce n'est qu'en demeurant paisible et concentrée que je pourrais être ce soir de quelque aide pour elle. Elle restait au chevet de son mari, lui disant qu'elle était là, tout en sachant trop bien, maintenant, qu'elle ne pouvait espérer aucune réponse de sa part. Je voyais ses jambes dans des bas tombants et des sandales fatiguées qui, à l'époque, avaient dû être riantes et pleines de couleur, mais qui, sous cet éclairage fluorescent et dans ces circonstances, paraissaient pathétiques. Elle essuya la tablette de l'étagère au moyen d'un linge sale qu'elle jeta ensuite dans le panier à linge. Elle prit alors une serviette propre, l'humecta sous le robinet et la passa sur le visage ruisselant et tuméfié de son mari. Maintenant, après tant de semaines ici, elle se sentait chez elle. C'était d'ailleurs sa propre chambre autant que celle de son mari, et certainement davantage la sienne que la mienne.

Je m'occupais de la paperasserie. Il était près de minuit – 23 h 59 – et la nouvelle date requérait un tas de nouveaux documents. Cela semblait aberrant, particulièrement en pleine nuit, n'empêche qu'ils devaient être remplis.

À cet instant, une horrible puanteur emplit l'air et nous sûmes d'emblée de quoi il s'agissait. Dans le lit, M. DeWitt avait perdu le contrôle de ses intestins. Mme DeWitt s'enfuit de la chambre.

Plus tard, quand elle revint, le malade avait été lavé, son linge changé et je m'étais arrangée pour que l'odeur de la chambre soit moins désagréable grâce à un pulvérisateur au parfum floral et à un désodorisant. Remplacer l'air par de l'air frais était une impossibilité, les fenêtres étant hermétiquement scellées dans tout l'hôpital.

« Si nous devions le laisser partir, me demanda-t-elle comme si c'était une question-test pour laquelle elle connaissait la bonne réponse et voulait savoir si, nous aussi, nous connaissions cette réponse, quelle pourrait être la cause du décès ? »

Chaque fois qu'elle posait une question, c'était comme si elle n'avait jamais reçu aucune information, comme si personne ne lui avait jamais rien dit. Bien que nous ayons passé des semaines à lui fournir des renseignements, restant en face d'elle chaque jour pour l'informer de tout et répondre à ses questions, elle avait l'impression d'être laissée dans l'ignorance totale.

Je décidai donc cette fois de répondre à ses souhaits. Elle voulait de l'information.

« Défaillance de certains systèmes organiques. » Je repris ma respiration avant de réciter la liste des problèmes d'ordre médical de M. DeWitt : « septicémie générale, coagulation intravasculaire disséminée, pancréatite, défaillance rénale et complications dues au diabète. »

« Oh ! »

Je sentais qu'elle cherchait la faute : quelqu'un devait bien être responsable de l'état dans lequel se trouvait son mari. Quelqu'un devait avoir fait une erreur. Certainement, des choses qui devaient être faites ne l'avaient pas été ou des choses avaient été faites alors qu'elles n'auraient pas dû l'être. Quelque chose devait avoir été raté. Je décelai l'accusation dans son visage. Elle trouva peut-être un certain réconfort dans notre conversation. Car, pendant que nous discutions, la décision fatale était en attente et son mari restait, plus ou moins, en vie. Techniquement parlant s'entend. Légalement en vie... au sens biologique.

Elle se croisa les bras et les tint serrés contre elle, comme si elle savait déjà que son mari ne ferait plus jamais ce geste pour elle.

Il était une heure du matin et un nouveau patient venait tout juste d'être admis. Sans même sortir de ma chambre, je ressentais le remue-ménage, le ressort énergétique en action des autres infirmières, de quelques médecins et des spécialistes de la fonction respiratoire. Frances était partie dans la chambre pour donner un coup de main et une autre de mes copines, Tracy, prit ma place tandis que je venais voir qui arrivait. Tracy avait une connexion télépathique avec moi depuis des années. Elle sentait probablement que j'avais besoin d'un petit répit face au regard de Mme DeWitt et à l'espoir qu'elle mettait en moi pour sauver son mari.

« C'est une dame qui a mangé de la viande mal cuite », dit Laura, une autre infirmière avec qui je travaillais depuis des années, en parlant de la nouvelle arrivante. Laura semblait préoccupée par sa patiente, une jeune femme qui se débattait dans le lit. L'une de ses jambes était au-dessus du rail latéral du lit. Son corps paraissait sain et même uniformément basané, sans marque de bikini, et elle avait des orteils aux ongles argentés. Elle prononçait des paroles incohérentes en s'adressant aux personnes qu'elle apercevait ou dont elle entendait seulement la voix.

« Elle n'a que vingt-deux ans. Elle a fait une apoplexie, ses yeux sont exorbités par la pression intracrânienne et je crains qu'elle ne puisse s'en tirer. » Laura exprimait de la sonde urinaire quelques gouttes d'une urine couleur d'ambre : défaillance rénale. »

« Tout cela en mangeant de la viande mal cuite ? »

« Oui. Le croirait-on ? »

« Elle paraît très mal. Tu seras occupée. »

« Son état est stationnaire, dit-elle. Je ne suis pas fâchée d'avoir du travail. La nuit paraît plus courte. Comment donc va M. DeWitt ? »

« Je crois qu'il ne passera pas la nuit. »

« Il a été entre la vie et la mort depuis des semaines, dit Laura en secouant la tête. Mme DeWitt ne veut pas perdre espoir. »

La résidente de service arriva en catastrophe, en avalant la dernière bouchée de son sandwich. Comme on excluait la méningite, elle se prépara à pratiquer une ponction lombaire sur la patiente de Laura. Elle rassembla sa longue chevelure sombre et l'enfouit dans le col de sa blouse blanche qui, déjà, avait perdu sa fraîcheur immaculée. Ses yeux brillaient à la perspective de réaliser une telle opération. Elle m'avait confié précédemment qu'elle espérait la pratiquer et qu'elle espérait une bouteille de champagne à cette occasion. Mais c'était seulement si nous réussissions à n'obtenir que le liquide cérébro-spinal clair, exempt à la fois de globules rouges et de globules blanches. Il devait avoir l'aspect de l'eau. Le fluide cérébro-spinal provient directement du cerveau et est le fluide corporel le plus pur qui soit et le plus difficile à obtenir.

« Est-ce que vous pensez réellement qu'il va mourir ? Est-ce qu'il n'y a vraiment pas d'espoir qu'il s'en tire ? » demanda Mme DeWitt alors que je revenais dans la chambre pour reprendre mon tour de garde auprès du lit de son mari.

Je la regardai longuement et sévèrement. « J'espère me tromper », dis-je. J'aurais voulu lui rappeler que ces choses ne dépendaient pas de moi. Nous avions eu tort, je pense, de l'encourager à croire que nous pouvions guérir n'importe quoi et n'importe qui.

La nuit s'étirait. La plupart des chambres étaient tranquilles et une atmosphère de calme régnait dans l'Unité de soins intensifs. Une entente tacite existait entre les infirmières : nous passerions cette nuit toutes ensemble.

Il était maintenant près de cinq heures du matin, dans la journée du 6 mars. Madame DeWitt semblait exténuée et je lui proposai une couverture et un oreiller, mais elle refusa.

J'avais maintenant ajouté deux médicaments puissants pour rétablir la pression sanguine de M. DeWitt, mais son débit urinaire s'était tari. Ses fonctions s'arrêtaient progressivement, organe par organe, et même Mme DeWitt pouvait voir vers quoi nous nous dirigions et que ce que nous faisions n'avait plus aucun effet. Elle commençait aussi à voir combien tout ce que nous infligions à son mari l'atteignait dans sa dignité. Elle décida qu'il était temps de laisser les choses suivre leur cours. Il était d'ailleurs si près de la mort que, dès que j'arrêtai le flux d'un seul médicament, sa tension tomba et son rythme cardiaque ralentit et devint erratique.

« Comment appelle-t-on cet état ? » Après tant de mois, elle avait appris à reconnaître les modifications importantes indiquées par l'écran du moniteur et elle savait que chaque configuration portait un nom.

« Voulez-vous parler du rythme cardiaque ? » « Oui. »

« On l'appelle le rythme du cœur mourant. »

C'était la pure vérité. C'était le nom de cette configuration particulière. Textuellement.

Le médecin résident avait une nuit très occupée à cause d'autres patients, mais elle vint dans la chambre. Elle devait faire une demande difficile et elle approcha Mme DeWitt pour la lui soumettre.

« Accepteriez-vous que nous pratiquions une autopsie ? »

« Est-ce qu'il y aurait un doute sur les causes du décès ? »

Les sourcils relevés de Mme DeWitt traduisaient son doute renouvelé dans un dernier effort pour distribuer des reproches.

« Que cherchez-vous à savoir en pratiquant une autopsie ? Y a-t-il des questions en suspens ? »

« Il ne s'agit pas d'une enquête, coupai-je pour m'expliquer. Elle contribuera à la connaissance médicale. La science. Même dans des cas comme celui-ci, votre mari – et nous faisions un arrêt pour le regarder pendant que je parlais – même dans des cas comme celui-ci où la cause du décès est connue, l'information que nous pourrions recueillir d'une autopsie et que nous vous transmettrions, pourrait vous aider à mieux l'accepter... »

« Peut-il donner ses organes ? Ed a signé une carte de donneur d'organes. »

Son visage s'éclaira à cette idée.

« Malheureusement, il a trop de maladies et d'infections pour permettre un don d'organes. »

Je constatai qu'elle prit cela comme un rejet personnel et qu'elle était froissée.

« Très bien donc, autopsie, avec retour des restes pour crémation. »

À ce moment, il y avait précisément un top occasionnel puis une longue ligne droite sur l'écran du moniteur. Je coupai un commutateur à l'arrière de l'aérateur et il cessa d'insuffler de l'air dans ses poumons. Je coupai l'admission des fluides intraveineux et les pompes qui injectaient ces fluides dans le corps de M. DeWitt.

« Jusqu'où peuvent descendre ces chiffres ? » demanda-t-elle.

Elle gardait les yeux rivés sur le moniteur cardiaque.

« Jusqu'à zéro, dis-je. Il peut tomber subitement ou diminuer progressivement. Pourquoi est-ce que je ne coupe pas le moniteur maintenant, puisque nous ne nous occupons plus de nombres, n'est-ce pas ? »

Elle approuva d'un signe de tête. Il semblait que ce ne fut qu'après avoir appuyé sur le bouton « off » du moniteur cardiaque – l'écran qui indiquait en permanence, depuis tant de jours, les pulsations cardiaques de son mari –, que les lumières fluorescentes vertes aient disparu et que l'écran se soit éteint, que Mme DeWitt réalisa que son mari était mort. Pour elle, le moniteur cardiaque était la preuve de la vie, particulièrement lorsqu'il n'y avait aucun autre signe apparent, et seulement maintenant, une fois coupé, elle était forcée de faire race à sa signification.

« Donc, il est... il est parti, maintenant ? »

Je pensai qu'elle avait besoin de temps pour se donner à elle-même la réponse, je restai donc muette.

J'arrêtai toutes les injections intraveineuses et je coupai les autres machines. Toutes, elles avaient été gage de promesses et maintenant, en un instant, elles étaient devenues des accessoires sans utilité. De la ferraille. Pour la plupart, bonnes à jeter.

Alors, je me tournai vers le corps de M. DeWitt et, selon une coutume médicale ancestrale, je sortis mon stéthoscope de la poche de ma blouse. Les choses se ramenaient à cela.

Combien étonnamment rassurant et suranné apparaît ce recours à cette pièce fondamentale d'équipement. Elle est basée sur un principe aussi simple que celui de deux couvercles de boîtes de conserve raccordées par une ficelle servant à transmettre des voix d'enfants au travers du jardin. Je me penchai sur le corps de mon patient et j'écoutai son cœur pendant un long moment, de sorte qu'il ne puisse y avoir aucun doute qu'il était décédé.

Le stéthoscope a depuis longtemps remplacé la plume passée sous les narines ou le miroir tenu devant les narines pour déceler la buée d'une respiration éventuelle, ou encore le bout des doigts pressés le long du cou. Pourtant, la finalité est la même. Je restai un moment à écouter. Aucun signe de vie. Légalement, ce diagnostic aurait dû être confirmé par le médecin résident de l'hôpital, mais j'étais suffisamment convaincue de ma conclusion pour me prononcer.

« Oui, dis-je. Il est mort. Je suis désolée. » Pour elle, je l'étais réellement.

Quelques-unes des autres infirmières ayant connu M. et Mme DeWitt au cours de cette longue hospitalisation vinrent présenter leurs condoléances et leur réconfort.

Lorsque, ce matin-là, je rentrai de mon travail, mon mari Ivan, assis à la table du déjeuner, leva les yeux et me demanda comment s'était passé la nuit. « Bien, ai-je répondu, sans problèmes. »

« Fort occupée ? »

« Oui. » Et les choses en restèrent là.

Aurais-je dû lui raconter tout ? Que j'avais aidé un homme à mourir, que j'avais réconforté sa femme qui sanglotait dans mes bras, et que non, je n'étais pas bouleversée de cela. Que je gagnais ma vie comme infirmière au Service de soins intensifs.

Quand mon mari m'interroge sur mon travail, je réponds presque toujours de la même façon. Je donne rarement beaucoup de détails. Il pourrait regretter de m'avoir posé cette question. Son café refroidirait. Ce pourrait aussi l'inquiéter à mon sujet – ou au sujet de lui-même – et je me sens investie d'un devoir de protection vis-à-vis de lui. Une autre raison pour laquelle je n'entre jamais dans les détails quant à mon travail est la présence de mes enfants, qui pourraient se trouver à portée de voix et être impressionnés. Ils sont très jeunes et commencent à se poser des questions au sujet du monde. Ils voient parfois un insecte mort à côté d'autres insectes vivants et très occupés et c'est la chose la plus proche qu'ils aient jamais vue en relation avec mon travail. Non pas que tout le monde trouve la mort là où je travaille, mais certains meurent et il y a beaucoup de cas critiques.

Maintenant, j'allais déguster un bol de Cheerios puis me coucher sans tarder parce que, bien qu'il soit tôt, que le soleil se levait et que la plupart des gens commençaient leur journée, moi, j'avais grand besoin de dormir.

Chapitre 2

D'ABORD, PRENEZ VOTRE PROPRE POULS

Le *robinet d'arrêt* m'a toujours terrifié.

Avant de devenir infirmière spécialisée dans les cas graves, j'ai travaillé dans plusieurs unités médicales et chirurgicales de différents hôpitaux et j'y ai acquis une bonne expérience dans le domaine des veines. Les veines coulent goutte à goutte, suintent ou ruissellent. L'une des différences importantes du travail dans une Unité de soins intensifs est que, pour la première fois, j'y ai été confrontée aux artères. Les artères giclent et coulent à flots. Après tout, elles sont les canaux qui distribuent directement le sang à partir du cœur. Le *robinet d'arrêt* constitue la voie d'accès au monde des artères.

Au cours de mes premiers jours de travail dans l'Unité de soins intensifs, ce robinet d'arrêt artériel – petit système mécanique – m'a causé bien du souci. C'est une petite pièce de plastique transparent d'à peine un centimètre dont le mécanisme est simple, mais dont les implications sont immenses. Chaque patient de l'Unité de soins intensifs est équipé d'un dispositif (inséré dans l'artère radiale du poignet ou dans l'artère fémorale à hauteur de l'aine) qui nous permet d'accéder facilement et instantanément à son système de circulation sanguine. Le dispositif permet au personnel de surveiller la tension artérielle du patient et de prélever, sans le perturber, les nombreux échantillons sanguins en vue notamment de la détermination des gaz ABG véhiculés par le sang artériel.

Lorsque le robinet d'arrêt est en position verticale, il nous permet de surveiller la pression sanguine du patient. Nous nous assurons de régler les alarmes en positions haute et basse, pour surveiller les paramètres mesurant la tension systolique (contraction du cœur) et diastolique (relaxation du cœur). Tant que les chiffres restent dans les limites normales – ce que je suis supposée pouvoir vérifier d'un coup d'œil – tout est parfait.

Des problèmes peuvent survenir. Parfois le flot sanguin reflue et s'engage dans les tubulures dans la mauvaise direction et, à ce moment, on s'attend à ce que je corrige le problème. Celui-ci peut être causé par une mauvaise connexion dans le système ou une contre-pression insuffisante. Parfois, la forme de l'onde dans le moniteur est amortie ou accuse une amplitude trop élevée. Je suis alors sensée vidanger le système, recalibrer le transducteur, augmenter la sensibilité, ou simplement vérifier le module et son câblage.

Afin d'obtenir un échantillon de sang artériel destiné au laboratoire pour l'analyse de la teneur en oxygène, en bioxyde de carbone et en bicarbonate (toutes substances qui doivent rester dans des limites étroites pour éviter de graves problèmes), je dois tourner le bouton vers la gauche – ce qui sous-entend que l'artère est largement ouverte – et ensuite agir rapidement pour raccorder un tube spécial qui doit soutirer un échantillon de sang rouge vif du flux pulsant. Je dois ensuite purger le tube du sang, replacer le robinet dans sa position verticale et le fermer en veillant pendant tout ce temps à garder le tout absolument stérile.

Pour d'autres procédures, je dois tourner le robinet vers la droite. Dans cette position, une ligne verte horizontale apparaît soudain sur le moniteur et un signal d'alarme perçant se déclenche. Si des membres de la famille sont présents, ils sursautent, surtout si leur parent bien-aimé est soigné par une débutante – chose qu'ils semblent subodorer immédiatement dans mon cas. Cependant, l'alarme peut aussi se déclencher si le patient agite les draps ou remue dans le lit, on dit alors que l'alarme est déclenchée par accident. Mais, l'alarme peut aussi signaler un danger réel, par exemple si le cœur entre soudain en régime d'arythmie létale. C'est ma responsabilité de distinguer ces différents cas.

PASSÉ ? Comme si le robinet d'arrêt n'était pas suffisamment intimidant, j'avais aussi affaire au transducteur, l'âme centrale qui relie le moniteur, les câbles, le module de l'ordinateur et l'oscilloscope. Ces appareils, associés aux électrodes, aux formes d'ondes, aux amplitudes, n'étaient que quelques exemples du vocabulaire d'un tout nouveau langage dans lequel je devais devenir experte. Outre tout cela, je devais ajouter au dictionnaire des maladies mortelles des expressions comme défaillance d'un organe multisystème, crise cardiaque congestive et crise hépatique ou rénale. Sans parler des chocs : anaphylactique, hypovolumique, cardiogénique et, pire que tout, le choc septique. Toutes sortes de défaillances et de traumas…

J'ai toujours lu énormément et, comme enfant, j'avais dévoré les histoires de Cherry Ames – *Cherry Ames, Cruise Nurse ; Cherry Ames, Dude Ranch Nurse ; Cherry Ames, Ski Patrol*

Nurse; et *Cherry Ames, Department Store Nurse.* J'avais rêvé d'être, comme elle, l'une de ces personnes compatissantes et désintéressées agissant généreusement envers les personnes dans le besoin. Le prestige et les aventures peu communes que la profession d'infirmière semblait offrir me tentaient. Globalement, la profession d'infirmière me paraissait constituer le moyen de réaliser tout cela, tout en me permettant de gagner ma vie.

D'une certaine façon, mon choix de carrière comme infirmière représentait quelque chose de familier. Dans ma famille, j'avais toujours été celle qui dispensait des soins aux autres. J'étais l'une de ces petites filles qui pouvaient déceler dans une foule la personne qui ne se sentait pas bien, celle qui avait besoin d'une chaise ou d'un bras sur lequel s'appuyer. Très tôt, j'ai su que pour aider quelqu'un qui chancelle, il faut lui offrir votre bras plutôt que de la prendre dans les vôtres. Sans que personne ne me le demande, j'aurais couru chercher une aspirine et un verre d'eau si quelqu'un avait eu mal à la tête ou ailleurs.

Je me demandais souvent si d'autres infirmières provenaient de familles où elles avaient appris à prodiguer leurs soins ou si elles avaient choisi ce métier délibérément. Ce fut chez moi, alors que mes parents étaient plus âgés que la plupart, et où il y avait tant de maladies, que j'ai d'abord aiguisé mon aptitude à soigner. Ma mère souffrait de la maladie de Parkinson et de psychose maniaco-dépressive; mon père était atteint de diabète et d'une maladie de cœur et l'un de mes frères de schizophrénie. Distribuer les pilules de ma mère, surveiller la teneur en sucre du sang de mon père et faire face à la paranoïa et aux éclats verbaux de mon frère ont occupé tous les temps libres de mon enfance. Au mieux de mes possibilités, j'ai pris soin d'eux jusqu'à la mort de mes parents et jusqu'au moment où mon frère et moi avons perdu contact. Mes deux autres frères avaient quitté la maison pour échapper à la folie. Qui pourrait les en blâmer ?

Ironiquement, la profession d'infirmière était pour moi une voie logique : les aptitudes particulières que j'avais développées au sein de ma famille m'ont aidée à m'en échapper tout en constituant les bases mêmes de ma profession. Pourtant, quand j'ai dévoilé mon choix de carrière à mon père, autodidacte issu de la classe ouvrière, et à ma mère, dépourvue d'instruction mais cultivée, ils en ont été abasourdis.

« Les jeunes filles juives ne pratiquent pas le métier d'infirmière », déclara mon père lorsque je lui dis que je voulais me spécialiser dans ce domaine. Nous étions au début des années quatre-vingt, je terminais tout juste mes humanités et je réfléchissais à mon avenir. Il y aura toujours des malades et on aura toujours besoin d'infirmières pour les soigner, pensais-je. Sans doute, je pourrai faire ce métier puisque je le faisais déjà depuis des années.

« Je n'ai jamais vu d'infirmière juive, et toi, Ellie ? » demanda-t-il en se tournant vers le divan sur lequel ma mère était couchée. Ma mère en connaissait beaucoup au sujet de l'opéra, mais pas grand-chose en dehors de ce domaine.

« Elle sera Florence Nighting*stein* », dit ma mère d'une voix étouffée par un petit rire. Et son bras retomba en travers de sa figure.

« Je me demande pourquoi il n'y a pas beaucoup d'infirmières juives », marmonna mon père. La question semblait l'intéresser, comme la plupart des choses d'ailleurs. « C'est l'une des plus vieilles professions, mais nullement *la* plus vieille. Nous savons tous *quelle* est la plus vieille, hé hé ! C'est peut-être parce que la noble vocation de secourir les malades est peut-être… comment dirais-je ? »

« Vieux jeu », proposa ma mère.

« Bon, Ellie, maintenant que tu le dis… mais ce n'est pas seulement un travail servile, le métier d'infirmière n'est pas très, enfin, ce n'est pas le plus… »

« Il n'est pas de grande classe, ni raffiné. Pas du tout », décréta ma mère, avec un frisson de réprobation mélodramatique, les yeux mi-clos.

« Sans doute, Tilda, tu pourrais choisir une profession qui exige moins d'efforts désintéressés et exténuants, moins d'heures interminables pour une maigre rémunération. Qu'est-ce que tes amies ont choisi ? »

C'était vrai qu'aucune de mes amies n'avait même pensé au métier d'infirmière. Natalie envisageait d'étudier la sociologie à New York. Allison ferait les philo-lettres à l'Université de Toronto, après une année à voyager en Europe. Stephanie, de son côté, voulait devenir actrice.

« Ta mère et moi avons toujours espéré que tu irais à l'université », dit mon père avec un regard plein d'un vague regret. Je savais qu'il regrettait ne pas en avoir eu lui-même l'occasion quand il avait mon âge.

« Je pourrais peut-être étudier le métier d'infirmière à l'université », dis-je, me demandant si je pourrais même jamais y être acceptée, compte tenu de mes médiocres résultats scolaires.

« Je vois », dit-il lentement. Je savais qu'il essayait de manœuvrer afin de m'épauler, comme il le faisait pratiquement toujours. « Quoi que tu décides, conclut-il, dans la vie, il ne s'agit pas de faire ce que tu aimes, mais bien d'aimer ce que tu fais. »

Je n'avais aucune idée de ce que ma mère pensait. En tout cas, elle n'avait pas d'autre commentaire à formuler puisqu'elle s'était levée du lit et jouait *Madame Butterfly* dans la cuisine.

Pendant les quatre années qui ont suivi, j'ai partagé mon temps entre les cours à l'université et mon travail dans les hôpitaux de la ville. Avec succès, bien que je commençais à regretter mon choix. Quelque chose, dans ma personnalité, semblait ne pas coïncider avec la carrière d'infirmière. Les infirmières étaient essentiellement des personnes pratiques et sensées, agissant avec détermination et bon sens. Je n'avais aucune de ces qualités. Quelque chose aussi dans mon tempérament (trop changeant) et dans ma constitution (trop sensible) ne me préparait guère au métier d'infirmière. Pourtant, en même temps, je me sentais toujours passionnément engagée dans la noble idée de servir les êtres humains dans le besoin. J'avais hâte de devenir un membre authentique de la « profession médicale ».

Au cours de mes deux premières années d'université, j'errai ainsi en état de distraction onirique. Pendant ma troisième année, mon père mourut subitement. J'eus à peine le temps d'accuser le choc, tant je fus occupée à veiller sur ma mère qui se trouvait dans les phases avancées de sa maladie et était submergée par le chagrin et la dépression. C'était juste avant mes derniers examens et mes professeurs me conseillèrent de renoncer provisoirement à ceux-ci en prolongeant mes études d'un an, pour laisser s'apaiser ces bouleversements. Mais j'avais tellement hâte d'en finir et d'être libre que je ne suivis pas leur avis. Tant bien que mal, je réussis à terminer cette année, ainsi que la suivante, tout en comptant les jours qui me séparaient du moment où je pourrais m'échapper de la maison et de la famille, et surtout, de moi-même. J'y arrivai. Je réussis à obtenir le titre de bachelière en sciences infirmières et un certificat de compétences pour pratiquer la profession. J'avais une bonne connaissance des théories abstraites et j'avais beaucoup lu au sujet de la recherche dans le domaine, mais la discipline rigoureuse et les connaissances pratiques de la profession m'échappaient encore.

La doyenne de la Faculté des soins infirmiers hocha tristement la tête devant moi le jour de la remise des diplômes. Compassée et amidonnée comme Florence Nightingale elle-même, elle portait un ensemble gris pigeon et une blouse blanche sans oublier le camée de corail au cou. J'avais obtenu une moyenne d'à peine 66 %. Qui oserait se fier à une infirmière qui ne connaît que 66 % de sa matière ? Je savais que j'étais un danger public, mais je m'étais promis d'être très prudente, de vérifier deux fois chacun de mes gestes et d'essayer de me tenir en dehors du chemin des patients.

« Tu as du potentiel, ma chère. Si tu avais voulu, tu aurais pu figurer sur la liste de la doyenne », avait commenté la doyenne elle-même. Tu devrais peut-être t'orienter vers la recherche ou l'administration. Si tu revois tes cours et si tu améliores tes résultats, tu pourrais peut-être poser ta candidature dans une école d'infirmières. As-tu envisagé cette possibilité ? »

J'y avais réfléchi, brièvement, puis j'avais rapidement rejeté l'idée. J'étais trop impatiente de sortir de la maison – et de travailler, de voyager, et d'avoir du plaisir et des aventures – pour prêter beaucoup d'attention à ses suggestions.

« Elle est une bonne infirmière, avais-je entendu dire la doyenne à d'autres professeurs au cours de la réception suivant la remise des diplômes. Compétente, mais un peu écervelée. »

À ma sortie de l'école, les emplois d'infirmières à temps plein étaient rares. Je n'avais pas été perturbée par cette situation, parce que je n'étais pas disposée à me confiner dans un seul travail. Je m'inscrivis dans une agence et pus ainsi accepter une série d'emplois temporaires comme celui d'infirmière privée pour vieille dame riche et autoritaire en convalescence à la suite du remplacement d'une hanche. Pendant les quelques années qui suivirent, j'écrivis à la pige pour une société pharmaceutique, fis du travail à l'ordinateur pour un médecin et occupai de nombreux postes temporaires dans les hôpitaux de la ville, en n'allant jamais plus de quelques fois au même endroit. Je me considérais comme une infirmière « indépendante ».

Au cours de mes déplacements, je découvris que beaucoup d'infirmières se méfiaient de celles ayant un diplôme universitaire. Elles connaissent évidemment une foule de théories, disaient-elles, mais peuvent-elles faire face aux exigences du métier ? Dans mon cas, elles avaient raison d'être inquiètes.

Je me souviens d'un de mes premiers jours dans la salle commune d'un hôpital général. Le médecin avait prescrit d'insérer un tube naso-gastrique dans l'estomac de l'un de mes patients après chirurgie.

« La chambre stérile est là », me cria l'infirmière de service, indiquant une vague direction tout en courant dans une autre pour accueillir un nouvel opéré sur sa civière à la sortie de l'ascenseur.

Par-dessus son épaule, elle nous donna les instructions : « Trouvez un tube de 10 ou 12, une grande seringue et un baquet de glace. Observez les bulles du tube gastrique pour vous assurer que le placement est correct. Une fois démarré, raccordez directement au système d'écoulement et remplacez les pertes horaires par de l'eau salée. Pendant ce temps, comme son potassium est bas, rajustez son IV à 20 milli-équivalents de KCl par litre et laissez s'écouler à 100 cc par heure. Cela fait, insérez un cathéter Foley et mesurez son débit horaire d'urine. Si c'est la première fois, vous avez de la chance parce qu'il est plus facile de placer un cathéter chez un homme que chez une femme. Compris ? »

J'avais lu au sujet de tout cela, j'avais assisté à une ou deux de ces opérations, mais je n'en avais pratiqué aucune auparavant.

« Oh, vous, les diplômées d'université ! dit-elle quand elle me vit patauger. Ce sont de *vraies* infirmières qu'il nous faut ici. »

Les plus petites choses pouvaient me faire trébucher. Un jour, dans la section des accouchées, j'avais pour mission de prendre soin de cinq jeunes mères et de leurs bébés. Une jeune maman, exténuée et mal à l'aise après une césarienne, avait besoin de mon aide pour placer la bassine, mais je ne parvenais pas à fermer les rideaux autour du lit. J'avais tiré, poussé, ils étaient coincés et refusaient obstinément de glisser le long du rail. J'avais donné des secousses, sans succès. Je quittai pour chercher l'infirmière de service et lui faire part de mon problème. Je plaidai pour le droit de la patiente à l'intimité. Chaque patient avait droit à un espace privé, à l'intérieur du vaste espace public de l'institution, « espace qu'il peut appeler son territoire », dis-je en me souvenant d'une conférence à laquelle j'avais assisté. Les patients ont un droit inaliénable à l'autonomie et ce n'est qu'avec leur permission que nous pouvons pénétrer dans leur domaine.

« Appelle le service d'entretien », me dit l'infirmière tout en introduisant un chariot chargé de linge propre dans la chambre d'un malade. Le système manque peut-être de quelques anneaux et crochets. Ou peut-être qu'un simple jet de lubrifiant ferait l'affaire. »

« Tu as raison », conclus-je. Quelques anneaux et crochets, non pas un changement de paradigme. Et je m'étais suis remise au travail.

Bien que l'agence m'ait envoyée successivement vers divers hôpitaux de la ville, et que j'aie rarement eu l'occasion de revenir deux fois au même endroit, après seulement quelques mois de travail, où que j'aille, j'étais considérée comme une infirmière chevronnée au sein de l'équipe. Cependant, le « travail en équipe » commençait à être considéré comme dépassé pour les infirmières. Les théoriciens modernes vantaient les mérites du «*primary nursing*». Dans ce système, les infirmières sont responsables de tous les aspects du soin d'un petit groupe de patients qui leur sont confiés. Dans le système par équipes, au contraire, le travail est réparti et chaque infirmière ne s'occupe que de quelques tâches seulement – par exemple des signes vitaux ou du changement du linge – et accomplit ces quelques tâches pour tous les patients de l'étage qui peut en compter jusqu'à quarante.

Du point de vue des patients, le travail par équipes est comparable au magasinage en libre-service comparé au service personnalisé ; c'est une production en série comparée à une fabrication sur mesure. En tant que « senior » travaillant en équipe, je pouvais être celle qui administre les médicaments pour tous les patients de l'étage ou m'associer à une aide-infirmière et retourner les patients sur leur lit, donner le bain et changer les poches de transfusion. C'était une grande responsabilité, mais mon rôle était clair et simple.

J'adorais faire les lits, particulièrement les lits « occupés », où il fallait retourner le patient et tout faire pour cette personne qui gisait, impuissante. Je travaillais avec une assistante-infirmière et nous aimions tendre en synchronisme, sans mot dire, draps et couvertures, formant les coins, pliant et égalisant le tout. En un tournemain, le lit devenait si frais et si accueillant. Ces lits que nous préparions représentaient un vrai cadeau pour chacun des patients fiévreux.

Les soins en équipe m'ont donné le sentiment d'appartenir à un groupe, même si je ne suis jamais restée longtemps nulle part.

Les soins en équipe apaisaient mon sentiment de solitude et me donnaient un sens de la famille, quelque chose dont j'avais besoin mais auquel j'ai ensuite souhaité échapper. Du point de vue de l'infirmière, les soins en équipe constituaient une façon efficace de travailler. Ils permettaient même à l'occasion, à la pause, de nous asseoir et de prendre ensemble un café au poste des infirmières en achevant nos conversations. Bien que le travail en équipe fut agréable pour les infirmières, je pouvais voir que pour les patients, il fragmentait les soins qu'ils recevaient en diverses tâches accomplies par différentes personnes entrant et sortant selon les moments. Cependant, à ce moment-là de ma carrière, les patients représentaient le moindre de mes soucis.

À cette époque d'ajustement aux réalités de ma profession, l'une des choses les plus pénibles pour moi était de me lever chaque matin pour aller travailler. Les chiffres verts lumineux du cadran de mon réveil brillaient dans le noir lorsque je m'éveillais, longtemps avant qu'il sonne, après une nuit d'un sommeil agité et guère reposant. Pendant ces nuits précédant le travail, je ne pouvais m'abandonner au sommeil profond qui permet le rêve. Je décomptais chaque heure de la nuit. Mon réveil était réglé à cinq heures du matin, mais des cloches résonnaient dans ma tête à minuit, vers une heure trente, à deux heures, de nouveau à trois heures quatorze, vers quatre heures, à quatre heures trente-trois, jusqu'à ce que, finalement, je coupe la sonnerie à cinq heures, avant qu'elle ait l'occasion de remplir sa fonction. Je restais prostrée, ne pouvant croire qu'il était si tôt et qu'il y avait tant de choses qui m'attendaient ce jour-là. Serait-ce cette journée qui devait me briser ? Je souhaitais revenir au sommeil, non parce que j'étais fatiguée, mais parce que j'étais effrayée. Le devoir me propulsait en avant. Je mettais un disque de Glenn Gould jouant le concerto de Bach en E majeur. Son interprétation libre et directe m'aidait à dissiper mon appréhension. La musique m'encourageait à aller de l'avant.

À six heures, je quittais la maison et, par les rues désertes, je me précipitais vers la station de métro. À cette heure matinale, la lune brillait encore tout comme les grands phares des quelques rares voitures. À l'hôpital, j'empruntais un ascenseur aux parois chromées, à destination de l'étage qui m'avait été désigné pour la journée. Longeant des couloirs sombres, emplis d'une odeur de désinfectant, j'ouvrais la lourde porte de la salle ou du département qui m'avait été assigné et j'enregistrais ma présence, comme un soldat.

Le travail était rude et j'étais occupée pendant chaque minute des douze heures que comptait ma journée. La plupart du temps, je courais, j'amenais, je poussais, je traînais, je soulevais, je portais et je tirais. Il y avait des tas d'occasions d'utiliser mon jugement, mais je disposais de trop peu de temps pour le faire ; le travail exigeait une résistance à toute épreuve et il fallait que je cesse de penser pour me dissuader d'accomplir toutes les tâches qui étaient requises. Je commençais à croire que la meilleure façon de faire face à mes devoirs d'infirmière était d'investir dans une bonne paire de chaussures de course et de m'inscrire à un club de gymnastique. Je devais être en parfaite forme physique pour pouvoir affronter ces obligations.

La profession d'infirmière exigeait aussi une attention constante aux détails, une aptitude à résoudre sans délai tout problème qui peut survenir et une gestion stricte du temps disponible. Souvent, j'en manquais. Une fois, j'ai augmenté le débit de l'intraveineuse d'un patient sans même me rendre compte que celle-ci n'était pas bien raccordée, si bien que fluide et médicament se sont écoulés dans ses pantoufles. À une autre occasion, au service d'ophtalmologie, je remarquai que les pupilles de mon patient étaient dilatées et insensibles à la lumière. Avait-il une attaque d'apoplexie ? Devais-je demander l'avis d'un neurologue ? Lorsque les infirmières, dans leur salle de réunion, eurent cessé de rire, elles m'expliquèrent que la dilatation des pupilles de mon patient était due aux gouttes que le médecin y avait instillées dans le but précis de les dilater, un procédé classique préalable à l'examen de la vue.

Au moins, je me suis toujours efforcée d'être compréhensive. On m'avait dit que l'empathie était la première qualité qu'une infirmière pouvait offrir. Qu'en fait, c'était la pierre de touche de l'infirmière accomplie. Pourtant, dans mon cas, un peu de bon sens et de maturité auraient aussi été bien utiles.

Un soir, à l'étage d'oncologie, un malade dont le cancer était assez avancé prenait silencieusement son repas. La télévision diffusait les nouvelles sans qu'il y porte la moindre attention. La pièce était remplie de fleurs et de boîtes non déballées de douceurs diverses, mais aucun membre de sa famille n'était à ses côtés. Sa maladie progressait rapidement et, par moments, il souffrait beaucoup.

Il repoussa son repas à peine entamé, s'adossa sur les oreillers et soupira profondément. Je remarquai son air déprimé et me promis de revoir à ce propos mes notes concernant les catégories « émotives/psychosociales ».

« Oh ! dit-il dans un long soupir, que va-t-il arriver ? »

Il secoua la tête et se couvrit le visage de ses mains.

Enfin, voici arrivée pour moi l'occasion d'être empathique. J'approchai ma chaise de son lit.

« Dites-moi, Monsieur, comment vous sentez-vous ? Craignez-vous peut-être que votre cancer se propage ? »

Il leva les yeux et m'aperçu.

« Non, ma chère. Il me tapota le bras. Ce gouvernement Mulroney provoque partout la faillite. Comme je souhaite revoir les jours Trudeau ! Lui, au moins, c'était un leader ! »

J'avais tendance à prendre trop directement à mon compte les réactions des patients. Vers la fin d'un soir très occupé du département de cardiologie, j'apportai une coupelle de pilules à une patiente. Je les lui présentai avec un verre d'eau dans lequel plongeait une paille.

« Quelles sont ces pilules ? » demanda la patiente. Elle les examina, assise sur le lit.

« Je vous en prie, Mme Jones, ne vous asseyez pas. Je posai doucement la main sur son épaule. Vous devez rester couchée et garder ce sac de sable sur votre aine. Vous risquez de saigner après votre angiographie. »

« Mais, ce ne sont pas mes pilules. » Elle prit son verre de la table de nuit, en sortit les pilules et les étala pour examiner ce que je lui proposais.

« Mais si, ce sont vos pilules », insistai-je.

C'était mon dernier service « médicaments » du soir. Je poussais mon chariot métallique peu maniable devant moi comme un marchand de crème glacée pharmaceutique, distribuant un arc-en-ciel de pilules, de capsules, de potions, d'élixirs et de suppositoires à trente-six patients cardiaques. Je jetai un coup d'œil à ma montre. Encore une heure et il me restait encore dix patients à servir en pilules. Les cloches d'appel sonnèrent. Une montagne de documents incomplets étaient entassés dans le poste des infirmières.

« Quelles sont ces pilules ? » demanda-t-elle.

« La bleue est votre pilule pour uriner, les blanches sont de la Digoxine pour votre rythme cardiaque. La petite jaune est pour votre tension cardiaque et la petite blanche est pour vos nerfs. »

Pour peu qu'elle continue, j'étais aussi sur le point d'avoir besoin d'une pilule pour mes propres nerfs.

« Cette pilule ne ressemble pas à ma pilule pour les nerfs », dit-elle.

« Mais, Mme Jones, c'est votre Ativan. C'est 1 mg d'Ativan. »

« L'Ativan est plus grande que ça. Je connais l'Ativan ! Elle est ovale, pas ronde. Vous me donnez une mauvaise pilule. »

« Voici le flacon. Vous pouvez voir vous-même à quoi ressemble l'Ativan. Prenez-en une autre », lui proposai-je.

« Non, vous ne me donnerez rien. Je veux une autre infirmière. Je sais ce que vous cherchez. Vous voulez me tuer afin que je ne puisse pas me plaindre de vous. »

J'en avais assez. Mon service était presque terminé. Je poussai le chariot vers le lit suivant.

Au cours des quelques dernières années, la tendance dans le métier d'infirmière avait changé du tout au tout. Le besoin du public pour les infirmières est était aussi grand qu'avant, mais là le nouveau gouvernement provincial avait été élu avec la promesse de payer pour elles. Soudainement, les infirmières pouvaient choisir l'hôpital où elles voulaient travailler. Des avantages intéressants à la signature du contrat et une formation supplémentaire étaient offerts. Presque tous les départements de chaque hôpital offraient des postes d'infirmières. Le seul problème était qu'il y avait pénurie d'infirmières. Il y avait moins d'engagements et le «surplus» précédent avait forcé bien des infirmières à émigrer aux États-Unis pour trouver du travail. Des publicités tapageuses et des manifestations de recrutement étaient organisées pour ramener les candidats vers les hôpitaux de l'Ontario.

Je posai ma candidature auprès d'un grand hôpital de la ville. C'était l'hôpital où j'avais été bénévole dans ma jeunesse, travaillant pendant l'été au service de prêts de la bibliothèque et où j'accompagnais ma mère à l'occasion de ses rendez-vous avec des spécialistes pour divers problèmes mystérieux.

«Un diplôme de l'Université de Toronto? Hum.» L'infirmière chargée du recrutement qui regardait mon dossier parut satisfaite. Peu d'infirmières avaient un diplôme universitaire en 1986, et c'était définitivement la voie de l'avenir. En fait, les spécialistes de la profession prédisaient que, en l'an 2000, toutes les infirmières soignantes seraient diplômées de l'université.

«Quel domaine préférez-vous? demanda-t-elle. Nous avons des possibilités partout.»

J'étais obligée de choisir. Je n'avais pas d'intérêt particulier pour tel ou tel organe, que ce soit le cerveau (neurologie) ou le cœur (cardiologie). À ce moment, regardant par la fenêtre, je vis des flèches pointant vers les divers départements de l'hôpital. On pouvait y lire «Admission», «Radiologie», et un signe qui indiquait en anglais « Intensive Care Unit » ou ICU (en français : Unité de soins intensifs) – quatrième étage. La réputation des infirmières des soins intensifs soutenait qu'elles formaient un escadron d'élite. Travailler dans ce domaine représentait un idéal auquel beaucoup aspiraient. Là, les patients étaient les plus malades des malades et les infirmières portaient un uniforme vert (couleur que j'estimais plus flatteuse pour mon teint que le blanc ou le pastel porté dans les autres salles d'hôpitaux), et le stéthoscope ballottant à leur cou, elles étaient très respectées. En regardant les lettres, je les épelais mentalement et elles m'apparaissaient comme formant en anglais les mots « I see you » (je vous vois) et comme m'invitant à choisir un tel défi.

« ICU, dis-je. Je voudrais travailler dans l'Unité de soins intensifs. »

« Normalement, nous préférons une infirmière qui a déjà acquis au moins un an d'expérience dans un domaine spécialisé de soins intensifs avant de la promouvoir dans cette unité, m'expliqua la personne chargée du recrutement, tout en considérant mes emplois passés, mais nous manquons de personnel partout, j'ai tant de places à combler... Elle fit une pause. Avec votre titre universitaire, je suis certaine que vous vous adapterez rapidement. Vous devrez d'abord suivre un cours spécial, êtes-vous d'accord là-dessus ? Les frais correspondants seront payés plus votre traitement pendant les huit semaines que dure le cours. En contrepartie, vous vous engagerez à rester chez nous au moins un an et à travailler à l'Unité médicale-chirurgicale de soins intensifs (UMCSI). Les patients qui y sont admis souffrent de problèmes chirurgicaux graves ou de complications médicales – et nous commençons à y pratiquer les transplantations de poumon et de foie. Vous trouverez cet endroit très intéressant pour le travail. »

« Parfait. Où puis-je signer ? »

Rosemary McCarthy était infirmière et directrice de l'UMCSI. Elle était petite, rondelette et sereine. C'était apaisant de se trouver en sa présence, qualité que je m'efforçais autant que possible d'acquérir. Elle portait le même vêtement que les infirmières, et, par-dessus, une blouse blanche de laboratoire. Sur sa bibliothèque, elle gardait une photo de la remise des diplômes où on pouvait la voir en cape bleu marine, portant une toque d'infirmière – haute et empesée, avec un ruban de velours noir. À mes yeux, cette mode me paraissait ridicule. J'avais appris que la toque était un symbole démodé du rôle servile de l'infirmière et de leur soumission aux médecins – et aussi à tous les autres. Nous avions parcouru un long chemin depuis cette époque.

Pendant les premières semaines de mon orientation vers l'Unité de soins intensifs, on m'avait associée à Frances. Plus âgée que moi d'un an seulement, Frances était déjà une infirmière chevronnée à l'Unité de soins intensifs. Elle avait acquis son « expérience » (comme elle l'appelait) « chez elle » (comme elle disait), c'est-à-dire dans une petite ville du Nouveau-Brunswick. Elle avait été formée par des religieuses, infirmières auprès de l'hôpital catholique local, mais comme depuis cette époque les possibilités d'embauche sur place avaient disparu, elle avait quitté sa ville natale pour trouver du travail à Toronto.

Frances était patiente et ne voyait aucun inconvénient à me patronner. L'*orientation* était un bon mot pour définir ce que nous faisions ensemble, parce qu'à ce moment j'étais réellement *dés*orientée. Désorientée et déconcertée. La première chose qu'elle fit pour m'aider à dominer ma terreur du robinet d'arrêt fut de me confier un système de prise de sang artériel non utilisé que j'emportai chez moi et qui me permit de m'entraîner en privé, dans un étrange simulacre de prise de sang.

Frances me surveilla attentivement au cours de ma première opération de prise de sang sur un « vrai » patient. Je savais que si je n'opérais pas correctement, le sujet était susceptible de perdre très rapidement beaucoup de sang. Des litres de sang pouvaient ainsi être perdus en quelques instants et, si je n'étais pas suffisamment rapide, ou si je ne faisais pas assez attention, le patient pouvait faire une hémorragie et glisser dans l'inconscience. La quantité de sang perdue pouvait conduire à une anémie iatrogène, à l'exsanguination et à la mort.

« Probablement pas, dit Frances, mais ça ferait quand même du gâchis. »

Au début du travail de l'équipe de jour dans l'Unité de soins intensifs, les lampes fluorescentes étaient allumées une à une, progressivement comme pour simuler l'aurore, la levée du jour. Cependant, je réalisai rapidement que ce n'était qu'une illusion et qu'il y avait très peu de lumière naturelle, et pour la plupart de ces patients, il y avait très peu de différence entre le jour et la nuit.

Dans chaque salle, les infirmières de nuit, fatiguées, passaient entre les lits, terminant leur travail et se préparant à faire rapport aux infirmières fraîches et bien reposées de la nouvelle équipe. Celles-ci inclinaient la tête en signe d'acquiescement en écoutant le rapport, leur souhaitaient « bonne nuit » et commençaient leur journée par leur propre évaluation de leurs patients. Elles feraient leurs propres interprétations, ajusteraient les canalisations de plastique et les fils à leur manière et prendraient la responsabilité des flux de fluides entrants et sortants.

Nous avions commencé le travail à 7 h 15 lorsque nous nous sommes rendues auprès du patient qui nous avait été confié et dont nous avions reçu le rapport de l'infirmière de nuit. Comme tous les patients étaient gravement malades et dans des états critiques, on nous confiait rarement plus d'un patient à la fois. Chacun requérait une totale et constante attention.

Frances décida que je devais assumer entièrement la responsabilité du soin de mon patient, et qu'elle serait là en tant que soutien, seulement en cas de besoin. À cette époque, j'avais terminé mon cours de soins intensifs auquel l'hôpital m'avait inscrite et j'espérais être bientôt seule responsable de mon service, me voir confier mon patient et bénéficier de ma propre autonomie. J'étais sur le point de commencer l'évaluation de mon patient quand Laura, l'une des infirmières qui travaillait toujours avec Frances, vint m'offrir ses conseils.

« Ne panique pas. S'il y a des lignes vertes sur l'écran du moniteur et qu'aucune alarme ne sonne, c'est que tout est en ordre pour le moment. Assieds-toi et prends un café. Relaxe. »

Mon estomac était noué. « Je crois que je vais rapidement passer aux toilettes avant que nous ne commencions. »

« Non, ce n'est pas autorisé », dit fermement Laura.

J'étais trop stressée pour remarquer le cillement de son œil coquin.

« Quoi ? Ce n'est pas possible ? » hoquetai-je.

« Bien sûr que si, idiote. Je plaisantais. »

Dans l'Unité de soins intensifs, nous ne sommes jamais autorisées à laisser un patient sans surveillance.

« Ne sais-tu pas que le métier d'infirmière n'est pas à la portée de n'importe qui ? » me dit Frances alors que nous nous installions au salon réservé au personnel pour prendre notre déjeuner. Elle me dit cela gentiment. « Tu me rappelles cette fille de notre classe, chez nous. Comme toi, elle devait chaque fois courir à la salle de bains avant de faire une piqûre ou avant de changer un pansement. Elle a abandonné le métier et est devenue nonne. Certaines ne peuvent supporter la tension, particulièrement ici, aux soins intensifs. »

« Il se peut que je devienne aussi l'une de celles-là, dis-je sinistrement, mais je veux avoir l'occasion de choisir. »

« C'est très bien ! » dit-elle.

J'ai travaillé dur pour apprendre les procédures, pour tenir parfaitement à l'œil, d'heure en heure, les signes vitaux et vérifier le respirateur, pour administrer les médicaments et les traitements en temps voulu, pour accompagner le chef de clinique au chevet des malades, pour organiser les séances de rayons-X et les électrocardiogrammes et pour aider pendant les tests et les interventions. Chaque minute, il y avait des choses à faire. J'admirais la façon dont Frances, ne se contentant pas seulement d'accomplir les tâches immédiates, faisait encore deux ou trois autres choses en même temps tout en se préparant aux tâches futures qu'elle entrevoyait.

« Où as-tu appris ton métier ? » me demanda-t-elle un jour.

J'étais en train de l'observer pendant qu'elle recueillait un échantillon de sang artériel de l'une de mes patientes. Elle tourna d'un coup sec le robinet d'arrêt vers la droite, fixa une éprouvette puis ouvrit le robinet d'un rapide mouvement vers la gauche. En attendant que chaque éprouvette se remplisse, elle ébouriffa les cheveux hirsutes de ma patiente tout en surveillant son rythme cardiaque et sa tension sur le moniteur. Les tubes à essai remplis, elle rinça la tubulure, prit un moment pour mirer l'une des éprouvettes de sang, jauger de sa couleur rouge écarlate – indice d'une bonne oxygénation – et féliciter la patiente pour ses progrès tout en écoutant, en même temps, ma réponse à sa question.

« Mon métier ? » J'étais gênée d'avoir reçu une formation universitaire payée par mes parents. Les autres infirmières de l'Unité de soins intensifs, avec leur diplôme collégial, étaient encore, dans bien des cas, en train de rembourser les prêts reçus pendant leurs études. Non seulement cela, mais c'étaient elles qui étaient compétentes alors que moi, j'étais désorientée et déconcertée. Je marmonnai une réponse.

« Et où travaillais-tu avant de venir au Centre de soins intensifs ? » demanda Frances.

« Oh ! ici et là, dis-je. Un peu ici, un peu là. »

Nous commencions nos journées par une évaluation complète de notre patient, de la tête aux pieds. « Tête » signifie que nous parlons à notre patient, mais ce n'est pas très agréable de parler à des personnes qui ne peuvent répondre à cause des tubes qu'elles ont dans la bouche ou parce qu'elles ont reçu un calmant ou sont inconscientes. Pourtant, je le faisais, comme Frances m'avait montré.

En m'approchant du lit, je saluai mon patient qui, ce premier jour, était un homme de soixante-huit ans, opéré depuis deux jours d'une grave rupture d'anévrisme.

« Bonjour, M. Stavakis. Mon nom est Tilda. Je suis votre infirmière pour aujourd'hui. Pouvez-vous me serrer la main ? Voulez-vous bien essayer ? » Je procédai ensuite, systématiquement, aux tests du niveau de conscience du patient. D'abord, j'examinai les pupilles avec une lampe-torche pour évaluer sa réaction à la lumière. Je lui donnai des ordres simples, comme

« Ouvrez les yeux » ou « Remuez les orteils. » S'il réussissait ces tests, je passais à la vérification des fonctions de niveau cortical supérieur pour déterminer s'il avait conscience des personnes, de l'endroit et du temps. Je vérifiais ses réflexes, la façon dont il serrait la main et sa réponse aux stimuli douloureux comme celui de presser la base des ongles ou de frictionner son sternum.

« Si le patient est pleinement conscient, il n'est pas nécessaire de procéder à *tous* ces tests, Tilda. » Frances me donna un coup de coude et chuchota à mon oreille : « Avançons. »

Évidemment.

Chez les patients, je m'intéressais à l'auscultation du cœur et des poumons au moyen du stéthoscope, pour ensuite apprendre à juger de l'état de la peau et de l'incision. Je vérifiais tout l'équipement et j'examinais les battements du cœur sur le moniteur et j'en mesurais chaque amplitude au moyen de mes calibres tout neufs. Je palpais l'estomac, mesurais la quantité d'urine au cathéter de Foley, et jetais un coup d'œil sous les couvertures. *Aucun problème là. Bon,* me disais-je, *tout va bien jusqu'à présent. Je m'en sortirai, finalement !*

Après avoir terminé mon évaluation, j'aurais voulu dire quelque chose à mon patient, comme je l'avais entendu faire de Frances. Des mots gentils, l'essence même du rôle d'une infirmière. En moi-même, je me félicitais d'en être arrivée là, prête à répéter ces mots à un patient, et si tôt dans ma carrière d'infirmière des cas graves.

« Monsieur Stavakis ? Je serai votre infirmière aujourd'hui et je vous soignerai bien. Ne vous inquiétez de rien, je serai près de vous toute la journée. Je veillerai à vos besoins et à ce que vous vous sentiez bien à l'aise. D'accord, M. Stavakis ? » Il me serra la main en guise d'accord (avait-il d'ailleurs le choix ?) et m'adressa un vague sourire autour du tube qui plongeait dans sa bouche, puis dans sa gorge, et profondément jusque dans ses poumons.

Peut-être qu'en prononçant les mots et en accomplissant les gestes, ce sentiment de confiance, ce sentiment d'être l'infirmière compétente de l'Unité de soins intensifs dont je rêvais, se manifesteraient-ils ? J'avais lu quelque part que les juifs orthodoxes conseillaient aux sceptiques d'accomplir les actes religieux : comme respecter les principes cascher, allumer les bougies et observer le sabbat – même s'ils ne croyaient pas encore parfaitement ils disaient : « accomplissez l'action et la foi viendra sûrement ». Mais même en accomplissant parfaitement les actions, toutes ces informations complexes que je devais apprendre à l'Unité des soins intensifs ne représentaient pour moi qu'un bombardement d'éléments séparés et disparates. Je ne parvenais pas encore à assembler toutes ces pièces. J'essayais de me figurer l'action de chacun des médicaments complexes que je distribuais. Celui-ci contracte le cœur, celui-là dilate les poumons, un troisième transporte la molécule d'oxygène, me disais-je. Mais les images restaient comme des caricatures dans mon esprit.

Comme nous approchions de la fin de notre longue journée de douze heures, je m'occupai à vider tous les drains de mes patients en mesurant leur contenu, à changer les sacs d'intraveineuses, à enregistrer l'état des fluides, à inscrire mes dernières remarques dans le registre, à tapoter oreillers et couvertures, à m'assurer que M. Stavakis était à l'aise et à me préparer à faire un rapport à l'infirmière de nuit. Le soir tombait et je baissais les lumières dans la salle de mes patients pour créer une atmosphère paisible de cette fin de journée.

Frances dit : « Tu fais ça très bien, Tilda. »

Je rougis. Pourtant, j'étais exténuée par l'état d'attention soutenue pendant toute cette journée. Toute la journée, j'avais été attentive et j'avais répondu à chaque sonnerie d'alerte. En sortant, je sentis le poids des responsabilités m'écraser les épaules, une véritable sensation physique comparable à celle de supporter un lourd manteau d'hiver par un beau jour de printemps.

L'état de M. Stavakis s'était détérioré pendant la nuit. Le matin suivant, en arrivant, je constatai que son teint était grisâtre. Il était agité et il transpirait. Il ne répondait pas à mes questions et ne pouvait me serrer la main. Je m'efforçai d'ignorer la réalité, de croire que les choses ne sont pas ce qu'elles sont. Je ne me sentais pas prête à faire face à un patient fragile.

Frances arriva. Elle jeta un regard à mon patient et ses yeux se braquèrent directement sur sa poitrine. Elle étudia un moment l'amplitude de chacune des respirations et me fit remarquer que les deux côtés n'étaient pas symétriques.

« Depuis combien de temps ses saturations ont-elles voisiné les 80 ? Elle jeta un coup d'œil à l'enregistreur. Vois comme il respire vite. » Elle demanda un sac de glace sur lequel elle déposa l'échantillon de sang artériel qu'elle soutira afin de déterminer la teneur en gaz. « Il se pourrait qu'il fasse un pneumothorax. » Je savais que cet accident pouvait signifier un affaissement du poumon. Frances augmenta le rythme de l'aérateur pour fournir cent pour cent d'oxygène, mais les saturations du patient continuèrent à diminuer – elles étaient maintenant inférieures à 78 % – et elle décrocha le sac à oxygène du mur et commença à le ventiler elle-même par de rapides et puissants coups de pompe du sac. Elle empoigna son stéthoscope et ausculta la poitrine du patient. Elle aspira ses poumons, écouta encore des deux côtés de la poitrine, puis me regarda.

« L'air ne passe plus. »

Elle cria : « J'ai besoin d'aide ici ! » puis elle demanda au planton d'appeler d'urgence le service de radiographie du thorax, un médecin et le spécialiste de la respiration – « URGENT ».

Tous ces événements s'étaient déroulés très rapidement. Je regardais en me demandant ce que, de mon côté, je pouvais faire.

« Il a besoin d'une autre intraveineuse. Installes-en une dans l'espace antébrachial, dit Frances. Utilise une grosse aiguille creuse – numéro 18, au moins – et règle le débit d'eau saline à 50 cm^3/heure. »

Rapidement, je trouvai l'équipement dont j'avais besoin. Les veines du vieil homme semblaient tellement faciles à trouver, mais dès que je piquai l'aiguille, la veine s'évanouit et je vis avec horreur une large ecchymose bleue gonfler comme une prune sous la peau.

« Les veines des personnes âgées sont parfois délicates », chuchota Frances d'un côté à l'autre du lit. Elle passa de mon côté et glissa l'aiguille dans une autre veine du bras du patient, la fixa avec du sparadrap et ouvrit la canalisation pour laisser s'écouler le fluide, tout cela en quelques secondes. « Nous l'avons eue », dit-elle.

Frances se rendit à la salle d'attente pour amener l'épouse auprès du lit de son mari. « Il tient bon », assura-t-elle. Madame Stavakis et moi poussâmes un soupir de soulagement.

Mais l'état du patient s'aggrava à mesure que le jour s'écoulait. Il s'agitait et il délirait. Malgré un tubage thoracique, son oxygénation était défaillante et, une nouvelle fois, Frances se rendit à la salle d'attente pour ramener son épouse auprès de lui. Frances, avec le Dr Daniel Huizinga, l'un des médecins en chef de l'hôpital, lui expliqua que l'état de son mari s'était aggravé et qu'il était actuellement très critique. « Nous devons lui administrer un médicament qui a des effets secondaires importants et susceptibles de l'empêcher de se mouvoir. »

« Paralyser, expliqua le Dr Huizinga dans sa manière directe mais non brutale. C'est une mesure provisoire. Nous devons le paralyser afin de disposer de plus d'oxygène pour ses cellules. Le Pavulon est l'agent neuromusculaire bloquant que nous utilisons pour réduire ses besoins métaboliques. »

« Quoi ? s'écria son épouse alarmée. Le paralyser ? »

Madame Stavakis assista avec horreur aux efforts de son mari pour aspirer un peu d'air. Il n'était pas nécessaire de la convaincre que quelque chose devait être fait immédiatement, mais quoi ? Une paralysie provoquée ? Ce devait lui paraître cauchemardesque.

« Parfois, Mme Stavakis, nous paralysons le patient pour un court moment », expliqua Frances en la soutenant de son bras. Elle présenta la paralysie comme une chose désirable, peut-être même une expérience plaisante. « Ce ne sera probablement que pour quelques jours, et quand nous l'arrêterons, il pourra se mouvoir de nouveau et s'éveiller. Ça lui apportera moins d'inconvénients concernant le tube respiratoire. Voyez-vous les efforts qu'il fait ? C'est parce qu'il ne reçoit pas l'oxygène dont il a besoin. Ce médicament va l'aider. »

Frances et moi, nous préparâmes une infusion du médicament paralysant et après que le médecin eut administré la première dose, c'est moi qui fus chargée de continuer tout en en surveillant étroitement les effets. Frances rappela au résident de prescrire un sédatif.

« Parfois, les médecins négligent le fait que le patient puisse être bien éveillé, m'expliqua-t-elle. Être paralysé, sans sédatif, peut être cruel. Imagine que tu sois paralysée tout en restant mentalement en possession de tes moyens. On appelle cet état le syndrome de l'enfermement et il est ma plus grande crainte. Le Pavulon est un médicament inquiétant, mais il aide efficacement les patients. Certaines infirmières l'appellent la vitamine P. »

Avant de me laisser voler de mes propres ailes, Frances garda un œil attentif sur mes agissements et s'assura que j'aie traversé toutes les expériences essentielles – transfert d'un patient au rez-de-chaussée, réception d'un patient nouvellement opéré, participation à une transplantation de poumon ou de foie. Elle s'assura que je sache donner et recevoir des rapports de collègues infirmières et que je sache faire une présentation concise de mon patient à une équipe au cours des rondes matinales.

« Tu dois encore t'exercer à seconder les médecins pendant les opérations, dit-elle au cours de l'un de mes derniers séjours d'apprentissage sous sa supervision à l'Unité de soins intensifs. Va aider ce nouveau résident à installer un cathéter d'artère pulmonaire. Il n'est même pas capable de distinguer son cul de son épaule. »

Un peu plus tard, Frances vint voir si tout allait bien. Elle apporta quelques cathéters supplémentaires et des linges verts stériles, parce que le résident semblait éprouver quelque difficulté à installer une canule à la veine qui conduit à l'artère. « Donne-lui ceux-ci, dit-elle en les jetant sur le lit pour que je les lui tende. On dirait qu'il doit s'y reprendre à plusieurs fois. » Elle ajusta le niveau de la table où il travaillait et réduit la hauteur du lit pour faciliter le travail. « La mécanique du corps est très importante, dit-elle. Nous devons prendre soin de notre dos. »

Justine, une autre infirmière qui semblait faire normalement partie du groupe de Frances et de Laura passa la tête pour s'informer du bon déroulement du processus. Elle fit semblant de viser et tira une flèche imaginaire ostensiblement en direction de la veine jugulaire intérieure du patient.

« En plein dans le mille ! jubila-t-elle. J'ai même réussi à distance ».

Le travail à l'Unité de soins intensifs me rappelait un petit scénario de l'Office national du film que j'avais vu à l'école quand j'étais enfant. On voyait d'abord sur un lac un garçon ramant dans une chaloupe. L'image se focalisait ensuite sur un moustique en train de piquer le bras du garçon. La caméra explorait ensuite les couches épidermiques, puis les cellules sanguines, le noyau de l'atome, les électrons et les protons. Puis la caméra revenait au garçon, à la chaloupe, au lac, au pays, au monde, à la galaxie et à l'univers. C'est un peu ainsi que je me sentais : jetée entre le robinet d'arrêt artériel et le monde complexe de l'Unité de soins intensifs, passant en trombe de la prise de sang artériel à la participation au retrait des moyens de survie de la mère mourante de quelqu'un.

« Tu t'y habitueras, m'avait dit Frances. Tu feras la distinction entre ce qui est important et ce qui l'est moins, entre ce qui est urgent et ce qui peut attendre. Certaines infirmières ont comme objectif principal de calmer le patient, de lui donner une bonne présentation, de bien ranger la chambre afin de pouvoir ensuite s'asseoir et lire une revue. J'ai l'impression que tu n'es pas de celles-là. »

C'était le dernier matin où je pouvais être associée à Frances. Ma période d'orientation était terminée.

« Es-tu bien ? me demanda-t-elle. Tu me parais un peu pâlotte. »

« Oh ! ça va, merci. » Je fixai ma tasse de café pour éviter ses yeux.

La vérité était que j'avais eu une mauvaise nuit, de la difficulté à me lever le matin et, toujours, ce constant remue-ménage dans mon ventre.

« Es-tu sûre que tout va bien ? »

« Absolument sûre ! »

« C'est bien, nous allons avoir une journée occupée aujourd'hui. Une patiente a été admise cette nuit et elle n'est vraiment pas bien. »

J'avais écouté le rapport de l'infirmière de nuit.

« Andrea... vingt-trois ans... fraîchement diplômée de la faculté de droit. Elle et son mari faisaient de la plongée sous-marine dans le lac Simcoe quand ils ont été entraînés par un puissant courant sous-marin. Prise de panique, elle a fait surface trop rapidement. Elle a détaché son masque et le réservoir d'oxygène et a aspiré beaucoup d'eau du lac. C'est dommage qu'ils n'étaient pas dans l'océan, l'eau de mer aurait été beaucoup moins dangereuse pour ses poumons, la pauvre ! »

Les bras musclés et puissants de la patiente sur les draps blancs représentaient un spectacle surprenant dans le lit-cage avec ses rails métalliques, les bouteilles et les tubes fixés tout autour. En la regardant, j'essayais de l'imaginer en jeans, en robe de mariée ou en maillot. N'importe quoi plutôt que cette chemise d'hôpital bleu pâle sur son corps nu. Tout en surveillant ses signes vitaux, je remarquai quelques battements occasionnels, mais inquiétants, sur le moniteur cardiaque où un ourson montait la garde, comme une sentinelle. Le long de l'un des côtés du lit, des machines et des équipements se serraient les uns contre les autres, comme une équipe de conseillers-robots. Un groupe de véritables spécialistes se pressaient de l'autre côté.

Sur la tablette de la patiente se trouvait un bloc-notes. Je savais combien privées et intimes peuvent être les notes que les patients griffonnent, et qui n'ont d'autre choix que de les laisser à la vue de tous. Mais je ne pouvais m'empêcher de lire ce griffonnage tracé à la hâte en travers de la page :

Ne te culpabilise pas. J'ai remonté trop vite. Tu m'as donné ton oxygène.

Sur une autre page : *Suis-je très malade?* Auquel elle avait ajouté : *Vas-y doucement avec maman et papa. Ne leur dit pas tout. Je t'aime.*

Elle avait dû écrire ces notes la nuit où elle était arrivée. Depuis lors, son état s'était aggravé rapidement. Elle était maintenant inconsciente, sans doute à cause des bulles d'air, ou d'une embolie au cerveau.

« Elle n'ouvre pas les yeux, elle ne répond pas aux stimuli, ni à la voix », dis-je à Frances.

Aucune réponse à la symphonie de Mozart à la radio que son mari avait installée près d'elle. Pas de réponse à son toucher, aucune notion de sa présence quand il est entré dans la chambre.

« Il faudrait probablement effectuer un CTscan de la tête, dit Frances, planifiant la journée. Assurez-vous que tous les signaux d'alarme soient branchés. Elle fait quelques battements ventriculaires prématurés – en voici précisément un – mais pour l'instant, lavons-lui les cheveux. »

Je la regardai, surprise que l'apparence de la patiente soit devenue une priorité.

« Je sais qu'elle est malade, dit Frances. Mais, qu'elle s'en sorte ou pas, je suis certaine qu'elle souhaiterait être belle pour son mari quand il vient la voir. »

Frances prépara des seringues contenant différents médicaments d'urgence et les aligna le long de la tablette, comme des munitions.

«En cas de besoin, seulement, expliqua-t-elle. Je n'ai pas bon espoir pour elle.»

Alors que la journée avançait, je m'occupais des tâches immédiates quand, soudain, en fin d'après-midi, alors que le mari d'Andrea était présent, un pressentiment poussa Frances à jeter un regard au moniteur cardiaque, une seconde avant que l'alarme ne se déclenche.

«Elle entre en V-tach! Le matériel d'urgence, vite!» me cria-t-elle.

Tachycardie ventriculaire! Voilà le véritable problème! Si je n'interviens pas rapidement, elle peut conduire à la fibrillation ventriculaire!

Frances emmena le mari pendant que la chambre s'emplissait de monde. Lui s'adossa au mur. J'aurais voulu l'aider, mais je ne le pouvais. Je n'aurais d'ailleurs pas su quoi lui dire. Laura, Justine et deux collègues infirmières, Tracy et Nicole, sortirent de nulle part et aidèrent Frances à soulever Andrea et à lui placer une planche sous le dos. Cette surface dure en place, Frances grimpa sur le lit et commença à exercer des compressions thoraciques vigoureuses tandis que Nicole raccordait la patiente au défibrillateur en vue de lui administrer des chocs électriques pour débloquer le cœur.

Tracy injecta une ampoule d'épinéphrine dans une veine qui menait directement au cœur d'Andrea.

Justine lui tâta l'aine pour détecter les pulsations. Rien. Elle fit signe à Frances de reprendre les compressions.

Quelques instants plus tard, un médecin arriva et prit la direction des efforts de réanimation que les infirmières avaient déjà entrepris.

J'étais pétrifiée. Incapable de faire le moindre mouvement. Incapable de penser. Incapable de me rappeler avec précision un seul des logarithmes que je croyais avoir mémorisés : *Si la victime ne réagit pas et si son pouls est défaillant, soumettez-la à un choc de 200 joules. Au cas où le patient ne revient pas à un rythme sinusoïdal, répétez le choc à 300 joules.* Ou était-ce peut-être 360 ?

« Ici, dit Tracy, me tendant le rapport d'arrêt. Rapporte l'événement. »

Comment avait-elle pu savoir ? Le papier et la plume avaient toujours été mon refuge.

Ils réussirent à sauver Andrea. Pendant ce temps, j'avais préparé un extrait d'un médicament nouveau et puissant appelé Amiodarone que nous devions utiliser pour stabiliser son rythme cardiaque encore irrégulier. Il m'avait fallu longtemps pour préparer le médicament. Six ampoules de verre étaient alignées sur le comptoir et j'étais en train d'essayer de les ouvrir – la première m'avait déjà causé une coupure au pouce en cassant dans mes mains.

« Laisse ça pour un moment, dit Frances. Veux-tu savoir ce que tu dois faire en premier lieu en cas d'arrêt cardiaque ? Prendre une profonde respiration. Ensuite prendre le pouls. Le tien, bien entendu. Ensuite prendre celui du ou de la malade. Faire le tout calmement. Ne pas courir pour rien. Ne pas permettre à rien ni à personne de te presser. Jamais. » Elle se retourna en entrant dans la chambre d'Andrea. « Il y a un truc pour cela. Laisse-moi te montrer. Elles cassent très facilement, mais si tu pousses trop fort, tu ne pourras les ouvrir. »

Légèrement, non pas fort. Lentement, non pas vite. Relaxer, non pas paniquer. Comment pourrais-je jamais apprendre tout cela ?

Plus tard, ce même jour, Andrea fit un nouvel arrêt cardiaque et cette fois, elle ne put s'en sortir. C'est de cette façon que Frances l'annonça doucement au mari. Il le savait, mais avait besoin qu'on le lui dise. Il s'effondra dans les bras de Frances et sanglota dans le confort et la sécurité qu'elle offrait. J'avais besoin de m'y réfugier aussi. Les bras de Frances étaient larges et assez forts pour beaucoup de chagrins et je savais qu'elle pouvait y faire face tout en restant elle-même intacte.

La mort d'Andrea affecta beaucoup d'infirmières qui aimaient s'identifier à cette jeune mariée, si pleine de vie et de promesses. Certaines s'arrêtèrent pour venir consoler la famille, pour jeter un dernier regard au charmant corps gisant sur le lit, encore relié aux machines maintenant silencieuses et inutiles, déconnectées de leur source d'énergie, les écrans éteints. Quelques infirmières pleurèrent même, et je pus constater que leurs larmes touchaient la famille. La famille savait probablement que les infirmières ne peuvent pas toujours pleurer leurs patients, de sorte que, lorsqu'elles le faisaient, il était évident que la peine était partagée.

Je me retirai. C'était la fin de la journée et d'autres allaient poursuivre ma tâche. Elles allaient laver le corps d'Andrea et le préparer pour la morgue. Elles allaient nettoyer la chambre et, bientôt, celle-ci apparaîtrait comme si personne n'y avait jamais séjourné. Elle serait prête pour le prochain patient.

J'accrochai ma blouse de laboratoire et sortis, complètement épuisée. Je n'avais plus rien à donner. Bien des heures s'étaient écoulées, mais je n'avais pas le sentiment de l'écoulement d'une journée; c'était simplement un fouillis d'événements et d'expériences à trier plus tard. Je me demandais si j'avais assez de ressources pour rentrer chez moi, prendre une douche et m'affaler sur mon lit.

Mais en sortant dans ce soir froid et pluvieux, la bruine glacée m'apporta un soulagement. Mon ami m'attendait dans sa voiture confortable, moteur ronronnant, et je me glissai à son côté.

« Comment ta journée s'est-elle passée ? demanda Ivan. Mais je ne savais réellement pas comment lui répondre.

Nous roulions en silence. En arrivant chez nous, je l'entraînai dans la chambre à coucher. Le désir violent me prit de faire l'amour, de le faire toute la nuit, pour chasser la mort de mon corps.

Chapitre 3

LA VEINE, L'ARTÈRE ET AU-DELÀ

Les choses allaient mieux.

Comme une actrice, je mémorisais mes textes ; comme un danseur, j'apprenais les pas.

« Comment va le patient ? » allaient demander les médecins lorsqu'ils passeraient en coup de vent dans la chambre, et je pourrais déclamer tous les chiffres qu'ils voulaient entendre :

« Tension artérielle pulmonaire 38 sur 22 ; tension capillaire pulmonaire 16 ; tension artérielle moyenne 72 à 78 ; rythme sinusal 110 ; tension artérielle 118 sur 72 ; tension artérielle positive en fin d'expiration 7,5 ; gaz sanguins 7,34, 41, 88 et 22 ; débit urinaire 30 à 50 cc/heure. »

Plus il y avait de chiffres, mieux c'était !

(Je m'assurais d'abord de déceler la spécialité du médecin auquel j'avais affaire, afin de ne pas me perdre inutilement dans les détails concernant la fonction rénale du patient devant un cardiologue, ou commencer à parler d'enzymes du foie à un chirurgien du thorax. Ils n'auraient pas été intéressés.)

Le bruit de fond chaotique de l'USI commençait à prendre un sens pour moi. La sonnerie des avertisseurs ne représentait plus une cacophonie affolante suscitant dans mon esprit un état permanent d'inquiétude. Je commençais à pouvoir distinguer les gongs menaçants d'un aérateur et les sonneries mélodieuses de la pompe intraveineuse des bourdonnements insistants du moniteur cardiaque. Mais avant tout, lorsqu'une alerte se déclenchait, je savais que je devais d'abord vérifier le patient et, ensuite seulement, l'équipement.

C'était un endroit sérieux et j'en appréciais l'atmosphère d'intérêt scientifique et d'attachement au savoir et à la recherche. Très tard, une nuit, nous avions dû requérir auprès du service de sécurité l'ouverture de la salle de bibliothèque pour permettre à un résidant d'accéder à un numéro du *Journal of Immunological Disorders* qui contenait un article relatif à une maladie peu connue dont souffrait précisément l'un de nos patients. C'était passionnant de travailler dans un endroit où la recherche des connaissances était considérée comme un service d'urgence 911. Et, oui, j'étais arrivée à maîtriser le bouchon d'arrêt que je pouvais tourner à gauche ou à droite, prenant du sang, mesurant la tension sanguine et décelant les causes d'un quelconque mauvais fonctionnement de l'équipement.

Je commençais à me décontracter et même à aimer mon travail.

L'USI comptait vingt lits et chaque infirmière était affectée à un malade. Parfois, nous nous occupions de deux patients à la fois si l'un d'eux était dans un état suffisamment stable. Parfois aussi, même si l'état des patients était préoccupant, nous n'avions pas d'autre choix que d'en accepter deux en même temps. À certains moments, cette situation pouvait être préoccupante.

Dans chaque équipe, il y avait une infirmière responsable plus une assistante, de sorte qu'il y avait toujours vingt-deux infirmières dans chaque groupe, de nuit comme de jour. Toutes, nous travaillions douze heures, pendant la nuit comme pendant la journée, commençant le matin à 7 h 15 jusqu'à 19 h 15, au moment où l'équipe de nuit venait nous remplacer. Celle-ci travaillait toute la nuit jusqu'à 7 h 15 le matin suivant.

Un petit groupe d'entre nous – Frances, Tracy, Nicole, Laura, Justine et moi – travaillait ensemble. Il fut bientôt baptisé « Ligue à Laura. » Était-ce en raison du jeu des initiales ou, plus probablement, de la présence autoritaire de Laura, de son intelligence hors pair et de ses compétences indéniables ? Son attitude à la fois effrontée et rieuse devint légendaire.

Bien que, pour une raison ou pour une autre, chacune de ces infirmières était extraordinaire, Laura était sans conteste la meilleure de toutes. Elle était l'infirmière que vous auriez souhaité avoir en toute occasion, bonne ou mauvaise. Si grossière et irrespectueuse qu'elle pouvait être en privé, derrière des portes closes, elle était, envers les patients et leur famille, respectueuse et gentille, dévouée et attentive.

Tout ce qu'elle faisait semblait ne lui demander aucun effort. Je me souviens l'avoir vu se précipiter un jour pour aider un patient qui faisait un arrêt cardiaque. Lorsque, une heure plus tard, elle revint, elle ne paraissait pas le moins du monde excitée ni grisée d'avoir sauvé une vie humaine. Elle semblait distante, un rien ennuyée, comme si elle avait toujours besoin d'un café pour se tenir à flot.

Une autre fois, à l'occasion de l'admission d'un patient, Laura examina celui-ci et rédigea toutes les prescriptions médicales, y compris les médicaments, l'examen aux rayons-X et les tests. Plus tard, lorsque le médecin se présenta pour procéder à l'admission du patient, il fut surpris de constater que toutes les dispositions avaient déjà été prises et il marqua son accord sur tout ce qui avait été fait. Il admit même que Laura avait remarqué une chose que lui-même n'aurait pas aperçu. Il contresigna toutes les dispositions qu'elle avait prises.

Nous nous sommes toutes demandé si un jour elle ne risquait pas d'aller trop loin.

Le régime auquel nous étions soumises, lorsque j'y pense aujourd'hui, était si cruel, si malsain et si fondamentalement dément que je me demande maintenant comment nous avons pu le supporter. Les lundi, mardi et mercredi, nous travaillions trois nuits d'affilée. Nous recommencions le samedi et le dimanche pour la journée, ensuite nous revenions les mercredi, jeudi et vendredi. Nous prenions alors congé la fin de semaine pour recommencer à nouveau les lundi et mardi suivants pendant la journée. Nous travaillions ensuite quatre nuits consécutives, du jeudi au dimanche soir. Le lundi matin, notre groupe prévoyait sortir pour un petit déjeuner, mais le plus souvent, lorsqu'arrivait ce quatrième matin, nous nous sentions tellement fatiguées et mal fichues que nous renoncions à la sortie. Chacune de nous rentrions pour dormir toute la journée. Nous flânions paresseusement pendant quelques jours, récupérant du travail précédent et nous préparant à la suite. Nous avons suivi ce régime pendant des années.

Certains le suivent encore.

Il y eut beaucoup de décès à l'Unité de soins intensifs mais, au cours des quelques premiers mois, Rosemary, l'infirmière en chef, veilla à ne pas me confier de patients très malades ou mourants. Probablement, le fit-elle en tenant compte de ma réputation – Laura avait dit à tous ceux et celles qui voulaient l'entendre que j'étais « trop sensible » et elle prédisait que je ne survivrais pas longtemps dans l'USI. Rosemary protégeait peut-être aussi les patients d'une infirmière qui faisait encore son apprentissage clinique en soignant des patients stables, mais qui n'avait pas encore les aptitudes nécessaires pour traiter des situations complexes et délicates.

Quand c'était possible, notre groupe s'efforçait de prendre au même moment la pause du matin. Nous prenions alors ensemble l'ascenseur pour la cafétéria, sauf Laura qui empruntait une route détournée via l'arrière de l'hôpital et descendait par l'escalier. Elle évitait ainsi la salle d'attente et son atmosphère de tension et de transpiration, et toutes les familles qui attendaient dans l'angoisse. Elle disait que les familles nous reprochaient de prendre ces quelques moments de repos.

« Je ne leur dis jamais que je vais prendre mon petit déjeuner. Je dis que je vais à une réunion. Alors que la vie de leurs êtres chers est en jeu, ils pensent que tout ce dont nous nous soucions, c'est d'avoir nos petits gâteaux et nos tartines. »

Mais je crois qu'elle ne pouvait supporter de rencontrer leurs yeux qui scrutaient les nôtres dans l'espoir de nouvelles rassurantes. Elle avait besoin de ce répit.

Nous disions toujours que nous n'aimions pas parler de nos patients – nous nous disions que nous avions besoin d'un répit – mais nous le faisions quand même, et c'était habituellement Laura qui commençait.

« J'ai Mme Wong », dit-elle un matin. Elle veillait à parler à voix basse pour assurer la confidentialité. « C'est une Chinoise de trente-huit ans qu'on a découverte évanouie au supermarché hier soir. Elle ne réagit pas, les neurochirurgiens sont en train de l'examiner afin de déterminer si elle est opérable ou non. De toute manière, Mme Wong a eu une hémorragie cérébrale importante et il est probable qu'elle sera bientôt déclarée en état de coma dépassé. Alors, les *vautours* – je veux dire les *chirurgiens* – se jetteront sur ses organes, si la famille marque son accord. »

J'observais la jolie figure de Laura et l'expression indignée de ses traits fins et délicats. Son aspect charmant contrastait avec la dureté de ses propos. Il semblait que rien dans cette information choquante ne pouvait empêcher Laura de savourer son café assorti d'un muffin anglais grillé et garni de beurre d'arachide. D'ailleurs, me demandais-je, pourquoi en serait-il autrement ? Elle doit bien prendre son petit déjeuner. Qui aimerait avoir affaire à une infirmière famélique ?

J'étais passée devant la chambre de Mme Wong plus tôt ce matin et j'avais supposé que les deux adolescents debout devant sa porte devaient être ses enfants. Le garçon, qui portait une veste en jeans et avait une expression absente devait avoir environ seize ans. La fille, en uniforme scolaire, portant un petit sac à dos, semblait en avoir douze.

« Un jour, ils ont une mère, le lendemain, ils pourraient être orphelins », dis-je.

« Les choses n'en sont pas encore là. Elle peut s'en sortir si le saignement est localisé, mais les chances ne sont pas grandes », dit Laura avec une expression peu encourageante.

Elle donnait l'impression d'être le médecin de la patiente plutôt que l'infirmière. Mais qu'était un médecin ? Qu'était une infirmière ? Ces rôles semblaient interchangeables, particulièrement au Centre de soins intensifs.

Donc, Mme Wong était hésitante, ni ici, ni là, incertaine : ni morte, ni vivante. On ne s'étonnait donc pas des yeux désorientés des enfants.

« Ce qui m'a réellement étonnée, poursuivait Laura, c'est lorsque j'ai ouvert le casier où nous stockons les objets personnels. J'en ai retiré des sacs de plastique remplis de raisin, de riz et de bok choy et j'ai confié tout cela aux enfants pour qu'ils ramènent ces marchandises chez eux. Imaginez la dernière préoccupation d'une mère, acheter de la nourriture pour sa famille. »

« Mme Wong était-elle normalement en bonne santé, aucun passé médical ? » demanda Tracy tout en dégustant son sandwich garni d'une tranche de lard frit, de fromage blanc, de confiture et de ketchup – à la fois salé, crémeux, sucré et aigre.

Son sourire malicieux annonçait une plaisanterie.

« N'est-ce pas toujours le cas ? » rétorqua Laura. Tous sont bien portants avant de devenir malades. »

« Alors quelque chose a dû *touwner twès, twès* mal », dit Tracy.

Pendant que l'ascenseur montait, nous faisions face à deux résidents chirurgiens dont nous ne pouvions éviter d'entendre la conversation.

« ... Quelle affaire ! Récupérer le cœur ! Mais tandis que je me brossais les mains avant d'opérer, les choses se sont gâtées, et ils ont perdu la perfusion. Ils l'ont ouvert après que les choses aient réellement pris une mauvaise tournure, mais ils n'ont pas pu reprendre le contrôle... Mon vieux, quand les choses vont mal, elles peuvent aller réellement, réellement très mal. »

« *Wéellement, wéellement twès* mal », chuchota Tracy et nous sommes sorties en trombe de l'ascenseur en riant comme des folles.

Pouvais-je rester triste longtemps ? J'appréciais la détente que le rire apporte. En outre, m'aurait-il été possible de faire partie d'un groupe tout en me tenant à l'écart, être celle qui ne rit jamais et qui sait se contrôler ? Ces infirmières trouvaient matière à rire dans tout. Même ce qui n'était pas drôle le devenait pour elles. Je m'efforçais de retenir en esprit à la fois toutes les contradictions de mon nouveau métier – respect et irrévérence, humour et tristesse, espoir et désespoir, compassion et détachement.

« Qu'y a-t-il de si drôle ? me demanda Ivan quand je lui racontai l'une des péripéties amusantes survenues au cours du travail. Je ne comprends pas pourquoi vous pouvez rire tant. Tout ça me paraît tellement triste. »

Je riais vraiment beaucoup au travail. Il était pourtant étrange que plus les patients étaient malades – moins bien ils se sentaient, plus grave était leur état – plus nous avions tendance à rire et plus nous riions – toujours derrière des portes closes. Comment était-ce possible de rire tout en étant en même temps des infirmières dévouées et attentionnées ? Toutes, nous avions choisi la carrière d'infirmière comme travail pour notre vie et notre spécialité, les soins intensifs, était le domaine de la souffrance et de la tristesse. Même lorsque l'issue était favorable, on trouvait toujours énormément de souffrances le long du chemin.

Je devais rire. Rire avec les infirmières soulageait le désespoir qui s'était enraciné en moi depuis bien des années. C'était un désespoir que je cherchais à tenir secret, pourtant des amis me dirent qu'ils l'apercevaient dans mon visage, dans la chute de mes épaules, dans l'affaissement de mes yeux.

Progressivement, Rosemary commença à me confier des patients plus intéressants. La plupart du temps, je m'en tirais honorablement, mais je remarquai un phénomène mystérieux que je n'arrivais pas à comprendre. Chaque fois que je perdais pied ou simplement que j'hésitais, l'une d'elles – Laura, Frances, Nicole, Tracy ou Justine – apparaissait soudain. Elles semblaient savoir exactement ce dont j'avais besoin, généralement sans me le demander. Elles avaient chacune leurs propres patients et étaient bien occupées; comment savaient-elles que j'avais besoin d'aide?

Beaucoup de patients mouraient à l'USI, mais jusqu'à présent, depuis mon orientation auprès de Frances, le cas ne m'était pas encore arrivé.

Je dois mon initiation à la mort à l'une de mes infirmières de nuit préférées.

Valerie était une femme noire, originaire de Sainte-Lucie, qui avait vécu longtemps en Angleterre. Elle pouvait être intimidante parce que, alors qu'elle avait un port sophistiqué et une élégance digne de la reine de son pays d'adoption, elle était en même temps directe dans ses manières tout autant que dans sa façon de communiquer. Elle venait au travail avec une serviette qu'elle tenait d'une main toujours parfaitement manucurée, aux ongles polis de couleur écarlate ou fuchsia. Dans la serviette, elle gardait des manuscrits de romans policiers victoriens qu'elle composait dans la parcimonieuse lumière de la cafétéria pendant ses moments de détente.

« Votre patient est mort », me dit-elle en guise de salut alors que j'arrivais pour prendre mon service. Elle déchira une bande de sparadrap de sa table, la roula en boule et la jeta dans la poubelle. Elle y avait inscrit sa « liste noire ». C'était ce qu'elle appelait aussi sa liste des points d'inquiétude qu'elle avait au sujet de ses patients et dont elle avait souhaité parler au médecin au cours de la nuit. Ces points n'étaient de toute évidence plus d'actualité.

« Quelles sont les caractéristiques de l'aérateur? » demandai-je.

« Je te l'ai dit, Tilda, il est mort. »

« Médications ? Intraveineuses ? »

« Aucun médicament. Il est mort. Comprends-tu ? »

Pourtant, il y avait quelqu'un dans ce lit et l'équipement était en fonctionnement ; les diagrammes verts se traçaient sur l'écran du moniteur cardiaque. D'où j'étais assise avec Valerie, je pouvais voir que le patient, un jeune homme, allait parfaitement bien. L'aérateur pompait de l'air dans ses poumons qui se soulevaient régulièrement et un flux permanent d'urine s'écoulait dans l'uromètre. C'étaient des signes pertinents de vie, ainsi que je l'avais appris.

« Je ne suis pas très sûre de ce que vous entendez par mort », risquai-je.

« Deux médecins de l'équipe l'ont déclaré cérébralement mort, légalement et médicalement. La famille vient tout juste de quitter et ils ont refusé le don d'organes. Tout ce que vous avez à faire maintenant est de déconnecter tous les appareils, l'envelopper et envoyer le corps à la morgue. Si vous n'avez pas d'autre admission, votre journée sera facile. Vous pourrez flâner de-ci de-là et aider vos collègues. »

« Mais, Valerie, je ne comprends pas. Il n'est certainement pas mort. *Il semble en parfaite forme.* Mettons les choses au point. Je ne puis déconnecter les appareils d'assistance dans ce cas. »

« Je sais, c'est très triste. C'est un jeune homme de seulement trente-six ans. Il paraît qu'il a eu une relation sexuelle avec sa femme et soudain, en plein milieu, il a eu une crise cardiaque. Tragique. Mais ne t'inquiète pas, Tilda, tu ne peux rien faire de mal, parce qu'il est mort. »

« Pourtant... »

« Lis toi-même le rapport du médecin sur la mort cérébrale. Pupilles fixes et dilatées, réflexes inexistants et un test d'apnée négatif. Tout est là. Tu n'auras plus rien à faire, maintenant », dit-elle.

Pendant un moment, je crus qu'elle voulait dire que j'allais perdre ma licence.

« Besoin d'un coup de main ? » demanda Tracy dont la longue silhouette dégingandée se dessinait soudainement dans l'encadrement de la porte.

Parce que, progressivement, des cas de plus en plus graves m'étaient confiés, je me rendais compte que l'on commençait à me faire davantage confiance. Pourtant, c'est à ce moment qu'un événement est survenu qui m'a fait songer à renoncer à ma carrière. Sans le soutien de mon groupe – la Ligue de Laura – j'aurais effectivement renoncé.

« Comment s'est passé votre nuit, Casey ? » demandai-je un matin en entrant dans la pièce.

Casey était une infirmière relativement âgée, aux cheveux gris, solidement bâtie, et qui travaillait souvent la nuit. Elle se plaignait toujours d'être fatiguée, mais il était difficile de la croire parce qu'elle parlait toujours avec une telle verve, se reposait rarement et ne prenait jamais de raccourcis en matière de soins aux patients. Elle fournissait toujours un rapport coloré et intéressant et j'étais prête à l'écouter.

« OK. J'ai eu du boulot, mais je suis heureuse que tu sois ici, Tilda. Je suis réellement moulue. »

Casey avait déjà échangé l'uniforme contre ses vêtements de ville. Visiblement, la transmission des pouvoirs serait des plus simples.

« Elle a l'air bien, Casey », dis-je en jetant un coup d'œil vers une petite dame aux cheveux blancs couchée dans le lit. Le débit du masque à oxygène lui couvrant le visage était maximal. Sa respiration était rapide et superficielle, mais elle semblait avoir été bien soignée et était parfaitement installée dans le lit. Les couvertures étaient bien tirées et la chambre était parfaitement en ordre.

« Prends une chaise, ma chère, et je vais te donner le topo. Mme Templeton a quatre-vingt-six ans. Elle vit chez elle avec son fils adulte. Insuffisance cardiaque, emphysème et maintenant pneumonie. Elle essaie de mourir depuis quelques jours, mais lui ne veut pas la laisser faire. Il demande qu'elle soit intubée et ventilée. C'est lui que nous traitons, pas elle. De toute manière, son état a été stable pratiquement toute la nuit. À un moment, elle a voulu sortir du lit et arracher ses tubes, j'ai dû l'immobiliser et lui donner un soupçon de sédatif. Je l'ai soignée, parfumée et arrangée pour toi. Pense à prendre ton café avant que son charmant fils arrive. Il a été ici toute la nuit et apparemment restera aussi toute la journée, si tu le lui permets. Il sera bientôt ici, soufflant dans ta nuque en te posant mille questions. Il ne croit pas que les heures de visite s'appliquent à lui. Voilà toute l'histoire. »

« Peut-être quelqu'un aurait-il dû parler à Mme Templeton avant qu'elle ne soit si mal, alors qu'elle pouvait encore exprimer ses désirs », dis-je, réfléchissant tout haut.

« Aurait, devrait, pourrait, regarderais-tu par hasard le feuilleton *Judge Judy*? De toutes façons, il est trop tard maintenant. »

Elle se couvrit le corps de son poncho tricoté. « Je m'en vais. Au revoir. »

« Merci, Casey. Bonne nuit, dors bien. On se revoit ce soir. »

Je commençai par jeter un coup d'œil au dossier pour avoir une meilleure idée du passé médical de Mme Templeton. En levant les yeux, j'aperçus un homme de grande taille qui me considérait à travers d'épaisses lunettes. Pour quelqu'un qui avait vraisemblablement passé la nuit sur un siège dans une salle d'attente d'hôpital, il était impeccablement soigné et habillé. Sa chemise de laine était parfaitement glissée dans un pantalon sombre bien ajusté à la taille par une ceinture de cuir.

« Qui est l'infirmière de ma mère aujourd'hui ? Est-ce vous ? »

« Oui », dis-je en me présentant.

« Êtes-vous informée de l'état de ma mère ? »

« Pour tout vous dire, je viens tout juste de commencer mon travail. Je suis prête à entamer ma première évaluation. »

« J'attendrai ici que vous ayez terminé et vous pourrez alors m'en parler. »

Je n'étais pas habituée à travailler devant un public, et moins encore à voir mon travail surveillé. Le fait me rendit mal à l'aise dans mon évaluation. Certaines infirmières faisaient attendre les membres de la famille hors de la chambre jusqu'à la fin de leur travail, mais je n'osais pas lui demander de s'en aller.

« Elle s'efforce de respirer et est très faible, mais sa tension sanguine est bonne », lui dis-je un peu plus tard. Elle a de la fièvre, mais nous espérons que les antibiotiques feront bientôt leur effet et qu'elle ne devra pas être intubée et aidée par la ventilation. »

« Donnez-lui tout ce dont elle a besoin. C'est une lutteuse. Faites tout pour la garder en vie. »

« Vous savez, M. Templeton, les médecins et les infirmières ainsi que les autres membres de l'équipe aimeraient avoir une réunion avec vous pour parler de la situation, lui dis-je gentiment. En cas de... »

Il me coupa d'un geste. « Je sais à quoi vous voulez faire allusion, et il n'y a rien à dire à ce sujet. »

Pendant ce temps, un petit groupe s'était réuni dans la chambre de ma patiente. Le Dr David Bristol, l'un des médecins principaux, et le Dr Jessica Leung, l'interne principale de l'Unité de soins intensifs, accompagnés des résidents sous leur supervision, ainsi que Rosemary, la pharmacienne, et les spécialistes de la fonction respiratoire, plus les quelques autres infirmières qui pouvaient être présentes, arrivaient pour la ronde du matin.

« M. Templeton, lui dis-je, l'équipe est ici pour discuter du cas de votre mère. Son état est stable et il n'y a aucun danger immédiat. Voudriez-vous aller attendre un moment dans la salle d'attente ? »

Il me toisa d'un œil hostile et enroula son manteau autour du bras. « Je veux que maman soit soignée immédiatement. J'attendrai devant la porte de la chambre et n'irai nulle part ailleurs. J'ai d'ailleurs une série de questions à poser au médecin. » Il ne quitta pas immédiatement mais s'activa auprès du lit de sa mère, faisant mine d'arranger les oreillers et les couvertures pendant plusieurs minutes avant de sortir pour attendre dans le couloir.

Justine avait tout juste terminé le transfert de son patient vers la salle commune et venait de nous rejoindre. Petite et jolie, avec des cheveux flamboyants rassemblés en queue-de-cheval, elle était consciente de ses attraits tout autant que de son intelligence et de la vivacité de son esprit qu'elle pouvait parfois utiliser comme arme. Justine était notre représentante auprès du syndicat et nous pouvions être sûres que nos intérêts étaient bien pris en compte. Par-dessus ses frusques flottantes de l'USI, elle portait un *sweat-shirt* sur lequel était imprimé en lettres rouges « Les infirmières dispensent leurs soins, mais ne figurent pas au budget ». Des chaussettes rouges, des espadrilles et des boucles d'oreille représentant de minuscules pots de fleurs achevaient son accoutrement. Elle observait, les mains aux hanches, le fils aux petits soins pour sa mère avant de la quitter.

« Qu'est-ce que ce gars ? Il a besoin d'être mis au parfum. Prend-il encore le sein ? » Elle essayait de chuchoter, mais je crois que Justine était constitutionnellement incapable de baisser le ton. Sa voix de stentor était audible par tous les membres de l'équipe qui gloussaient.

« Chut ! » fis-je, sans pouvoir moi-même m'empêcher de sourire.

« En l'absence de directives préalables de la part de la patiente elle-même, et compte tenu de l'impossibilité de celle-ci à s'exprimer à cause de son niveau de conscience affaibli, dit le Dr Bristol, nous serons informés des souhaits de la patiente par procuration. Le fils est son substitut en matière de décision et représentera ses souhaits. Lui a-t-on parlé ? »

« Oui, c'est moi qui lui ai parlé », et je répétai ce qu'il m'avait dit. « Il veut qu'en cas d'arrêt cardiaque, tout ce qui peut se faire soit fait – inotropes, intubation, compressions cardiaques et défibrillation. Mais je ne sais si ce sont ses propres souhaits ou ceux de sa mère. »

« Bon, continuons donc. Ce serait dommage de l'intuber parce qu'il est difficile de la priver de l'aérateur, mais il ne semble pas que nous puissions tenir beaucoup plus longtemps, ajouta le Dr Bristol en jetant un coup d'œil au tableau des chiffres décroissants et aux valeurs enregistrées sur le diagramme. Ses efforts pour respirer sont considérables. Il fit une pause. Parfois, il est préférable de ne pas commencer que de devoir arrêter par la suite », murmura-t-il.

Monsieur Templeton nous attendait dans le hall alors que nous sortions de la chambre. « Je voudrais comprendre. » L'équipe conduite par le Dr Bristol ne s'arrêta pas, mais le Dr Leung prit un moment pour répondre aux questions de M. Templeton.

« Le problème est celui de ses poumons », dit-elle.

« Et si je restais assis auprès d'elle en lui rappelant de respirer, est-ce que ça l'aiderait ? Où en est sa pneumonie ? Ses poumons sont-ils seuls attaqués ou a-t-elle d'autres problèmes ? »

« Oui, son système respiratoire est le principal système affecté. » Le Dr Leung parlait lentement et avec précaution, pour éviter de fausses interprétations. « Mais elle est fragile et affaiblie, elle a quatre-vingt-six ans et souffre d'une maladie chronique irréversible. Elle ne dispose pas d'un pouvoir de récupération... »

« Elle a quatre-vingt-cinq ans. Qui a dit qu'elle en avait quatre-vingt-six ? Je veux que cette erreur soit corrigée. »

Je m'empressai de l'assurer que ce serait fait.

Plus tard dans la journée, pendant les rondes de l'équipe du soir, le Dr Leung revint sur le point.

« L'infirmière et moi-même avons parlé avec le fils concernant l'arrêt des moyens et il était... »

Le Dr Bristol l'interrompit. « Nous n'arrêtons jamais nos soins. Dans certaines circonstances, il se peut que nous interrompions le *traitement*, mais jamais les *soins*.

« Vous avez raison », concèda-t-elle.

Je le considèrai avec beaucoup de respect. J'adorais travailler dans un endroit où les mots comptent.

« Que lui donnez-vous là ? » M. Templeton sursauta en voyant que j'aspirais un médicament dans une seringue.

« Une légère dose de morphine. La respiration de votre mère est laborieuse et elle souffre de détresse respiratoire. Ça lui apportera un peu de confort. »

« Non, je ne veux pas qu'elle reçoive cela. Elle ne sera plus capable de lutter. Ça la rendra *groggy* et elle ne me reconnaîtra plus. Non, je ne veux pas qu'elle reçoive de la morphine ni aucun sédatif. Pourquoi y a-t-il des bulles dans la canalisation de l'intraveineuse ? Que signifie cette humidité dans le masque à oxygène ? »

J'éliminai les bulles de la canalisation et essuyai la condensation du masque respiratoire de sa mère.

L'une des jeunes résidentes annonça à M. Templeton qu'elle allait installer chez sa mère une canalisation spéciale intraveineuse appelée cathéter artériel pulmonaire. Le but étant de mesurer la pression dans les différentes parties du cœur. Le fils sembla satisfait de ce projet, même après avoir été averti qu'il fallait tenir compte de risques associés, comme des caillots sanguins, une embolie d'air ou de l'infection. Il me regarda comme s'il était maintenant vengé.

Mme Templeton était agitée, jetant les bras de-ci de-là pendant que le médecin s'efforçait d'insérer une canalisation dans une veine profonde du cou.

« Vous devez lui attacher les bras, murmura la résidente. Je ne puis insérer cette canalisation tant qu'elle remue ainsi. »

Peut-être essaie-t-elle de nous dire quelque chose.

«Peut-être essaie-t-elle de...», commençai-je, puis je m'arrêtai.

Bientôt il y eut du sang partout sur le lit et des caillots pendaient des gants du médecin. La patiente devra recevoir une transfusion après une telle épreuve, pensai-je. Sans aucune précaution, le médecin purgeait le sang de sa seringue dans la direction approximative de la poubelle, le faisant en fait gicler dans toutes les directions, dangereusement près de moi qui me tenais à côté du lit.

«Holà! Faites attention», criai-je en me reculant.

«Excusez-moi. Vous ai-je atteinte?»

«Avez-vous déjà pratiqué cette technique?»

«Une fois.»

«Qu'essayons-nous de faire ici?» demandai-je, sachant que je risquais de l'énerver. Elle avait une tâche à accomplir et je la distrayais avec mes questions.

«Nous avons besoin de plus d'information quant aux ventricules droit et gauche, afin de savoir s'il s'agit d'un œdème pulmonaire ou d'une crise cardiaque. Ceci nous aidera...»

«Je sais ce que disent les manuels, mais croyez-vous que nous devrions faire tout cela? Ça paraît un peu... cruel. De toute évidence, elle ne le souhaite pas.» Je n'aimais pas avoir à maintenir les frêles bras de Mme Templeton tandis qu'elle se débattait pour se protéger de ce qu'elle considérait comme une agression.

«Il est difficile de répondre à votre question. Et elle ne peut s'exprimer. Son fils est son plus proche parent.»

J'aidai le médecin à insérer la sonde.

Dans le cas de Mme Templeton, je ne pouvais déterminer si l'intérêt de cette procédure douloureuse et invasive n'était qu'académique. Sans doute, un diagnostic plus précis pouvait être posé et les médicaments pouvaient être mieux ajustés, mais je ne croyais pas que le résultat final puisse être différent. Peut-être que le seul bénéfice était d'apporter au résident un peu plus d'expérience, susceptible de bénéficier plus tard à d'autres patients. Comment pourrais-je continuer à maintenir ses bras et à lui dire des paroles rassurantes mais inutiles tandis qu'elle tentait de se soustraire à ce que nous lui infligions, si je ne me réfugiais pas, d'une manière ou d'une autre, derrière cette rationalisation ?

Ceci me rappelle une garde de nuit pendant laquelle je travaillais en gériatrie dans un autre hôpital. Un patient était décédé et les porteurs n'étaient pas encore arrivés avec la civière pour transférer le corps à la morgue. En passant devant la chambre du patient décédé, je remarquai un rai de lumière filtrant par-dessous la porte. Étrange ! J'ouvris et me trouvai en face d'une résidente médicale et de son interne en train de placer une ligne centrale dans le cadavre. En une seconde, l'expression de leur visage passa de la culpabilité à la justification.

« Dean doit apprendre cette procédure, expliqua la résidente. Il sera résident dans quelques mois et il n'a jamais eu l'occasion de poser une ligne. Il doit apprendre. N'est-il pas préférable de s'exercer sur un patient décédé que sur un patient vivant ? »

Ses protestations n'eurent aucune prise sur moi. Tous, nous savions que ce qu'ils faisaient était mal – aussi bien au plan légal que moral et éthique. Pourtant, je me rendais aussi compte qu'il y avait un intérêt. Était-il possible qu'une chose puisse être condamnable, mais aussi apporter un bien ? Si personne n'était ni blessé ni lésé, où était le problème ?

« Ne vous en faites pas. Je ne vous dénoncerai pas », dis-je.

Nous savions tous qu'ils pourraient faire face à des ennuis, être sérieusement réprimandés ou pire encore. Sans compter que, connaissant la situation et me taisant, j'étais aussi coupable.

Justine s'approcha tandis que la résidente et moi étions encore occupées auprès de Mme Templeton. « Si jamais je deviens comme elle, dit-elle tout haut, sans s'occuper de ceux qui l'écoutaient, tuez-moi. »

« Il faut que nous sachions ce qui ne va pas », dit la résidente pour se justifier. Elle éprouvait encore des difficultés à insérer le cathéter dans la veine cave supérieure.

« Je vais vous dire exactement ce qui se passe pour elle, dit Justine. Ce qui se passe, c'est qu'elle essaie de mourir. Anciennement, avant l'avènement de toute cette machinerie de haute technologie, on appelait cela simplement "mourir". C'est ainsi qu'on disait. »

« Mais le fils demande qu'on fasse tout, reprit le docteur. Il veut... »

« Croit-il réellement que nous pouvons reculer les aiguilles de l'horloge, lui offrir la fontaine de jouvence ? Dites-lui qu'il n'y a pas de remède à la vieillesse. Pauvre femme, elle cherche à mourir et nous ne la laissons pas faire. Quelqu'un devrait lui dire que ce n'est pas autorisé ici. » Justine prit la main ridée de la vieille dame dans sa grosse patte et secoua la tête en signe de réprobation.

Après l'insertion de la ligne, le fils revint et tira une chaise près du lit. Je baissai le rail afin qu'il puisse être plus proche et lui tenir la main.

« Merci, dit-il. Je vais lui donner un peu de soda, et ses forces vont revenir, vous verrez. »

La résidente revint pour examiner une fois encore la situation avec lui.

« M. Templeton, la question actuelle est de savoir si nous devons l'intuber ou non. Si nous le faisons, votre mère sera de nouveau reliée au respirateur. Elle en subira un certain inconfort que nous pouvons soulager au moyen de sédatifs, mais nous ne pouvons aucunement garantir que nous serons capables de la sevrer de l'aérateur. »

« Je veux que tout soit fait pour ma mère », dit-il.

La résidente haussa les épaules et quitta précipitamment, son télé-avertisseur sonnant.

Je soupirai et restai seule en face de lui. « M. Templeton, il doit être pénible pour vous de voir votre mère dans cet état, mais essayez d'imaginer ce que la situation est pour elle et quel serait son souhait. Aimerait-elle que nous la maintenions en vie grâce à la ventilation, aux intraveineuses, à un cathéter urinaire et à une alimentation artificielle ? Son esprit se détériore et elle souffre d'une maladie incurable des poumons. Combien de temps lui reste-t-il à vivre et la souffrance en vaut-elle la peine ? Est-il possible qu'elle souhaite mourir ? »

« Est-ce que vous me dites qu'elle est mourante ? »

Voilà le mot prononcé.

« Suggéreriez-vous que nous abandonnions le combat, tout simplement, comme ça ? Retirer la fiche ? Je vous traînerais tous en justice ! Je demande un contravis. Si vous ne faites pas tout pour elle, je la transfère ailleurs. »

Je pris une profonde respiration pour me calmer. « M. Templeton, rien ne sera fait contre votre volonté. Nous ferons ce que vous déciderez. Nous voulons seulement être certaines que vous compreniez bien les implications si nous la replaçons en respiration assistée. Réfléchissez à ce qui peut être le mieux pour elle. Que peut-elle souhaiter ? »

Il était frappé d'horreur par notre apparente cruauté. « Il n'y a rien à réfléchir. Je veux que tous les moyens soient mis en œuvre pour la remettre sur pied. Comment pouvez-vous me demander de mettre fin à la vie de ma mère ? Donnez-lui toute l'assistance possible afin qu'elle vive ! »

Afin de le réconforter, je fis le geste de lui toucher le bras, mais il le retira et se dressa pour m'affronter. « Vous essayez de tuer ma mère ! Savez-vous qui est cette femme ? Elle a été élue Miss Baie de Georgie en 1923. Elle confectionne des courtepointes qui ont remporté des prix. Pas plus tard que la semaine dernière, elle est allée chez le coiffeur et nous avons déjeuné ensemble chez Eaton. Pensez-vous que ces autres malades aient plus le droit de vivre qu'une vieille dame ? » Il désigna du geste les autres patients puis pointa un long doigt dans ma direction. « Comment osez-vous l'abandonner ! Seriez-vous l'Ange de la Mort ? » Des postillons jaillissaient du coin de sa bouche.

Je me fis toute petite et me recroquevillai sous ses accusations. Étais-je supposée ne faire que ce qu'on m'ordonnait, sans réfléchir ? N'étais-je là que pour exécuter des ordres ?

Je me réfugiai un moment dans la salle des infirmières et m'assis en fixant machinalement les moniteurs cardiaques qui affichaient à distance les battements du cœur de chaque patient. Je passai la main sur mon front qui semblait battre en cadence avec les bip... bip... bip cardiaques des patients. Les différentes alarmes sonnant dans les différentes chambres et les aérateurs démarrant et s'arrêtant faisaient une bande sonore sans fin.

Rosemary vint s'asseoir à côté de moi. « Je m'inquiète à votre sujet, Tilda. Est-ce qu'un changement d'affectation ne vous ferait pas du bien ? Peut-être n'êtes-vous pas prête. »

« Bien sûr que non, Rosemary. Je me trouve bien. » Jugeait-elle que je ne coopérais pas assez ? Pensait-elle que j'étais, selon l'épithète de Laura, « trop sensible ? »

« Allons-y, Ange de la Mort, le déjeuner nous attend. » Justine me tirait de mes réflexions. « J'ai demandé à Pang-Mei de te couvrir. Je vais te procurer un T-shirt portant un crâne et des tibias ou une robe noire avec un capuchon comme l'Abominable Éventreur. »

J'accompagnai Justine à la cafétéria où nous rejoignions les autres.

« Nous nous efforçons d'être utiles, compatissantes, et nous recevons ce genre d'insultes ! me lamentai-je au cours du déjeuner. L'Ange de la Mort ! C'est exactement pour la raison opposée que je suis une infirmière ! »

Frances dit : « Je me souviens, à l'école d'infirmières, chez moi, ils nous disaient souvent "Quand vous venez travailler, laissez votre égo à la porte." C'est probablement le meilleur conseil, si vous êtes capables de le suivre. »

« Mourir est un processus naturel et, pour l'amour de Dieu, on a l'habitude de laisser survenir ce phénomène chez les aînés de notre société, dit Justine, pressée de prendre la parole. Le public accepte cette croyance que tout peut être réparé, que même la mort peut être évitée. Et les médecins eux-mêmes aiment à penser ainsi, de sorte qu'ils pourraient être Dieu. Ce matin, j'ai dit au Dr Bristol : connaissez-vous la différence entre Dieu et un médecin ? *Dieu* sait qu'il n'est pas un médecin ! »

« Écoute, Tilda, ne considère pas que la colère du fils se dirige contre toi personnellement, dit Nicole. C'est ainsi, les familles ont besoin d'exprimer leurs sentiments et il est facile de les exprimer à l'encontre des infirmières – on ne parlerait jamais ainsi à un médecin. C'est dur de supporter des paroles blessantes, mais il faut s'élever par-dessus et ne pas en vouloir à leur auteur. »

« Oh! je lui garde rancune. Il est fêlé. »

Là dessus, Justine plongea sa fourchette dans une énorme tranche de gâteau à la meringue. « Pourquoi devrions-nous accepter ces méchancetés? Nous avons le droit d'être traitées avec respect. En outre, il faut convaincre le gars que le temps est venu de laisser aller les choses. Ce que nous faisons est cruel? Croit-il réellement que sa mère va sortir gaillardement d'ici et rentrer chez elle pour lui préparer un bon pâté à la viande? Ses poumons ne sont plus que des sacs de papier vides. Aucun endroit n'est plus disponible pour la perfusion. Mais il veut un tube respiratoire de la grosseur d'un tuyau d'arrosage inséré dans la trachée et nous devons être les auteurs de cette torture. Il oublie qu'elle a quatre-vingt-six ans et qu'elle n'est pas exactement en parfaite santé. »

« Oh! dis plutôt quatre-vingt-cinq, précisai-je. Pour la bonne règle. »

« Mais une jeune octogénaire, dit malicieusement Tracy. Elle a les poumons d'une personne de quatre-vingts ans! »

« Elle ne semble pas avoir plus de quatre-vingt-trois ans! ajouta Justine. Jusqu'à quel âge estime-t-on que les gens vivent normalement? A-t-on déjà considéré le coût du système de santé qu'entraîne une telle situation? »

Nous étions littéralement pliées en deux et tentions en vain de contrôler nos éclats de rire.

« Mais qu'arriverait-il si nous nous trompions? demandai-je. Serait-il possible qu'elle ait réellement voulu que tout ceci soit fait? Est-il possible qu'elle souhaite tout cela? »

« Si quelqu'un savait réellement ce que tout cela implique, je veux dire connaissait réellement la vérité, les détails, savait ce que les infirmières savent, et non seulement ce qu'on montre à la télévision, qui souhaiterait cela? interrogea Laura. S'il y a une raison de croire qu'il y a un avantage, c'est une autre affaire. »

« C'est comme dans la chanson de Bruce Cockburn. » Et Justine entonna d'une belle voix d'alto : « Ils attendent tous qu'un miracle se produise. »

Mais est-ce que ce martyre et toutes ces incommodités que nous imposions à Mme Templeton, dans l'espoir lointain d'un miracle, en valaient la peine ? Si Mme Templeton s'en sortait, si elle survivait à son passage à l'USI, ce ne serait pas un miracle, ce serait une singularité, une aberration, une anomalie, une exception, un retard dans l'inévitable imminent.

« Que pensez-vous des miracles ? demandai-je. En avez-vous déjà vu beaucoup ? »

« Non, sauf si vous y incluez un sourire d'enfant ou un arc-en-ciel », répondit Laura d'une voix douce et sirupeuse.

« Moi, je crois aux miracles, dit Tracy. Mais je n'en ai jamais vu dans les environs. »

« Que dites-vous donc de M. Collacutt ? nous rappela Frances. Il a eu un rétablissement miraculeux. »

« Tu veux parler de M. Collacutt ? » reprit Justine.

« Oui, M. Collacutt prenait une tonne de médicaments, dont trois ou quatre inotropes, et, d'un seul coup, tout a été supprimé, t'en rappelles-tu ? »

« Certainement ! C'est pourquoi il est mort, Frances. Tu n'étais pas de service ce jour-là. »

« Il est mort ? s'étonna Frances. Je croyais qu'il avait recouvré la santé. »

« Tu te laisses aller, Frances. N'as-tu pas suivi la nécrologie ces derniers temps ? »

Nous savions toutes que Frances avait l'habitude de scruter la chronique nécrologique afin de retrouver éventuellement le nom de l'un ou l'autre de nos patients décédés. Elle rougit de voir son hobby morbide ainsi dévoilé.

« N'avons-nous pas tous entendu parler de ces histoires de personnes irrémédiablement condamnées par le corps médical et perdues dans un coma profond qui, soudainement, se réveillaient ? dis-je. De telles histoires permettent à nombre de personnes d'espérer que ce phénomène puisse aussi se produire chez ceux qu'ils aiment. »

« Ouais, mais pas chez des personnes aussi âgées et souffrant de problèmes aussi graves et irréversibles », dit Laura en secouant la tête.

« Non seulement le fils veut que sa mère survive, mais il veut encore qu'elle se lève et vienne à la maison pour être à nouveau sa mère. Nous voudrions tous retourner à ce rêve d'être à nouveau un enfant », dit Nicole d'une façon qui me fit penser qu'elle pourrait elle-même caresser ce rêve.

En remontant à notre étage, je décidai de ce que j'allais faire. Il ne me faudrait que quelques minutes en tête-à-tête avec ma patiente.

Nous rentrions à l'USI et, comme il n'y avait aucun signe de la présence du fils nulle part, j'allai auprès de Mme Templeton, je baissai la barrière du lit, m'assis à côté d'elle et pris sa main sèche et parcheminée dans la mienne. Je regardai son visage ridé et sa poitrine osseuse et je caressai ses doux cheveux blancs. Sa poitrine se souleva péniblement et crépita comme un vieux fourneau. Je posai ma main sur son front humide et ses sourcils d'une façon que j'espérais apaisante.

« Nous ferons ce que *vous* souhaitez, Mme Templeton, dis-je. Voulez-vous tout cela, tout ce que nous faisons ici, ou en avez-vous assez ? Seriez-vous prête à mourir ? Faites-moi un signe si vous le pouvez. »

Je m'efforçai de lui parler. De parler de son intubation, du respirateur, de l'intraveineuse dans son cou. Elle tourna le visage vers la fenêtre où ses yeux bleus voilés semblaient se perdre dans le ciel. Je ne pouvais savoir si elle comprenait un seul mot de ce que je lui disais.

Laura apparut à mes côtés et hocha tristement la tête.

« Elle aurait besoin d'un billet pour le Morphine Express, malheureusement nous ne pouvons lui offrir un tel voyage. »

Nous étions certaines qu'elle était en train de mourir. La façon dont elle tirait sur les tubes et les canalisations intraveineuses, la façon dont elle nous excluait de son regard et dont elle se concentrait intérieurement en s'excluant du monde ne pouvaient tromper.

Autre chose me rendait mal à l'aise, bien que j'aie essayé de débarrasser mon esprit de ce problème. Comment pourrais-je jamais être capable de travailler ici, si ces événements m'affectaient à ce point ? J'essayais de me débarrasser de cette idée, de fixer mon esprit sur d'autres problèmes, d'isoler mon cœur de ce qui se passait. Je consultais ma montre afin de savoir combien il me restait d'heures à travailler. Je pouvais aussi m'éloigner quelque peu pour bavarder avec Frances ou blaguer un brin avec Tracy ou avec Justine.

Je me rappelais aussi les tournées matinales avec le Dr Bristol et la distinction qu'il faisait entre traitement et soins. Tandis que je n'approuvais pas nécessairement le traitement auquel j'étais obligée de participer, je me sentais portée sans réserve vers les soins, qui étaient l'essence, sinon la définition même, du rôle de l'infirmière. Je savais ce qu'était ce rôle – j'en avais vu le meilleur côté chez Frances, chez Laura et Tracy et chez Nicole, même chez Justine, à certains moments. Je savais ce que j'avais appris, depuis Florence Nightingale jusqu'à tous ces théoriciens modernes : Watson, Rogers, Parse et Leininger. Le rôle de l'infirmière était de soulager la souffrance, de veiller à l'hygiène, à la nourriture, et d'apporter confort, spiritualité, gentillesse et empathie. Je pouvais encore offrir tout cela à Mme Templeton.

J'aperçus le fils marcher à grandes enjambées devant le local des infirmières en direction de la chambre de sa mère. Je le rencontrai à mi-chemin.

« M. Templeton, vous connaissez bien votre mère. Vous savez ce qu'elle souhaite. »

« Vous ne savez simplement pas combien ma mère est forte. Elle va surmonter son problème. Quand passera le médecin... ? »

Chapitre 4

UN POIGNARD DANS LE LIT

Je scrutai le fond de ma tasse de café. C'était pour moi un rituel, une chose que j'accomplissais au début de chacune de mes journées à l'USI, tout juste avant d'entrer dans la chambre de mes patients.

« Oh! tu as de la chance, dit Laura. Tu vas avoir une journée bien occupée. Tu hérites de ce patient leucémique qu'ils ont admis pendant la nuit, et il est très mal. J'ai vu que toute la famille s'est amenée avec lui. »

« Oui, c'est bien. Il y a longtemps que je n'ai plus eu de patient qui m'ait donné du travail. » Je prétendais que, moi aussi, j'étais aguerrie et que j'avais besoin d'action, tout comme les autres.

« C'est quand ils meurent qu'on est le plus occupé », dit Laura.

Nous acceptions les sarcasmes de Laura parce que c'était une infirmière de tout premier plan. Je l'avais récemment observée auprès du lit d'un patient, disant : « Insuffisance cardiaque. Ce malade doit avoir du Lasix, 40 mg, en intraveineuse. » Non seulement cela, mais elle avait préparé le médicament et dit au médecin ce qu'elle avait l'intention de faire.

« Oui, je suis bien d'accord », avait répondu le médecin. Je n'ai pas encore vu les radiographies. »

« Je les ai vues. Elles sont "wet", dit Laura. C'est un signe précoce d'œdème pulmonaire. »

« J'avais pensé qu'on pourrait prescrire ceci... »

Laura avait quitté, grommelant quelque chose au sujet de son incompétence.

« Qu'est-ce qui te fait penser que ce patient va mourir? demanda Frances à Laura, me reportant au jour précédent. Tu es si négative. Pourtant, bien des leucémiques s'en tirent parfaitement aujourd'hui. »

« Allons-y, il est temps de nous mettre au travail », interrompit Tracy.

Pamela était l'infirmière de nuit et je savais qu'elle serait contrariée si j'arrivais en retard, ne fût-ce que d'une minute, aussi je me hâtai de venir la relever, ma tasse de café encore à la main.

Il y avait très peu de fenêtres à l'Unité de soins intensifs, et aucune qui pouvait s'ouvrir. La petite fenêtre qui éclairait la chambre de mon patient donnait sur une sente étroite menant à une autre aile de l'hôpital. Bien que ce soit le matin, la chambre était encore aussi sombre que pendant la nuit. Il n'y avait qu'une petite lampe directionnelle au plafond qui éclairait le patient dans son lit, à la façon d'un spot sur une scène.

Dans le long couloir menant aux chambres, les infirmières allumaient les lampes fluorescentes au plafond, une à une, pour prolonger le jour et vaincre la nuit.

Pamela me fit son rapport.

« Manjit Gujral est un garçon de vingt-six ans chez qui on a diagnostiqué, il y a quelques semaines, une leucémie myélocytaire, dit-elle en s'interrompant pour bâiller. Il a une infection avec 39,5 de fièvre, un excès de globules blancs et une infection foudroyante du sang. On lui administre toutes sortes de médicaments, d'agents antimycosiques ainsi que la chimio. La grosse artillerie. Il a eu une greffe de moelle d'un donneur suédois, mais il semble faire un rejet. Oh ! et la famille, ils ont déménagé ici. Soit dit en passant, son frère est chirurgien orthopédiste et pose des tas de questions. »

« Merci, Pamela. Bon retour et dors bien. »

Elle boucla son sac à dos, cet accessoire que nous utilisions toutes pour apporter notre nécessaire au travail. « Ils sont charmants mais sont ici en permanence, et ça peut vous taper sur les nerfs de les voir observer tout ce que tu fais, tu comprends. Dis, iras-tu à la soirée de Noël ? Un des thérapeutes de la respiration vend des billets, si tu en veux. »

« Peut-être. Merci, Pamela. » Dans la chambre de mon patient, une vieille dame était en prières auprès du lit, les yeux perdus au ciel. Elle devait être sa mère, pensais-je et je m'approchai d'elle pour quelques instants. Nous nous sommes saluées sans mot dire parce que nous ne parlions sans doute pas la même langue, du moins pas celle des mots. Nous considérions le corps long et costaud de son fils, emmitouflé d'une couverture de coton bleu. Tout autour de lui s'entremêlait le spaghetti des tubulures plastiques, des fils et des électrodes. Des chiffres verts et des lignes se tortillaient sur l'écran du moniteur. L'aérateur aspirait et refoulait l'oxygène au rythme de sa respiration. Des tubulures apportaient à son corps liquides, éléments nutritifs et médicaments ; d'autres canalisations évacuaient le flux d'urine, de selles et d'autres fluides vers des bouteilles ou des sacs soigneusement scellés, accrochés autour du lit. Le patient se trouvait au point d'intersection ; son corps était le point de rencontre. Qu'est-ce qu'une personne pouvait supporter, pensai-je au pied du lit – l'assaut de la maladie plus la contre-attaque de nos armes de chrome, de métal, de plastique et de tous les produits chimiques.

C'est la guerre. Cet endroit est une zone de guerre et ce corps humain, notre champ de bataille.

Son rythme cardiaque était stable, je m'assis donc à l'une des petites tables sur roues que nous gardions dans l'Unité. Nos patients ne pouvaient s'asseoir et prendre leur repas au lit et ces tables portatives nous servaient à étaler nos papiers. Je la fis rouler jusqu'à portée du pied du lit du patient.

« Êtes-vous l'infirmière de Manjit aujourd'hui ? » demanda une jolie jeune femme à la peau couleur moka. Elle survint derrière moi et, timidement, m'approcha comme si elle ne voulait pas me déranger. Peut-être voulait-elle tester ma réaction à sa présence précoce, non annoncée, et longtemps avant l'heure officielle du début des visites. Elle sentait probablement que toutes les infirmières ne supportaient pas la présence des familles auprès des malades. Chaque infirmière avait ses caprices. Certaines gardaient leurs distances et exigeaient de l'espace pour exercer leur métier ; d'autres étaient moins exigeantes et plus compréhensives. Serais-je l'une de celles qui tolèrent la famille ou serais-je un nouvel obstacle à affronter ? Serais-je l'une de ces infirmières qui les cantonne dans la salle d'attente, qui ferme les rideaux et les exclut de la chambre ou serais-je une alliée ?

« Entrez, dis-je. J'étais en train de faire ma première évaluation, mais vous êtes la bienvenue auprès de Manjit. Êtes-vous sa femme ? »

« Oui, répondit-elle avec un sourire. Je m'appelle Jatinder. » Elle portait un T-shirt rouge plissé au-dessus de ses pantalons noirs et elle se mouvait avec la grâce d'une danseuse.

« Avez-vous été ici toute la nuit ? » demandai-je tout en enregistrant les signes vitaux de Manjit et en remarquant que sa température avait atteint 40,0 °C.

Je pouvais clairement voir que c'était bien le cas. Les cernes sombres sous ses yeux me disaient toute l'histoire de sa nuit dans la salle d'attente, sur l'une des couchettes étroites et défoncées. Je baissai le rail et lui fis signe de s'approcher de son mari. Je fermai les rideaux autour du lit et examinai le patient de la tête aux pieds, comme on me l'avait appris.

Ce faisant, du coin de l'œil, je voyais Jatinder caresser le crâne chauve et humide de Manjit ainsi que son visage tuméfié. Il était intubé et sous puissants sédatifs, de sorte qu'il ne pouvait communiquer avec elle en paroles, mais elle semblait satisfaite d'être simplement près de lui. Plus tard, ce matin-là, nous l'avons baigné ensemble et elle lui a frotté le dos. Je me suis mise à m'étonner de voir comment une personne aussi malade que Manjit pouvait aller mieux. Peut-être n'étais-je pas assez religieuse pour croire aux miracles. Peut-être parce que j'avais de tels doutes, n'étais-je pas la meilleure infirmière pour soigner ce patient.

Je portai mon attention à son corps et je remarquai qu'il semblait pâle. Il avait perdu beaucoup de sang à la salle d'opération où il était passé pour l'enlèvement d'un abcès et il avait saigné de sa blessure et de plaies dans la bouche et dans les poumons. Je consultai l'ordinateur pour obtenir son hémoglobine comme Laura passait la tête. Elle dit : « Ton hémoglobine est descendue à 64, je lui ai donc commandé deux unités de cellules. »

« Merci. Je vais demander à un porteur d'aller les chercher. »

« J'en ai déjà envoyé un », dit-elle, et elle disparut.

Au cours du deuxième jour où je soignais Manjit, sa tension sanguine tomba encore plus bas, et il reçut des médicaments (inotropes) additionnels par intraveineuses pour le soutenir. Le respirateur fut réglé à sa puissance maximale pour aider davantage ses efforts de respiration.

J'accomplis mes diverses tâches et inscrivis quelques notes sur sa feuille de températures. Je me retirai ensuite pour laisser la famille administrer leurs remèdes maison de mots d'amour, de caresses et de prières.

« Garde ton cœur en fonctionnement, mon vieux, dit le frère Deenpal à l'oreille du malade. Tu vas t'en sortir ! » Il enleva quelques parcelles de peau sèche des doigts de son frère et tint ensuite sa main moite dans la sienne bien chaude. Les deux mains ainsi jointes n'en formaient plus qu'une. Même leurs bracelets d'acier inoxydable, symboles de leur foi, semblaient s'entrelacer.

Dans sa vie normale, non pas dans le cauchemar qu'elle vivait actuellement, Jatinder était instructrice d'aérobie et Manjit était un dirigeant chez Canadian Tire.

« L'automne est habituellement l'époque la plus occupée. Juste avant Noël », m'expliqua Jatinder. Elle me montra une lettre du patron de Manjit, du bureau principal :

Votre courage remarquable et votre force de caractère vous permettront de passer au travers de cette épreuve. Tout comme vous avez toujours consacré le meilleur de vous-même à la société et que vous n'avez jamais laissé tomber les bras quand les choses devenaient difficiles, vous sortirez de ce pas.

À l'heure du déjeuner, la famille m'apporta des chapatis chauds, des aubergines à la coriandre et des samosas frais.

Ils placèrent dans la main de Manjit une dague dans un étui de cuir.

Sa mère demanda mon aide pour le vêtir d'un sous-vêtement rituel en-dessous de sa chemise d'hôpital. Elle plaça un petit peigne de bois sur la tablette près du lit.

Ils épinglèrent un sac de plastique transparent contenant un petit livre de prières à la taie de l'oreiller, sous sa tête.

Son père plaça dans sa main des photographies, des cartes de crédit et un portefeuille contenant quelques dollars.

« Pour que mon fils puisse les utiliser dans sa vie future, si le temps est venu pour lui d'y aller », m'expliqua-t-il en inclinant légèrement sa tête enturbannée.

Jatinder et Deenpal secouèrent vigoureusement le lit dans le but de stimuler la tension sanguine de Manjit et, sans doute, lui faire savoir qu'ils étaient là, à ses côtés.

« Allons faire une petite marche, lui chuchota Jatinder à l'oreille. Sortons d'ici. Viens avec nous, Manjit. Deenpal et moi sommes avec toi. Sens notre énergie. Nous sommes ici. Utilise notre énergie. Prends-la. Tu as tant donné aux autres. Vas-y. Si les autres le peuvent, toi aussi tu le peux. Absorbe cet oxygène, Manjit. Tu es si fort. Nous pouvons le sentir. Ton corps est plein d'énergie. »

Le jour suivant, le visage de Manjit était encore plus difforme et son cou était plus enflé autour du tube endotrachéique. Jatinder et moi-même essuyions les caillots de sang qui sortaient de sa bouche. Un fluide clair s'écoulait du nez. L'air de la chambre était confiné et, par moments, des odeurs nauséabondes émanaient de lui. C'étaient des résidus de la chimiothérapie qu'il avait subie, combinés aux émanations altérées qui se dégagent souvent des corps qui n'ont plus été exposés à l'air frais depuis des semaines. Sa peau se détachait en lambeaux et son frère recueillait ceux-ci pour les jeter.

« Je sais que tu es là, Manjit. » Deenpal reprenait les litanies d'amour de son frère quand celles-ci s'arrêtaient. « Tu vas dans la grande maison, mon vieux. Nous sommes tous ici près de toi. Ne t'inquiète de rien. Ta tension est bonne. Tiens bon. Tu n'as pas pu assister au concert Santana du cousin Suresh, mais il en donnera d'autres. Tout est en ordre au bureau. Mais tu nous inquiètes. Simplement, guéris-toi. Concentre-toi sur cette tâche. Dès que tu auras réussi, nous sortirons d'ici ensemble. Voici notre cousin Suresh. Il est venu de Vancouver pour te voir. Nous continuerons à te parler. Donne cet oxygène à tes cellules. Fais le travail à l'intérieur, nous ferons le travail à l'extérieur. Nous sommes avec toi, près de toi. Continue le combat. Ne te décourage pas. Sois fort. Tu te reposeras plus tard. Concentre-toi. Rappelle-toi que nous avons mis cette année à part et nous aurons le reste de notre vie ensemble. Continue à lutter contre ces bizarreries. L'esprit est supérieur à la matière. Utilise cette énergie pour éliminer les mauvaises choses. Nous sommes ici, les bras ouverts. Allons-y ensemble. Nous sommes frères, ensemble pour une autre étape de soixante-sept ans. C'est écrit. Nous avons tout le temps du monde. Prends cet oxygène, n'aie pas peur. »

J'entrais en transe en entendant le son lancinant de leurs incantations d'amour qui ne s'interrompirent que pour l'arrivée du Dr Leung. Celle-ci leur annonça qu'elle souhaitait une tomodensitométrie de la tête de Manjit. Ses pupilles étaient dilatées et sans réflexes et elle craignait une hémorragie au cerveau.

À titre de courtoisie professionnelle vis-à-vis de Deenpal, qui était médecin, nous lui permettions de voir, dans la salle de projection, les diverses vues du cerveau de son frère sur l'écran de l'ordinateur. Il cillait des yeux face aux vues projetées. Je pouvais voir les douze images reflétées dans les lunettes de Deenpal. Il vit ce qu'un étudiant de première année de médecine pouvait voir. Hémorragie massive avec caillots de sang bloquant les vésicules et les communications. Il n'y avait plus de circulation dans le cerveau de son frère, donc aucune oxygénation et aucune activité.

« Infarctus massif global des hémisphères gauche et droit » fut le diagnostic du radiologue, lorsqu'il s'adressa à moi. Je pouvais lire le message dans ses yeux : *Même s'il survit, ce sera dans quelles conditions ?*

Je savais que Manjit allait mourir. Certainement, Deenpal, médecin lui-même, le savait aussi.

Plus tard, quand nous sommes entrés dans la chambre de Manjit, Jatinder me dit que Deenpal se sentait coupable d'avoir persuadé son frère de subir ce transplant de moelle osseuse.

« Mais quelles options avions-nous ? dit-elle, comme si nous avions objecté. C'était cela ou il mourait à coup sûr. Mais nous ne voulons pas être un instrument de destruction dans sa prochaine vie. Nous avons de nombreux corps. C'est ce que nous croyons. »

Elle exhiba une photo de la cérémonie de leur mariage pour me montrer quel bel homme son mari était. Je ne me permis qu'un bref regard, par politesse, puis je regardai ailleurs. Je savais que si je regardais, je serais entraînée trop loin. Je jetai un regard en coin à la photo du beau couple, Manjit magnifique comme un roi dans sa tunique noire et la reine Jatinder en robe rouge, avec l'élégant prince Deenpal à leur côté. Il m'était difficile de réconcilier cette image avec le spectacle qui s'offrait à moi, la jeune femme en pleurs, la famille affolée et cet homme inconscient, saignant dans le lit.

« J'aurais voulu que vous l'ayez rencontré, dit-elle, et que vous l'ayez connu tel qu'il est réellement. »

Sortant de la poche de ma blouse de laboratoire un rouleau de bande chirurgicale, je lui pris la photo des mains : « Je vais la placer au mur, pour que tout le monde la voie. »

« Merci. Les paumes jointes, elle s'inclina légèrement vers moi. Comment pourrions-nous jamais vous remercier ? »

Lorsqu'ils quittèrent la chambre pour prendre une bouffée d'air frais, je m'efforçai de poursuivre la conversation à sens unique avec Manjit, comme je l'avais appris de Frances. Je m'efforçais de toujours parler aux personnes inconscientes, mais parfois je trouvais cela embarrassant. C'est comme si on laissait un message téléphonique à un répondeur ; on n'est pas sûr qu'il sera reçu mais on continue à parler en faisant confiance à la machine.

« Vous avez une belle famille, Manjit. Ils sont tous à vos pieds. C'est moi qui m'occupe de vous à présent. Mon nom est Tilda et je serai votre infirmière pour aujourd'hui, dis-je. Et pour demain aussi », ajoutai-je avec une petite hésitation.

Mes paroles étaient sincères mais je les avais prononcées sans réfléchir. D'une certaine manière, je ne pouvais m'associer aux paroles d'espoir scandées par toute la famille. Je me tenais à l'écart de leur cercle intime. C'était plus que je n'en pouvais supporter.

Plus tard, ce soir-là, chez moi, je ne parvins pas à m'endormir. J'aurais voulu appeler l'infirmière de service de l'USI pour avoir des nouvelles de Manjit. Pourtant, je savais que ce n'était pas une bonne idée. J'aurais probablement dû faire une séparation, garder plus de distance.

Je décrochai le téléphone et j'appelai.

« Comment va Manjit ? »

« Comme ci comme ça, répondit l'infirmière de service, mais la famille perd espoir. Seras-tu là demain ? »

« Oui. »

« Souhaites-tu retourner à ce poste ou souhaiterais-tu quelque répit ? »

« Je voudrais retourner à ce poste, s'il te plaît. »

« Oh ! je vois que Rosemary a laissé une note disant qu'elle croit que tu devrais avoir une autre affectation. Elle pense que tu t'impliques trop émotionnellement. Est-ce vrai ? »

« Bien sûr que non. »

Étendue sur mon lit, je pensai à eux jusque tard dans la nuit. Si une telle tragédie pouvait frapper une famille si étroitement unie, quel espoir y aurait-il pour qui que ce soit dans ce monde ? J'imaginais que je devais ressusciter Manjit devant Deenpal qui s'assurait que je faisais le tout correctement. J'imaginais que lorsque Manjit serait mort, ce qui paraissait inévitable, Jatinder pourrait épouser le frère aîné Deenpal, tout aussi séduisant. Ainsi, il pourrait encore y avoir une fin heureuse. Je m'inquiétais au sujet du sort de Jatinder et de la façon dont la mère et le père supporteraient la perte de leur fils.

« La mort n'est pas la fin », m'avait dit le père à l'oreille, mais je n'étais pas convaincue.

Je fixais le plafond, mon réveil, ma montre-bracelet qui brillait dans la nuit lorsque j'appuyais sur un bouton. Je grommelais contre la tristesse et la souffrance et j'avais hâte d'être demain matin pour reprendre mon travail.

Le lendemain matin, en arrivant, je vis les membres de la famille vêtus de longues robes blanches, les hommes portant des turbans blancs, même Deenpal et le cousin Suresh, de Vancouver. Ils étaient immergés dans leur marathon olympique de dévotion. Leurs mains se rassemblaient toutes au-dessus du corps de Manjit en caresses frénétiques.

La mère massait sa vessie pour essayer d'extraire encore une goutte ou deux d'urine, mais ses reins s'étaient fermés.

Les cousins massaient ses membres pour stimuler la circulation.

Le père déambulait dans la chambre, chantant ses prières, mais dans un état d'hébétude.

Deenpal racontait à son frère des blagues scabreuses dans le but de l'émoustiller. Il lui chuchotait à l'oreille des ordres intransigeants.

« Botte-leur le cul, Manjit ! Défonce la porte ! C'est notre bataille finale. Je suis toujours avec toi, mon frère, mon cadet. Vas-y. Tiens bon. Oxygène ton sang. Pense à Umma, elle a besoin de nous. Pense à Jatinder, et combien elle t'aime. Je suis Deen, ton frère. Ta main droite. Ne te laisse pas aller. Continue, comme un athlète, et ne pense pas encore à la ligne d'arrivée. Tu réussiras ton MBA, m'entends-tu ? »

Il me semblait que ces mots agissaient comme un médicament tout aussi important que la Vancomycine, la Ceftazidime et le Levophed que je lui injectais. Les voix de la famille, la dague à ses côtés et leurs offrandes à leur Dieu étaient tout aussi efficaces – dans ce cas, peut-être même supérieures – que les traitements que je lui donnais ou les interventions que je pratiquais.

Leur tête était penchée au-dessus de lui, leurs bras joints en prières. La mère était prostrée sur son corps. Je craignais la voir s'évanouir de chagrin.

Deenpal m'entraîna hors de la chambre. « Dites-moi. Quel est votre avis à son sujet ? »

Je le regardai, un peu surprise. C'était un médecin, il était donc conscient.

« Préparez-vous au pire. »

« Le croyez-vous vraiment ? » demanda-t-il, tout comme un frère.

« Ce doit être difficile d'être à la fois un frère et un médecin », dis-je.

Incroyablement, Manjit tint bon encore plusieurs jours.

« Il faut beaucoup plus longtemps aux jeunes pour mourir, dit Frances. Leur cœur est plus résistant. »

Lorsque Manjit mourut, la mère s'évanouit. Frances lui administra de l'oxygène et Tracy demanda une civière. Ses lamentations résonnèrent à travers toute l'Unité de soins.

Le père secoua la tête en réprobation au désespoir de son épouse. « L'âme ne meurt jamais, me dit-il, il n'y a donc pas de deuil. »

« Vous avez été une mère magnifique », lui dit Deenpal tandis qu'on l'emmenait. Puis, se tournant vers le corps de son frère, me regarda et, à ce moment, j'étais persuadée qu'il allait briser quelque chose. Seule Jatinder était paisible.

« C'est la volonté de Dieu, dit-elle, fermant les yeux. Dès que son esprit est parti, je savais que tout était fini. Je n'ai pas besoin de son corps si je ne puis avoir son esprit, ses yeux souriants, sa personnalité extraordinaire. »

Frances m'apporta son aide et, ensemble, nous enlevâmes les tubes et les canalisations et nous repoussâmes les lourdes machines qui entouraient le lit comme d'horribles malabars malveillants. Elle sortit pour inviter la famille à venir, s'ils le souhaitaient, le voir encore. Seuls, Deenpal et les cousins acceptèrent. J'étais heureuse qu'ils aient au moins l'occasion de revoir Manjit qui, mort, paraissait tellement plus serein que vivant, si vraiment lui, débarrassé de nos accessoires. Sur son visage reposé, on pouvait retrouver quelque chose de ce fier et élégant jeune homme du jour de son mariage.

Les autres infirmières se rassemblèrent dans la pièce pour d'abord réconforter la famille, et me réconforter aussi. Frances et Nicole m'entourèrent de leurs bras.

« Est-ce que ça va ? demanda Justine. Tu trembles. »

« Non, pas du tout, je veux dire que je ne tremble pas. »

« Tu n'as pas l'air bien. »

Rosemary me dit : « Prenez un peu de repos, Tilda. Vous avez besoin d'arrêter un peu. »

Au vestiaire, Laura, Frances, Nicole, Tracy et Justine m'entraînèrent vers la sortie.

« Allons, dit Justine, nous t'invitons à prendre un verre. »

Chapitre 5

DÉCOMPRESSION

J'étais en train de me demander si tout cela n'était pas trop dur pour moi : la souffrance, la mort et les mourants. Le seul fait de devoir me lever si tôt le matin me paraissait parfois un fardeau insupportable. Pourquoi tant d'efforts? Je pourrais sans doute dénicher un travail moins exigeant, pendant des heures plus normales et qui ne soit pas rempli de misères. J'avais une expérience de plusieurs années maintenant et j'étais arrivée à voir au-delà de mes propres problèmes et à commencer à apprécier les peines des autres. Pourtant, mes émotions menaçaient de me submerger. La souffrance de mes patients devenait ma propre souffrance.

Un matin, alors que je me rendais au travail en voiture, j'écoutais une émission de radio au cours de laquelle des auditeurs décrivaient leurs occupations. Une jeune femme se félicitait de travailler à Disney World et du plaisir qu'elle avait à « rendre les enfants heureux ». Une fleuriste se réjouissait de pouvoir créer de beaux bouquets pour de jeunes mariées ou pour d'autres personnes amoureuses. Même la description du travail du programmeur en informatique donnait une image attrayante du plaisir qu'on pouvait trouver, jour après jour, à jouer avec une souris, dans un bureau tranquille, devant un écran bleuté.

Je savais que je pourrais faire une bonne libraire, mais du type ancien, celle qui conseille le lecteur et reste cachée derrière les étagères de livres poussiéreux. Je pouvais donner des leçons de piano aux enfants, mais je ne croyais pas que ce métier pourrait me nourrir. Être maître-nageuse dans un bassin de la ville représentait une autre option. J'étais bonne nageuse et pouvais surveiller l'eau toute la journée et plonger si nécessaire.

Je voulais faire quelque chose qui puisse aider les gens et, si triste et parfois si perturbant que soit mon boulot au Service des soins intensifs, il était aussi fascinant et stimulant, et je restais déterminée à le maîtriser.

Les jours de congé, je restais étendue sur mon lit après mon réveil, regardant le plafond et revivant en pensées des scènes entières vécues à l'hôpital, comme si je regardais un film. Ensuite, le ou les jours suivants, je commençais à nouveau à me préparer à affronter de nouvelles scènes.

Ivan et moi envisagions de nous marier, mais pour l'instant, il semblait que j'étais mieux de vivre seule. Je n'étais pas suffisamment amusante pour qu'on souhaite vivre avec moi et la plupart avaient tendance à reculer en entendant parler de mon travail. J'essayais de ne pas l'imposer aux autres.

Notre groupe, la Ligue à Laura, avait le même horaire de sorte que nous étions aussi en congé en même temps. Parfois, nous nous retrouvions pour déjeuner à la Cuisine d'Hannah, chez Frans ou à la Planète du Jour. À chacune de nos rencontres, nous prenions l'engagement de ne pas dire un mot de notre travail, mais, inévitablement, dans les quelques premières minutes de notre rencontre, notre conversation déviait dans cette direction. Qui savait ce que nous avions vu, ce que nous avions vécu ? Sur qui d'autre aurions-nous pu décharger nos soucis professionnels ? Qui aurait accepté d'entendre ? Qui aurait compris ?

« Ton problème, c'est que tu es trop sensible », répétait Laura chaque fois que je grommelais sur l'une ou l'autre tragédie à l'USI.

C'était vrai. J'avais lutté contre cette tendance toute ma vie. Pourtant, d'une certaine façon, je voulais croire que je parviendrais à trouver un moyen de transformer ce sentiment de culpabilité en un avantage, que je pourrais trouver un moyen de l'utiliser positivement pour aider les gens.

« Essaie de ne pas y penser continuellement, conseillait Frances. Je sais que tout ça te touche, mais quand tu quittes ton boulot, classe-le dans ton esprit. Et que prenons-nous comme dessert ? »

« Je sais, répondait Nicole. Parfois, ça me revient aussi. Personne n'aime penser que ces choses terribles peuvent aussi vous arriver ou arriver à quelqu'un que vous aimez. C'est ainsi que nous faisons notre travail. Que penseriez-vous d'un gâteau au chocolat avec un paquet de fourchettes ? »

Pourtant, nous savions toutes qu'une chose terrible *était* arrivée à Nicky. Sa mère était morte du cancer. Ma propre mère était morte, mon père aussi, et j'étais une étrangère pour la plupart des membres de ma famille. Associé à mes propres problèmes, le caractère triste de mon travail me paraissait comme une fatalité à supporter, particulièrement parce que je le prenais aussi sérieusement et tellement personnellement. Pourtant, je ne pouvais quitter maintenant. J'avais travaillé six mois et l'engagement que j'avais pris vis-à-vis de Rosemary, notre infirmière en chef, était de rester un an à l'USI. Mais plus important encore que de tenir ma promesse était cependant, pour moi, la crainte de quitter en désaccord et de recommencer ailleurs.

Ce n'était pas seulement la mort et les mourants qui m'incitaient à me demander si je pouvais être bonne dans ce domaine. C'était l'inadéquation que je ressentais lorsque je ne savais qu'offrir de plus aux patients que mon répertoire rapidement croissant de connaissances techniques. J'étais encore si loin de posséder la pensée critique, l'intuition et le courage de tant d'infirmières que j'admirais et non seulement celles de mon entourage immédiat.

Il y avait Valerie, l'infirmière de nuit aux ongles magnifiquement soignés, avec son accent britannique, qui, bien plus d'une fois, était restée longtemps après la fin de son service pour tenir la main d'un patient mourant.

« Personne ne devrait mourir seul », disait-elle parfois comme si elle énonçait un axiome.

Il y avait Nell, imprévisible, avec ses histoires exotiques, qui se déclarait toujours malade à la dernière minute, tout juste avant le début de sa journée. Mais lorsqu'elle venait travailler, elle prodiguait des soins parfaits à ses patients qui en étaient fous. Ça ne la dérangeait pas le moins du monde, par exemple, de semer le désordre dans la chambre et de mettre les moniteurs et les machines en pagaille pour tourner le lit de son patient mourant vers La Mecque.

C'était Nell qui s'était opposée au Dr York, un administrateur de l'hôpital, lorsqu'il avait demandé à voir le dossier d'un patient, éminent officiel du gouvernement, qui se relevait, à l'USI, d'un anévrisme de l'aorte.

« Non, avait dit Nell en retenant le dossier. Vous ne pouvez avoir accès à ces documents. Vous n'êtes pas son médecin. »

« Je suis un médecin. » Il avait tenté de lui ravir le dossier des mains.

Nell avait tenu bon. « Vous n'êtes pas le médecin de *ce* patient. »

« Savez-vous qui je suis ? »

Elle avait souri, presque ri. « Bien sûr », avait-elle répondu. Mais elle n'avait pas daigné lui dire qui il était.

« C'est un trou de cul, voilà ce qu'il est », nous dit-elle plus tard à notre grand amusement, dans le salon, pendant la pause de midi. C'était étonnant d'entendre sortir une telle expression de sa jolie bouche soulignée de rouge. « Quand j'ai refusé, il a explosé et m'a promis de rapporter mon insolence à Rosemary. »

C'était une violation du droit à l'intimité des patients, chose que nous devions protéger. Nous connaissions toutes l'histoire de l'infirmière curieuse qui avait fouillé le dossier informatique d'un important journaliste, patient dans notre hôpital. Nous avions dégrisé en apprenant qu'elle avait été remerciée pour violation inconsidérée du droit des patients à la préservation de leur vie privée.

Murry aussi était un infirmier que j'admirais. C'était un artiste et le corps de ses patients représentaient ses toiles. Ils devenaient ses chefs-d'œuvre. Il prenait soin d'eux de façon impeccable, curant leurs oreilles et tout ce qui sortait de leur nez. Il les oignait de leur crème et de leur lotion préférées et leur faisait des massages. Je l'avais vu tendrement essuyer les gouttes de sang menstruel entre les jambes d'une jeune femme puis lui donner un sentiment de bien-être grâce à un bain parfumé et un service de manucure-pédicure, en prévision de la visite de son ami. Murry lui parlait tout le temps, la traitant comme la jolie femme qu'elle était, en dépit du fait qu'elle était totalement inconsciente à cause d'une méningite bactérienne.

Les soins hospitaliers de Murry n'étaient pas seulement esthétiques : il était capable d'interpréter un électrocardiogramme comme un cardiologue.

Évidemment, il n'y avait pas que les infirmières. L'USI faisait équipe avec beaucoup d'autres spécialistes de la santé ainsi qu'avec des médecins, depuis les internes jusqu'aux résidents, les boursiers et les chercheurs, experts en chacun des organes du corps, conseillers, étudiants et visiteurs d'autres hôpitaux de pays aussi éloignés que Bahreïn, l'Équateur ou la Norvège, ces gens venaient transmettre ce qu'ils savaient et apprendre de nous. Mais ceux et celles qui passaient quelque temps à l'USI devaient rapidement reconnaître que ce sont les infirmières qui gèrent la place. Bien sûr, c'étaient les médecins qui posaient les diagnostics et prescrivaient les recherches et les traitements, mais les infirmières faisaient tout le reste.

Les résidents sont des médecins diplômés qui ont terminé leur internat et se spécialisent en médecine interne ou en chirurgie générale ou encore dans un domaine comme la cardiologie ou l'urologie. Ils viennent passer une semaine ou un mois puis s'en vont. Le centre médical-chirurgical de l'USI constitue un de leurs stages dans l'hôpital. Quelques-uns poursuivent ensuite une spécialisation en soins intensifs et, dans ce cas, passent plus de temps chez nous en tant que « compagnons ». L'étape suivante est, pour eux, de dénicher une position à responsabilités. Un petit groupe de médecins, membres permanents de l'équipe, appelés « intensivistes » et spécialisés en médecine d'urgence, compose la direction médicale de l'USI. Ils permutent entre eux sur une base hebdomadaire. Nous, les infirmières, vérifions en arrivant le tableau des médecins de service pour la semaine en cours. Selon le nom affiché, nous savons comment les choses seront traitées, sur qui nous pourrons compter au milieu de la nuit, qui portera la responsabilité des décisions graves, et qui respectera ou dédaignera ce que les infirmières auront à dire.

Le Dr Daniel Huizinga était un cowboy. Il nous racontait souvent ses voyages avec sa femme et ses enfants dans le Tiers-Monde ou dans les pays dévastés par la guerre où il offrait ses services. Daniel – nous étions suffisamment familiers pour l'appeler Danny – portait une veste de cuir noir et des chaussures de sport Reebok, indispensables parce qu'il courait sans cesse. Il souriait d'un air entendu ou partait d'un gros éclat de rire à tout ce que chacun – infirmières, patients ou familles – lui disait. C'est lui qui savait. Pourtant ceux et celles qui pouvaient voir au-delà de ses sarcasmes et ses manières brutales finissaient par l'aimer.

« Merci d'être venu », lui dis-je pleine de reconnaissance, à trois heures, ce matin-là. Laura était de service et elle avait téléphoné chez lui pour lui dire que mon patient allait très mal et que le résident de service perdait pied et était incapable de faire face à la situation.

« Je suis toujours prêt à venir, dit-il, surtout si la patiente est jeune. » « C'est très gentil à vous », murmurai-je en voyant Justine s'enfoncer le doigt dans la gorge pour me faire comprendre d'arrêter mes remerciements.

« C'est un non-sens, dit-il avec un haussement d'épaules. Au tribunal, si on me demande si j'ai examiné le patient, je ne satisferai pas le juge en lui disant que mon résident me l'a décrit par téléphone. C'est pourquoi je suis venu. »

Je lui signalai que la tension de mon patient baissait et que son débit d'urine était faible. « Il était stable jusqu'à il y a une heure environ, quand... »

«Vous appelez ça stable? Il ressemble à de la merde, et pourquoi ce sac salin est-il à moitié fermé?» demanda-t-il en s'adressant à Laura, venue m'aider. Il ouvrit la pince fermant l'intraveineuse de sorte que le fluide puisse s'écouler plus rapidement et, comme ce n'était pas assez selon lui, il pressa le sac IV de toute sa main. «J'ai dit au téléphone de lui donner un bol. Quand je dis un bol, je veux dire lui administrer le fluide aussi rapidement que possible», grogna-t-il.

J'étais celle qui avait fixé le taux trop prudemment, mais Laura lui dit : «Relaxez-vous! Voyez l'autre aspect; il est aussi à moitié ouvert. Regardez le bon côté!»

Il grimaça vers elle ainsi que vers moi.

«Donnez-lui un paquet de lytes, de minéraux ainsi qu'un lacté», dit-il. Mais Laura avait déjà pris ces dispositions avant qu'il arrive et elle avait les résultats sous la main, prêts à lui être montrés.

«J'ai vu des gars comme lui tourner à l'aigre en quelques minutes», dit-il en arpentant la chambre tout en surveillant le patient.

«Que voulez-vous dire?» demandai-je.

«Je me rappelle un gars comme lui. Il était assis dans son lit à manger un hamburger et, moins de deux heures plus tard, je lui tirais du pus du ventre.»

«Ouais, dit Justine qui était venue donner un coup de main. C'est cette fichue nourriture de cafétéria.»

Si je voyais le Dr Huizinga dans la chambre de l'un de mes patients lorsque j'arrivais au travail, cela signifiait que ce patient était malade. Tous les patients sont malades, mais si l'infirmière dit qu'un patient particulier est «malade», il y a lieu de s'inquiéter. Ce sont ceux autour desquels Daniel rôdait à tout moment, de jour comme de nuit.

Cette nuit-là, alors qu'il travaillait à mes côtés auprès du lit de mon patient, je déconnectai accidentellement, par nervosité, l'aérateur « jet », une aide-respiratoire puissante qui fournit jusqu'à 150 respirations par minute. C'était une des choses que nous avions innovées comme dernier recours pour nos patients les plus malades.

Nicole entra et calmement se mit à ventiler manuellement mon patient avec de l'oxygène pur, tandis que le Dr Huizinga rebranchait la machine et la recalibrait.

« Ne t'inquiète pas, Tilda, tout est en ordre », me dit Nicole, voyant ma mine inquiète.

Laura entra pour dire à Daniel qu'elle venait tout juste de recevoir l'appel d'un médecin qui cherchait un lit à l'USI pour une patiente gravement malade.

Il demanda des détails, clairs et précis. « De quoi s'agit-il ? »

« C'est une femme de quarante et un ans, post-partum de deux jours, treize grossesses précédentes. »

« A-t-elle des pierres dans la tête ? » grommela-t-il.

« Attendez. Laura leva la main pour l'arrêter. Elle perd du sang et est inconsciente, elle a déjà perdu environ deux litres à l'accouchement. Elle est intubée »

« Amenez-la immédiatement », aboya-t-il. « Oua, oua ! pour vous aussi », dit Laura.

L'un comme l'autre prétendaient être des Rottweilers alors que chacun savait qu'ils étaient tous deux des épagneuls.

Avant longtemps, je me suis rendu compte qu'il ne fallait pas se laisser impressionner par les airs de matamore du Dr Huizinga. Même s'il pouvait être intimidant et exigeant, tout en étant brillant spécialiste au plan mondial en matière des relations complexes entre l'oxygène et les molécules d'hémoglobine en micro-circulation et dans les réactions biochimiques intervenant dans le domaine de l'acidose lactique, il restait en réalité très ouvert et adorait nous transmettre tout ce qu'il connaissait. Mais il pouvait, par moments, être préoccupé et se désintéresser des menus détails de la gestion journalière de l'USI. Pendant les rondes du matin, il s'installait souvent sur la tablette de la chambre du patient pour s'absorber dans son porte-documents sur lequel il griffonnait des équations mathématiques et des formules scientifiques. Une fois, il y eut une longue discussion entre deux des résidents au sujet du type d'antibiotique à choisir pour un patient souffrant d'infection. Devrait-ce être un antibiotique spécifique contre les anaérobies ou un antibiotique à plus large spectre couvrant également une éventuelle pneumonie nosocomiale ? Devrions-nous attendre les résultats des cultures ou serait-il préférable de recourir à un antibiotique au hasard ?

« Quel est votre avis, Dr Huizinga ? » demanda le Dr Leung.

« À quel propos ? Il la regarda, interdit. Je n'écoutais pas. »

Un jour, Justine le surprit à lire la revue *Cosmopolitan* qu'elle avait glissée sous la feuille des températures de son patient.

« Cherchez-vous les conseils sexuels de la page 87 ? demanda-t-elle en face du groupe. Je les ai essayés tous et mon ami préfère le numéro 32. »

Plus tard, pendant qu'elle déjeunait, il retourna dans la chambre de sa patiente et ouvrit la revue. Il rougit, déposa le cahier et jeta un regard autour de lui pour s'assurer que personne ne le surveillait. Je ne révélai certainement pas que je l'avais observé.

Conseil sexuel n° 32 Pour rendre fou votre partenaire :

Tirez délicatement sur ses testicules tandis que vous lui sucez le pénis.

« Ce malheureux jeune homme s'est étouffé en avalant un morceau de filet mignon », dit un matin le Dr Leung tandis qu'elle consultait l'histoire d'un patient au cours de sa ronde matinale. Elle était assistante principale, à une année de la fin de sa spécialisation comme intensiviste. Elle m'avait confié espérer se voir offrir un poste important dans notre hôpital, mais elle croyait que ses chances étaient minces. Elle était enceinte de fraîche date et pouvait encore cacher son état, mais elle serait bientôt incapable de s'engager activement dans les projets de recherche entrevus par l'hôpital.

Nous adorions travailler avec Jessica, dont la douce voix et les mots choisis pouvaient rendre élégants les sons les plus durs. Elle rassemblait en queue-de-cheval ses longs cheveux châtains. Elle m'avait confié que, bien qu'adorant les toilettes, elle portait toujours des blouses vertes – certaines familles la prenaient pour une infirmière – pour renforcer sa crédibilité auprès des autres médecins. Elle était séduisante à regarder et à écouter à cause de son visage intelligent et sa façon d'articuler les mots. J'ai eu l'occasion d'observer une famille nombreuse très bruyante, noyée dans le chagrin d'avoir perdu leur père, oublier momentanément ce chagrin devant la beauté de Jessica qui, par sa simple présence, semblait apporter du réconfort. Si quelqu'un d'aussi angélique, d'aussi intelligent, et d'aussi gentil ne pouvait sauver leur bien-aimé parent, peut-être alors était-ce vraiment la volonté de Dieu, semblaient-ils se dire.

J'ai entendu Jessica annoncer de mauvaises nouvelles et, dans de tels cas, elle trébuchait parfois sur les mots.

« En dépit de tous nos efforts, et je veux que vous sachiez que nous avons fait tout ce qui était en notre pouvoir, médecins et infirmières, ajouta-t-elle en me regardant, nous déplorons cette issue fatale pour votre mère. »

« Voulez-vous dire que Ma est finie ? »

« Malheureusement, votre mère a expiré. »

Comme on dit de la date de péremption d'un carton de lait dans un réfrigérateur.

Mais c'était certainement mieux que la formule laconique de Laura : « mort comme un clou de porte », expression qu'elle n'avait jamais prononcée lorsqu'un membre de la famille ou un patient était à portée de voix.

J'avais commencé à accompagner les médecins aux réunions de famille pendant lesquelles les mauvaises nouvelles étaient annoncées. Les membres de la famille avaient souvent un pressentiment et étaient tendus. Pour ma part, je m'assurais de calquer mon attitude sur celle du médecin – dos droit et maîtrise de soi. Je portais toujours un petit paquet de mouchoirs dans la poche de ma blouse de laboratoire, prêts à être utilisés. Bien que j'aurais aimé apporter quelques commentaires utiles, je n'avais généralement rien à ajouter, de sorte que j'écoutais en silence.

C'était dans cette petite pièce sans air, sans fenêtres, aux murs gris – la salle « tranquille » – que même ces médecins beaux parleurs, cultivés et brillants en arrivaient aux clichés. Après avoir donné des explications élaborées quant aux processus physiologiques et pathologiques, énoncés dans une terminologie médicale élaborée, après avoir détaillé les ramifications légales compliquées et temporisé avec les nobles études philosophiques au sujet de l'état du patient, ils finissaient tous par dire des choses comme « le patient n'est pas sorti d'affaires » ou « le patient pourrait ne pas y arriver » ; ou encore « nous faisons tout ce que nous pouvons » mais il a « pris un mauvais tournant » ou nous devons « laisser la nature suivre son cours ».

Le cliché le plus inquiétant, le plus clair et le plus rarement employé était : « Il n'y a plus rien que nous puissions faire. »

Les familles écoutaient attentivement et tentaient de suivre le raisonnement logique. Occasionnellement, ils posaient une question ou pleuraient doucement. Pourtant, je savais que tout ce qu'ils voudraient savoir était : Qu'est-ce que ça signifie ? En sortira-t-il ? Quelles sont ses chances ?

Après la réunion, la famille et moi retournions dans la chambre du patient. C'est là que les familles méditaient tous les détails de la discussion de la salle « tranquille » avec nous, les infirmières. Elles se sentaient plus à l'aise pour parler des détails et pour poser des questions qu'ils n'osaient poser aux médecins.

Le savoir-faire et la confiance des infirmières m'impressionnaient, mais la façon dont occasionnellement elles couvraient les médecins m'étonnait.

« Méfie-toi de celle-là, chuchota Laura en désignant l'une des nouvelles résidentes chirurgiennes. Vérifie chacune de ses prescriptions. Hier, elle a prescrit de la Dilantine à 900 milligrammes en intraveineuse comme dose de début. Imagine ! Elle est inquiétante. »

Heureusement, je savais que la dose de début habituelle était de 300 milligrammes, mais que serait-il advenu si je ne l'avais pas su ? Si j'avais suivi la prescription ? Presqu'un gramme de Dilantine ! Ce qui serait arrivé, c'est que le patient aurait fait un arrêt cardiaque et serait mort.

« Adénosine, dis-je à l'un des médecins résidents étrangers au moment où mon patient entrait soudain en arythmie auriculaire rapide. Je vais la chercher pour vous, mais c'est à vous de l'administrer. »

« Quoi ? » Il se mit à feuilleter le manuel de l'UCI qu'il avait tiré de la poche de sa veste de laboratoire.

« Il faut diagnostiquer le rythme sous-jacent, expliquai-je. L'Adénosine réduira le rythme cardiaque et permettra de le différencier du rythme supraventriculaire. »

Je cherchais Frances ou Laura dans l'Unité afin qu'elles lui expliquent les détails, mais j'étais seule. De toute évidence, il avait des problèmes de langue, d'insertion à l'UCI, mais surtout avec les fondements mêmes de la médecine.

« On ne nous paie pas assez pour ce que nous faisons », dit Laura, s'émerveillant de son rôle d'héroïne méconnue.

Le Dr David Bristol, dans son complet sombre parfaitement coupé et avec son langage intellectuel, ésotérique, teinté d'un fort accent britannique, bourdonnait sans fin, s'étendant sur des sujets théoriques abstraits et nous tenait tous à distance avec son élégant porte-plume réservoir Mont-Blanc. Il restait en dehors des chambres des patients au cours des rondes matinales et nous parlait de derrière cette plume d'argent qu'il utilisait comme pointeur pour faire ressortir des chiffres et des résultats de laboratoire sur les feuilles de santé des patients.

« Je ne touche pas les patients », dit-il quand Laura lui cacha sa plume. Il était perdu sans elle.

« Et les fenêtres ? Faites-vous les fenêtres ? » demanda Justine. Mais il était très difficile de le faire rire.

Le Dr Bristol aimait développer les arguments éthiques impliqués dans chaque cas et, souvent, il donnait spontanément des conférences au sujet du cadre déontologique d'Immanuel Kant et de ses impératifs moraux au regard de la philosophie utilitaire du plus grand bien pour le plus grand nombre de John Stuart Mill. Chaque patient devenait le point de départ d'une discussion au sujet de l'allocation de précieuses ressources, du retrait des moyens de soutien de la vie et de son sujet favori de toujours, la suprématie du concept sacré de l'« autonomie du patient ».

Il m'avait réprimandé un matin parce que je n'avais pas répondu franchement à sa question, il voulait savoir si les chirurgiens thoraciques étaient allés voir ma patiente.

« Que lui ont-ils dit concernant son pronostic ? » demanda-t-il.

« Bien, hum, je, euh... ils sont venus, oui... et ils ont vu la patiente, oui, mais..., hésitai-je. Ils n'ont pas vraiment abordé... »

Le problème était que ma patiente était assise dans une chaise et totalement consciente. Je ne crois pas qu'elle était au courant du cancer qui se répandait rapidement dans ses poumons, mais était-ce la façon de le lui dire ?

« Voyons, Tilda, parlez ! Nous ne gardons pas de secrets ici. Nous disons tout et respectons le droit des patients d'être informés de leur état. Bonjour, Mme Lawson, lança-t-il à ma patiente depuis l'endroit où il se trouvait dans le hall. Est-ce que les chirurgiens thoraciques vous ont dit si votre cancer s'était étendu ou non ? »

Lui avait-on d'ailleurs dit qu'elle avait un cancer ? Encore moins sans doute qu'il s'était propagé. Les notes n'en disaient rien. C'était une dame fragile, tendrement veillée par son mari qui venait précisément de sortir. Je suis certaine qu'elle aurait voulu qu'il soit à côté d'elle pour apprendre une telle nouvelle. Heureusement, elle n'avait pas entendu le Dr Bristol. Elle lui avait fait seulement signe et n'avait rien répondu.

« Je ne cherche pas à cacher l'information à mes patients, dis-je pour ma défense, je ne sais cependant pas si on le lui a dit. Et cela ne me semble pas être la façon la plus délicate de le lui dire. »

« Absurde, Tilda, railla-t-il. Vous devenez paternaliste. Vos patients ont le droit de connaître la vérité à propos de tout. Mme Lawson a le droit de recevoir toute information que nous avons au sujet de son état. »

« Toute information qu'elle est capable de traiter », lui dis-je, pensant que ma propre motivation était plus *maternelle* que paternelle.

« C'est-à-dire tout », affirma-t-il.

« Mais son état émotionnel est fragile et parfois des nouvelles comme celles-là peuvent causer une rechute. Elles peuvent la rendre moins motivée. Peut-être que la vérité est trop difficile à gérer actuellement, particulièrement en bloc. »

« Et qui sommes-nous pour décider pour elle ce qu'elle peut traiter ? »

Plus tard dans la journée, il revint voir Mme Lawson pour lui annoncer que son cancer s'était propagé et qu'il était inopérable, mais elle était au lit et dormait.

« Pourquoi est-elle à nouveau raccordée à l'aérateur ? me demanda-t-il. Je croyais que nous essayions de la sevrer. »

« Elle était fatiguée. Elle a dit qu'elle n'avait plus envie de s'en passer aujourd'hui et a demandé à être raccordée à nouveau. Étant donné son pronostic, je ne crois pas que la sevrer de l'aérateur soit une priorité », expliquai-je.

« Depuis quand le patient prend-il des décisions d'ordre médical ? » Il avait au moins la gentillesse de ne pas la réveiller, mais il était complètement inconscient des contradictions de sa position morale.

« Pourquoi ne l'appelles-tu pas sur celle-ci ? » interrogea Justine, les mains aux hanches.

« J'y ai seulement pensé après qu'il nous ait quitté » fut ma pauvre réponse.

« Le courage moral est ce qu'il faut posséder dans ces situations, m'avait souvent répété Rosemary. Nous sommes ici pour aider le patient. C'est notre règle de conduite. »

De temps en temps, Rosemary m'invitait dans son bureau pour vérifier mon comportement et me donner quelques conseils encourageants. Une musique classique servait toujours de toile de fond sonore. Son petit bureau était un havre de paix, bien qu'il soit envahi de pense-bêtes de toutes sortes et que ses murs soient couverts d'adages sentimentaux brodés au point de croix comme *La Prière Sereine* ou *Desiderata* récoltés au hasard au cours du temps. Des piles de revues de sciences et de politique concernant le métier d'infirmière, des manuels spécialisés et des mémos encombraient son bureau.

« Comment allez-vous ? » me demanda-t-elle avec son sourire serein.

Pourquoi ne pas être honnête vis-à-vis d'elle ? Elle connaissait ma situation.

« Je suis encore assez stressée, Rosemary. Je poussai un profond soupir. Je garde l'impression que j'ai tant à apprendre et que je n'en connais pas assez. Aux familles, je ne sais parfois que dire. Je veux terminer mon année ici, mais je ne suis pas sûre. »

« Ce sont les infirmières qui soulèvent de telles questions qui ne m'inquiètent pas, Tilda. Ce sont celles qui ont toutes les réponses qui m'inquiètent. Permettez-moi de vous dire une chose qui va vous mettre l'esprit à l'aise. Vous rappelez-vous Harriet – l'une de nos infirmières les plus chevronnées – dont le frère était dans notre Unité pour un transplant du foie ? Vous étiez l'une des infirmières qu'elle m'avait demandé de désigner pour le soigner. »

Il n'y avait pas de plus grande marque de confiance que celle-là, je le sais. Peut-être étais-je après tout arrivée à être une infirmière des cas graves.

Précisément à cet instant, le téléavertisseur de Rosemary sonna, mais avant qu'elle ne se précipite pour répondre, elle me rappela que mon tour de me voir confier la charge de l'USI viendrait un jour.

« C'est l'espoir de toute infirmière dans l'Unité de prendre cette responsabilité », dit-elle. Je pus conclure, au son de sa voix, que ce point n'était pas négociable. « Vous devez savoir ce qui se passe dans les lits, mais aussi au-delà. »

« Je ne pense pas que je pourrai jamais prendre cette responsabilité. »

« À ce moment-là, vous serez prête. »

OK, OK, pensai-je, mais sors cela de ton esprit pour l'instant.

Je restai assise quelques instants après son départ. Sur son bureau se trouvait un article du journal qu'elle lisait. Il s'intitulait « Force : Un trait de caractère essentiel de l'infirmière de l'USI. »

J'avais une forte envie de pleurer, mais je me dominai et retournai à l'USI où j'entendis Laura exposer à haute voix sa dernière « théorie » concernant les profils de personnalité des divers spécialistes médicaux.

« N'avez-vous pas remarqué que les cardiologues sont, très souvent, musiciens et timides ? Ils sont élancés et ont des pieds longs et étroits, et ils sont des amoureux très traditionalistes. »

« Comment sais-tu cela ? » demanda Nicole.

Laura ignora la question. « Les anesthésistes sont de vils mercenaires, qui ne travaillent que pour l'argent. Ils mettent en œuvre de nombreuses procédures tatillonnes et gagnent énormément d'argent. Les patients y sont attachés parce qu'ils les endorment et leur évitent ainsi la douleur. Ce sont souvent des coureurs de jupons qui conduisent de petites voitures sport de couleur rouge et qui, du fait de leur accès facile aux narcotiques, se droguent parfois. Les gastro-entérologues ne sont, de leur côté, que de grands enfants qui aiment encore disséquer des grenouilles et perdre leur temps avec des vers de terre et des pâtés de sable. Ils adorent tout ce qui est gluant et visqueux. Quant aux chirurgiens, ils sont à la fois des mécaniciens et des techniciens. Tout ce qui les intéresse est le petit organe et ceci, uniquement s'ils peuvent le réparer. Quand la réparation n'est pas possible, ils perdent tout intérêt. Que le patient ait une attaque cardiaque, le chirurgien spécialiste du cerveau n'en a cure. Vous voyez ce que je veux dire ? En ce qui concerne les psychiatres... » Ici, elle s'arrêta pour ménager son effet, et roula les yeux. « Dois-je en dire plus ? Suivez mon regard. Seuls, les endocrinologues sont agréables parce qu'ils parlent vraiment aux patients. Ils les écoutent aussi. C'est à partir de là qu'ils posent leur diagnostic. Les neurologues sont pédants. Ils sont plus attentifs aux chiffres et aux statistiques qu'aux patients et à leurs souffrances. Ils s'intéressent plus au diagnostic qu'au traitement. L'identification correcte d'un astrocytome malin dans l'espace sous-arachnoïdien les fascine au point qu'ils oublient simplement qu'il n'existe aucun traitement pour le pauvre patient dont le cerveau héberge une telle tumeur. Les neurologues ne peuvent se permettre de voir la forêt plutôt que les arbres. En fait, ils doivent même s'intéresser aux feuilles plutôt qu'à l'arbre. Oui, les neurologues sont des hommes qui s'intéressent aux feuilles, conclut Laura. Rien qu'aux feuilles. »

« Est-ce que tu ne généralises pas un peu trop ? » demanda Nicole.

« Non, je sais de quoi je parle. »

« Pourquoi n'étudies-tu pas tout ça ? dis-je à Laura, à demi sérieuse, pour lui faire oublier sa mauvaise humeur. Tu pourrais mener des enquêtes de personnalité sur les différents groupes de spécialistes et ainsi vérifier ton hypothèse. »

Elle s'éloigna, mais je pouvais encore l'entendre disserter au sujet d'une autre de ses théories selon laquelle chacun a son apogée à une certaine période de la vie. Supposons que vous soyez un adulte misérable et raté, expliquait-elle, vous pourriez avoir été un enfant prodige. Votre point culminant se situerait peut-être à ce moment-là. Certains son remarquables à dix ans, mais déclinent ensuite.

Mon apogée était peut-être encore à venir.

Après avoir travaillé près d'une année à l'USI – plus précisément à deux mois de la fin de mon engagement d'un an – je me jugeai enfin compétente. Bien sûr, je voulais être plus que compétente. Je voulais devenir une infirmière comme Laura pour son intuition et son savoir-faire, comme Tracy pour son calme plein de serviabilité, comme Nicole pour sa gentillesse et son honnêteté, comme Frances pour sa compassion et son bon cœur et comme Justine pour son culot. Comme Justine pouvait nous faire mourir de rire ! Voyait-elle tout sous un jour amusant ou est-ce que les choses amusantes se présentaient toujours quand elle était là ?

« Regardez-moi ça ! » dit-elle. Nous étions alors à l'entrée du bureau de Rosemary. Elle désigna Glenda, notre femme de ménage, qui sortait précisément de la chambre d'une patiente, portant son plumeau multicolore à hauteur de la poitrine, le brandissant comme le ferait une majorette de son bâton au son d'une fanfare qu'elle seule était susceptible d'entendre.

« Om-pa-pah, om-pa-pah ! lui dit Justine. Défilez, les filles ! »

Très tôt, un matin où je n'étais pas de service, je reçus un coup de téléphone qui me tira d'un profond sommeil.

« Pourrais-tu venir nous aider exceptionnellement aujourd'hui, Tilda ? »

C'était Cynthia, l'infirmière de nuit. « Nous venons d'avoir deux défections pour ce matin – dont un appel de Nell, évidemment, je l'aurais prédit – et nous manquons réellement de personnel. »

Le gain supplémentaire était appréciable, mais je sortais précisément d'une série de gardes de nuit et j'étais fatiguée. Je réfléchis un moment. C'était bien de leur donner un coup de main, de leur montrer que j'étais solidaire de l'équipe. D'un autre côté, je n'avais pas envie d'y aller et surtout sans la sécurité de mes compagnes habituelles. Cynthia avait pourtant besoin de ma réponse rapidement, je calmai donc mes tergiversations et décidai de répondre ce qui me viendrait à l'esprit sur-le-champ. Je laissai donc ma conscience répondre pour moi.

« D'accord, je viendrai », m'entendis-je dire.

En chemin, j'écoutai les informations locales à la radio : un assassinat, un viol d'enfant et un incendie dévastateur ayant causé au moins deux morts. Probablement, suffisamment de tristesse et de tragédies m'attendaient pendant cette journée qui commençait, j'optai donc pour un poste de musique enregistrée – un Blue Rodeo pimenté.

En arrivant à l'USI, je retrouvai le tohu-bohu d'activité habituel. Je connaissais chacune des infirmières grâce au chevauchement des périodes de garde. Je trouvai facilement, réuni dans la salle des infirmières, le groupe auquel je devais me joindre et le ronronnement de leurs conversations réconfortant et familier. C'était comme une réunion mondaine faisant partie intégrante du travail quotidien.

« Voici ta mission pour aujourd'hui, Tilda », me dit Cynthia. Elle me désigna une chambre à la porte de laquelle un policier était de faction. Il regarda, sans voir, le cortège ensommeillé des infirmières de nuit qui, une à une, quittaient leurs fonctions, et celui de leurs collègues guillerettes qui venaient les remplacer.

« As-tu entendu parler du terrible incendie de cette nuit dans le West End ? me demanda Cynthia. Eh bien ! L'une des rares survivantes se trouve être l'une de nos patientes. Ils l'ont sortie à temps, ainsi que son mari, mais leur bébé est mort. Ta patiente a été dans la chambre hyperbare. Elle vient d'en sortir. Elle va mieux. Bonne journée. »

« Hello ! » dis-je au policier et j'entrai dans la chambre.

L'odeur me surprit d'abord. C'était une odeur que je n'avais encore jamais respirée et qui ne semblait pas à sa place dans l'USI. C'était l'odeur sauvage, primaire de la fumée. C'était une odeur de la nature extérieure, si différente des produits chimiques et des antiseptiques ou des odeurs humaines d'infection et de fluides corporels. C'étaient des relents résiduels rappelant un feu de joie sur la plage, le feu étouffé, les brandons fumants, mais les cendres rougeoyantes, vivantes et encore dangereuses. C'était aussi l'odeur de temps heureux et sans souci – celle d'un feu de camp – mais, dans le cadre présent, elle était alarmante.

L'état de la patiente s'améliorait. Son mari avait aussi survécu – il n'avait même pas dû passer par la chambre hyperbare, mais, ceci était très triste, « sa mère, son père, sa sœur et son bébé de huit mois ont tous péri, carbonisés, dit l'infirmière de nuit. Pas de détecteur de fumée, est-ce pensable ? De toute manière, jusqu'à présent, seuls le mari, deux frères et la femme ont survécu. Les corps des parents, de la sœur et du bébé sont encore à la morgue en attendant l'identification officielle. »

« Je n'ai pas encore eu à m'occuper d'un cas d'inhalation de fumée, dis-je. Que se passe-t-il dans la chambre hyperbare ? »

« Cette chambre ressemble à un sous-marin, elle est basée sur le même principe. On y place le patient pendant quelques heures. On y fait croître la pression au point que la plupart des molécules d'hémoglobine et d'oxygène se combinent. On abaisse ensuite lentement cette pression pour revenir progressivement à la normale. »

« Et que fait le policier à l'extérieur ? » demandai-je. Je l'avais vu surveiller la chambre de temps en temps, essayant de voir ce qui s'y passait.

« Il est là en permanence pour s'assurer que personne ne fausse les résultats. Il m'a expliqué que cela s'appelait la continuité de la preuve. »

Après son départ, je procèdai à ma propre évaluation. Je pouvais voir le contour d'un corps menu et immobile sous le couvre-lit jaune. Comme tous nos patients, la femme était raccordée au moniteur cardiaque. L'aérateur pompait de l'oxygène dans ses poumons et tout un système d'autres tubulures en plastique ou chromées, ainsi que des fils, zigzaguaient pardessus son corps et partout autour. Les battements de son cœur se dessinaient en lignes vertes au travers d'un écran noir et je notai que son rythme cardiaque était rapide, mais régulier. Très bien.

J'écartai un peu les tubulures et, à travers l'équipement et les linges empesés, je me frayai un chemin vers son corps et ses mains. C'est parfois difficile de parler à des patients intubés, mais les toucher est plus facile et plus immédiat. Cependant, cette fois, c'était différent, parce que ma patiente ouvrait un peu les yeux et inclinait la tête en réponse à ma voix.

Darryl Price, un médecin-visiteur irlandais, qui se spécialisait en soins intensifs, vint la visiter. Il lui prit les mains sous la couverture, se pencha vers elle et lui parla doucement à l'oreille, sa cravate de soie traînant sur le lit. « Vous allez mieux, ma chère. Tout évolue bien. Nous espérons pouvoir vous enlever bientôt ce tube respiratoire. Vous avez une excellente infirmière qui prend soin de vous. » Il m'adressa un clin d'œil.

Il parlait un peu comme un chanteur de charme et il était agréable à écouter. De plus, j'étais ému par le phénomène étonnant de ce médecin parlant si gentiment et si personnellement à une patiente dont les yeux étaient clos et qui était tout simplement incapable de lui répondre.

« Isabella, dis-je plus tard, enhardie à montrer plus d'empathie grâce à l'exemple de ce nouveau médecin, vous êtes à l'hôpital, dans l'Unité des soins intensifs. Il y a eu un incendie dans votre maison, mais vous êtes sauve. Je suis votre infirmière. Comprenez-vous ce que je vous dis ? » Elle me serra la main en guise de réponse.

À mesure que s'écoulait la matinée, je remarquai d'heure en heure une amélioration. Isabella ouvrait les yeux et commençait à regarder autour d'elle et à respirer de manière plus indépendante. Je commençai à la sevrer de l'aérateur. Je lui donnai un bain chaud et j'enlevai les taches de suie de son visage, de ses mains et de son corps. J'expliquais tout ce que je faisais tandis que j'examinais ses poumons, son cœur, son estomac et son esprit.

« Isabella, vous allez réellement mieux », continuai-je à lui dire.

C'était vrai. Je constatais de visu qu'elle allait de mieux en mieux. Ce que je réalisai soudain était que si son état s'améliorait, c'était en partie grâce aux soins que je lui prodiguais.

Pendant toute la matinée, je lui parlai constamment, afin qu'elle ait une voix à laquelle se raccrocher. Je ne parlai pas de la perte de son enfant ; comme elle ne posait pas de questions, je ne pensais pas qu'il soit indiqué de le lui dire maintenant. Elle était jolie et semblait si jeune, bien plus jeune que ses trente et un ans. Elle avait une longue et épaisse tresse de cheveux noirs que je m'efforçai de tenir nette et en ordre. Quelqu'un de la famille vint jusqu'à sa porte et me mit en mains une petite madone en plastique et une croix d'or en me demandant de les placer près de son oreiller, ce que je fis.

Rosemary vint me dire que le mari avait suffisamment récupéré de l'inhalation des fumées pour pouvoir venir visiter sa femme.

« Pourquoi n'iriez-vous pas le chercher à la salle d'attente pendant que je vous attendrai ici ? » suggèra-t-elle.

La salle d'attente était pleine de monde, mais il me fut facile de trouver quelle famille était la mienne. Fernando Alvarez était le petit homme mince, encore sali et noirci par le feu. Il était couvert de suie et ressemblait à un soldat rentrant du front après un bombardement. Des tantes, des oncles et des cousins l'accompagnaient à l'Unité de soins intensifs pour revoir Isabella après l'incendie.

« Elle va bien, lui dis-je en cours de route. Elle a pu marcher un peu et commence à mouvoir ses membres. Sa tension est très stable et elle se passera bientôt de l'aérateur. Elle récupère bien. »

Une fois dans la chambre, il approcha lentement du lit. Il ne lui était possible de la regarder que progressivement, en jetant des regards furtifs, afin que son esprit s'adapte à ce qu'il voyait. Il regardait le lit, puis le plancher, puis à nouveau le lit.

Je le guidai plus près, mon bras le soutenant, comme je l'avais vu faire par Frances et par Nicole.

« Elle ne pourra pas vous parler maintenant. Elle n'est pas encore complètement réveillée et elle a un tube respiratoire dans la bouche qui plonge jusque dans ses poumons. Mais elle vit. »

Je n'aurais pas pu dire si c'était trop d'information ou, peut-être, pas assez.

M. Alvarez approcha du lit et s'obligea à regarder sa femme. Il lui jeta un long regard direct et, soudain, recula, rempli d'horreur.

«*Jesus! Meu Deus! Ai, ai... não, não! Porque?*» cria-t-il et il tomba sur le sol, évanoui. Les autres membres de la famille se précipitèrent vers lui.

« Mais elle va mieux ! dis-je. Elle va mieux ! Voyez, elle ouvre les yeux. Voilà ! Isabella, regardez qui est ici. C'est Fernando. »

Les autres membres la regardèrent puis, eux aussi, reculèrent en titubant.

Un cousin s'avança vers moi pour m'expliquer, d'une voix entrecoupée par l'émotion : « Ce n'est pas Isabella ! Ce n'est pas elle. C'est Alva, la petite sœur d'Isabella. Et si c'est Alva Machado dans ce lit... ça signifie... que le corps, à l'étage inférieur... oh ! mon Dieu. Pauvre Fernando », et il se cacha le visage dans les mains pour sangloter.

Ceci signifiait que les restes humains carbonisés qui attendaient l'identification à la morgue devaient être ceux de sa femme, Isabella.

La douleur causée par la mort de son enfant fut instantanément doublée – pour autant que les mathématiques s'appliquent à ces émotions. Sa douleur emplit la pièce tandis qu'il se mit à hurler. Il se tordait de douleur. Les cousins, les tantes et les oncles l'entourèrent, et chacun le tira, qui par un bras, qui par une jambe pour le remettre debout – le policier se joignit même à eux pour donner un coup de main. Mais il se débattait ; il ne souhaitait pas être remis sur pied. Il voulait rester à terre, au sol, et mourir, comme sa femme. Je voyais ce que c'est que d'être aux côtés d'une personne terrassée par la douleur. J'ai pensé, un moment, me joindre à lui.

La responsable des lieux arriva rapidement. Le nom devait être changé dans l'ordinateur, ainsi que le numéro d'assurance et les informations générales. Elle devait faire savoir sans délai à l'Admission qu'il y avait eu une erreur de nom.

Je ne pouvais m'asseoir. Je ne pouvais rester debout. Je n'étais même pas capable de corriger les indications sur sa fiche, ni de rectifier le bilan des fluides entrants et sortants. Je ne pouvais même pas trouver en moi la satisfaction d'avoir au moins sauvé quelqu'un, quelqu'un de jeune. Je sentais que je me fermais, puis je ne sentis plus rien. Je sentis mon cœur se fermer pour me protéger. C'en était trop pour moi.

Rosemary me dit « Tilda, allez récupérer au salon. Prenez le temps de vous remettre. Peut-être devriez-vous quitter plus tôt aujourd'hui. »

C'était pour moi un échec.

Quitter plus tôt, avait dit Rosemary. Voulait-elle dire pour cette journée ou pour le reste de l'année ? Quitter l'USI en bloc ?

Elle revint voir comment j'allais et me renvoya chez moi en taxi, tandis qu'une autre infirmière reprenait ma tâche.

Chapitre 6

SŒURS DE L'AIR

J'avais pris quelques semaines de congé mais, chez moi, je ne pouvais que traîner mon ennui en ne pensant à rien d'autre qu'à mon travail. Comment pouvais-je me durcir suffisamment pour l'accomplir, comment élever une barrière pour que la tristesse ne m'affecte pas autant, tout en gardant une relation émotionnelle avec mes patients et leurs souffrances ? Je voulais être efficace et compréhensive, compatissante et capable. Compétente n'était pas suffisant. Mais, au-delà de ces préoccupations, ce qui me manquait surtout c'était le travail – et son entourage.

« Tu t'amusais au travail », me dit Ivan, un soir après dîner.

Ce n'était pas une critique, mais je le pris comme telle. C'en était assez pour déposer ma fourchette et faire face à cette attaque imaginaire.

« Comment quelqu'un pourrait-il supporter un tel travail s'il ne riait pas de temps en temps ? Il n'y a aucun mal à cela. Nous ne rions pas devant les patients. Le rire est un mécanisme qui nous permet de faire face. »

« Il n'est pas nécessaire de lui donner un nom compliqué. Il vous est permis d'avoir du bon temps. Il n'y a aucun mal à se détendre un peu. » Il eut un petit rire devant mon indignation. « Mais je faisais seulement une observation. »

Il savait de quoi il parlait. Je le considérais comme une sorte d'expert en rigolade et je savais que, de mon côté, j'avais beaucoup à apprendre sur le sujet. Dans ma famille, pendant mon adolescence, je n'avais même jamais eu envie de rire. S'amuser était tabou. Il aurait été incongru d'être joyeuse devant ma pauvre mère, étendue sur son lit, éternellement triste et déçue par la vie. Comment aurais-je pu m'amuser alors qu'elle en était incapable ?

C'est Ivan qui m'avait initié au concept du rire, mais ce sont les infirmières de l'USI qui m'en apprirent la pratique. Je pensais à tout cela quand le téléphone se mit à sonner. C'était Justine.

« Hep, Tilda ! Écoute, depuis que tu as adopté le silence-radio, je te communique les dernières nouvelles. L'hôpital a une nouvelle mascotte. C'est cette puissante dame en chaise roulante qui, chaque jour, s'installe devant l'entrée de l'hôpital, et qui interpelle toutes les personnes qui se présentent. Je te jure, c'est la femme la plus incroyable du monde. Ses jambes sont enveloppées de bandages suintants. D'une main, elle tient la tringle supportant son injection intraveineuse comme une ombrelle et, de l'autre, elle fume une cigarette. Elle demande aux passants de collecter pour elle, sur la pelouse, des mégots qu'elle rassemble pour les fumer. Elle raconte à longueur de journée qu'elle était dans l'industrie du spectacle, mais que des médecins lui ont enlevé certaines côtes et l'ont traumatisée au point qu'elle ne peut plus maintenant balayer la neige. Elle les accuse de l'avoir considérée comme cobaye, comme bouc émissaire ou comme canari de mineurs – tout cela à cause de la bombe qu'ils ont jetée sur Hiroshima. Tu vois le topo ? Ensuite, à la fin du jour, un bus spécialisé passe la reprendre. »

Bien évidemment, j'éclatai de rire, mais je me forçai à me contrôler. Ce n'était pas bien de rire.

« Merci pour l'information, Justine. Je me réjouis à l'idée de la rencontrer », dis-je.

« Mais, Til, quand reviens-tu travailler ? »

« Laisse-moi lui parler », intervint Laura. Et j'imaginai celle-ci s'emparant de l'appareil. « Amène-toi ici, Ô femme sensible s'il en est ! Nous avons besoin de toi. Sais-tu combien de personnes sont absentes du bureau ? Nous avons deux remplaçantes plus une malade – l'une d'elles est évidemment Nell Mason – et j'ai passé toute la matinée au téléphone pour chercher de l'aide. »

Frances prit alors l'appareil. « Comment vas-tu, Tillie ? Tu nous manques beaucoup ! Reviens vite. Tu ne vas pas nous quitter ? Nous sortons toutes prendre un verre cette semaine, c'est l'anniversaire de Justine. Pourrais-tu te joindre à nous ? Le travail a été très intéressant ces derniers temps. Nous avons fait des tas de transplants – poumons et foies – et nous avons même innové – un transplant de rein, pancréas plus foie et intestin sur un jeune garçon qui souffrait d'une rare coagulopathie idiopathique. Il récupère réellement bien pour un gars qui était si mal en point à son arrivée, avec des caillots répandus dans l'abdomen et le bassin, l'un d'eux bloquant sa... »

J'entendis Laura lui dire : « Tu as assez parlé, bavarde pie ». En moi-même, je crois que Laura tentait plutôt de lui reprendre le téléphone.

« Cette vieille taulière ne veut plus me laisser parler. Reviens vite », réussit encore à glisser Frances tandis que Nicole lui reprenait la ligne pour me dire qu'elle avait un nouvel ami – un résident néphrologue, Oliver, qui avait déjà participé à des tournantes à l'USI et qu'on aimait beaucoup – et pour me confier qu'elle en était ravie. « Ce pourrait bien être celui-là », dit-elle.

Ensuite, c'est Tracy qui me chuchota confidentiellement – elle n'était pas prête à le dévoiler aux autres – qu'elle était enceinte. C'était encore très récent. Elle et Ron avaient essayé pendant longtemps sans succès. Elle en était ravie.

J'appelai Rosemary le matin suivant et lui dis que j'étais prête à revenir.

Il ne m'avait fallu que deux semaines de congé pour me remettre de cette situation perturbante concernant l'inhalation de fumée par le patient, y compris la tristesse résiduelle dont je ne réussissais pas à me débarrasser, même après m'être occupée de la famille sikh et de leur fils. C'est pendant cette période que, paradoxalement, j'en arrivai à réaliser que j'aimais être infirmière aux soins intensifs et que je ne voudrais pas travailler ailleurs. J'avais travaillé très fort pour en acquérir les connaissances ; je ne pouvais abandonner maintenant. Comment avais-je pu penser autrement ? En fait, par moments, j'étais même triste pour les personnes qui n'avaient jamais connu un travail aussi fascinant.

Le soir de la veille de mon retour au travail, notre groupe, avec amis et maris, se réunit dans le hall d'une piscine publique de la Petite Italie pour fêter le trentième anniversaire de Justine. Celle-ci avait annoncé qu'elle allait fréquenter l'université à mi-temps pour obtenir son diplôme et avait mentionné à cette occasion qu'elle et son ami d'il n'y avait que quelques mois, Tom, s'étaient fiancés. Nous devions fêter tous ces événements.

Je remarquai que chacun l'appelait maintenant d'un nouveau surnom et j'en demandai la raison.

« C'est à cause de ce qui s'est passé l'autre soir au travail », répondit Nicole. Parles-en à Tilda. »

Justine n'avait besoin d'aucune incitation.

« Un technicien de laboratoire m'a appelée pour m'avertir que le potassium de mon patient était de 3,1 moles. Le gars connaissait à peine quelques mots d'anglais, et encore, très mal – “very criti-cul reee-sult” dit-il. Je réponds, OK, c'est 3,1, j'ai compris. Au revoir. Mais alors, il me demande mon nom. De quel droit me demande-t-il mon nom ? Pourquoi me demandez-vous mon nom ? Une nouvelle politique de vérification. Bon. “Mon nom est Pippi. Pippi Longstocking.” Une minute plus tard, son surveillant m'appelle pour connaître mon vrai nom. C'est son rôle, m'affirme-t-il. C'est sérieux et il n'a pas de temps à perdre. Je répète “Pippi” et je raccroche.

« Quel culot quand même ! » s'exclama Nicole.

« Alors, le gars rappelle et je réponds : “D'accord, vous avez raison, je blaguais au sujet de Pippi. Mon nom est Morticia. Morticia Addams.” Et il l'a cru ! »

« Nous en avons ri toute la nuit », dit Tracy.

Le nom lui est resté. Elle est devenue Morty.

Mais, le soir suivant, les choses se sont poursuivies.

N'étant pas de celles qui laissent une gaminerie sans suite, Justine, qui inventoriait le contenu du réfrigérateur, éternellement rempli de boîtes Tupperware enfermant de la nourriture oubliée et de boîtes en plastique pleines de lunchs abandonnés, avait découvert un thermos contenant une substance visqueuse. Elle s'empressa d'y apposer une étiquette indiquant : « Produit écologiquement dangereux – Manipuler avec précaution », et l'adressa au laboratoire de microbiologie, avec une demande d'identifier le produit !

Nous étions sorties tard ce soir-là et avions pris quelques verres – j'avais bu un vin panaché au melon et supporté de nombreux quolibets à ce propos – mais nous devions toutes rentrer avant minuit, parce que nous devions nous lever tôt, le lendemain, pour le travail.

Il me semblait pourtant qu'il ne s'était écoulé qu'un court instant entre le moment où ma tête avait touché l'oreiller et l'instant où la sonnerie du réveil m'indiqua six heures du matin. Je sautai du lit et me précipitai vers le travail.

À l'heure du déjeuner, je me sentais comme si je n'avais jamais quitté. En fait, c'est Navreen, la serveuse ambulante de Roti Lady qui me signala qu'il était l'heure de déjeuner. Elle poussa la tête par l'ouverture des rideaux du lit de ma patiente pour me demander si je souhaitais un poulet aux épices ou un rôti végétarien – c'était tout ce qui lui restait.

Je pouvais entendre Laura discuter au téléphone.

« Vous dites que l'ordre est dans l'ordinateur ?... Il dit que je dois descendre avec le patient pour l'examen ultrasonique à 13 h ? Je vois... Peut-être, seulement peut-être, je prendrai des instructions d'un médecin, mais pas d'un ordinateur. Jamais ! »

Frances avait été retenue dans la chambre insonorisée pendant plus d'une heure, en compagnie d'une famille affolée, où elle participait à une réunion sous la conduite du médecin irlandais, le Dr Darryl Price. Il avait tendance à étirer ces réunions.

« Qui a chipé ma bouteille de Diet Pepsi ? criait-elle en cherchant partout, Je me préparais tout juste à la boire. »

Je ne savais pas qu'elle appartenait à quelqu'un. Elle était là depuis des semaines. Je devais avoir un air coupable car elle regarda droit vers moi et me pointa du doigt : « Toi » ?

J'acquiescai. « J'avais soif. Tiens, voici de quoi t'en procurer une autre. » Je lui tendis une pièce. « Je te l'offre », ajoutai-je gentiment.

« Tu avais soif. Tu avais soif, dis-tu ? Je me fiche que ta bouche soit sèche comme le désert du Sahara. Ne vole pas mes affaires », grommela-t-elle.

« Oh ! Tu ne m'effraies pas », et les autres se joignirent à mes gloussements.

Plus tard, ce même jour, Rosemary s'approcha de Justine qui travaillait précisément à mes côtés. Elle avait une expression énigmatique et tendait un rapport de laboratoire. « Ne serait-ce pas pour toi, peut-être ? » demanda-t-elle.

Le document était adressé à Morticia Addams, Équipe des Infirmières, Unité médico-chirurgicale des soins intensifs, USI.

RAPPORT DU LABORATOIRE DE MICROBIOLOGIE
Identification du contenu du Thermos : Ravioli.

Ma patiente, le jour de mon retour au travail, était une Crie de trente ans, d'une réserve proche de Manitoulin Island, qui avait avalé du dissolvant et de l'antigel. Elle avait un passé de droguée et d'alcoolique, mais il n'était pas certain que son geste ait été désespéré ou qu'elle ait fait une tentative délibérée de suicide. Cependant, son geste avait provoqué un coma hépatique qui avait si gravement perturbé son mécanisme de coagulation qu'elle perdait du sang par la bouche et par le rectum, aussi bien que par des hémorragies internes, du fait de la destruction de son foie. Elle était dans un état de stupeur, mais elle en émergeait de temps à autre et émettait des sons inarticulés. Nous avions dû insérer un gros tube dans son estomac pour endiguer le saignement et un tube respiratoire jusqu'aux poumons pour sauvegarder leur fonction. Je savais que seul un foie sain tout neuf pouvait lui sauver la vie, mais il n'y en avait pas de disponible immédiatement.

« J'espère qu'elle est candidate à un transplant de foie », dis-je au cours d'une tournée.

« Oui. Elle est en tête de liste des demandeurs, répondit le Dr Bristol. Y aurait-il une raison pour laquelle vous penseriez qu'elle pourrait ne pas être une bonne candidate pour un transplant ? »

À cette question, mes jambes se dérobèrent sous moi, mais heureusement, il se tourna vers toute l'équipe.

« J'aimerais savoir si elle s'est engagée à mieux se surveiller à l'avenir, si elle s'abstiendra de boire et de prendre de la drogue, ceci afin de ne pas détruire son nouveau foie », dit l'une des infirmières.

« Une chose aussi précieuse et rare qu'un foie ne doit pas être traitée à la légère », remarqua quelqu'un d'autre.

« N'est-ce pas son droit de vivre comme il lui semble ? demanda le Dr Bristol. C'est son affaire si elle ne veut pas être totalement rationnelle. Croyez-vous que le fait de recevoir un transplant d'organe entraîne une obligation morale ? »

Certains approuvèrent.

« Et si cette malheureuse brave femme est mentalement malade et incapable de respecter ses bonnes intentions ? Peut-on définir légalement ce qu'est vivre sainement ? Et même si cela se pouvait, serait-ce à conseiller ? Son environnement, sa vie dans la société, sa personnalité, tous ces facteurs la prédisposent peut-être à prendre des décisions susceptibles de mettre en danger son nouveau foie. Je voudrais vous proposer la question suivante. Mettriez-vous un condamné à mort sur la liste des receveurs potentiels d'un nouveau foie ? Vos critères sont-ils strictement médicaux ou le genre de vie figure-t-il dans ces critères ? Je voudrais que vous réfléchissiez tous et toutes à ces choses avant de porter un jugement. Dès que nous prenons des décisions d'ordre médical sur la base de réactions émotionnelles, nous créons un très dangereux... »

À ce moment précis, Justine – maintenant connue par tous sous le nom de Morty – se joignit au groupe, portant un grand bassin métallique contenant une eau trouble qui oscillait d'un bord à l'autre.

« Voici un véritable problème d'éthique dit-elle. Qui se proposerait, pour un million de dollars, de boire un verre de cette eau sale dans laquelle s'est lavé mon patient ? »

Rien que cette idée nous repoussa chacune vers les chambres de nos patients.

Les rondes étaient terminées.

« Flora connaît tout au sujet de la vie dans la nature », dit fièrement la jeune femme installée à côté du lit de ma patiente. Elle portait une veste écossaise crasseuse et ses cheveux étaient hirsutes.

« Avec qui devrait-on prendre contact en cas d'urgence ? » demandai-je.

J'avais à remplir la fiche d'admission.

« Ce devrait être moi. Flora est ma sœur et je suis aussi sa sœur. Nous sommes des sœurs de l'air. Elle sait tout de moi et je sais tout d'elle, bien que nous ne vivions plus jamais ensemble. »

Elle enleva sa veste et la plia au pied du lit de sa sœur.

« Flora habite sur la réserve et elle travaille dans une usine. Nous n'avons jamais besoin de parler. Si elle est là, elle est là et si elle n'y est pas, elle y est encore. Elle est avec moi partout où je suis, continuellement. Je l'appelle ma sœur de l'air. Comment va-t-elle ? »

« Elle est... » Je regardai cette jeune femme devant moi en faisant de mon mieux pour ignorer son aspect mal soigné et les odeurs nauséabondes des ruelles sombres de la ville où elle vivait sans doute. Je regardai à nouveau Flora, étendue sur le lit, perdant du sang et inconsciente, puis à nouveau sa sœur. « Elle ne va vraiment pas bien. »

« Mais elle s'en sortira, n'est-ce pas ? Est-ce qu'elle ne va pas recevoir un nouveau foie ? C'est ce que le médecin a dit. L'une de ces trans*planétations* ? »

« Nous l'espérons, dis-je. Si elle peut tenir jusqu'à ce qu'un foie devienne disponible. »

« Je suppose qu'elle ne peut rien manger, n'est-ce pas ? »

« Non, pas encore. »

La sœur secoua la tête et laissa échapper un soupir.

Frances m'appela un jour chez moi.

« Écoute, je me propose de faire une visite à Nell Mason. Elle m'avait dit de ne pas venir, mais elle est malade depuis des semaines et je suis inquiète. »

Depuis des années, c'était l'habitude de Nell de travailler pendant quelques jours, puis de se déclarer malade, tout juste avant le début de sa journée, nous laissant souvent en difficulté. Une année, Nell avait accumulé plus de jours de maladie que de jours de travail. Pourtant, ses excuses étaient toujours valables.

« Oui, c'est comme le virus Ebola, nous rappela un jour Nicole alors que nous passions un moment à la cafétéria. Te souviens-tu de la fois où Nell s'était déclaré malade parce qu'elle croyait avoir contracté le virus Ebola ? »

« Oui, mais le problème était que, bien que le patient soupçonné d'être atteint par le virus Ebola ait été admis dans l'Unité, elle-même n'avait jamais été en contact avec lui. Elle est peut-être hypocondriaque », dit Laura.

« Vous souvenez-vous du jour où elle est arrivée avec le Syndrome de la nourriture chinoise ? » dit Nicole.

« Qu'était-ce encore que cette histoire-là ? » demanda Justine.

« Connais-tu cette sensation étrange de vibration que tu peux ressentir en consommant du glutamate monosodique ? »

« Et quand Nell a appelé pour dire qu'elle ne pouvait venir travailler parce que son bon ami était mourant et qu'elle devait l'aider à préparer ses funérailles, choisir la musique et tous les détails ? Te rappelles-tu aussi la fois où elle a appelé pour dire qu'elle ne pouvait venir travailler parce qu'on venait de diagnostiquer une tumeur au cerveau chez sa mère et que Morty, du tac au tac, lui avait demandé si c'était la même mère que celle qui était morte deux ans auparavant et qui avait eu un accident mortel en voiture l'an passé ? » rappela quelqu'un d'autre.

« Vous rappelez-vous du jour où elle a appelé pour annoncer qu'elle ne pouvait venir travailler parce qu'elle avait des bourdonnements d'oreilles ? dit Laura. J'étais responsable ce jour-là et, quand elle m'a annoncé cela, je lui ai répondu qu'alors son état convenait parfaitement pour notre travail, qu'on entendait ici des sonneries se déclencher à tout moment ! »

Nous connaissions bien Nell, comme nous connaissions la plupart des autres infirmières, mais elle ne faisait pas partie de notre cercle. Nell n'appartenait à aucun groupe. Et comme il apparut, elle était plus seule que chacune d'entre nous ne l'imaginait.

Après l'appel que j'avais reçu d'elle, Frances lui rendit visite et, le jour suivant, à la cafétéria, nous parla de cette visite.

« Nell était assise sur un appui de fenêtre dans son appartement quasi vide – elle n'avait presque pas de meubles – et me regardait tout simplement. Ce n'était pas la Nell que nous connaissons. Elle était muette. Elle ne disait pas un mot. »

« Elle n'avait probablement pas l'occasion d'en placer un seul en face de toi, bavarde pie ! » murmura Laura.

Frances poursuivit. « Son silence était la chose la plus étrange. J'ai essayé de la faire parler, mais elle ne me répondait pas. Aucune anecdote ni blague pimentée. Rien. Frances termina son histoire tristement. « Mais elle dit qu'elle reprendra bientôt le travail. »

« J'ai beaucoup aimé son histoire de la nuit où elle soigna Glenn Gould alors qu'il avait eu une grave hémorragie cérébrale, dis-je. J'ai pu me le représenter lorsqu'elle me dit comment elle avait supporté ses bras et ses mains sur des oreillers et que ses doigts avaient commencé à jouer la *Sonate au clair de lune.* »

Nell avait souvent parlé d'une période de sa vie où elle avait été la mère par substitution de cinq garçons orphelins à Thunder Bay et comment, alors qu'elle était elle-même enfant, elle avait l'habitude de se rendre à l'école montée sur un chameau. Ce chameau avait été offert à sa famille par la troupe itinérante d'un cirque. Elle racontait qu'un jour, le chameau s'était sauvé de son enclos et avait couru à travers toute la ville. Il avait fait irruption dans un goûter de fraises que les dames d'œuvres de la paroisse locale avaient organisé et il y avait eu de la crème fouettée, des petits gâteaux et des fruits rouges dans tous les coins.

Nous nous rappelions toutes de l'époque où nous travaillions avec elle et où elle aimait courir au Centre Eaton pendant son heure de repas. Si elle rentrait un peu tard, elle avait toujours une excuse toute prête.

« J'ai dû pratiquer une réanimation cardio-respiratoire sur un gars qui faisait un arrêt cardiaque dans un magasin de chaussures », disait-elle. Ou bien : « J'ai été bloquée dans un ascenseur qui, soudain, s'est détaché et s'est mis à plonger dans le vide. Je me suis mise à sauter pensant qu'ainsi j'avais cinquante pour cent de chances d'être en l'air au moment où il s'écraserait. Et c'est exactement ce qui s'est produit. Quelle chance ! »

Parfois, si le travail manquait, je me sentais coupable de la pousser à raconter des anecdotes de ses vacances exotiques au cours desquelles elle passait toujours par des aventures fantastiques et des situations scabreuses, tout comme Indiana Jones. Elle racontait qu'elle marchait sur une plage déserte, aux îles Galapagos, lorsqu'elle fut prise en chasse et attaquée par une meute de chiens sauvages. Elle avait dû se jeter à l'eau et nager dans la mer pour leur échapper, mais ils l'avaient suivie. Alors, tandis que les chiens plongeaient et l'attaquaient, grognant et grondant furieusement, la brave Nell avait eu la présence d'esprit de leur crever les yeux et de les aveugler puis de les pousser sous l'eau un à un pour les noyer.

La chose frappante était que, lorsqu'elle venait travailler, Nell était une infirmière merveilleuse. Elle avait une présence compétente et sage, de vastes connaissances et un savoir-faire d'experte. Les patients adoraient Nell, la demandaient toujours et lui offraient des cadeaux sous forme d'argent, de fleurs ou de bouteilles de bon vin ainsi que des possibilités d'emploi comme infirmière privée pour des rémunérations astronomiques.

Nous étions reconnaissantes que Frances ait pu lui rendre visite. Nous étions toutes très compétentes et pleines d'expérience en matière de soins de santé – attaques cardiaques, problèmes respiratoires, maladies hépatiques – mais en ce qui concerne l'esprit... Aucune n'y connaissait rien ! Si un patient de l'USI montrait des signes de dépression ou d'anxiété, nous devions appeler un « consultant psychologique » qui viendrait parler au patient pendant quelques minutes puis prescrirait un cocktail de médicaments comme le Valium ou le Prozac ou encore du Haldol et de l'Ativan.

« J'ai horreur de la profession d'infirmière. J'ai hâte de m'échapper de ce trou d'enfer. »

J'étais horrifiée d'entendre Laura dire cela à cette grande femme élancée, coiffée élégamment et portant un tailleur marine, qui se trouvait précisément dans la salle des infirmières. Elle était venue à l'USI afin de rassembler des données pour le travail qu'elle avait entrepris sur la vie de travail des infirmières. Elle était en même temps l'une des nouvelles vice-présidentes de l'hôpital qui tenait à mieux connaître les « travailleurs de première ligne ».

« J'ai horreur de ce travail », ajouta Laura, comme si sa première déclaration n'était pas suffisante.

La dame parut un peu surprise, mais garda tout son contrôle. « Avez-vous des critiques spécifiques à formuler ? » demanda-t-elle, mais Laura haussa les épaules et s'éloigna.

« Je dois retourner auprès de mon patient », grommela-t-elle de façon abrupte.

« À quoi bon ? lui demandai-je quand je la retrouvai un peu plus tard. Tu peux formuler tes reproches de façon constructive, mais ne te comporte pas comme une brute. Ton attitude peut nous être défavorable. Si tu ne peux apporter ta contribution à une solution, alors... »

« Arrête de me faire la leçon ! J'aimerais voir cette précieuse dame enfiler une paire de gants – n'a-t-elle pas dit qu'elle était infirmière ? – et venir nous donner un coup de main. Elle est probablement l'une de celles qui envisage de nous mettre à pied, de se débarrasser de nous – en particulier de ces vieilles infirmières diplômées et mal formées – et d'engager à notre place des fabricants de sandwiches et les membres de l'équipe d'entretien. Elle est de celles qui veulent instaurer une nouvelle théorie de la profession sans avoir la moindre idée du travail réel d'une infirmière. Je ne lui ferais même pas confiance une seule minute. Elle nous vendra au prochain battement du pendule, lorsque le gouvernement décidera que nous sommes trop nombreuses. »

Morty, revenant tout juste d'une réunion syndicale et toujours à l'affût d'une occasion de rouspéter, renchérit.

« Laura a raison, Tilda. Les infirmières constituent la majorité du personnel de l'hôpital – plus de 95 pour cent – et nous sommes les seules auprès des patients vingt-quatre heures par jour. C'est nous qui risquons notre vie, qui nous exposons aux maladies infectieuses – hépatite, tuberculose, maladies sexuelles, et maintenant, ces superstars, les bactéries qui résistent aux antibiotiques, qu'un nouveau patient sur deux semble apporter aujourd'hui. Ceci sans faire mention des risques liés aux conditions mêmes du travail, exposition aux radiations ionisantes, éclaboussures de produits de chimiothérapie sur les surfaces de travail – c'est ainsi que j'ai perdu un ongle. Des *aspergillus fungus* sont dispersés par les bouches d'aération et des *acinetobacter* prolifèrent dans les canalisations d'eau. Et, croyez-moi, les filles, mais aussi les garçons, ajouta-t-elle en direction de Bruno et de Charles, qui s'étaient approchés pour l'écouter, la situation est pire en ce qui concerne les étages. Vous ne pourriez croire la charge de travail qu'ils ont à assumer et les conditions auxquelles ils ont à faire face. Nous avons de la chance ici à l'USI, particulièrement avec une gestionnaire comme Rosemary – nous ne pourrions pas en avoir une meilleure – mais je parie qu'ils la sacqueront un jour ou l'autre. »

« Tu vois ce que je veux dire, Tilda ? Laura se sentait agressive. Tu es incroyablement naïve. Quel est l'intérêt de parler à cette nouvelle représentante ? Et pourquoi rester ici – toutes ces tracasseries, ce manque de respect, cet environnement stressant, ces politiques de lutte avec les médecins, ces patients insupportables et ces familles en colère ? Oh ! oui, avec quinze sous de supplément à l'heure pour couvrir notre responsabilité d'être en charge. Ton tour viendra bientôt ! Il vaut mieux que tu sois prête. Tu verras que le supplément de 1,80 $ que tu recevras couvrira à peine le coût du café supplémentaire dont tu auras besoin pour tenir le coup. »

« Alors, pourquoi, balbutiai-je, pourquoi, pour quelles raisons avez-vous donc choisi cette profession ? »

« Je fais ce métier parce que j'aime à penser qu'il y aura aussi quelqu'un pour me soigner le jour où ce sera mon tour d'être malade », dit Laura.

« Comment peux-tu savoir ? »

« Nous serons toutes un jour malades d'une chose ou d'une autre. Sois réaliste, Tilda. Toutes, nous aurons, un jour ou l'autre, besoin d'une infirmière. Nous sommes toutes des patientes en devenir. J'espère seulement qu'il y aura une bonne infirmière disponible pour moi quand le moment sera venu. Peut-être est-ce pour cela que je fais ce travail. Superstition ou espoir ou aveuglement à propos de la réalité, selon lequel, pourvu que je fasse ma part, quelqu'un d'autre fera aussi la sienne vis-à-vis de moi. »

« Je ne t'écoute plus, dis-je plus tard à Laura, ce même jour. Je n'écoute plus tes jérémiades continuelles si tu ne proposes pas de projet constructif pour améliorer les choses. Tu demandes quelle est la motivation ? Je vais te le dire. Faire un travail intéressant et stimulant. Aider les autres. Avoir chaque jour l'occasion d'améliorer la vie des gens. Avoir le pouvoir de soulager la souffrance, de réconforter un membre anxieux de la famille, examiner une blessure et savoir exactement comment la guérir. Je ne pense pas que ces choses ne sont pas satisfaisantes pour toi parce que tu es l'une des infirmières de notre groupe qui fait le mieux ces choses. De toute façon, je ne te crois pas. Si tu haïssais à ce point le métier d'infirmière, tu ne serais pas une aussi bonne infirmière que celle que tu es. En outre, si tu haïssais vraiment ce métier, comme tu le prétends, quels seraient tes projets pour changer de carrière ? Si tu envisageais réellement de quitter ce travail, n'aurais-tu pas refait ton curriculum ou pris quelques cours pour te remettre à jour ? »

« Picoler et m'administrer des drogues bon marché, voilà comment j'échappe au présent... sans oublier le chocolat », dit-elle.

« Très bien, continue. Tu resteras ici pour toujours. »

Simplement, je ne la croyais pas. Je la voyais réchauffer les mains de ses patients dans les siennes. Je voyais la fermeté de son bras conduisant les familles éplorées vers la salle de recueillement. Je la voyais tirer les doses de Levophed en fonction des pointes et des creux de la tension erratique de son patient. Elle était brillante. Je l'aurais laissée m'opérer à cœur ouvert. Et pourtant l'amertume était un poison que j'aurais voulu extirper de son cœur – pour elle-même mais aussi parce que je craignais qu'elle n'en contamine d'autres.

« Dis-moi, pourquoi prends-tu toujours le chemin le plus long pour te rendre à la cafétéria ? » lui demandai-je.

« Te voilà encore, dit-elle avec un soupir. J'ai besoin de cet exercice, OK ! »

« Tu prétends être tellement sensible... Je n'en suis pas si sûre. »

« Je n'ai jamais, jamais pleuré sur un patient, dit-elle, et je ne le ferai jamais. »

Nicole rêvait de se marier et d'avoir une maison pleine d'enfants. Elle voulait avoir un garçon et une fille et un chien Shar-Pei, qui seraient respectivement appelés Liam, Sophie et Chin-Chin. Les choses se présentaient bien avec Oliver, mais il était encore trop tôt pour se prononcer à coup sûr. Nicole savait, comme les autres, qu'elle aurait dû suivre, ne fût-ce qu'à mi-temps, des cours pour obtenir un diplôme universitaire. Le problème était qu'un autre monde l'attirait dans une direction toute différente. Elle était une excellente joueuse de golf et elle avait même songé y entreprendre une carrière professionnelle. Mais elle avait dû consacrer toute une année à soigner sa mère mourante. Nous savions qu'elle travaillait encore pour rembourser le prêt qui lui avait été accordé pour ses études. Apparemment, son jeu n'avait heureusement pas trop souffert de ces interruptions. Lorsque Daniel Huizinga et David Bristol la mirent au défi pour une partie de golf, elle répondit positivement – à notre grande satisfaction.

Selon le rapport embarrassé de David, « Nicky, après avoir dépassé de deux coups la normale du premier trou, réussit d'affilée les dix-sept trous suivants. »

Quel plaisir de découvrir enfin ce côté de sa personnalité.

« Elle était surprenante, ajouta-t-il, impressionné. Nous ne nous sommes même pas soucié d'additionner notre résultat! »

Justine prétendait vouloir faire de la politique et garder sa profession d'infirmière comme activité secondaire. Néanmoins, elle continuait à travailler vaillamment pour obtenir ses diplômes et envisageait de poursuivre ses études. Son amour pour la scène avait trouvé des occasions au théâtre local où elle avait joué *Bloody Mary* dans une production d'amateurs du *South Pacific* à Scarborough et un rôle dans le chœur de *Grease*. Elle prétendait aussi que c'était un bon tuyau pour rencontrer des gars, ce en quoi elle avait, de toutes manières, beaucoup de succès. Outre ces activités, Justine était aussi très sérieusement notre représentante auprès du syndicat et passait beaucoup de son temps libre à participer à des réunions, des rallyes, et à s'occuper des doléances, ce qui était très bien, étant la première à admettre que son point fort n'était pas le soin des malades.

Frances prétendait qu'elle était heureuse. C'était étrange d'entendre quelqu'un parler ainsi. Je n'avais jamais entendu dire cela.

« J'adore être une infirmière », disait-elle simplement.

C'était encore plus étrange.

« Avez-vous déjà pensé retourner à l'école pour faire votre maîtrise? » me demanda Rosemary. Elle en faisait précisément une elle-même en prenant des cours du soir.

« Je ne suis pas prête à retourner sur les bancs de l'école, dis-je. J'ai encore beaucoup à apprendre au sujet du soin des patients. Je veux continuer ce que je fais. »

Nous étions en fin d'après-midi de ce premier jour de mon retour au travail après mon bref congé. J'étais assise en face de Rosemary dans le désordre de son bureau. L'exubérante symphonie de la Truite émanait en sourdine de son ordinateur et je captais une bouffée de son eau de Cologne à la vanille achetée chez le parfumeur du coin : elle sentait bon les petits gâteaux. Elle voulait avoir des nouvelles de mon travail et savoir si j'avais l'intention de poursuivre au-delà de cette première année qui devait se terminer dans un mois. Elle ne voulait pas m'influencer, m'expliqua-t-elle, mais elle avait besoin de connaître ma position parce que les emplois à temps plein devenaient à nouveau rares.

« La tendance se répète, dit-elle. La demande d'infirmières reste constante. Ce qui change, c'est la volonté de chaque gouvernement de les payer. À présent, une pression s'exerce en faveur du travail à temps partiel et des emplois temporaires et l'engagement d'infirmières en fonction de la demande. » L'expression tendue de son visage m'indiqua qu'elle n'était pas satisfaite de ces changements. Elle rapporta simplement la position de l'administration. « C'est une mesure d'économie, ainsi, l'hôpital évite de payer des avantages ou d'offrir des garanties de stabilité d'emploi. En fin de compte, on essaie d'éviter des mises à pied. Elle me sourit. Quant à votre travail, Tilda, il est très satisfaisant, dit-elle. Vous dispensez des soins parfaits. »

Mon cœur fondit. J'aurais souhaité pouvoir faire beaucoup plus encore.

« Vous êtes compétente, mais très émotive. J'ai certaines craintes dans ce sens à votre sujet. Il se pourrait qu'il y ait dans l'hôpital d'autres départements où... »

« Non, je veux rester ici, Rosemary. Je veux pouvoir dominer mes émotions. »

« Je comprends, reprit-elle faisant une pause pour réfléchir à sa réponse. C'est ainsi. Certaines émotions des patients, comme l'anxiété, peuvent être contagieuses. Les émotions des patients leur appartiennent. Votre capacité d'être utile aux patients et à leur famille sera diminuée si vous partagez leurs sentiments – crainte, anxiété, colère, désespoir – quels qu'ils soient. La littérature spécialisée sur le sujet l'appelle « contagion émotionnelle », elle ressemble fort à une maladie infectieuse. Elle se répand très aisément et est difficile à traiter. Certaines infirmières s'en protègent par une déconnexion émotionnelle et une certaine apathie ce qui évite l'épuisement professionnel. Cependant, le fait de s'identifier au patient peut empêcher une infirmière d'agir professionnellement. Aussi, je suggère la prévention. Prenez bien soin de vous afin d'être en mesure de prendre soin des autres. Mangez convenablement, faites de l'exercice, pratiquez le yoga et la méditation, tout ce qui favorise votre santé. Prenez des pauses de santé mentale en dehors de ce travail, comme vous l'avez fait sagement. Assurez-vous de bons systèmes de soutien en dehors du boulot, pratiquez des hobbies – j'adore la fine cuisine, par exemple, et avec mon mari, j'élève des terriers Jack Russell. Cherchez un équilibre entre votre travail et votre vie personnelle. Il est important de vous assurer que votre propre vie soit saine, surtout si vous avez professionnellement la responsabilité du soin des autres. Tous ceux qui veulent servir les autres font face à cette exigence. »

« Il m'arrive souvent, lorsque je ne suis pas au travail, de penser aux patients et de me demander comment ils vont. Certains cas me causent réellement du souci, dis-je tristement. Parfois, les situations que nous traitons sont réellement... »

« Sans espoir ? »

J'approuvai de la tête.

« Elles ne sont sans espoir que si vous considérez la mort comme une défaite, si vous considérez la mort comme la pire des issues. Beaucoup de médecins voient la mort comme une faillite personnelle, mais les infirmières ont la chance d'apporter une contribution importante dans ces cas. Nous pouvons faire tout ce que nous sommes capables de faire pour sauver un patient, mais parfois, nous sommes forcées de laisser aller en reconnaissant nos limites. Et puis, tous ceux d'ici ne meurent pas, mais c'est naturel à l'homme de ne s'attacher qu'aux cas catastrophiques. Pourtant, je crois qu'il y a toujours quelque chose à espérer, même si une guérison complète n'est pas possible. Ce sont les choses qui sont au cœur du domaine des infirmières. Je vous l'ai entendu dire vous-même. C'est tout ce que vous avez appris à l'école et par les exemples de vos collègues. Je dois dire, vous avez choisi de vous lier d'amitié avec une poignée de sauvages, mais j'ai beaucoup de respect pour chacun d'eux. Si vous vous intéressez à ces choses qui sont au cœur de la profession d'infirmière – confort, dignité, nourriture, promotion du bien-être – vous trouverez que vous soulagerez certaines des souffrances et vous garderez toujours l'espoir. »

Après avoir quitté le bureau de Rosemary, je repensais à ce qu'elle avait dit ainsi qu'à la conversation que j'avais eue ce même matin avec Tracy. Elle m'avait parlé du patient qui avait reçu un transplant de foie et dont elle s'était occupé la semaine dernière et qui se portait si bien. Dans les vingt-quatre heures après la chirurgie, avec un nouveau foie intact et fonctionnant, il avait été transféré hors de l'Unité de soins intensifs vers l'étage général, souriant, parlant et se réjouissant avec sa famille. Elle m'avait parlé de lui, parce que l'état du patient s'était subitement détérioré ce matin et nécessitait un retour, d'abord dans la salle d'opération et ensuite chez nous à l'USI. Il était en état de choc, avec hémorragie interne, et sa chambre était pleine de monde.

« C'est un jardin zoologique ici », dit Tracy, debout devant la porte, et regardant à l'intérieur.

« Pourquoi ne demandes-tu pas à être son infirmière ? Tu pourrais ainsi mieux le suivre. Tu le connais et tu connais si bien sa famille. »

« Je suis très proche d'eux, admit-elle. Ils étaient si contents de me voir l'autre jour dans l'ascenseur et m'avaient dit comme il était bien à cet étage. Cependant, je pense qu'il vaut mieux que quelqu'un d'autre s'en occupe aujourd'hui. »

C'est probablement mieux pour toi aussi, pensais-je en ce moment.

Pour faire ce travail convenablement, j'allais devoir retenir quelque chose. J'allais devoir apprendre à créer et à entretenir ce havre de paix en moi que Rosemary décrivait. Autrement, comment pourrais-je continuer à ouvrir mon cœur et le voir se briser encore et encore ? Mais si je le fermais, quelle sorte d'infirmière deviendrais-je ?

Un autre visage amical dans l'état major de l'USI était celui du père Vincent Szigetti. Parce qu'il portait des blazers sport et pas de col romain, je ne m'étais pas rendu compte, de prime abord, qu'il était prêtre. Il avait le ventre rond d'un homme sensuel qui aimait un peu trop la bonne chère et le bon vin, et, comme il se confiait à moi, je savais que ses penchants étaient réels. Il nous faisait souvent une visite, aux infirmières aussi bien qu'aux patients et à leurs familles, et il nous régalait de blagues drôles et de fascinantes histoires relatives à son travail de missionnaire en Afrique et à ses voyages à travers la Bosnie déchirée par la guerre.

« Quand vous alliez au Nigéria, emmeniez-vous femme et enfants ? » lui demandai-je une fois.

« Oh ! non, ma chère, je suis un prêtre. Je suis marié à l'Église. » Il me regardait avec un sérieux malicieux et des yeux brillants. « Beaucoup d'entre nous ne portent plus le col romain. En tout cas plus nous, les modernes. Mais nous suivons toujours la doctrine du Vatican. Maintenant, n'oubliez pas, je suis l'aumônier *R.C.* »

« Oh ! dis-je, et je gloussai. Maintenant, n'oubliez pas, *vous*, que je suis l'infirmière J ! »

« Je le sais, ma chère. »

« Avez-vous déjà reçu la confession d'un juif ? »

« De vous, quand vous voudrez, ma chère ! Mais vous n'avez certainement rien à confesser ! »

« Vous seriez surpris », dis-je en le quittant.

Je l'aidais souvent à deviner, à partir du nom des patients, s'ils étaient catholiques romains et donc intéressés par ses services – confession ou communion, sacrement des malades ou extrême onction. Parfois, lorsque les choses allaient mal et que je demandais à la famille s'ils souhaitaient que j'appelle un prêtre, le scénario me rappelait un film.

« Est-il si mal ? demandaient-ils. En est-il à ce point ? »

« Vous méritez une commission pour tous les appels que vous me transmettez », plaisantait le père Szigetti.

« Je serais riche », ironisais-je, si tous pouvaient bénéficier de vos services, et pas seulement les catholiques. »

« Vous seriez surprise ! dit-il. Et si jamais vous sentez le besoin de parler avec moi de choses qui vous perturbent, venez à mon bureau ou appelez-moi. »

J'avais souvent partagé avec lui des questions qui me troublaient, mais aussi beaucoup de franches rigolades pour des choses amusantes. Par exemple, s'il voulait avoir des nouvelles d'un patient qui avait été transféré de l'USI, il demandait : « Transféré vers le haut ? » en jetant les yeux au ciel.

« Vous montez ? » demandais-je si je le voyais attendre l'ascenseur.

« Je l'espère et je veux vous y voir aussi ! »

Nous avions aussi des discussions sérieuses au sujet de nombreuses choses, comme l'assassinat du premier ministre d'Israël, Yitzhak Rabin, les restrictions budgétaires relatives aux soins de santé, le choix des potages du jour à la cafétéria et nos faiblesses sucrées.

« Je sais que je devrais manger moins et nager davantage. Mes articulations commencent à craquer. Le problème, c'est que nous nous rendons compte de ces choses, mais nous ne faisons rien pour y remédier. Dieu, pardonnez-nous ! »

Une fois, je l'appelai pendant la nuit pour administrer les derniers sacrements à un patient.

« J'arrive immédiatement, ma chère. »

Il arriva dans le quart d'heure.

« Est-il conscient ? Est-il encore capable de m'entendre ? » me demanda le père Szigetti en prenant la main du patient dans la sienne et en se penchant près de son visage.

« Il n'est pas conscient, mais il peut très bien nous entendre. Nous n'avons aucun moyen d'en avoir la certitude. Nous parlons toujours aux patients, de toute manière, pour le cas où ils nous entendraient. »

« Bon, ma chère, je vais prier pour son âme et parler à la famille, mais je ne puis administrer le sacrement des malades à quelqu'un qui n'est pas conscient. Il faut qu'il y ait une volonté consciente pour accepter la bénédiction. Ce ne peut être fait sans la participation du patient. »

Je me demandais si je ne pouvais suspendre l'administration de la morphine, qui apportait un peu de confort au patient, mais le rendait somnolent, afin qu'il puisse être plus éveillé et participer aux rites. Qu'est-ce qui a priorité, le corps ou l'âme ?

« Mais la prière n'est-elle pas destinée à être une consolation ? » lui demandai-je, énervée par sa rigidité qui refusait ce qui pourrait réconforter la famille. Pourquoi la prière serait-elle conditionnelle ? J'insistai encore. Je ne comprends pas, père. Quelqu'un est mourant. N'aimerait-il pas que cette prière soit dite ? En outre, peut-être peut-il vous entendre. Pourquoi ne pas saisir cette possibilité ? »

« Je le regrette, ma chère, mais si cet infortuné ne peut participer en acceptant le sacrement, celui-ci ne peut lui être administré. Ce que je peux faire, c'est le bénir. Les décrets du Père prévalent. » Il plongea un doigt rose dans une petite capsule d'argent qu'il portait sur lui et fit un signe de croix sur le front du patient. Il ferma les yeux et, quelle que fut la prière qu'il récita, je m'associai à lui.

« Comment résistez-vous à toutes les souffrances dont vous êtes témoin à l'hôpital, et en particulier à l'USI ? », lui demandai-je après la réunion avec Rosemary dans le bureau de celle-ci.

« La mort et la maladie font partie de la vie, répondit-il calmement. Ni l'une ni l'autre ne me surprend ni ne m'attriste. Je les accepte comme Dieu nous les donne. Parfois, je me demande ce qui pourrait arriver si la médecine moderne parvenait à éradiquer la maladie. Comment apprendrions-nous les importantes leçons d'humilité, de foi, d'espoir, de gratitude et de compassion que ces conditions morales nous enseignent ? » D'un signe de tête, le père Szigetti indiqua la chambre de Mme Zaiken. « Soit dit en passant, elle est l'une des vôtres, je crois », dit-il avec un sérieux affecté.

« Sans doute. Je vais essayer de la trouver », dis-je en souriant.

« En parlant d'elle, Tilda, dit Rosemary me tapant sur l'épaule, pourriez-vous nous donner un coup de main auprès de Mme Zaiken ? Bruno est son infirmier, mais il y a un problème pour lequel vous pourriez nous aider. Je resterai ici auprès de votre patiente pendant ce temps. »

La famille était juive orthodoxe et ne souhaitait pas que leur mère soit soignée par un infirmier de sexe masculin.

« Bruno est un excellent infirmier, dis-je en plaçant mon bras autour de lui. Il était un peu gêné. C'est un parfait gentleman et respectera la modestie de votre mère. Non seulement cela, mais Bruno est un *mensch.* »

« N'y aurait-il pas plutôt une infirmière disponible qui puisse s'occuper de notre mère ? » demanda un homme vêtu et coiffé de noir, le regard fixé sur l'horloge, au mur, au-dessus de la porte dans l'ouverture de laquelle je me trouvais. Je me souviens à ce moment que même le contact des yeux entre homme et femme était interdit.

« Nous ferons notre possible pour prendre votre demande en considération à partir de maintenant », dis-je.

Un homme était assis dans un coin de la chambre, se balançant vigoureusement d'avant en arrière puis d'arrière en avant en chantant des psaumes hébreux à haute voix. Ma curiosité, comme d'habitude, prenant le dessus : « Puis-je vous demander, dis-je, pourquoi vous priez ? » Je jetai un regard à la feuille de santé de Mme Zaiken : maladie d'Alzheimer. Cancer ovarien. Problèmes rénaux et coronariens. Soixante-dix ans, vivant dans un « home ».

« Pour que notre Dieu juge bon de lui accorder encore des jours heureux », répondit le chanteur.

« Je vois », dis-je.

Notre groupe, la Ligue à Laura, s'était engagé à organiser une rencontre une fois par mois. Nous sortions pour le déjeuner ou pour le dîner et un film ou seulement pour prendre un verre, mais, quoi que nous fassions, nous avions pris l'engagement de ne pas parler du travail.

« Mais à qui pourrions-nous parler de notre travail, si nous ne le faisons pas entre nous ? Parfois j'ai besoin d'en parler pour me dégager l'esprit, avais-je gémi. Je ne peux en parler ni à Ivan, ni à aucun de mes amis. On me répond que c'est déprimant d'entendre parler de mon travail. Ça les bouleverse de sorte que je ne peux jamais y faire allusion. »

« Va voir un psy », dit Laura.

« Moi non plus, je ne peux en parler à personne », dit Nicole.

Peut-être que la plus sage était Tracy. Elle ne disait rien, et restait à nous écouter seulement. Comme j'enviais sa retenue.

« Je dis aux gens ce que je fais, mais personne ne me croit. Pouvez-vous imaginer si les gens savaient ce que nous faisons *réellement*? demanda Morty. Je veux dire, la réalité ? Personne ne voudrait le croire. Hé ! Tilda, pas de ce cocktail pour toi ce soir. Tu ressens encore les effets de ce panaché au melon que tu as bu l'autre soir. »

« Personne ne pourrait même décrire certaines des choses que nous faisons, dit Laura avec un frisson involontaire. Personne n'a vu ce que nous avons vu. Souvenez-vous de cette cavité dans la poitrine de Mme Claggett après qu'ils lui eurent enlevé un poumon? Vous auriez pu vous y perdre. J'ai dû y glisser mon bras jusqu'à l'épaule pour toucher la blessure et ils ne lui ont même pas prescrit d'antidouleur parce que ces médicaments font baisser la tension. Je me sens comme un membre de l'armée hitlérienne lorsque je participe à ces choses. »

« Assez ! » Criâmes-nous en chœur dans un mouvement de mutinerie.

« Il n'y a pas que le travail dans la vie ! » dit Nicole.

« Je suis d'accord », dit Tracy, qui sirotait son soda. Elle n'était pas encore prête à leur annoncer la nouvelle.

Frances souhaitait, elle aussi, changer de sujet. « Parlons d'autre chose, voulez-vous ? Que font les Leafs au championnat ? Nicole, qu'est-ce que ce nouvel arrivant, Tiger Woods, penses-tu qu'il va gagner les Masters ? Non seulement ça, mais il y a une guerre au Moyen-Orient. En Bosnie, en Irlande et au Zimbabwé aussi. Que va-t-il advenir de tout ça ? »

Évidemment.

« Je me demande si ma patiente va finalement recevoir un transplant », murmurai-je. Je pensais à la femme crie.

« Tilda ! »

Chapitre 7

CADEAUX ET DONATIONS

C'était le jour qui précède la veille de Noël et partout dans les couloirs de l'hôpital se répandaient des airs joyeux.

Les pénibles leçons de piano de mon enfance s'étaient avérées utiles après tout : j'avais soumis à l'administration de l'hôpital une proposition selon laquelle le moral languissant (des rumeurs avaient récemment circulé concernant des mises à pied et des restrictions budgétaires) du personnel et des patients pouvait être ravivé par une infusion d'esprit de Noël. Comment pouvait-on mieux y parvenir que par le glorieux répertoire des chants de saison ? Pourtant, certaines objections avaient été soulevées. Nous vivions dans une ville multiculturelle. Nous devions être respectueux des aspirations de tous les groupes. Si nous fêtions Noël, d'autres pourraient se sentir marginalisés. Ils pourraient ne pas avoir l'impression que leurs voix sont entendues. Ils pourraient se sentir exclus. « Pourquoi ne pas les associer tous ? avais-je demandé. Demandons à un groupe africain de chanter des mélodies de Kwanzaa, invitons un chœur d'enfants d'une synagogue et ainsi de suite. » Nous allons y réfléchir, avaient-ils promis. Peut-être convoqueraient-ils une réunion ou formeraient-ils un comité ou même un groupe de travail...

Entre-temps, je m'étais arrangée pour les convaincre qu'au moins cette année, la Noël ne serait pas la Noël sans une célébration par les chants de circonstance ! J'ouvris le clavier du piano et j'entamai bravement

Joy to the World!

C'était un ton trop élevé, et je ne savais pas comment transposer. Heureusement, une dame du service d'entretien se présenta vers 7 h 30 et me donna un coup de main pour y parvenir.

Avec cœur et âme, je chantais :

Let Heaven and Nature Sing!

D'une façon discrète, le hall avait un certain air de fête. Quelques guirlandes fatiguées, rouges et vertes, avaient été posées ici et là. Les ampoules électriques d'un triste sapin artificiel qui figurait là en permanence avaient été allumées pour toute la semaine. « Meilleurs vœux à tous » annonçait la banderole qui avait été déployée en travers de l'entrée du hall.

Je m'installai au piano, voisin du comptoir d'information qui annonçait : « Prendre soin de vous est une priorité de notre corporation. »

Même à cette heure matinale, l'hôpital était déjà bruyant d'activité. Un chariot portant une urne de taille respectable, remplie de cidre chaud, était à la disposition du public qui pouvait se servir. Les secrétaires de radiologie et le personnel de cuisine, les pathologistes, quelques travailleurs sociaux, ainsi que le bibliothécaire étaient tous là, groupés autour du piano. La dame responsable des uniformes (connue dans tout l'établissement pour ses manières revêches et son habitude de vous prêter des blouses de laboratoire veuves de leurs boutons) était positivement ravie. Elle se joignit à ma voix.

On the twelfth day of Christmas
My true love sent to me...

Mon cœur était près d'exploser de joie tant j'adorais cette musique! Mes doigts volaient avec enthousiasme sur les touches. Je ratai l'un ou l'autre dièse ou bémol ici et là, mais cela ne me démonta pas. Je suis le type de pianiste qui ne peut jouer *Marie avait un petit mouton* sans un paquet de partitions devant moi, mais avec les notes, j'étais capable de jouer n'importe quoi.

Ensuite, après avoir exécuté *Le petit renne au nez rouge*, je dus m'arrêter un bref instant pour me sécher les yeux et me moucher. Je suis une sentimentale! Le passage où les autres rennes se moquent de lui et l'excluent de leurs jeux me touche profondément.

Le Dr Bristol passa en trombe. « Je ne chante pas », me cria-t-il en signe de salutation.

Dans le milieu de la matinée, je m'arrêtai un moment et passai à l'Unité des soins intensifs pour saluer mes amis. L'Unité avait un aspect magique. Laura et Nicole avaient pris la décoration en charge et avaient choisi un thème de Disney. Elles avaient installé des photographies de chacun des médecins de l'équipe et de quelques résidents sur les visages des sept nains et Rosemary était Blanche-Neige.

«Aucune scène de la nativité n'est autorisée. Veto absolu, avait ordonné Laura en un avertissement solennel, dessinant dans l'air une croix avec son index. La Noël n'est pas politiquement correcte. Je suis surprise que vous ayiez pu jouer des chansons de Noël, Tilda. Bientôt, même cela sera interdit. Tout doit être édulcoré pour satisfaire Hannukah. Elle s'inclina vers moi. Et Kwanzaa, merci, Althea et Belinda, dit-elle en se tournant vers deux de nos infirmières jamaïcaines. Et Diwali et le Ramadan, avec tout le respect pour chacune d'entre nous qui célèbrons ces fêtes.»

Morty approuva de la tête, faisant du même coup balancer vigoureusement le gui de ses petites boucles d'oreille. «Je voudrais savoir pourquoi on ne faisait jamais allusion à Kwanzaa lorsque nous étions petites. Je crois que c'est un jour de congé inventé par Toys R Us. C'est une conspiration contre Noël.»

Althea et Belinda semblaient médusées. Ni l'une ni l'autre ne pouvaient être offensées par Laura, qui en voulait au monde entier, ni par Morty, qui nous insultait toutes de manière uniforme.

Les lumières rouges, blanches et dorées du sapin brillaient par intermittence alors que nous étions assises en rond en admirant le gros travail de Laura et de Nicole. Nicole attendait l'arrivée de sa patiente qui devait venir de sa ferme, située près de la ville de St. Jacobs. Elle devait être admise à l'USI pour seulement quelques heures, pour permettre certains tests spécialisés de ses fonctions pulmonaires et cardiaques, et qui ne pouvaient se pratiquer de manière sécuritaire qu'à l'USI. Le Dr Bristol nous en avait dit un mot le matin même.

Alice Heidebrecht était une femme de vingt-cinq ans sans passé médical. Ses symptômes étaient apparus depuis quelques semaines avec ce problème non encore diagnostiqué – respiration courte après exercice et même parfois au repos. C'était « idiopathique », c'est-à-dire sans cause connue – mais la moindre activité la rendait faible et lui causait des vertiges. Elle s'était même évanouie plusieurs fois chez elle.

« Ce sont des ménonites, dit Nicole qui avait pu étudier le dossier de la patiente, reçu à l'avance. Elle ne peut faire aucun des travaux de la ferme ni s'occuper de ses trois enfants, dont l'aîné n'a pas encore quatre ans. »

« Vérifie s'ils n'apportent pas de pâtés, dit Morty, ou d'édredons. »

« Où vont-ils parquer le cheval et la carriole ? Il y a un tarif spécial pour les bêtes », dit Laura, avec un accent typé des Maritimes pour se moquer de Frances, qui s'enorgueillissait de bien connaître les coutumes rurales.

Rosemary m'avait gardée en réserve en cas d'une nouvelle admission, ce qui me laissait provisoirement disponible pour organiser des jeux de Noël et me permettait d'apporter mon aide là où celle-ci pouvait être utile.

Nicole avait admis Mme Heidebrecht dans une chambre au bout du hall, parce que nous pensions qu'elle préférerait l'intimité et aussi parce qu'ainsi elle se trouvait le plus loin du salon TV où le conte *The Grinch Who Stole Christmas (Le Grincheux qui vola Noël)* était programmé à plein volume au grand plaisir de quelques enfants que nous avions installés là pendant que leurs parents les visitaient.

« C'est mon film préféré », dit Nicole, l'une des personnes les moins « grincheuses » que j'aie jamais rencontrée.

« Va prendre un peu de repos, Nicky, regarde-le avec eux, dis-je, je m'occuperai pour toi de l'admission de ta malade. »

Alice Heidebrecht leva les yeux lorsque je m'approchai de son lit et elle m'adressa un grand sourire tandis que je me présentais. Son large et robuste visage était blême et elle haletait après l'effort qu'elle venait de fournir tandis que nous l'avions installée dans le lit. Sa peau pâle avait exactement la texture et la couleur de l'un de ces gâteaux avant cuisson que Morty avait mentionnés. Des lunettes cerclées de fer grossissaient ses yeux, lui donnant un air étonné, ce qu'elle était d'ailleurs probablement. Son mari, Jacob, était à ses côtés, il lui tenait la main.

Elle avait étalé sa longue robe sombre, son bonnet noir et ses sous-vêtements sur une chaise à côté du lit, et je remarquai les broderies faites à la main sur ses vêtements et les boutons fabriqués à partir d'éclats de bois.

Sous le drap, qu'elle remontait jusqu'à son menton, je pus voir qu'elle était nue, comme dans une attitude de totale soumission. Peut-être s'imaginait-elle que c'était ainsi qu'un hôpital de grande ville voulait qu'elle soit.

La pièce s'était emplie de ces senteurs de terre inaccoutumées, mais non désagréables. C'étaient les odeurs naturelles de corps habitués à une vie de travail manuel, odeurs que, habituellement, nous éliminions.

Je plaçai un masque à oxygène sur son visage pour faciliter sa respiration et l'aidai à passer une chemise bleue d'hôpital. Je relevai ses signes vitaux, lui installai une intraveineuse dans le bras puis m'assis auprès du lit pour expliquer les tests compliqués à subir en cas d'hypertension pulmonaire, la maladie que le Dr Bristol soupçonnait dans son cas. Je l'assurai qu'une infirmière serait auprès d'elle à tout moment. Les tests n'étaient pas douloureux, mais assez inconfortables. « Il y aura des moments, dis-je, au cours des tests, où on vous administrera divers médicaments, et nous surveillerons attentivement tout effet secondaire éventuel. »

Elle m'écouta, mais fut plus attentive encore à l'œil vigilant de son mari, comme si c'était à travers les oreilles de celui-ci qu'elle entendait ce que je disais.

Dès que je les quittai pour enregistrer mes notes, ils oublièrent instantanément mon existence ainsi que celle de l'hôpital. Il se tourna vers elle et lui parla à mi-voix dans ce dialecte germanique qui leur était commun. Puis il se pencha sur son corps et retira le drap. Il souleva la chemise bleue d'hôpital et plaça ses lèvres rougeaudes et crevassées sur les siennes, de couleur rose pâle. Il prit ses petits seins dans ses larges et rudes mains de fermier – des mains gonflées par la dure vie physique qu'il vivait.

Je les observai pendant quelques minutes. J'aurais voulu les regarder sans déranger ces moments intimes, mais David Bristol arriva. Il ne souhaitait pas perdre de temps. J'agitai bruyamment le rideau pour leur faire savoir que nous étions prêts. À ce signal, Jacob Heidebrecht se redressa, releva la couverture, prit son chapeau noir à larges bords qu'il avait déposé sur le lit et sortit de la pièce.

Tandis que Mme Heidebrecht était sous légère sédation, nous insérions profondément un cathéter dans la veine jugulaire interne droite au niveau du cou et la faisions progresser par la veine cave supérieure, l'oreillette droite, jusque dans le ventricule droit. Nous y envoyions alors un petit ballon rempli d'air jusqu'à l'artère pulmonaire. Grâce à ce ballon, je mesurai la pression dans les chambres de son cœur en même temps que j'administrai divers médicaments puissants – de l'oxygène pur, un bêta-bloquant, de la Nitroglycérine, de la Nifédipine et de l'oxyde nitrique – ainsi que de nouveaux médicaments dont l'efficacité n'a pas encore été démontrée dans ce cas. Nous espérions voir si l'un d'eux ne pourrait soulager ses symptômes. Sinon, la seule possibilité serait un transplant de poumon.

Pendant toute cette journée, les chants de Noël me restèrent en tête, tant les émouvantes paroles que la merveilleuse musique que je sois au piano ou ailleurs.

Les anges dans nos campagnes ont entonné l'hymne des cieux...

Chacun d'eux, joué ou chanté mentalement, comptait pour l'instant parmi mes favoris.

Nicole me rejoignit et, avec le médecin, nous revîmes les données et l'état de la patiente en essayant de découvrir des corrélations utiles entre les médicaments administrés et les réactions du sujet.

Nous rappelâmes M. Heidebrecht qui saisit immédiatement la conclusion que le Dr Bristol avait conçue quand celui-ci lui tendit un avertisseur portatif. Le médecin lui expliqua que lui ou Mme Heidebrecht devrait porter cet avertisseur afin qu'ils puissent être avisés à tout moment, au cas où un poumon deviendrait disponible. C'était là le seul moyen, expliqua-t-il. Un travailleur social prendrait alors contact avec eux pour envisager les dispositions pratiques. Ils devraient donc porter cet avertisseur en permanence et ne pas s'éloigner à plus d'une heure de route de Toronto.

M. Heidebrecht regarda l'appareil et fit un signe d'acquiescement.

J'imaginais que c'était comme si un juif orthodoxe regardait une côte de porc : pas tant avec dégoût, mais plutôt d'une manière désintéressée. « De toute manière, expliqua-t-il avec un haussement d'épaules, nous n'avons pas de téléphone. »

Le Dr Bristol tenta de faire valoir l'importance d'une disponibilité permanente, c'est-à-dire vingt-quatre heures sur vingt-quatre. Seul un transplant de poumon était susceptible de sauver la vie de Mme Heidebrecht.

Par une froide nuit très profonde
Noël, Noël, Noël, Noël,
Le Roi d'Israël est né.

J'étais de retour à ma soirée de Noël pour la foule de midi.

God rest ye merry gentleman
Let nothing you dismay...
O tidings of comfort and joy.

(...)

« C'est drôle, dit le Dr Huizinga, faisant une pause pour boire un coup de cidre de pomme, vous, Tilda, vous êtes la seule à jouer des airs de Noël. Vous, étant, euh ! vous savez, célébrant Hanoukka, etc. C'est très œcuménique de votre part. »

« Je ne suis rien si je ne suis pas œcuménique », dis-je. (Habituellement je pouvais jouer du piano tout en tenant une conversation plus intelligente, mais *Jingle Bells* requérait toute ma concentration.)

« Joyeux... euh !... Bonnes vacances à tous, dit-il en déposant son gobelet de carton plein de cidre sur le piano. Ils devraient corser un peu cette boisson. Elle est plate. » Il s'éclipsa.

Ensuite vint l'émouvante *Sainte Nuit*.

Qui ne serait pas ému par les supplications : « Tombez à genoux » ? Je pensais à la dévotion des chrétiens ou des croyants de toutes les religions. J'admirais comme ils vivaient selon leurs principes et particulièrement leurs principes moraux. Les règles concernant la nourriture et les vêtements me paraissaient beaucoup moins importantes. Mais parfois, je ressentais le besoin d'appartenir à une église, à un temple, à une mosquée ou à une synagogue dans le but de vivre la prière et la foi dans une communauté.

Pendant mon enfance, les services de la synagogue auxquels j'avais pris part avec mon père n'avaient été pour moi que des exercices cérébraux, intellectuels. Les prières concernaient d'anciennes lois archaïques et la poursuite de la justice. Elles ne parlaient pas à mon âme comme l'exhortation « Tombez à genoux ! »

Je me rappelais tout cela tandis que la famille sikh avait prié dans la chambre de Manjit et je me souvenais de certaines phrases qu'ils répétaient sans cesse. J'avais demandé au père ce qu'elle signifiait.

Il avait arrêté ses invocations et m'avait dit : « Dieu est unique. Dieu est unique. »

C'était exactement la même idée que celle de la prière principale de la foi juive, la Shema, avais-je remarqué. La Shema disait « Écoute, Ô! Israël, le Seigneur est notre Dieu, le Seigneur est unique. » Où était vraiment la différence ? N'y avait-il pas plus de similarités que de différences et ces différences n'étaient-elles pas essentiellement superficielles ou appartenant aux vêtements, aux coutumes et à la cuisine ?

Oh ! donnez-nous du pudding aux figues
Et une coupe de bon vin.

De là, je glissai doucement vers :
Va, dis-le sur la montagne,
Par-delà les collines et partout.

Quelqu'un me frappa sur l'épaule. C'était Rosemary.

« Nous avons besoin que vous reveniez à l'USI, Tilda. Vous avez un nouveau patient. »

Une civière était amenée du hall tandis que je rentrais à l'USI. Il s'agissait du corps d'un homme jeune et je supposai que les deux personnes qui suivaient de près la civière étaient le père et la mère, encore dans leurs vêtements de sport d'hiver, leurs écharpes dénouées flottant. Ils avaient le visage de parents vivant le pire cauchemar de leur vie.

« Aucun mouvement spontané, les yeux clos, aucun réflexe pharyngé ni de toux, aucune réponse à la douleur aiguë. » Le médecin qui avait accompagné le patient sur le vol en provenance de North Bay faisait son rapport au Dr Bristol, debout au pied du lit du patient. Je les rejoignis et j'écoutai. « Un garçon de dix-huit ans, collapsus soudain... probablement anévrisme cérébral. Passé médical normal. Tension et rythme cardiaque stables, mais pas de respiration spontanée. Absence de réactions. »

Même les auxiliaires médicaux, fiers de leur comportement imperturbable et de leur contrôle émotionnel en toutes circonstances semblaient affectés.

Tôt ce matin-là, alors que je sirotais du cidre en écoutant des contes dans le hall, là-bas très loin dans le nord, ce jeune homme occupait le centre avant de l'équipe dans un tournoi régional de hockey. Il avait marqué un goal en première mi-temps, ensuite avait réussi une échappée avec un nouveau tir au but et c'est alors qu'un vaisseau sanguin avait éclaté dans son cerveau et qu'il s'était écroulé sur la glace, la face contre le sol. Une tomodensitométrie révélait une hémorragie cérébrale massive avec carence globale en oxygène. Son cerveau avait enflé rapidement dans la cavité crânienne.

« Ne peut-on faire quelque chose ? » demanda la mère au Dr Bristol, dans le hall.

« Les neurochirurgiens l'ont examiné. Ils avaient espéré pouvoir insérer un drain afin de réduire la pression crânienne, mais ils ont décidé que cette opération n'apporterait aucun bénéfice. Les dégâts sont trop importants. »

« Est-il dans le coma ? » demanda le père, espérant nettement le coma plutôt que ce qu'il avait commencé à soupçonner.

« Lorsque nous l'aurons examiné complètement, nous aurons plus à vous dire », et le Dr Bristol ferma les rideaux autour du lit et entraîna les parents hors de la chambre. Je les accompagnai dans la salle d'attente puis je retournai auprès du patient, qui était examiné par les médecins.

Son cas n'était pas le premier du genre dont je m'étais occupé, j'étais donc familiarisée avec les méthodes utilisées pour soutenir le corps jusqu'à la détermination finale de la situation. Je savais qu'il pouvait y avoir une période creuse, une période d'ambiguïté entre cette vie vacillante et l'abattement de l'un des deux jugements les plus probables : état végétatif persistant ou mort irréversible du cerveau. Cela semblait malheureusement être les deux issues possibles pour ce jeune joueur de hockey.

En m'occupant de mon travail, je ne pouvais m'empêcher de penser aux parents, confinés à la salle d'attente. Ils étaient probablement en train d'imaginer le pire – qui, en l'occurrence, pouvait bien être la réalité – et j'espérais pour eux que la période de tests ne se prolongerait pas trop longtemps. Attendre était une torture pour les familles. Pourtant, je savais aussi combien complètement et minutieusement le test devait être exécuté pour éviter des conclusions hâtives ou erronées de décès.

Peut-être que cette période d'attente était une bonne chose. Elle pouvait donner à la famille le temps nécessaire pour absorber le choc, faire leurs adieux et envisager certaines décisions importantes. Il n'y avait aucun doute dans mon esprit que, si ce jeune garçon était déclaré en état de mort cérébrale, la famille pouvait être approchée au sujet de dons éventuels d'organes.

Je me tournai vers mon patient. Il avait un beau corps de jeune homme – des bras aux veines saillantes, des muscles bien marqués aux jambes et aux bras et un estomac tendu et plat. Les autres infirmières vinrent l'admirer et me soutenir moralement.

« Pétard ! Quel beau mec ! Regarde-moi ce gars d'un mètre quatre-vingt », dit Justine.

Frances secoua tristement la tête en venant regarder de plus près le beau visage du jeune homme et son physique athlétique. « J'ai eu une patiente comme lui la semaine précédente, elle était dans un coma dépassé. Elle est devenue donneuse. Imaginez, elle venait de passer chez le coiffeur, ses cheveux étaient parfaits. » Elle soupira.

« Je sais, dis-je. Ça semble irréel, comme s'il voulait nous jouer un tour et se réveiller d'une minute à l'autre. Allons, la blague est terminée, aurais-je envie de lui dire. C'en est assez ! »

Tracy secoua la tête. « On dirait qu'il dort. Il semble bien mieux que tous les autres patients de notre étage. On dirait une personne bien portante. Je ne peux le croire. » Elle s'éloigna.

« Comment vas-tu, Tillie ? » Frances resta plus tard pour avoir de mes nouvelles. Elle me considéra et, du premier coup d'œil, vit que j'allais bien. « Je dois me sauver. Il y a eu un grave accident de voitures sur le Don Valley Parkway. Un autre donneur possible arrive du Centre de traumatologie de Sunnybrook. Le croirais-tu ? Tout ça semble se produire durant la période des congés. »

Le Dr Bristol et l'assistante principale, Jessica Leung, revinrent pour pratiquer les tests qui n'étaient entrepris que dans ces circonstances exceptionnelles.

« Keith, Keith ! » criâmes-nous toutes. Ouvre les yeux ! »

« Keith ! » lui cria dans l'oreille le Dr Bristol.

Jessica serra le poing et pressa ses articulations dans le sternum du garçon qui avait déjà été sollicité par d'autres tentatives semblables pour obtenir une réponse. Aucune réaction, ni tressaillement, ni grimace, ni mouvement de retrait en réponse au frottement du sternum, ni au stylo à bille roulé le long de la naissance des ongles, ni aux pincements des mamelons, ni à la pression des sourcils. Aucune réaction.

Les réflexes furent testés avec un petit marteau spécial. Rien.

Jessica lui caressa la plante des pieds avec la pointe du marteau. Nous notions tous un redressement anormal des orteils et nous nous regardions avec une cruelle appréhension sa signification.

Le Dr Bristol observait attentivement le patient. Il serrait les dents après chaque test puis nous fit signe de passer au test suivant.

Je maintins les paupières ouvertes et y braquai une lampe torche. Aucune contraction des pupilles.

Les cornées ne tressaillèrent pas et on n'observa aucun cillement de protection, même lorsque Jessica effleura le lobe de la pointe roulée d'un bout de mouchoir en papier.

Nous lui tournâmes la tête de gauche à droite, puis de droite à gauche pour déceler un éventuel mouvement des yeux, mais, comme une poupée de porcelaine aux yeux de verre, les globes oculaires restèrent fixes dans la tête. « En réalité, cette caractéristique a donné le nom du test : les yeux fixes de la poupée », remarqua Jessica.

Après chacun des tests, un changement s'opérait en moi. Je commençais à penser à lui, non plus comme à un homme jeune, fameux joueur de hockey, fils et frère (je m'efforçais d'éliminer ces images de mon esprit), mais bien comme un patient dans un lit, un corps humain, potentiel donneur d'organes, ce qu'il était en réalité – un cadavre.

Pour le test suivant, j'apportai deux bassins, le premier contenant de l'eau glacée, l'autre de l'eau chaude, ainsi qu'une grande seringue utilisée par les médecins pour injecter de l'eau dans le canal extérieur de l'oreille.

Chez une personne normale, les yeux ont tendance à se tourner du côté opposé à l'oreille qui reçoit le jet d'eau froide et, inversement, vers l'oreille qui reçoit le jet s'il s'agit d'eau chaude. C'est là la réponse normale mais, dans notre cas, les yeux du patient ne se tournèrent ni vers la gauche, ni vers la droite, quel que soit le test. Ses yeux ne répondaient pas.

Enfin, nous coupâmes le respirateur en espérant déceler un mouvement autonome de respiration, ne fût-ce qu'un soupçon de mouvement, ce qui éliminerait la possibilité d'un diagnostic de mort cérébrale.

Nous avions toutes les raisons de le croire, et tous nos tests et nos connaissances nous amenaient vers un diagnostic net et définitif. Cependant, en même temps, la recherche visait à prouver que nous nous trompions.

Nous attendîmes encore. Le patient resta déconnecté de l'aérateur. Sa poitrine resta immobile. Les saturations en oxygène commencèrent à baisser et son rythme cardiaque devint irrégulier et de plus en plus lent. Le Dr Bristol attendit encore un moment puis nota l'heure. Pendant encore une dizaine de minutes, nous espérâmes encore le moindre signe de respiration de ce corps de garçon. Aucun mouvement de la poitrine. Rien. Le médecin regarda à nouveau sa montre et dit calmement : « quatorze heures trente, le vingt-quatre décembre ».

Aucun de nous n'aurait pu définir l'heure exacte de la mort. Était-ce maintenant, ou était-ce ce matin, là-bas sur le terrain de hockey au moment où cette bulle cachée a explosé dans son cerveau ? Ou encore au moment où nous avons déconnecté l'aérateur et arrêté le flux intraveineux des médicaments puissants et permis à son corps de mourir, comme son esprit l'avait déjà fait ?

Aussi horrible que soit la mort cérébrale, aussi accablante que soit la perte d'un être qui était en parfaite santé, je devais en arriver à croire que, dans ces circonstances, cette issue était préférable à l'autre diagnostic : celui d'un état végétatif permanent. Pourtant certains préfèrent celui-ci à la mort. Je n'ai jamais eu l'occasion de vérifier si ces familles ont jamais regretté la décision qu'ils avaient prise au nom de ceux qu'ils aiment.

Jusqu'à ce que la déclaration de mort cérébrale soit prise, pendant tous ces tests neurologiques minutieux, nous restions attentifs à tout signe de vie : tout léger mouvement convulsif, un cillement d'œil ou la moindre constriction de pupille en réponse à une source lumineuse, un minuscule mouvement de doigt, un effort pour pousser le moindre soupir ou un réflexe primaire. Tout signe de ce genre signifiait qu'il subsiste quelque activité cérébrale. Les familles interprètent ces indices dans le sens le plus positif possible et aiment à croire que c'est là le début d'un processus – bien que long et difficile – vers un rétablissement complet. Je n'ai vu que quelques-uns de ces cas diagnostiqués à l'USI. Cependant, de ce que j'ai pu voir et apprendre, ces patients sont transférés dans des institutions où ils deviennent des grabataires, souvent recroquevillés dans une position fœtale. Leurs journées se passent à être tournés d'un côté à l'autre, en respirant péniblement par une ouverture pratiquée dans le cou (trachéotomie) et à recevoir leur nourriture par un tube. Ils sont à la merci d'une pneumonie et de toute autre infection.

En ce qui concerne Keith, les tests confirmaient ce que nous soupçonnions : il était mort. Nous avons maintenu l'apport de sang et d'oxygène à ses organes pendant le temps requis pour expliquer tout cela à sa famille et leur donner le temps de prendre certaines décisions importantes. Je repassais tout cela en esprit tandis que je me préparais à introduire les parents. Une sœur et un frère avaient rejoint ceux-ci. D'abord, je me retirai pour leur laisser un moment d'intimité, exprimer leur chagrin et tirer leurs propres conclusions.

« Keith, Keith, réveille-toi ! » les entendis-je dire.

« C'est le temps de ta pratique de hockey ! »

« Allons, les Leafs sont en train de jouer la belle cette année ! »

Ils sanglotaient.

Ensuite, nous reconduisâmes la famille à la chambre mortuaire, où le Dr Bristol expliqua la situation.

« Nous avons réalisé des tests approfondis sur le fonctionnement du cerveau de votre fils. Les résultats, associés au scanner qui montre une rupture d'anévrisme, nous amènent à penser que, malheureusement, le cerveau est mort. »

« Mort ? Que voulez-vous dire ? » cria le père à travers ses mains.

« Mort signifie une cessation totale et irréversible du fonctionnement du cerveau, même en présence d'un cœur qui bat », dit le médecin, récitant par cœur un passage de son cours de médecine.

« Comment peut-il être mort ? cria le père. Il était parfaitement bien ce matin. Il est en bonne santé. Il n'a jamais été malade une seule fois de sa vie. »

« Keith n'a aucune fonction cérébrale. Il est dans un coma irréversible. Je suis désolé. Nous ne pouvons rien y faire. »

« Est-il mort ou est-ce simplement son cerveau qui est mort ? » demanda le père.

Si c'est simplement une question technique, nous n'y attacherons pas d'importance. Si c'est uniquement son cerveau qui est mort, nous garderons le reste de lui.

« Il n'est pas en vie. Le médecin tenta d'expliquer par d'autres mots. Il est mort. Ce n'est pas simplement son cerveau qui est mort. Les machines et les médicaments maintiennent la circulation du sang et de l'oxygène. Nous irriguons ses organes et maintenons les cellules en vie. »

« Mais que font alors les machines de soutien de la vie ? N'interviennent-elles plus ? »

« L'aérateur maintient l'oxygénation, mais il ne le maintient pas en vie. Il s'agit seulement de la vie biologique, la vie au niveau cellulaire », dit le Dr Bristol.

« Avez-vous déjà vu un cas comme celui-ci récupérer ? »

« Non. »

« Combien de temps peut-il vivre comme cela ? » demanda la mère.

C'était trop difficile à comprendre, et encore plus pour une mère ou un père. Pourtant, plus de temps avec leur fils, même s'il était dans cet état, devait sembler préférable à... cela. L'autre. L'alternative à la vie.

« Pas très longtemps, dit le Dr Bristol, quelques heures, un jour peut-être. Le cerveau ne fonctionne pas et déjà des complications se déclarent. Le cerveau ne peut contrôler sa température et il devient hypodermique. Les reins ne fonctionnent pas normalement et produisent de grandes quantités d'urine aqueuse. La tension sanguine est erratique, élevée, puis basse. C'est souvent ce qu'on observe chez le corps dans ces situations. Il ne peut continuer ainsi très longtemps. »

« Mais son cœur bat. En lui donnant le temps, il va sûrement récupérer, raisonna la mère. Keith va sortir du coma, je le sais. Nous avons tous entendu parler de cas où... »

« La récupération est impossible en présence de dommages au tronc cérébral, dit le Dr Bristol. Votre fils a souffert d'une hémorragie sous-arachnoïdienne massive. Un vaisseau sanguin a éclaté dans le cerveau. C'était probablement une anomalie présente dès la naissance, mais indécelable, asymptomatique. »

« Notre médecin de famille ne nous a jamais rien dit de cela. »

« Il n'aurait pas pu la déceler, et il n'aurait pas pu la prévenir. »

« Que faire ? Allez-vous le débrancher ? »

« Nous ne ferons rien avant que vous ne soyez prêts, mais vous devez considérer une chose très importante. Vous avez l'occasion de faire don des organes de Keith. Son cœur, ses poumons, son foie et ses reins peuvent aider d'autres personnes qui sont très malades. »

La mère sanglota en posant la question suivante. « Qu'arrive-t-il si vous prélevez ses organes et qu'il est encore partiellement en vie ? »

« On ne peut être partiellement en vie, et nous ne prélevons pas d'organes sur une personne en vie, affirma le Dr Bristol. Mais si vous souhaitez faire don des organes de Keith, vous devrez vous décider rapidement, parce que nous avons des délais à respecter. Dans ces situations, nous devons préserver la perfusion de l'organe pour sauvegarder sa viabilité... »

Il parlait d'une voix neutre et eux ne pouvaient supporter d'en entendre davantage.

S'il pouvait au moins manifester un peu d'émotion, me disais-je. Dans certaines situations, j'avais l'impression que les familles étaient plus sensibles à ce que nous ressentions qu'à ce que nous savions. Lorsque le Dr Bristol avait dit qu'il était triste, il l'avait dit sincèrement et je savais que c'était vrai. Certainement, il l'était. Il avait du cœur ; il n'était pas de pierre. Après tout, il avait ses propres enfants. Il m'avait montré des photos d'eux ainsi que des photos de ses chevaux bien-aimés qu'il élevait à la campagne. Peut-être ne savait-il simplement pas comment, sans perdre son prestige, témoigner sa sympathie à la famille autrement qu'en étant le superbe médecin qu'il était. Peut-être que montrer ses émotions le perturberait trop et le rendrait incapable de remplir, jour après jour, sa propre mission. Une telle façon d'être exigerait de lui un prix trop élevé. C'était peut-être trop demander à quelqu'un. Mais je croyais cependant que, s'il pouvait manifester ses sentiments, partager ne fût-ce qu'une petite partie du chagrin de ces gens, ça les aiderait et ils se le rappelleraient à jamais.

Je tentai de contre-balancer son attitude froide par mes yeux baignés de larmes et mes bras autour de leurs épaules, mais mes gestes semblaient tout aussi inadéquats. Je décidai plutôt de rester assise sans bouger, tout simplement. Je serais témoin de leur douleur en espérant que ma présence seule pourrais leur apporter un peu de réconfort.

Après quelques minutes, sans m'adresser à quelqu'un en particulier, je dis : « Peut-être la famille aimerait-elle être quelques instants seule, pour penser à tout ceci ? »

Ils me regardèrent, étonnés mais reconnaissants.

Ils acceptèrent de donner les organes de Keith puis vinrent auprès du lit pour passer encore quelque temps avec leur fils et lui dire adieu.

La mère sanglota sur sa poitrine nue et le père se tint debout de l'autre côté du lit, lui tenant la main. Il regardait celle-ci avec étonnement. Cette main qui tenait fermement un bâton de hockey quelques heures auparavant était maintenant sans vie.

En allant vers mon travail, je me promis de ne pas parler de mon patient comme je le faisais toujours. Si je parlais, à qui m'adresserais-je ? Ce serait sans but et perturbant pour la famille. Il était mort, après tout, en dépit de l'apparente activité normale sur le moniteur, en dépit de son visage calme et jeune et de ses bonnes couleurs, en dépit du mouvement de sa respiration.

J'étais la gardienne du corps de leur enfant. La gardienne de ses organes vitaux.

En seulement quelques heures, il était passé du jeune garçon plein de santé à un patient critique, à un corps sans vie, à une réserve de cadeaux précieux. En attente, dans ce corps, se trouvaient les restes d'une mort prématurée et tragique. Mais étions-nous les pirates, les pillards, les vampires du corps humain pour ses trésors ? Notre hâte et notre efficacité me faisaient parfois penser que nous traitions une personne comme un moyen servant nos fins, mais pour que les organes soient utilisables pour un transplant, nous devions agir vite. Les organes ne vivent pas longtemps sur un cadavre, et encore moins dans une solution de liquide de conservation. Comment pouvons-nous conférer à cette expérience plus de respectabilité et d'honorabilité, tout en effectuant rapidement et efficacement notre travail ? Je crois fermement et de tout cœur à ce que nous faisons. Le jeune garçon était mort ; il était devenu une dépouille. Une enveloppe, une boîte à bijoux contenant des poumons de saphir, un cœur de rubis, un foie d'émeraude. Pour d'autres, maintenant, ces trésors pouvaient constituer une chance de vie : aussi précieuse que l'or, l'encens et la myrrhe.

Nous, les trois rois d'Orient, apportant des cadeaux, avons traversé le territoire des Afars, les champs et les fontaines, les marais et les montagnes, tout en suivant la petite étoile lointaine. Ô ! étoile merveilleuse, étoile de lumière, étoile de royale beauté brillante qui nous conduit vers l'Occident, toujours active, guide-nous vers ta lumière parfaite.

Le dos des parents, alors que ceux-ci se retournaient et se dirigeaient vers la porte, en s'éloignant de plus en plus du corps de leur fils, en nous l'abandonnant, confiants en nos soins, était la chose la plus triste que j'aie jamais vue.

« Leur Noël est à jamais gâchée, sans doute », dit Morty, qui se tenait près de la porte.

Nuit sereine,
Nuit sainte,
Les bergers tremblent devant ce spectacle.

Diable ! je frémissais aussi, pourtant, ce n'était pas le moment. Il y avait tant de travail !

Préparer le corps pour la salle d'opération. Radiographie, écho-cardiogramme et bronchoscopie – tout cela pour vérifier que les organes étaient acceptables pour des transplants. Traiter les complications de la mort cérébrale : les seaux d'urine incolore émise par sa vessie, provoqués par un type de diabète dû à une perturbation hormonale qui trouvait son origine dans les dégâts au cerveau. Refroidir son corps tandis que soudain il s'échauffait, le réchauffer lorsque sa température baissait de façon erratique. Augmenter le Lévophed, réduire le Lévophed à chaque soubresaut de sa tension.

Le cerveau n'était plus sous contrôle – comme on nous a, ou plutôt, comme on m'a appris à croire. J'administrai les médicaments sans aucune autre raison que celle de maintenir une bonne perfusion des organes. *Stop, n'est-ce pas vraiment trop étrange, trop macabre ?* Non, me disais-je à moi-même. Il est mort et maintenant sa famille offrait un ultime cadeau. Les organes et les tissus de leur fils pouvaient sauver d'autres vies. Concentre-toi là-dessus, me disais-je encore. N'est-ce pas bien que quelque chose de positif puisse résulter de cette tragédie ? Deux voix – il y en avait au moins deux – entamaient un dialogue dans mon esprit.

Et toutes les cloches du monde sonneront
Le matin du jour de Noël.

La pièce se remplit rapidement de monde.

« Sommes-nous arrivés à un consensus ? interrogea le chirurgien à propos de chacun des organes. Sommes-nous prêts à opérer ? »

Les chirurgiens du thorax qui voulaient les poumons arrivèrent, prêts dans leurs vêtements stériles et leurs galoches de caoutchouc, espérant une moisson fructueuse. L'équipe du foie était présente, me demandant de prélever d'avantage d'échantillons de sang.

La récolte était près de commencer. Après un long hiver de récupération, une nouvelle vie pouvait en sortir.

Ce qui arriva ce soir de Noël, au moment où nous terminions notre journée et où nous nous préparions à quitter, me fait encore trembler lorsque j'y pense. Et alors, j'étendis le bras pour toucher la main de mon bien-aimé et m'assurer qu'il était bien là, sain et sauf. Cette idée m'arrêta au moment d'entrer dans ma voiture. Elle m'incitait à faire une prière – alors que ce n'était pas vraiment une habitude chez moi.

« Tout a déjà été décidé, quoi que vous fassiez ou ne fassiez pas... vous arriverez sain et sauf ou vous n'arriverez qu'après votre prochaine naissance, dit mon mari, le joyeux fataliste existentiel. Tout a déjà été décidé, mais vous devez encore accomplir le geste requis. »

« Qui vivra et qui mourra ? répétait chaque année le rabbin, au cours du service solennel du Yom Kippur, les prières du jour de l'expiation. Cependant, que la chose ait été décidée ne vous absout pas de votre responsabilité à poser le geste correct, s'empressait-t-il d'ajouter.

Frances me donna les seuls détails qu'elle connaissait après avoir admis son patient et avoir accompli le maximum possible avant la fin de sa journée. Mon patient « donneur » était passé par la salle d'opération pour prélèvement d'organe. J'aurais pu rentrer chez moi quelques minutes plus tôt, mais j'étais restée pour l'aider.

À partir du peu qu'elle m'avait dit, de ce que j'avais ouï dire par les ambulanciers paramédicaux et de ce que je connaissais de la situation, je pouvais aisément imaginer les détails.

Il devait y avoir eu une plaque de glace noire, indécelable et inévitable de la part du conducteur de la voiture qui se rendait en visite chez les grands-parents à l'occasion du congé. Margot Heinz, une femme de vingt-sept ans, était assise à côté de Steve, son mari, et les deux enfants étaient installés sur la banquette arrière. Steve avait été obligé de donner un brusque coup de volant pour éviter un véhicule venant en sens inverse et qui tenait carrément sa gauche.

« Ce gars doit avoir bu un peu trop... », commença-t-il à grommeler quand, soudain, les pneus crissèrent et la voiture dérapa. Steve écrasa la pédale des freins, la voiture fit un tête-à-queue et glissa dans le fossé. On les a retrouvés quelques instants plus tard, le klaxon hurlant, les enfants pleurant, et Steve, sans mouvement, les yeux vitreux et Margot, immobile, penchée en avant. Des ambulances arrivèrent rapidement et les ambulanciers paramédicaux commencèrent leurs efforts de réanimation. Ils appelèrent l'hôpital pour faire rapport sur l'état des victimes. Deux jeunes enfants en état de choc, avec signes vitaux stables. Un homme blanc dans la trentaine, fractures multiples, contusions, commotion cérébrale possible. Une jeune femme blanche, apparemment enceinte, signes vitaux inexistants. Les lettres voyageaient plus vite que les mots. Le chauffeur fonça vers l'hôpital toutes sirènes hurlantes, en prenant toutefois le temps de placer un autre appel au centre de traumatologie provincial pour avertir de l'arrivée possible d'une victime dans un coma dépassé, éventuellement donneur d'organes.

Un récepteur de poche se déclencha dans le jeans d'une jeune femme travaillant tard à l'hôpital. C'était la veille de Noël, mais elle était de service pour toute la province, disponible pour ce genre d'événement qui, malheureusement, à cause de l'alcool et des réjouissances, était susceptible de se produire plus souvent qu'à d'autres périodes de l'année. Elle était responsable de la répartition, vers les centres de transplantation, de tous les poumons, cœurs, foies et reins qui pouvaient devenir disponibles. Ce serait probablement pour elle une très longue nuit et, si fatiguée qu'elle fut, et si déçue de ne pouvoir fêter la Noël en famille, elle espérait cependant être utile, car elle adorait son métier.

Le Centre de soins intensifs était dangereusement dépourvu de personnel. Casey y était responsable de l'équipe de nuit.

« Belinda, dit-t-elle comme si elle jouait un sketch satirique impromptu sur la façon de rappeler l'une de nos infirmières qui s'était arrangée pour prendre congé et passer la Noël chez elle, nous interrompons cette messe de Noël et l'ouverture ho, ho, ho, de tes cadeaux. Enlève tes chaussettes ! Jette ton lait de poule à l'égout, éteins le four avant que ta dinde ne soit cuite à point – qui se soucie de la salmonellose ? – et viens travailler au Centre de soins intensifs. Nous fonctionnons avec un personnel réduit, mais nous ne pouvons nous permettre de perdre un organe ! »

J'imaginais l'expression pétrifiée des grands-parents qui attendaient l'arrivée de leurs enfants et petits-enfants. Il était tard et le dîner allait refroidir.

« Où sont-ils ? » les entendais-je dire.

« Allons, ne te tracasse pas, chérie. Ils sont en route. Peut-être y a-t-il beaucoup de circulation ou peut-être ont-ils été retardés quelque part. »

« Ce n'est pas leur habitude d'être en retard. » Et elle se tenait près de la fenêtre, espérant les voir enfin arriver.

J'imaginais la voiture de police arrivant devant la maison et je voyais la grand-mère s'évanouissant sur le sol. Deux officiers descendant et entamant leur marche lente et solennelle le long de l'allée. Le père de Margot *savait* avant qu'on ne lui dise quoi que ce soit. L'un des policiers, peut-être une jeune femme de l'âge de Margot, lui tenait la main et s'asseyait près de lui. Elle-même aurait aussi souhaité être auprès de sa famille pour le repas de Noël, mais c'était son tour de garde.

« Eh bien ! dit Casey, en me regardant. Nous devrions employer davantage d'infirmières juives. C'est sur elles que nous pouvons toujours compter pour travailler le jour de Noël. »

Rosemary s'apprêtait à rentrer chez elle, mais elle nous dit que, en cas de besoin, elle pouvait revenir nous donner un coup de main.

Margot fut déclarée en état de coma dépassé. Steve, dont l'état s'était stabilisé, en fut averti et, malgré son chagrin, il crut que, bien qu'elle n'ait pas signé la carte attachée à son permis de conduire, Margot aurait souhaité, dans ce cas, faire don de ses organes. Sa vie étant perdue, d'autres pouvaient en bénéficier. C'est ce type de femme – *c'était* ce type de femme, corrigea-t-il (la grammaire peut être cruelle) qu'était Margot.

Les chirurgiens de service furent rappelés. Les ophtalmologues voudraient utiliser ces cornées jeunes et claires. Un chirurgien récupérera les reins en même temps que le pancréas et quelques mètres d'intestins. Un chirurgien du thorax utiliserait les poumons et un chirurgien cardiovasculaire, le cœur. On espérait que les organes soient en bonne condition, mais ils pouvaient de toutes façons être utilisés, même s'ils présentaient certaines déficiences. Les receveurs potentiels de tels organes étaient désespérés et prêts à saisir toute occasion. Même des organes imparfaits ou douteux – un foie meurtri ou des poumons de fumeur (après un transplant, les infirmières juraient qu'elles recevaient une bouffée de vieille fumée de cigarette chaque fois qu'elles s'approchaient du patient) pouvaient être utilisés.

Le foie de Margot avait été gravement déchiré dans l'accident, mais ses autres organes étaient en excellent état et seraient attribués aux receveurs qui en avaient le plus grand besoin et qui correspondaient le mieux au donneur. Cependant, la question la plus urgente devait encore être considérée. Qu'adviendrait-t-il de son fœtus de vingt-deux semaines? Était-il viable et, sinon, qui devait être sauvé? Quelle vie avait la préséance? Le corps de la mère devait-il être raccordé à un soutien de la vie jusqu'à ce que le fœtus soit viable, même si un tel délai mettait ses précieux organes en danger? Ou une vie, même précaire, pouvait-elle être sacrifiée afin que d'autres puissent avoir leur chance? Faisions-nous notre devoir en influençant ainsi la vie, en jouant avec la mort? Nous prétendions jouer avec les étoiles. Comme si nous le pouvions! Étions-nous été trop loin? Peut-être tout cela avait-il été décidé d'avance, mais cela ne nous exemptait pas d'essayer d'agir comme il se doit.

Dieu et les pécheurs réconciliés.

Il était temps de rentrer à la maison. Il se faisait tard, et Ivan et moi étions invités chez des amis pour partager leur célébration de la veillée de Noël. C'était aussi Hanoukka, et je devais donc apporter le chandelier à sept branches et en allumer les bougies tandis que nous évoquerions des contes et des chants, en goûtant le pudding.

Je flânai encore quelques minutes dans le hall et, le piano libre, le clavier ouvert m'adressait une invitation que je ne pouvais refuser.

En apportant des cadeaux, nous avons parcouru très loin
Les champs et les fontaines, les marais et les montagnes,
En suivant la petite étoile lointaine.

C'était le plus juif de tous les cantiques. Il était aussi morne que tous les cantiques hébreux que je connaisse, même ceux qu'on dit joyeux. Son ton mineur correspondait à la mélancolie de mon cœur. Comment une telle joie et une telle tristesse pouvaient-elles coexister simultanément en moi et dans le monde qui m'entoure ? Et pourtant, il en avait toujours été ainsi.

Conduisant vers l'ouest, et progressant encore
Guide-nous vers ta lumière parfaite.

Mais je ne pouvais supporter la fin sur un ton aussi lugubre.

Écoutez les anges annonciateurs chanter !
Gloire au Roi nouveau-né !
Joyeusement, toutes tes nations se lèvent
Et se joignent au triomphe des cieux.

Je chantai avec quelques autres personnes qui s'étaient rassemblées en sortant de l'hôpital. Mes mains s'étendaient vigoureusement à chaque octave, utilisant plus de muscles que ce qui était normalement requis et laissant mon cœur s'élever en même temps que les paroles et le chant. Oui, c'était cela, nous devions glorifier notre bonne santé, nos amis, notre famille et, oui, Dieu lui-même, j'osais le dire, mais discrètement, en moi-même.

Chapitre 8

GRATITUDE

Tandis que je transférais une patiente à l'étage, celle-ci me demanda de m'arrêter près d'un appareil téléphonique. C'était une vieille dame qui avait souffert d'une grave pneumonie liée à une maladie chronique, mais dont la santé se rétablissait et qui devait rentrer chez elle dans peu de jours. Elle me pria de déposer dans l'appareil les vingt-cinq sous qu'elle avait préparés à cet effet et de composer le numéro inscrit sur un petit bout de papier soigneusement plié. C'était le numéro d'une maison funéraire des environs. Reprenant l'appareil, elle entama des négociations pour acquérir un emplacement d'inhumation. Elle me tendit sa carte de crédit pour que j'en lise le numéro qu'elle répéta ensuite au téléphone.

« Non, je ne suis pas encore morte », expliqua-t-elle à la personne à l'autre bout du fil, mais il se pourrait que je le sois dans quelque temps. »

À une autre occasion, nous avions admis un certain M. Tom Hier et, tandis que j'inscrivais son nom dans la liste de l'ordinateur, il me dit : « C'est T. Hier, en bref. »

Levant les yeux, je rencontrai ceux de Laura, puis ceux de Frances. De petites coïncidences de ce genre ne justifiaient pourtant pas la cascade de rires qu'elles entraînèrent.

« M. T. Hier. » Je m'arrêtai pour essuyer les larmes en riant encore, plus tard, au salon. « Cela me rappela cette patiente britannique à qui on venait d'enlever le tube respiratoire et dont les premiers mots furent « Puis-je avoir une tasse de thé, s'il vous plaît ? »

« N'était-ce pas à ce moment que Morty lui aporta le pot de thé, elle-même coiffée du couvre-théière ? Lorsque la patiente la vit entrer ainsi, elle en perdit son dentier dans le lit tant elle riait ! » dit Nicole.

Bien sûr, toutes ces situations comiques déclenchaient toujours notre fou rire.

Les personnes qui s'intéressaient à mon travail me posaient toujours les mêmes questions. Comment pouvais-je rester émotionnellement détachée ? Pourquoi étais-je aussi impassible devant ces maladies dramatiques ? N'était-ce pas tellement déprimant ? Pourquoi n'avais-je pas choisi un endroit plus serein où travailler, où la plupart des personnes jouissent de la santé ? Quoi que je réponde, elles n'en étaient pas satisfaites.

Je commençais à soupçonner qu'on me posait ces questions parce qu'entendre parler de mon travail suscitait des sentiments inconfortables et de nouvelles questions. Mes réponses les perturbaient et leur donnaient la nausée. Je les amenais à réfléchir à leur propre sécurité et à leur état de mortels. Ils se demandaient si des choses aussi graves pouvaient leur arriver ou arriver à leur famille. Ils ne se sentaient plus en sécurité.

Frances me dit comment elle traitait ces réactions de la part de ses amis et parents.

« Je leur dis que j'adore être une infirmière, particulièrement ici à l'USI. Vous avez des problèmes à résoudre et la solution ne repose que sur vous. Vous tenez en mains la vie de vos patients et vous pouvez réellement leur venir en aide. Parfois, vous pouvez même sauver des gens qui se trouvent au bord du gouffre. Je ne voudrais pas travailler ailleurs. »

Nicole expliqua sa position. « Soigner les gens, qu'ils soient susceptibles de s'en sortir ou non, n'est pas déprimant tant qu'il ne s'agit pas d'un membre de votre famille. Même si vous vous impliquez énormément et même si vous vous faites beaucoup de tracas, à la fin de votre journée de travail, vous quittez. Mais lorsqu'il s'agit de votre famille, c'est différent. »

Je n'interrogeai pas Laura, mais elle avait suivi notre conversation et me donna de toute manière son avis.

« Ce n'est pas le travail qui me déprime, ce sont les médecins. Nous faisons tout le boulot et ce sont les médecins qui reçoivent tous les honneurs. C'est nous qui savons réellement ce qui se passe chez nos patients, mais la famille se précipite et demande : Où est le docteur ? Que dit le docteur ? On ne réalise pas que ce sont les infirmières qui guérissent les gens. »

Parfois je répondais aux questions concernant mon travail en citant l'exemple de la famille Cresswell. Je les avais accompagnés à l'USI lorsqu'ils étaient arrivés pour la première fois, je leur avais tout expliqué, les avais initiés à l'usage des machines angoissantes, j'avais démystifié les alarmes, je les avais encouragés à poser les questions qui leur venaient à l'esprit, permis de visiter leur père chaque fois qu'ils le désiraient et, enfin, assurés qu'il ne souffrait pas et était à son aise.

« Mais comment va-t-il ? Va-t-il mieux ? » avaient demandé mes amis. Bien sûr, chacun souhaitait une fin heureuse.

« Eh bien ! non. Le traitement n'a pas été un succès. Il a eu des tas de complications. Mais il a eu une bonne mort. »

Même nous, les infirmières, nous pouvions parfois faire une fixation sur la mort et oublier les succès que nous obtenions ou auxquels nous contribuions. Nous avions sauvé bien des vies et remis sur pied et guéri bien des gens qui étaient repartis heureux. S'ils revenaient nous voir, quelle joie ! Mais nous ne pouvions pas espérer cela. En fait, nous étions toujours un peu surprises lorsque d'anciens patients repassaient la porte. Pourquoi avaient-ils voulu revoir le cadre de leurs souffrances ? Même en bénéficiant des soins infirmiers les plus généreux et les plus attentifs, tant d'expériences restaient déplaisantes : les intraveineuses, les médicaments, l'intubation, l'aérateur et le bruit. Sans aucun doute, ils souhaitaient nous oublier et rejeter cette expérience loin de leur esprit. Pourtant, de temps en temps, un patient repassait la porte pour venir serrer la main de ceux et celles qui l'avaient soigné. Ils tenaient à nous remercier personnellement et souvent, ils plaçaient une boîte de beignets ou une grosse plante verte sur le comptoir du poste des infirmières. Nous leur faisions un signe d'adieu en consacrant toute notre énergie à les affranchir du sentiment de reconnaissance. Nous aimions être appréciées, mais nous ne cherchions pas la gratitude. Nous aimions être reconnues, mais refusions qu'on nous soit redevable de quoi que ce soit. C'était une grande différence.

Ces cas – ces cas heureux – constituaient l'une des raisons principales pour lesquelles nous nous consacrions au métier d'infirmière. Mais, même lorsque l'état de nos patients ne s'améliorait pas, pourvu que nous sachions que, d'une façon ou d'une autre, nous leur apportions une aide positive, nous remplissions avec joie notre travail. Tant que nous étions persuadées que les inconvénients du traitement valaient d'être endurés pour obtenir une chance raisonnable d'amélioration, nous aimions notre travail à l'USI et nous l'accomplissions de grand cœur. La plupart d'entre nous n'auraient pas souhaité travailler ailleurs et celles qui, un jour, abandonnaient finissaient souvent par revenir. Occasionnellement, nous recevions un mot ou une lettre de remerciement.

Nous aimerions vous remercier de tout cœur pour les soins que vous avez prodigués à cette personne qui nous était si chère. Bien qu'elle soit retournée auprès du Père, nous avons tant apprécié les soins attentifs et dévoués qui vous lui avez prodigués pendant son séjour chez vous. Merci à vous tous.

Notre travail était stressant, mais je crois que beaucoup d'entre nous prospérions sous le stress. Il nous stimulait et nous vivifiait. Nous avions besoin du stress des provocations et des problèmes difficiles à résoudre, et qui nous forçait à utiliser au mieux tout notre savoir et toute notre expérience. Le stress était le prix d'un travail fascinant, provocateur et stimulant.

Souvent, si je demandais à une infirmière comment allait le travail au milieu d'une journée ou d'une nuit particulièrement stressante, alors qu'elle s'occupait d'un patient malade ou en état critique, la réponse était quelque chose comme : « J'ai une fameuse journée. Mince ! Quelle heure est-il déjà ? Les jours passent si vite ! »

Le travail nous faisait sentir combien nous étions utiles, indispensables, et vivantes, oui, vivantes !

Je me souviens être un jour entrée dans la chambre où travaillait Nicole afin de lui donner un coup de main. Je savais qu'elle était très occupée. Le chariot d'urgence était là, à portée de main, parce qu'elle prévoyait sans doute en avoir besoin sous peu. Elle avait même pris les devants et fixé des attaches sur le torse de son patient parce qu'elle avait remarqué, au moniteur, un battement occasionnellement suspect du cœur, battement qui parfois est précurseur d'une arythmie fatale. Je fis la prise de sang pour elle, jetai un coup d'œil aux résultats de laboratoire, préparai et installai un antibiotique tandis qu'elle me fit rapport au sujet de son patient.

« Sa tension est très basse », dit-elle, en désignant le moniteur. Elle préparait un supplément de dopamine, ce puissant vasoconstricteur qui soutient la tension artérielle. Le problème était que, si son patient avait besoin de ce médicament, celui-ci pouvait aussi accélérer dangereusement le rythme cardiaque. Nicole resserra les marges des paramètres d'alarme afin d'être prévenue au moindre problème.

« Il vient précisément de faire une crise avec tachycardie et beaucoup de battements irréguliers. Il est très malade, mais grâce à ton aide, Til, je suis moins angoissée maintenant. »

Je la regardai. Nicole était pleine d'excitation. Elle faisait cinq choses différentes à la fois et, en même temps, elle en préparait cinq autres. Elle était totalement concentrée, dans son élément, en pleine maîtrise d'elle-même, à l'aise dans ce chaos. Un large sourire éclairait son visage.

Les infirmières aiment remettre les choses en ordre. Lorsqu'elles le peuvent.

J'avais seulement pu entendre une partie de la conversation téléphonique, mais ce que j'avais entendu m'avait glacée sur place.

La coordinatrice des transplants d'organes donnait quelques coups de téléphone depuis le local des infirmières. Une tasse de café froid se trouvait sur le comptoir à côté d'elle et, à ses pieds, une grande glacière de camping de couleur rouge, que je savais contenir quelques restes de corps humains. Elle se penchait en avant tout en parlant au téléphone.

« Quand pouvez-vous l'amener à l'hôpital ?... Oui, une paire de poumons... ils conviennent parfaitement... » Elle sourit en partageant l'enthousiasme de la personne à l'autre bout du fil. « Il a attendu longtemps cet appel... plus d'un an, je sais... oui, c'est bien vrai ! Maintenant, je ne veux pas vous presser, mais venez le plus vite possible... n'oubliez pas qu'il se peut toujours que, lorsque nous serons dans la salle d'opération, les poumons ne soient pas satisfaisants. Il peut y avoir des cas où nous ne pouvons effectuer le transplant. Si cela devait se produire, nous devrions le réveiller et le reporter sur la liste... Nous vous attendons. Conduisez prudemment. »

Nous échangeâmes un sourire tandis qu'elle raccrochait. Je cliquai ma plume vers elle. C'était l'une de celles qu'elle avait distribuées à chacun de nous – une chaîne – qui portait ce slogan : « N'emportez pas vos organes au paradis. Le ciel sait que nous en avons besoin ici-bas. »

Nous n'étions pas sensés savoir quels organes étaient destinés à quel receveur, mais souvent nous en avions une assez bonne idée. Il nous est arrivé à toutes plus d'une fois de prendre en charge le donneur en coma dépassé, d'envoyer le corps à la récupération des organes et de revenir au cours de la pause suivante nous occuper du receveur. À première vue, cela paraît morbide, mais on s'y habituait et bientôt, cela devint ce que c'est maintenant devenu pour moi : incroyable. Stupéfiant dans la véritable acception du terme : on en reste stupéfait.

Nous avions tenté de maintenir en vie le corps de Margot jusqu'à ce que le fœtus ait au moins vingt-quatre semaines de gestation. C'était la décision qu'avait prise le mari pour tenter de sauver le bébé. La mère ne vivrait pas, mais peut-être le bébé pourrait-il avoir une chance si la mère pouvait être maintenue en vie suffisamment longtemps. Toutes les infirmières étaient mobilisées pour elle, certaines avec des scrupules persistants.

Un petit groupe d'infirmières consacra des heures supplémentaires dans la chambre, jouant une musique douce pour le fœtus, lui parlant et tenant des réunions dans la salle des médecins et à prier pour une intervention divine en sa faveur.

Je restai en retrait avec d'autres infirmières, laïques ou simplement sceptiques, qui ne croyaient pas que des efforts aussi disproportionnés devaient être entrepris pour un fœtus. Nous croyions que tous nos efforts et toutes nos ressources, tant humaines que financières, devaient être consacrés aux vivants. Margot était morte et donnerait naissance à une vie qui s'avérerait au mieux précaire. Chaque jour qui passait rendait ses organes plus vulnérables, plus exposés à la détérioration et à l'infection, et de ce fait moins aptes à une transplantation sur une autre personne. Quelques jours plus tard, les choses furent décidées pour nous lorsque le corps de Margot devint trop instable et que les médecins durent prélever le bébé à vingt-deux semaines et déconnecter Margot du respirateur artificiel. Le bébé était mort-né.

« Je vais d'abord lire un psaume », dit le père Szigetti en déposant le petit corps sur une serviette stérile verte, sur le guéridon de la chambre de Margot. On aurait cru voir un bonbon à la gélatine couleur fraise qui aurait été craché de la bouche d'un enfant et encore tout gluant et humide. « Ensuite, nous prierons pour l'âme de ce bébé. »

« Pouvons-nous offrir ces rites à la mère ou au bébé ? » demanda une des infirmières catholiques.

«Nous n'oignons pas les morts», répondit le père Szigetti en lui adressant un regard qui lui dit qu'elle aurait dû le savoir.

Les poumons de Margot étaient encore utilisables, mais malheureusement pas assez rapidement pour Alice Heidebrecht, la femme du fermier mennonite qui souffrait d'hypertension pulmonaire. Son état s'était détérioré rapidement et était devenu trop instable pour qu'elle puisse subir un transplant. Elle avait été soignée chez elle et était décédée peu après.

Je ne suis pas certaine, mais je suppose que les poumons de Margot furent attribués à un patient que je soignai quelques jours plus tard. Jeremy était un garçon de dix-huit ans qui souffrait de fibrose kystique. Il n'avait connu aucun jour de sa vie où respirer ne lui avait coûté un effort. Afin de compenser le déficit d'enzymes dans son corps, il devait avaler plus de deux cents capsules par jour.

«Je sais qu'un transplant de poumons ne guérira pas sa fibrose kystique, dit sa mère, mais toute aide pour sa respiration sera la bienvenue. Il a tant lutté jusqu'à maintenant.»

De toute évidence, elle avait aussi lutté avec lui.

Jeremy s'en tira très bien. Quelques heures seulement après la chirurgie, il était éveillé et sevré de l'aérateur. Ses signes vitaux étaient stables et, à la fin de la journée, nous lui avons enlevé le tube respiratoire. L'expression d'étonnement sur son visage en se rendant compte qu'il pouvait respirer facilement, probablement pour la première fois de sa vie, m'émut jusqu'aux larmes.

Jeremy regarda autour de lui et simplement, respira, aspiration et expiration, tandis que nous observions.

«C'est si doux, dit sa mère, pleurant dans mes bras. Je ne l'ai jamais entendu ne pas tousser. Je ne puis le croire!»

« M'man, j'aurai maintenant besoin d'un réveil, dit-il avec un large sourire.

« Il n'en a jamais eu besoin, expliqua-t-elle. Sa toux le réveillait tous les matins. »

Sylvie avait attendu des poumons pendant près de deux ans. Elle aussi souffrait de fibrose kystique, mais elle n'avait jamais été malade comme Jeremy. Mais maintenant, elle l'était. À seulement dix-sept ans, elle avait les poumons percés de trous bloqués par du mucus et par de l'infection récurrente.

J'étais venue aider Tracy, qui était son infirmière, et nous nous tenions de part et d'autre de son lit, en observant Sylvie qui s'efforçait d'absorber un peu d'air. Nous lui avions procuré un masque à oxygène à cent pour cent et, malgré cela, chaque respiration était un combat pour lequel elle utilisait le peu d'énergie dont elle disposait.

« Maman, aide-moi... Je n'arrive pas à respirer. »

Sa mère lui tenait la main. « Faites quelque chose, de grâce », implorait-elle. Nous ne pouvions rien faire. Nous ne pouvions lui donner de sédatifs qui la pousseraient probablement à respirer moins, pas assez pour ses besoins essentiels en oxygène. Cela, à son tour, rendrait nécessaire l'insertion d'un tube endotrachéal et ensuite un aérateur qui reprendrait le travail de la respiration. Tout cela serait un retour en arrière et supprimerait la candidature de Sylvie sur la liste des transplants.

C'était une situation dramatique. Personne ne pouvait supporter cela, si bien que nous sommes sortis de la chambre pour la regarder de l'extérieur.

« Que se passe-t-il ici ? » Demanda Laura, depuis l'autre bout du hall.

« Sylvie a besoin d'un sédatif et d'une intubation », expliqua Tracy, mais dans ce cas, on devra la retirer de la liste des candidats au transplant. »

« Si on l'intube, c'est une garantie de sortir définitivement d'ici, sans retour possible, dit un résident. Ils la rétrograderont certainement ou la rayeront de la liste des candidats alors qu'elle est à présent en tête de la liste de l'Ontario. »

« Je crois qu'elle tolérerait un soupçon de sédation, dit Tracy. Je crois qu'elle pourrait le supporter. Cela réduirait son anxiété et l'aiderait à respirer. » Je regardai Tracy réfléchir. Elle calculait la taille de Sylvie, grandeur et poids, pour décider quel sédatif serait le meilleur et à quel dosage. Elle tenait compte de tous les autres médicaments que Sylvie prenait, leurs effets mutuels sur le rythme de la respiration de Sylvie, sur sa tension artérielle, sur son rythme cardiaque et sur son état émotionnel. Elle repensait aux occasions précédentes où elle avait soigné Sylvie en se remémorant les réactions de celle-ci aux sédatifs, aux analgésiques et aux anxiolytiques. Elle rassemblait toutes les données et les additionnait, dans sa gentillesse instinctive, pour en déduire un plan d'action.

Un résident passa et jeta un coup d'œil sur Sylvie depuis la porte de la chambre. « Si vous la couvez trop, elle ne pourra respirer et nous devrons l'intuber et ce sera la fin des espoirs pour un transplant. Elle est petite et même une dose pédiatrique de sédatif pourrait être trop pour elle. Je ne prendrais pas ce risque. »

« Mais vous n'êtes pas ici avec elle, dit Tracy. Vous n'avez pas vu la terreur dans les yeux de Sylvie, son combat, l'impuissance de la mère, je crois. » Dans l'ensemble, c'était une petite chose, mais c'était important pour Sylvie et pour sa mère. Ce pouvait être une chose importante à terme. J'ai pu voir dans ses yeux que Tracy allait prendre le risque.

« J'ai eu de l'asthme toute ma vie, dit Tracy, révélant quelque chose que nulle d'entre nous savions. Je sais combien c'est terrifiant de ne pouvoir respirer. Il n'y a rien de plus inquiétant. Je sais que c'est délicat, mais je crois qu'un soupçon de morphine pourrait calmer son anxiété et dégager ses voies respiratoires. Je ne puis supporter de la voir dans cet état. »

Le résident secoua la tête. « Je ne suis pas d'accord. Ça n'en vaut pas le risque. »

« Je vais faire appeler le Dr Bristol », dit Tracy, connaissant le danger que comportait le fait de passer par-dessus la tête du résident et, plus important encore, de compromettre peut-être les chances de Sylvie de bénéficier d'un transplant de poumon.

« Il n'aimera pas ça », s'exclama le résident.

Tracy revint en larmes. « Il a dit : "Faites ce que vous avez à faire. Vous savez que je ne vous approuve pas" et il a raccroché. Je le lui donnerai quand même. »

Elle savait qu'il ne la soutiendrait pas s'il s'avérait qu'elle avait eu tort. Mais nous, nous la soutiendrions.

Tracy retourna dans la chambre pour parler à Sylvie et à sa mère. Bruno les rejoignit et appliqua à Sylvie un massage calmant en attendant l'arrivée du médicament. Je récupérai les clés de l'amoire aux narcotiques et vins chercher la morphine dans l'armoire fermée à clé. J'avais l'impression de voir trembler les mains de Tracy tandis qu'elle injectait le médicament.

« Seulement la dose minimale », assura Tracy en s'adressant à la mère.

Toutes ces choses – les paroles de l'infirmière, sa gentillesse et les bonnes intentions, autant que la morphine elle-même – apportèrent un soulagement à Sylvie. Elle respirait moins péniblement. C'était une chose que seule une infirmière pouvait comprendre. Il faut être là pour juger de ce délicat équilibre. Tracy avait une intuition aiguë et un esprit froidement analytique. Elle savait énormément de choses, mais ne savait même pas qu'elle possédait tout cela, ni comment elle le savait.

La mère de Sylvie caressa les cheveux de sa fille. « Tu as l'air mieux, chérie, ne te tracasse pas. Ton frère est allé prendre soin des chats. J'appellerai papa pour lui dire que tu vas mieux. N'essaie pas de parler. Repose-toi, tout simplement. »

Au moment où Frances et moi prenions l'ascenseur le matin suivant, la mère de Sylvie en sortait.

« Je vais en griller rapidement une. Je reviens immédiatement parce que Sylvie doit aller en salle d'opération. Ils ont trouvé des poumons pour elle la nuit dernière ! »

Nous souriions automatiquement en réponse au sourire de la mère tout en essayant de masquer notre inquiétude. Il nous était difficile de nous réjouir comme elle. Nous savions que, dans le cas de Sylvie, la convalescence serait longue, difficile et probablement compliquée en supposant qu'elle puisse tout au moins sortir vivante de la salle d'opération. Son état s'était détérioré si rapidement ces quelques derniers jours qu'elle constituait un cas à haut risque.

Merci, non seulement pour toute cette compétence, mais aussi pour ces cœurs généreux et compatissants.

La plupart des infirmières étaient confiantes quant à l'idée des transplants d'organes. Nous croyions, pour la plupart, en ce que nous faisions. Nous savions que beaucoup de personnes dans la communauté vivaient, suspendues au téléphone, en priant pour recevoir cet appel qui devait leur sauver la vie.

Lorsque des familles refusaient le don d'organes, chacun respectait cette décision. Nous comprenions que, soit le chagrin, soit certaines croyances morales ou religieuses, empêchaient une famille d'autoriser le don d'organes. Pourtant, il arrivait que, même lorsque le donneur avait signé l'accord sur son permis de conduire, la famille cassait cette décision au moment du décès. Ces cas suscitaient une grande déception parmi nous en même temps qu'ils causaient un affront face à la décision de la personne décédée lorsque cette décision n'était pas respectée.

« Une fois morts, nous ne sommes plus propriétaires de notre corps – ni rien de cette nature, expliquait le Dr Bristol. La loi est très claire là-dessus. »

Pourtant, il y avait eu un cas où les choses n'étaient pas très claires. Ce cas nous avait laissés déconcertés. Je me pose encore de temps en temps des questions à ce sujet.

Cette nuit-là, j'appris un nouveau mot.

« Je vous inscris sur la liste des donneurs », avait dit Casey, l'infirmière de jour.

« La quoi ? »

« Un risque-tout. Il était dans un club de motocyclistes, en train d'exécuter une acrobatie. De toute manière, son cerveau est mort et c'est un donneur potentiel, mais il y a un hic. Elle sourit et dit : J'avais pensé que vous auriez le tact de le traiter, Tilda. C'est pourquoi je vous y ai incluse. »

Le Dr Bristol et les juristes de l'hôpital étaient déjà arrivés. J'essayai de les écouter, mais Morty continuait à parler plus fort qu'eux.

« C'est comme *The People's Court* », dit Morty, en se référant au spectacle télévisé de l'après-midi. «*Le cas que vous êtes en train de regarder est authentique. Les participants ne sont pas des acteurs. Ce sont de véritables plaideurs dont la cause est entendue par la Cour Suprême de la Californie.*»

« Chut, dis-je. Je voudrais entendre ce qui se dit. »

« La victime a en fait signé sa carte de donneur d'organes sur son permis de conduire, mais son amie au sens du droit coutumier – c'est elle la plus proche parente, il n'y en a pas d'autre – déclare qu'elle contestera si nous ne permettons pas la récupération de sperme pour paternité posthume », dit le juriste.

« La récupération du sperme serait impossible de manière classique, expliqua le Dr Bristol au juriste, sauf dans le cas de nouveaux progrès techniques. » Les deux échangèrent un clin d'œil de gamins. « Le patient est en état de coma dépassé et la récupération de sperme n'est possible que par une procédure invasive. De toute façon, ce qui est plus important, la parente la plus proche accepte-t-elle le don d'organes ? »

« Oui, mais seulement à condition de recevoir... l'autre don. En mains propres, si l'on peut dire. Il lui a été expliqué que la récupération du sperme n'est pas autorisée dans ce cas. Il faut que l'intention de la part de la personne décédée ait été claire d'affecter son sperme post-mortem à ce but. »

À quel autre but cette matière pourrait-elle être affectée, me posai-je comme question.

« Il est mon fiancé, dit une jolie femme éperdue, debout à côté du lit. Nous avions déjà fixé la date, le jour de la Saint-Valentin ! »

« Vous comprenez pourquoi cette matière doit être traitée très rapidement, dit le Dr Bristol au juriste. S'il y a la moindre chance qu'il soit encore un donneur d'organes, s'entend. »

« Je n'accepterai rien si je ne puis avoir son sperme » dit la jeune femme.

« Ça donne un sens nouveau à l'expression *dead-beat dad* », dit Morty, qui essayait de parler très bas, mais en était probablement incapable.

« Chut », lui soufflai-je.

Le Dr Bristol avança une suggestion positive.

« Pourrait-on récupérer le sperme et le conserver dans un dispositif cryogénique ? Cela permettrait aux mandataires et aux tribunaux de disposer de plus de temps pour prendre des décisions mûrement réfléchies. »

« Je veux son bébé ! » La femme se mit à gémir et à se jeter sur le corps costaud et exagérément tatoué étendu sur le lit et à sangloter sur sa large poitrine. « Il veut que je porte son enfant », dit-elle en se corrigeant.

Le Dr Bristol s'adressa à elle. « Il est douteux, ou au mieux incertain, que Raoul ait souhaité être père après sa mort. » Il parlait lentement et avec prudence.

« Si vous appelez ça être père ! » dit Morty, à peine entre ses dents.

« De toute manière, nous ne pourrons jamais connaître son souhait à ce sujet. Avez-vous jamais parlé avec lui d'avoir un enfant ? »

« Bien sûr. Nous en avons parlé bien souvent. »

« Avez-vous jamais envisagé d'avoir un enfant, même en cas de mort ? »

« Évidemment non, pleurait-elle, exaspérée. Il n'a jamais pensé qu'il allait mourir ! Pourquoi aurait-il pensé cela ? Il n'a que vingt-deux ans. Il n'a même pas de testament. »

Le juriste prit à part le Dr Bristol et moi-même et Morty se joignit à nous.

« Il faut déterminer son motif. Est-ce réellement son désir d'avoir son enfant ou y aurait-il un motif financier, par exemple, un héritage ou des propriétés ? Et si, l'année suivante, elle trouve un nouveau partenaire, que faire alors de, euh ! de l'échantillon ? »

« C'est aller loin ! Je ne suis pas capable de fouiller sa psyché ou ses amours, s'exclama le Dr Bristol. Je doute même qu'elle soit en ce moment dans un état psychologique pour discuter de ces points. »

« Elle ne paraît même pas avoir enregistré la perte », ajoutai-je.

Un chirurgien arriva et me pria de le rejoindre dans le hall.

« Qu'est-ce qui bloque ? demanda-t-il en regardant sa montre. Nous sommes prêts et l'attendons dans la salle d'opération depuis une heure. »

« Il y a un petit hic... je veux dire un pépin. » Je réprimai une envie de rire.

Il était fatigué et souhaitait savoir s'il pouvait faire un petit somme avant la longue nuit qui l'attendait, ou si même il y aurait une longue nuit... Je comprenais tout cela mais parfois, dans leur impatience de « récolte », les chirurgiens agissaient plus comme des chasseurs que comme des cueilleurs.

Lorsque je rentrai dans la chambre du patient, le médecin et le juriste avaient quitté et l'amie me prit le bras. L'intensité de son regard m'effraya. Avait-elle l'intention de m'attaquer ? Comment appeler du secours dans ce cas particulier de violence ? Où était Morty, maintenant ?

« Je veux son sperme, dit-elle. Je veux que vous m'y aidiez. »

Est-ce qu'elle voulait que je le lui procure ?

« C'est impossible et c'est contre la loi », dis-je fermement, comme je l'avais entendu spécifier tant du médecin que du juriste. Elle se radoucit et s'affaissa à nouveau sur le corps dans le lit.

Quel problème ! Si quelque chose est impossible, est-il important que ce soit interdit ou non par la loi ? Si la chose est interdite par la loi, est-ce important qu'elle soit possible ou non ? Un processus chirurgical était possible, mais il était interdit de le pratiquer, donc à quoi cela servait-il qu'il soit possible ?

« Que penseriez-vous de l'ancienne façon ? Est-ce que ça marcherait ? » demanda-t-elle avec un vague sourire.

À ce moment, Morty revint et me tendit un rapport urgent qu'elle avait griffonné sur un bout de papier.

« Nécrophilie ! »

« Je doute que l'éjaculation soit encore possible après la mort du cerveau, dis-je, cherchant à temporiser après avoir jeté un coup d'œil au papier et lancé un regard furieux à Morty pour l'arrêter. Mais je ne puis l'affirmer avec certitude. » Il y avait certainement un nombre de questions qui se posaient en pratique et qui n'avaient pas reçu de réponse au cours de ma formation clinique. « Mais vous avez entendu ce que le juriste a dit. Raoul a donné son accord pour l'utilisation de ses organes, mais il n'a pas donné son accord pour engendrer des enfants après sa mort. »

Je rejoignis le Dr Bristol et le juriste, qui poursuivaient leur discussion à l'extérieur de la chambre. Ils parlaient des techniques de l'électro-éjaculation (je remarquai que l'un comme l'autre tressaillaient imperceptiblement à cette évocation) et de la possibilité de procurer un sperme viable après une période de privation d'oxygène. Cela constituerait certainement une étude de cas intéressante pour une publication, devait sans doute penser le Dr Bristol.

Après quelques minutes, l'amie du défunt sortit de la pièce. Elle avait une expression béate. « J'ai ce que je voulais, dit-elle en tapotant sa bourse et en se léchant les lèvres. Vous pouvez prendre tout ce que vous voulez. »

Nous nous sommes regardés, incrédules. Bluffait-elle ?

Nous n'en saurons jamais rien.

Dans la plupart des cas, l'attribution des organes avait lieu calmement et provoquait peu de problèmes et de confusion, au moins du côté infirmier. Dès que la déclaration de mort cérébrale était prononcée, notre travail était direct et essentiellement technique, bien qu'il fut exécuté sous une intense contrainte de temps. Mais quand il s'agissait d'allouer ces précieux et rares organes à des receveurs, il devenait difficile d'éliminer tout jugement. Nos réactions étaient parfois explosives.

« Je ne puis croire cela ! » s'exclama un matin Morty au cours d'une ronde. Je me suis occupée de ce patient il y a quelques mois et je devais lui donner du whisky par son tube nasogastrique pour éviter qu'il n'entre en delirium tremens. Je me souviens que le psychiatre a dit que nous n'étions pas un centre de désintoxication et que nous devions donc nous occuper de son alcoolisme une autre fois. Maintenant, à peine quelques mois plus tard, il se trouve en état de coma hépatique et ses enzymes sont extrêmement élevées, mais il promet d'être sobre, on l'a donc placé en tête de la liste des candidats au transplant. On lui a trouvé immédiatement un foie et devine qui est le donneur... Une mère de deux enfants, victime d'un chauffard ivre qui, le jour du Nouvel An, a défoncé sa voiture sur la 401 ! Quelle garantie avons-nous qu'il ne recommencera pas à boire et à détruire ce nouveau foie? demanda-t-elle. Ne pouvaient-ils trouver un candidat plus méritant ? »

En silence, nous approuvions son courage de soulever une question qui occupait tous les esprits.

« Crois-tu qu'un patient qui souffre d'alcoolisme doit recevoir un traitement différent du patient qui a un problème congénital du foie? lui répondit le Dr Bristol. Toutes choses restant égales, pourquoi les traiter différemment ? »

« Mais toutes les choses ne sont pas égales et vous le savez bien », répondit Morty. La réalité est qu'il y a déséquilibre entre les disponibilités et la demande. Il n'y a pas assez d'organes pour tous ceux qui en ont besoin. »

« Et à propos des overdoses? J'ai parfois un problème à ce sujet aussi, admit Tracy. Je me rends compte que ces patients doivent être mentalement déséquilibrés pour faire une chose aussi irrationnelle, mais qu'arrive-t-il s'ils recommencent et détruisent leur nouveau foie? Quel gâchis ! »

« Nous ne pouvons créer une hiérarchie des maladies de sorte que les maladies mentales ou la cirrhose alcoolique auraient un statut inférieur et moins de droits qu'une maladie congénitale comme, par exemple, une atrésie des voies biliaires, ou même une maladie contractée comme l'hépatite. Nous ne sommes pas ici pour distribuer des blâmes ou poser des jugements. Nous devons traiter les patients de manière impartiale, selon leurs besoins médicaux. Pourquoi la transplantation devrait-elle être traitée différemment que tout autre traitement que nous offrons? Ne traitons-nous pas les diabétiques obèses sans scrupule ? Nous traitons les fumeurs qui ont des problèmes respiratoires, n'est-ce pas ? » Ses yeux brillaient à l'évocation de ces questions.

« Même si nous considérons l'alcoolisme comme une maladie, pourquoi ne pourrions-nous espérer que les gens exercent un certain contrôle sur eux-mêmes, particulièrement si leur comportement nuit à leur santé et pénalise leur vie familiale ? demandai-je. Les organes sont rares. Est-ce trop demander ? »

« Et le coût de tout cela en dollars ? » demanda Morty. Nous ne pouvons ignorer ce point plus longtemps. »

« David, vous devriez offrir un transplant rénal à Oussama Ben Laden », dit Laura.

« Mais d'abord, il vous faudra le trouver », dit Morty.

« Eh bien ! nous le mettrions certainement sur la liste. C'est ça la beauté du système médical canadien », dit le Dr Bristol, satisfait que cette question ait été soulevée et pas le moins du monde perturbé par le fait qu'aucune réponse n'ait été trouvée. Nous savions tous qu'il n'y en avait de toute façon pas. Bien que nous en discutions toujours avec beaucoup d'énergie, nous savions tous que la solution de ces questions éternelles n'existe pas réellement et que nous devions simplement vivre avec le malaise créé par ces situations.

« Je voudrais vous poser un dilemme éthique, dit Morty. Supposons que la princesse Diana ait porté une ceinture de sécurité et que ses organes aient pu être protégés au cours de l'accident. Croyez-vous une minute que la famille royale les aurait offerts à ceux qui en auraient eu besoin ? Je ne peux simplement pas imaginer tel sans-logis titubant dans les couloirs du métro de Londres en train de ruiner son nouveau foie royal ! Ou même tel pauvre roturier méritant et recevant ses poumons. Le sang bleu dans ses veines serait un cadeau empoisonné ! »

Il n'aurait pas dû être plus facile ni plus agréable de soigner des patients reconnaissants, « aimables », mais pour la plupart des infirmières, ce l'était. Nous tâchions d'être au-dessus de ces choses qui ne devaient jamais influencer la qualité de nos soins, mais une carte reçue d'une femme que nous avions soignée pour de sérieuses complications après une chirurgie abdominale nous fit sentir combien nous étions appréciées.

Malgré les problèmes qui se dressaient contre moi, les soins et le dévouement du personnel et la main de Dieu m'ont sauvée. J'ai eu le bonheur d'apprécier à nouveau l'amour de mes enfants et de mes petits-enfants. Je vous remercie de tout cœur pour vos soins si efficaces. Mes souvenirs de ce séjour à l'USI sont limités, ce qui, en soi, peut être une bonne chose, mais chacun et chacune de vous m'avez convaincue de la remarquable compétence et de la compassion des médecins et des infirmières et je vous en suis reconnaissante.

Je vous prie d'agréer toute ma reconnaissance.

« Je préfère ce mot gentil plutôt que le lapin en chocolat dont les oreilles avaient été grignotées que nous avions reçu d'une certaine famille à l'occasion de Pâques. Vous en souvenez-vous ? grogna Laura. Quelle gratitude ! »

« Et te souviens-tu de la bouteille de Kirsch éventé ? » ajoutai-je.

Puis vint une lettre qui nous remit toutes à notre place :

Je sais que j'ai été difficile pendant mon séjour chez vous, et je voudrais m'en excuser auprès de ceux et de celles que j'aurais pu blesser dans ma frustration. Me trouver à l'USI fut pour moi l'expérience la plus pénible, la plus terrifiante de ma vie et j'en ai encore des cauchemars. Mais mes remerciements s'adressent à vous toutes et tous. Vous m'avez sauvé la vie.

Nous n'avions pas toujours le luxe de bavarder entre nous ou de discuter de choses qui nous tracassaient, mais pendant les longs services de nuit où nous travaillions ensemble, nous avions le temps de bavarder de tout, et nous ne manquions pas de le faire. Il faisait froid dans l'hôpital, tard, le soir, ou peut-être le ressentions-nous ainsi parce que nos corps avaient alors tendance à ralentir. Si tout était calme du côté des patients, nous nous installions dans le hall, une couverture de flanelle sur les épaules, à distance variable les unes des autres, afin de pouvoir tenir à l'œil nos patients et leurs machines et passer à l'action en cas de besoin. Nous posions nos pieds sur de petits bancs que nous utilisions normalement pour nous tenir à côté du lit des patients lorsque nous procédions à des compressions de la poitrine.

De nous toutes, c'était Morty qui trouvait les gardes de nuit les plus pénibles, parce qu'elle dormait mal pendant le jour. « Quand je travaille la nuit, grommelait-elle dramatiquement, je me sens malade. Mon métabolisme est par terre comme celui d'une limace ou plutôt celui d'un cadavre de deux jours. »

Les nuits étaient dures pour la plupart des infirmières, mais certaines choisissaient de travailler exclusivement de nuit.

« Je n'aime pas travailler le jour, disait Pamela. J'en avais l'habitude pourtant, mais maintenant, je ne voudrais plus travailler de jour. »

« Est-ce à cause des enfants ? » dis-je.

« Sûrement pas, répondit-elle. Mes enfants sont petits et je dors quand ils font la sieste. Non, je ne peux supporter la politique ni tous ces docteurs présents pendant le jour. Et il y a tant de commotions avec les familles. Les nuits sont généralement plus calmes, et vous êtes plus maître de votre travail la nuit. »

« Je n'aime pas lorsque je dis aux gens que je vais travailler la nuit, ils vous regardent avec tant de pitié, comme si vous étiez une perdante, particulièrement si c'est un week-end et que tout le monde sort et s'amuse et que vous, vous allez au boulot », dit Tracy qui se leva lentement pour faire ses signes vitaux et, ensuite, les miens par la même occasion.

Je devais avoir l'air d'être au bout du rouleau parce qu'elle me demanda : « Comment vas-tu, Tillie ? Te sens-tu bien ? » Elle me donna une légère bourrade.

« C'est tout juste », murmurai-je.

Lorsque Tracy revint, elle ajouta : « Je n'aime pas quand on nous appelle l'équipe du cimetière. C'est tellement négatif. Nous faisons cela pour gagner notre vie. Nous sommes des professionnels vingt-quatre heures sur vingt-quatre. »

Je m'assis pour mieux me réveiller et ajouter une critique de mon cru. « Je ne puis supporter d'aller au lit quand le soleil luit et aller travailler quand il fait noir. Des jours et des jours se passent et vous ne voyez pas la lumière du soleil parce que vous consacrez tout le jour à dormir. Je ne me sens plus en phase avec le reste du monde. Je baillai rien qu'en y pensant. Ça paraît anormal et malsain. »

De temps en temps, nous nous inquiétions de l'effet du travail de nuit sur notre santé. L'une ou l'autre apportait un article de journal ou de revue qui parlait d'une étude montrant que le travail de nuit pouvait vous coûter des années de votre vie, vous rendre plus aptes à souffrir de dépression ou du diabète ou encore de maladies cardiaques.

« A ce rythme, j'aurai cent ans avant la trentaine », dit Laura.

À un certain moment, au cours de chaque garde de nuit, une vague d'épuisement m'envahissait, si puissamment que je me sentais comme défaillir. Il y avait même des moments où j'enviais les patients dans leur lit. Il arrivait un moment, que je pouvais définir chaque fois que je travaillais de nuit, où je me sentais vidée de mon énergie. Je craignais ne pas pouvoir continuer. Je perdais temporairement ma confiance en ma capacité de poursuivre. C'était souvent entre trois et quatre heures trente du matin. Parfois mes paupières se fermaient puis s'ouvraient comme en un clin d'œil. Je devais regarder ma montre pour être sûre que ce moment ne durait réellement pas plus qu'un clin d'œil. Quelques moments de micro sommeil m'aidaient d'une certaine façon à passer à mon second souffle. Heureusement, presque toujours, à un certain point, ce phénomène du second souffle survenait.

Parfois, et seulement lorsque tout était calme et qu'il n'était pas dangereux d'agir ainsi, nous nous arrangions pour nous épauler l'une l'autre et nous accorder ainsi un court instant de repos. Les médecins le faisaient certainement et nous savions que nous serions capables de mieux fonctionner, et plus sûrement, si nous pouvions nous coucher, ne fût-ce que quelques minutes. Une salle d'entreposage, contenant des piles de matelas, convenait parfaitement pour un tel usage ou encore, à la rigueur, un lit inoccupé de patient, si nous étions désespérées. (Il y avait un certain désaccord chez les infirmières au sujet de la période minimale de « refroidissement » requise entre le décès d'un patient et le transfert de celui-ci vers la morgue, d'une part, et l'utilisation du lit pour un petit somme, d'autre part. Combien de temps fallait-il pour que le lit évacue suffisamment ses relents de mort et qu'une infirmière puisse à loisir s'y pelotonner dans des draps propres ? En ce qui me concerne, dès que la civière descendait le hall en provenance de l'Unité, avec sa charge sous un drap blanc, le lit était immédiatement rafraîchi et son karma évaporé.)

Mais une nuit, en passant devant une chambre fermée, je remarquai un petit billet collé sur la porte.

« Ne pas déranger, infirmière endormie. »

Ça, c'était aller un peu trop loin.

Une nuit, je travaillais avec Bruno. Nous adorions travailler ensemble et nous disions que nous étions comme frère et sœur. Nous déménagions nos tables dans le hall parce que nous tenions les chambres de nos patients dans l'obscurité et que nous avions besoin des lumières du hall pour les graphiques, pour converser et pour partager un sac de pop-corn. C'était tout juste à ce moment d'attente où j'espérais l'arrivée du second souffle, priant pour qu'il survienne – le sommeil serait si facile, il était si près – que, levant les yeux, je vis cinq hommes vêtus de sombres costumes trois pièces entrer par la lourde porte double de l'USI, parcourir dans notre direction toute la longueur du hall, en formation serrée comme une phalange. Des visiteurs à cette heure ? Qui pouvait être assez malade pour justifier cette visite au beau milieu de la nuit ? Je regardai Bruno et il me murmura sa réponse.

« C'est un gang. »

Il se leva pour aller à leur rencontre et les introduisit dans la chambre du patient qu'ils étaient venus voir. « Venez par ici, Messieurs », dit-il poliment, comme aurait agi le maître d'hôtel d'un établissement sélect en menant des consommateurs à la table qui leur était réservée. Je me demandais ce qui allait se passer car il s'agissait du patient de Pamela et, normalement, elle ne tolérait aucun visiteur à l'improviste.

« Est-ce que je l'avertis pour qu'elle ne les jette pas dehors ? dit-il avec un petit rire nerveux. Il pourrait y avoir des répercussions. Ils pourraient lui faire une offre... »

« ...qu'elle ne pourrait pas refuser ! Oui, il vaut mieux », conseillai-je.

Mais il était trop tard au moment où ils atteignirent, dans le hall, le bureau de Pamela.

« Désolée, Messieurs, les heures de visite sont terminées depuis longtemps, l'entendis-je dire. Revenez dans la matinée. Nos patients doivent dormir. La prochaine fois, prenez d'abord contact par l'intercom depuis la salle d'attente pour savoir si les visites sont autorisées à ce moment. »

Je ne pus entendre leur réponse, mais Bruno qui se tenait derrière la porte, hors de leur champ de vision, fit le geste « pow, pow », les doigts en forme d'un pistolet. Pamela ne comprit pas l'allusion. Fugitivement, je me demandai comment on pourrait mimer un cheval ensanglanté dans un lit.

« Êtes-vous de la famille ou des amis ? Vos noms ont-ils été enregistrés ? Je ne donne des informations sur les patients qu'aux familles. Ah ! vous êtes de la famille ? Ahhh... je vois. Elle dut apercevoir le signe de Bruno. Dans ce cas, prenez ces chaises. Asseyez-vous. Restez aussi longtemps qu'il vous plaira. »

Il fallait la mafia pour dompter Pamela.

Environ un mois ou deux plus tard, un grand jeune homme portant un carton d'artiste et une petite femme en shorts de cycliste se présentèrent devant le portier du pavillon. J'entendis prononcer mon nom au haut-parleur, me demandant de venir au poste des infirmières. J'avais une visite.

« Est-ce que vous vous souvenez de moi ? » Le jeune homme souriait. Je ne le reconnaissais pas, mais je savais que je le connaissais.

« C'est Jeremy », dit-il.

« Jeremy ! »

« Oui, c'est moi ! » Il m'adressa un sourire épanoui et se redressa pour témoigner de notre réalisation, sa santé. « Regardez, je respire ! » Il aspira une profonde bouffée d'air pour le prouver. « Sylvie est ici aussi, bien sûr. » Et il lui passa le bras autour de la taille.

Il étaient ici à deux, et pourtant j'avais la sensation étrange de la présence de quatre personnes. Les deux vies qui avaient été perdues et le don suprême qu'elles avaient fait pour que ces deux jeunes puissent respirer. Ils étaient ici aujourd'hui, membres de ce club très fermé, une fraternité de greffés pulmonaires, cimentée par la rare expérience qu'ils partageaient.

Jeremy était retourné à l'école des arts graphiques et Sylvie avait recommencé à vivre sa vie, quoi qu'elle choisisse.

« Quels sont vos souvenirs de votre passage à l'USI, Jeremy ? »

« Pour être franc, j'ai essayé de les éliminer. Je revois tous ces autres patients étendus dans les lits et raccordés aux machines et je pense : j'étais tout comme vous, mais j'en suis sorti. Pourtant, ça ne me rend pas orgueilleux parce que je sais que certains de ces types n'en sortiront pas. »

« Mais avez-vous quelques souvenirs particuliers ? » demandai-je. Souffriez-vous ? Est-ce que nous nous sommes efforcés de vous donner du confort ? »

« Je ne souffrais pas, mais j'avais des cauchemars. Voir, en rêve, par exemple, les médecins et les infirmières comme des nazis, faisant des expériences sur moi. Je sais que ce n'est pas vrai, mais l'esprit est trompeur. Oh! je sais. Je rêvais que certains joueurs de hockey étaient venus me voir.»

«Ce fut en réalité le cas, Jeremy. Mats Sundin et Tie Domi, des Leafs, sont venus vous voir. Vous aviez dû être trop endormi pour vous en souvenir.»

«Ça alors! Maintenant que je le sais, j'en suis heureux. Non, je ne me rappelle pas grand chose de leur visite, je crois que ma mère m'en a parlé. Mais je me souviens de vous.»

«Comment vous rappelez-vous de moi? Tant d'infirmières se sont occupé de vous.»

«Vous vous êtes occupé de moi immédiatement après le transplant, lorsque je suis revenu de la salle d'opération et vous sembliez savoir exactement ce que je pensais. C'était comme si vous étiez tout le temps vraiment à l'intérieur de ma tête. Vous saviez que je souhaitais voir mes parents tout de suite, et puis, la chose importante que je souhaitais ensuite était de me débarrasser de ce tube respiratoire. Vous avez été avec moi à chaque étape du chemin. Vous avez été moi avant que je puisse être à nouveau moi-même.»

«C'est mieux qu'un beignet», dit Laura en passant et en se servant dans la boîte sur le comptoir de la salle des infirmières.

«Je suis d'accord.»

Jeremy sourit et je le regardai respirer.

«Le plus souvent inconscient tandis que j'étais si bien soigné par vous, je me souviens parfaitement des voix douces, rassurantes qui me réconfortaient dans l'espace avoisinant. Avec ma gratitude.»

Chapitre 9

INTENDANCE CÉLESTE

Rosemary, notre infirmière gestionnaire, avait une politique ferme. Elle insistait pour que chacune d'entre nous assume, à tour de rôle, la charge de l'USI. À la fin de ma première année de travail dans cette Unité, ce fut mon tour. Bien que j'aie hésité à accepter ce rôle, j'en arrivai à apprécier le défi qu'il proposait. Ce léger retrait du lit des malades m'a aidé à comprendre certains des problèmes essentiels rencontrés dans un hôpital et dans le système des soins de santé.

« Dure journée ? » demandai-je à Casey, qui avait été en charge de l'équipe de jour, tandis que je reprenais, pour la première fois, ce même rôle pour l'équipe de nuit.

« Ni trop dure, ni trop calme. Simplement normale, mais je suis épuisée. Prends une chaise, je vais te faire mon rapport. Tout d'abord, il y a un donneur possible, coma dépassé. C'est Stuart Bradshaw, un gars de vingt-sept ans qui a été jeté à terre et piétiné par son cheval dans une compétition de jumping et qui souffre de nombreuses blessures à la tête. Les médecins sont là actuellement pour vérifier la mort cérébrale. À côté de lui se trouve Nadia Kholodenko, vingt-cinq ans, elle souffre d'une polydipsie psychogénique. Tu te souviens de ce que c'est ? » Elle regarda mon visage. Je devais avoir une sorte d'expression sans âme. « C'est l'empoisonnement par l'eau. Elle est soignée au plan psychique et des voix sataniques lui ont dit de boire d'un trait environ six litres d'eau. Elle a bousillé son équilibre électrolytique. Son taux de sodium est seulement de 115 ! J'avais envie de répandre sur elle tout le sel de table dont je disposais ! Ensuite se trouve Mme Derczanski, qui souffre de complications et n'est pas bien du tout. Tu devras prendre des dispositions pour qu'elle soit conduite en consultation chez un neurochirurgien. Dans la chambre voisine se trouve M. Joe Binder, un homme de trente-cinq ans qui pèse cent quatre-vingt-deux kilos et qui a un passé d'alcoolique et de drogué. Il a été admis pour ketoacidose diabétique et des douleurs abdominales. Il nous a été adressé par la prison – il avait agressé sa mère. Il souffre aussi d'un grave problème rénal et est en dialyse. Il a souffert d'une obstruction intestinale perforée et a été aujourd'hui sur la table d'opération pendant huit heures, il vient de subir une colostomie. Peter Hollander, quarante-six ans, a été opéré il y a quatre jours d'un anévrisme de l'aorte. Il ne va pas très bien. Ses données médicales sont bonnes, mais il a mauvaise mine. On pourra inscrire sur sa tombe : "Cet homme avait d'excellentes caractéristiques médicales". Sarah Mitchell, trente-trois ans, précédemment en bonne santé, a fait une crise aiguë du foie après une semaine de symptômes grippaux, son niveau de conscience est faible, le niveau des enzymes hépatiques croît, elle est en attente d'un foie disponible. Si nous ne réussissons pas à guérir une jeune personne comme elle, qui avait manifestement une santé robuste, qui pourrions-nous sauver ? Nous avons ensuite un touriste grec, cinquante-deux ans, Elias Roussos, en visite au Canada chez son amie, qui souffre d'un grave infarctus du myocarde. Il est arrivé avec des symptômes d'essoufflement, mais aucun signe de nausées ou de vomissement. Il était positif au VIH, au HIT et au CMV. Oh! et encore au PCP par-dessus le marché. Aucun OHIP, bien sûr. C'est un extra! Nous payons pour ça!»

«Il bénéficie de toutes les lettres de l'alphabet», remarquai-je.

«Et comment! De toutes manières, nous devons l'isoler aujourd'hui à cause du SARM (staphylocoque aureus résistant à la Méthicilline) – comme on sait, c'est l'une de ces super-infections qui résistent à la plupart des antibiotiques – en outre, il abrite une nouvelle bestiole, le *Cryptococcus malformans*! Voyons comment les autres passagers – je veux dire les autres *patients* – se comportent...»

Casey avait précédemment travaillé comme hôtesse de l'air pour Air Canada, quand elle était jeune, mince et jolie, comme elle disait elle-même, et je me suis toujours demandé si ces épithètes étaient ironiques ou non.

«OK, qui d'autre avons-nous encore reçu à bord aujourd'hui? M. Dwayne Pickup – oui, c'est bien son nom, qu'on le croie ou pas – qui a contracté une cellulite gangreneuse, qui progresse le long de sa jambe. Le mal, partant d'un ongle incarné du pied qui s'est infecté, a progressé en moins de vingt-quatre heures le long de la jambe, puis dans son scrotum et ses cuisses. Il a passé toute la journée dans la salle d'opération pour débridement. Vous auriez dû le voir – c'était en soi une leçon complète d'anatomie. Mon mari a travaillé dans un entrepôt à fourrures; la jambe du patient lui rappelait l'un de ces animaux écorchés. Il a bénéficié d'un énorme pansement. Deux infirmières ont passé plus d'une heure pour réussir cette œuvre d'art. Le patient est en état de choc septique et très instable. Ensuite il y a... »

Une imposante dame nous dévisageait à travers d'énormes lunettes à montures d'écaille brillante. « Mon mari, le Dr Laurence, devrait voir le docteur de toute urgence. »

Casey soupira. « Est-ce vraiment urgent, Mme Laurence ? »

« Il tousse. »

Elle nous dévisageait l'une après l'autre, essayant de deviner laquelle d'entre nous pourrait lui être réellement utile. C'était jouer à pile ou face : j'étais prête à répondre, mais Casey se leva.

« Oui, c'est urgent », dit-elle à Casey, qu'elle avait côtoyée toute la journée, plutôt qu'à moi, car je lui étais moins familière.

« C'est quelque chose qu'une infirmière peut faire, dit Casey. Je suis en train de faire rapport à Tilda. C'est elle qui est en charge ce soir. »

« Je dois parler à un médecin, à un médecin responsable. »

« As-tu remarqué qu'il ne servait jamais à rien de dire aux familles qu'il y a dix-neuf autres patients, la plupart beaucoup moins bien que celui qu'ils voudraient favoriser ? me dit tranquillement Casey. Ils ne s'intéressent qu'à ceux qu'ils aiment, bien sûr mais, pour nous, le détachement peut être une bonne chose dans ce cas. »

Elle se tourna à nouveau vers l'épouse du patient. « Madame Laurence, croyez-moi, s'il y avait urgence, le docteur serait présent, immédiatement. »

Mme Laurence se retira avec raideur, insatisfaite.

« N'étaient-ce pas les médecins et leurs familles les pires patients ? Ils espéraient toujours un traitement de faveur. Mme Laurence a passé un savon à Belinda, qui était son infirmière pour la journée, à propos d'une vétille et la mit en larmes. Je bouillais intérieurement et le lui dis. Je menaçai d'appeler la Sécurité et de la faire escorter hors de l'hôpital si elle s'adressait encore à l'une des infirmières de cette façon! Imaginez! Bon! Où en étions-nous? Mme Wei Chong, soixante-dix-neuf ans, qui souffre de toute une série de maladies graves, maladie rénale, maladie coronarienne et démence. Elle ne connait pas un mot d'anglais. Imagine donc, elle ne dit même pas un mot, puisqu'elle est inconsciente. La famille est rassemblée à son chevet. Ce sera sans doute toute une nuit de veille, j'en étais sûre. Quelqu'un devrait leur parler et leur faire comprendre la réalité. »

« Quelle réalité mourante! »

« On sait combien les familles chinoises acceptent difficilement la mort. Pang-Mei était de service aujourd'hui et elle m'a expliqué pourquoi. Les Chinois sont terrifiés par leurs ancêtres, et ils ne souhaitent pas voir de fantômes sortir des tombes pour les accuser de les avoir expédiés trop tôt dans l'au-delà. De toute façon, Mme Chong est arrivée souffrant du syndrome de stagnation pondéro-staturale. Elle vivait seule et avait cessé de s'alimenter et de boire et la famille a décidé de nous l'amener. Elle a été examinée sous toutes les coutures, ponctionnée, tâtée, scrutée, testée et divers prélèvements ont été mis en culture sans le moindre résultat positif. Sa fille l'a gavée de soupes. La première chose qu'elle fit fut d'arracher son tube endotrachéal et ses intraveineuses. Nous avons dû les réinstaller et lui lier les bras. Cesseront-ils jamais de penser que, peut-être, elle essaie de nous dire quelque chose? Oh! et le dernier de tout, vous avez rencontré l'épouse – je crois que c'est l'ex-épouse – de M. Laurence, pardon, du Dr Laurence. Elle a insisté pour que j'inscrive “Dr” devant le nom. Imaginez! »

« De quoi souffre-t-il ? »

« Maladie pulmonaire chronique. Crise cardiaque congestive et cancer de la prostate, mais il va bien, du moins pour l'instant. Les gaz sanguins sont acidosiques et il est donc ici en observation. C'est un récidiviste. »

« Quoi ? »

« Il a déjà été admis ici à plusieurs reprises. Jetez un coup d'œil à son long passé hospitalier. De toute façon, il va bien maintenant. Si vous avez besoin du lit pour une admission, le Dr Laurence est celui qu'il faudra transférer parce que, croyez-le ou non, c'est lui le plus stable d'entre nos malades ici, ce soir. Mais je suis certaine que la famille fera un esclandre dans ce cas. Bonne chance ! Rappelle-toi simplement ce que Rosemary a dit : “Vous n'êtes pas ici pour gagner un concours de popularité. Vous êtes ici pour faire ce qui est à conseiller pour les patients.” Oh ! Il y a deux “Code bleu” venant des étages. L'arrêt cardiaque n'a pas survécu – je me demande d'ailleurs où nous aurions pu l'installer. Nous n'avons tout simplement ni un lit, ni une infirmière disponibles. L'autre “Code bleu”, un arrêt respiratoire, s'en est sorti et dépend de nous, mais nous n'avons plus aucun lit disponible, il est donc logé à l'Unité de soins cardio-vasculaires. Attends-toi, le matin, à voir surgir le patron de la chirurgie cardio-vasculaire, rugissant comme un lion, en disant qu'il a besoin de ce lit pour ses propres patients de chirurgie cardiaque. Comme tu peux le voir, la journée a été chargée, mais espérons que tu auras la chance d'une nuit calme. Oh ! à l'occasion, cherche à savoir qui a affiché ces citations religieuses dans tous les coins. » Elle désigna un collant appliqué sur le réfrigérateur de la salle des médecins.

« Ceux qui espèrent dans le Seigneur verront leurs forces renouvelées.

Ils s'élanceront sur des ailes comme des aigles

Ils courront sans s'épuiser.

Ils marcheront sans défaillir.

Isaïe 40 : 31 »

« Probablement l'une des infirmières zélatrice de la bible, dit Casey. Eh bien ! bonne chance. À demain matin, bonne nuit, baby. »

Mme Laurence me regarda par-dessus le comptoir en pressant les doigts sur ses tempes.

« Auriez-vous deux Tylenol ? »

« Est-ce pour votre mari ? »

« Non, c'est pour moi. J'ai mal à la tête, mais mon mari est un médecin. »

« Je regrette, mais je ne puis vous donner de médicaments. Il y a une pharmacie… »

« Je la payerai, voulez-vous bien m'en donner une », dit-elle aigrement.

« Je ne le puis, je ne connais ni vous, ni votre passé médical », dis-je.

« Je n'aime pas cette infirmière, l'entendis-je dire à un autre visiteur. Elle aura des ennuis. »

L'une des principales missions, lorsque vous étiez responsable de l'Unité de soins intensifs, était de recevoir les appels téléphoniques et les appels par téléavertisseurs, les fax ainsi que les sonneries des patients. Pendant tout ce temps, vous jouiez un grand jeu d'échecs, déplaçant toutes les pièces de-ci, de-là – et vous deviez savoir dans quelle direction chacune devait aller

– et, en même temps, vous prévoyiez vos prochaines interventions et prépariez en esprit vos futures actions et les scénarios probables. Pour réussir une telle mission, tout résidait dans la stratégie. Mais l'intuition aidait aussi beaucoup. Il y avait vingt patients, vingt lits et, nous l'espérions, un nombre suffisant d'infirmières.

Dans l'état actuel des choses, il y avait suffisamment de personnel pour le lendemain, sauf si l'un ou l'autre se déclarait malade. Mais à peine quelques minutes avant le changement de personnel, le planton de service m'annonça que Nell Mason venait précisément d'appeler pour se déclarer malade.

« Quelle surprise ! » s'exclama Laura, dont le bureau était voisin de la salle des infirmières. Roulant des yeux, elle demanda : « Quelle est son excuse, cette fois ? Le scorbut ? La peste bubonique ? A-t-elle dit que sa mère venait de mourir ? Dans ce cas, il faudrait t'assurer que ce n'est pas la même mère que celle qui est décédée l'an passé ! »

« Laura », dis-je d'un ton destiné à lui rappeler que nous savions que Nell avait de graves problèmes.

Il y avait moins d'une heure que cette équipe avait pris le relais quand les haut-parleurs annoncèrent « Code bleu, Code bleu. »

« Ça s'appelle le syndrome du changement d'équipe, dit Laura. Une infirmière faisant une ronde du soir a trouvé un corps froid dans le lit. »

J'allai immédiatement préparer la chambre que le donneur d'organes venait de quitter, celui-ci étant maintenant en salle d'opération. Tout devait être prêt au cas où un patient victime d'un arrêt cardiaque serait amené à l'USI.

« Voudriez-vous demander au service d'entretien de venir préparer cette chambre », dis-je à la préposée.

« Laura les a déjà appelés pour vous », répondit-elle et elle reprit sa conversation téléphonique privée.

« Allons-y, dit Mike, le résident de service pour cette nuit. Il pourrait y avoir du travail pour nous. Allons voir. »

C'était notre dernier lit disponible et, aucune d'entre nous ne l'aurait avoué, bien sûr, mais c'était le seul endroit où nous pouvions faire un petit somme.

La salle de l'étage était pleine de monde, avec des médecins, des infirmières et des spécialistes de la fonction respiratoire qui s'efforçaient de sauver une vie. Une infirmière était perchée sur le lit, exerçant des pressions apparemment athlétiques sur la poitrine du patient, et je pouvais entendre les crissements inévitables des côtes à chacune des compressions. Un large tube de plastique avait été inséré dans la bouche du patient et je notai, par le soulèvement et l'affaissement du thorax, qu'il plongeait jusqu'aux poumons, comme il se devait. Une infirmière venait d'installer une grande aiguille intraveineuse dans l'un des bras et une autre injectait un médicament dans une intraveineuse déjà en place dans une veine du bras, au bord du lit. Une troisième infirmière enregistrait tous les signes apparents. Elle avait rempli toute la page prévue à cet effet et poursuivait son griffonnage sur du papier de toilette.

Une infirmière s'avança pour me faire rapport. « M. Lilly est un gentleman de 104 ans, qui était en bonne santé et vivait seul chez lui. Il a eu une pneumonie, et a fait un arrêt respiratoire et ensuite un arrêt cardiaque. »

« Vous ai-je bien compris ? »

« Je sais. Elle sourit. Il a l'air tellement bien, n'est-ce pas ? Il vient en effet d'avoir cent quatre ans. »

Mike me dit : « On a réussi à le stabiliser, mais il doit de toute évidence être admis à l'Unité de soins intensifs. Avons-nous une infirmière et un lit disponibles ? »

« Savez-vous que ce patient a cent quatre ans ? » demandai-je.

« Eh bien ! Il est en très bonne forme pour son âge. »

« Plus maintenant. Croyez-vous que c'était une bonne idée de l'amener à l'USI ? »

« Qu'auriez-vous suggéré que nous fassions de lui ? »

« Nous débarrasser de tout cet équipement, lui administrer un peu de morphine s'il manifestait des signes de détresse, l'entourer et lui tenir la main. Le bon sens nous dit que cet événement indique la fin de sa vie. Il a vécu jusqu'à un âge avancé avec dignité et vous savez ce que nous lui imposerions à l'USI. Croyez-vous que nous lui donnerions ainsi plus de temps ? Et quel en serait le prix pour lui ? »

« Mais récemment encore, il était bien et il vivait seul. Croyez-vous que nous devions simplement l'abandonner parce qu'il est âgé ? Une telle façon de faire pourrait s'appeler de l'âgisme. »

« Je demande simplement : devons-nous faire tout cela ? A-t-il laissé des directives ? Nous ne pouvons ressusciter par défaut, n'est-ce pas ? N'oubliez pas, Mike, c'est notre dernier lit. Qui voudra un lit à l'USI sera obligé de chercher ailleurs. »

« Ne tentons pas Dieu, dit-il. Il y a des options qui sont bien au-delà de notre contrôle. »

« Mais chaque option a un impact sur les choix suivants et toute option que nous prenons affecte la vie de plusieurs personnes. Même ne pas choisir revient à faire un choix. »

Ce n'était certainement pas le moment d'avoir ce genre de conversation concernant la vie d'une personne totalement étrangère, pourtant c'était bien ce que nous faisions.

Mike parcourut le document et décida de consulter le médecin de l'équipe. Lorsqu'il revint, il dit, « On ne connaît rien de ce qu'il souhaite. Nous devons imaginer. D'autre part, nous avons déjà démarré des tas de choses, nous ne pouvons tout arrêter maintenant. »

« Allez-vous le prendre ? »

Le monde avait maintenant quitté la chambre et je pouvais m'approcher maintenant. Le visage du vieil homme grimaçait et sa peau parcheminée et ridée luttait contre le tube respiratoire, comme un cheval regimbe contre le frein. « Peut-il au moins avoir un calmant ? » demandai-je.

« Un calmant ferait baisser sa tension qui est déjà trop faible. »

Je vérifiai moi-même et j'entendis la systolique oscillant aux environs de 80.

« Nous devons le prendre, dit Mike. Vous avez raison, mais nous n'avons pas le choix. »

« Que sait-on de sa famille ? Où sont-ils ? » Soudain, j'aurais voulu éviter à cet homme l'indignité de l'USI.

« Il n'a personne. Il a survécu à tous. Il avait un fils qui est mort et il a une fille de soixante-dix ans qui est dans une institution. Elle souffre de la maladie d'Alzheimer. Il a aussi une nièce en Angleterre, mais il ne l'a plus vue depuis des années. J'ai parlé à son médecin de famille, et celui-ci m'a dit qu'il n'avait jamais soulevé ces questions avec lui. Peut-être pensez-vous que ces sujets ont été discutés lorsqu'il a atteint ses quatre-vingt-dix ans. Il avait une amie, mais malheureusement... »

« Une amie ? »

« C'est possible. La sexualité des hommes peut s'étendre bien au-delà de... »

« Je ne dis pas... »

« Mais cette amie est morte il y a quelques semaines. »

« Oh ! Je serrai les dents et insistai sur ma campagne. Qu'arrive-t-il s'il fait un arrêt à l'Unité ? Qu'allons-nous faire alors ? »

« Faites ce que vous croyez devoir faire. Parlez-m'en ensuite. »

J'avais horreur de la lâcheté et de la ruse de cette phrase. Je l'avais vécue plusieurs fois déjà.

« Dans ce cas, cet exercice n'est rien d'autre qu'une protection pour... » Je m'interrompis parce qu'une infirmière me tendait un sac de plastique contenant les effets personnels de M. Lilly et Mike et moi, nous nous sommes mis à pousser le lit, très lourd, à travers le hall.

J'étais toujours émue lorsque je voyais les objets personnels que les patients amenaient à l'hôpital. Ils avaient un ferme espoir de pouvoir en reprendre bientôt l'usage. Je voyais ces objets comme des souvenirs d'un pays vers lequel ils pourraient peut-être retourner. Au cours des années, j'ai vu des pantoufles de peluche rose, une jaquette Nascar de course déclassée, un paquet de condoms, des tickets de métro, un journal intime de trois cents pages dont seules les quelques premières pages avaient été écrites, une barre de chocolat grignotée, un rouleau de dessins d'enfant : « Bon papa, guéris vite. Je t'aime. Lulu. »

Le sac de M. Lilly contenait les articles suivants : un étui en plastique contenant de fausses dents baignant dans un liquide bleu, une paire de lunettes de lecture, un rosaire, une robe de chambre de flanelle, l'édition de la veille du *Globe and Mail* et une carte souhaitant un heureux centième anniversaire, signée « Ta chérie. »

« Je croyais que tu m'avais dit qu'il avait 104 ans », remarqua le résident, dans l'ascenseur.

« J'imagine que la demande pour des cartes souhaitant un cent quatrième anniversaire est plutôt faible », répondis-je sèchement.

En rentrant à l'Unité, je confiai la charge de M. Lilly à Nicole, qui venait d'être libérée du patient dans un coma dépassé. Lorsque je lui racontai l'histoire, son visage refléta la même consternation que celle que j'avais ressentie.

« Je sais que nous ne devrions pas avoir d'opinion au sujet de telles situations, dit-elle, mais ce n'est pas possible. Elle lui prit la main. Elle est si froide et si mince. On dirait qu'elle va se briser. »

Mike s'approcha de l'endroit où j'étais assise dans la loge des infirmières, préparant la liste des responsables pour le lendemain.

« Je meurs de faim, dit-il. Y aurait-il quelque chose à se mettre sous la dent dans les environs ? »

« Il y a un sandwich au thon dans le garde-manger. Il appartenait à Mme Daley. »

« Peut-être le voudra-t-elle. »

« C'est elle qui est décédée cet après-midi. »

Il se passa la main dans ses cheveux. « Misère, je suis fourbu. Mon amie – elle est aussi résidente – prétend que nos emplois constituent une forme de limitation des naissances. » Il était en train d'étudier les dossiers des patients.

« Hé ! quelle est la dose normale de Céfotaxime ? Est-ce un gramme quatre fois ou seulement trois fois par jour ? » demanda-t-il.

Qu'arrive-t-il si je lui réponds et que je me trompe ?

« Je ne m'en souviens pas », dis-je.

« Quoi qu'il en soit... », maugréa-t-il et il inscrivit quelque chose sur le tableau.

« As-tu choisi ta spécialité ? »

« Radiologie ou pathologie, très probablement. Quelque chose où il n'y a pas trop de contacts avec les patients et qui procure un train de vie très décent. N'est-ce pas marrant qu'au début, c'est le contact avec le patient que vous croyez rechercher et qu'ensuite tout cela change ? »

Je le regardai et il sut que mon estime pour lui avait diminué.

« Je sais que cela semble étrange, et que vous vous posez des questions, comme tout d'abord : pourquoi a-t-il choisi la médecine ? Il n'y a que cette partie que je trouve pénible, traiter avec les patients. J'aime tout le reste. »

Il voulait dire la science, les énigmes, les problèmes et les maths. Les choses que l'on peut contrôler, mesurer, comprendre ou réparer.

« Je suis trop fatigué pour penser à un diagnostic différentiel. » Il posa la tête sur le pupitre.

« Elle fait peut-être une pancréatite. Pensez-vous que nous devrions faire un examen par ultrasons ? Un examen du sang ? »

« Peut-être. »

Il était vingt-trois heures et, dans l'état actuel des choses, notre équipe était suffisante pour la matinée, pourvu que nous n'ayons plus d'admissions et qu'aucun membre du personnel ne se déclare malade. En faisant ma ronde de chambre en chambre, je trouvai des bandelettes de ruban adhésif appliquées sur les murs et les tablettes et portant des messages. Une bandelette collée sur la machine à glacons disait :

« Supportez-vous les uns les autres, quels que soient les griefs que vous puissiez avoir les uns contre les autres. Pardonnez comme le Seigneur vous a pardonné. Colossiens 3 : 13 »

Qui collait ces messages? Mais, de toute façon, ils ne faisaient aucun mal.

« Où est l'assistante-infirmière? » demandai-je au garçon de salle, qui était couché sur le téléphone dans la salle des infirmières, en train de bavarder à voix basse avec sa petite amie. (Laura prétendait qu'elle les avait entendus un jour se livrer ainsi à un jeu sexuel.) Voudriez-vous appeler l'assistante. Nous avons besoin d'aide pour retourner un patient de deux cents kilos. »

« Elle se repose dans le salon. Il me fait signe d'attendre, puis mit la main en cornet pour chuchoter. Hé! Trev, je te rappelle tout de suite. »

« L'assistante-infirmière dort? Elle vient tout juste d'arriver! »

« Elle a eu une longue nuit, la nuit précédente. Elle est encore en train de récupérer. Ce fut dur. Elle m'a demandé de vous dire de la réveiller dans environ une heure. »

« Que me recommandez-vous d'utiliser pour ça? De la dynamite? » Le garçon de salle gloussa. « Cette fille est une fameuse dormeuse. »

« Où est Rodney? » demandai-je sans enthousiasme. La vue de Rodney, l'autre assistant, semait l'effroi, particulièrement la nuit, avec sa tête rasée, ses bottes Doc Marten et son foulard rouge de propreté douteuse noué autour du cou. Mais ses bras avaient des muscles puissants sans lesquels Emily, l'infirmière responsable de ce patient, n'aurait pas été capable de repositionner celui-ci dans le lit ni de l'arranger confortablement.

« Comment vas-tu, mec? » demanda Emily à son patient, M. Binder.

Il lui était impossible de répondre à cause du tube qui lui plongeait dans la gorge, mais il fit un signe de connivence.

« Nous allons geler cette nuit, mec, dit-elle en lui ébouriffant les cheveux et en lui souriant. Rod est ici maintenant et nous allons vous tourner et vous frictionner le dos. Cela vous plaît-il ? Que pensez-vous d'une petite musique ? » Elle trouva à la radio une station de rock et claqua des doigts en mesure.

Comme c'était apaisant d'entendre son ton familier et son accent des faubourgs !

Son patient fit un signe de tête. Ses yeux étaient grands ouverts. Il devait être surpris du respect qu'Emily lui témoignait. De combien de gentillesses ce sans-abri maltraité et violent, héroïnomane, paranoïaque et schizophrène, avait-il été l'objet dans sa vie ?

Georgina, responsable de l'équipe des infirmières, me dit que l'hôpital venait de recevoir des menaces d'attentat à la bombe.

« Mince, devons-nous évacuer ? demandai-je. Ce serait mon premier attentat ! »

« Non, non, ne t'inquiètes pas ! dit-elle. Vérifie simplement qu'il n'y ait aucun colis suspect dans ton secteur. »

Elle pouffa de rire. Georgina était une femme déjà âgée, originaire de Bombay, qui avait été admise à la retraite il y a quelques années mais qui depuis avait été promue au rôle de chef d'équipe. (Nous nous sommes souvent demandé pourquoi elle ne se souciait pas d'épiler son unique sourcil noir pour diviser la ligne, au-dessus de ses yeux, en deux arches séparées, mais ce n'était ni ici, ni là.)

Morty roula des yeux. « Nous sommes tellement occupées à prendre soin des patients. Comment pouvez-vous imaginer que nous puissions, en plus, chercher à détecter une bombe ? »

« Je n'en ai aucune idée, ma fille ! » répondit-elle avec un joyeux mouvement de la tête.

« Eh bien ! ça fait ton affaire, Georgina, dit Morty. Si tu admets que, *toi*, tu ne sais pas, comment peux-tu espérer que, de notre côté, nous sachions ? »

« Oui, en effet », dit-elle comme un écho.

« Tout le reste est en ordre, Georgina ? » demandai-je.

« Merci de me le rappeler, ma fille. Une famille n'arrête pas d'appeler l'hôpital. Leur père est mort ici et ils ne trouvent plus ni ses lunettes, ni ses dents, ni son portefeuille. Ne les aurais-tu pas vus dans les environs ? »

« Je n'en sais rien. Son portefeuille, je peux comprendre, mais qu'auraient-ils pu faire de ses lunettes et de ses dents ? »

« Sais-tu ce que ma grand-mère aurait dit à ce propos ? » demanda Laura qui poursuivit : « les linceuls n'ont pas de poches. »

Nous n'avions pas pu trouver ces objets, mais au moment de quitter, Morty appela.

« Georgina, j'ai trouvé ceci. Je crois que c'est pour toi. »

Elle lui tendit une petite boîte qu'elle avait façonnée dans du carton. À l'intérieur se trouvait un petit bout de papier sur lequel était écrit : « KA-BOUM ! »

« Oh vous, les filles ! Très amusant ! »

J'informai le résident au sujet de la menace de bombe. « Je ne perdrai pas le sommeil à cause de cela, dit-il, maussade, en tout premier lieu parce que, de toute façon, je n'aurai même pas l'occasion de dormir. »

« Écoute, nous devons transférer Mme Melissa Derczanski. »

« Rappelle-moi encore son nom... »

« C'est une des patientes de Laura. C'est cette personne de soixante-huit ans qui devrait subir une neurochirurgie qui ne se pratique que dans un autre hôpital. » Je ne pouvais m'empêcher d'utiliser le terme avec une pointe de répugnance. « Elle est venue ici pour une chirurgie vasculaire et a fait des complications. Elle doit maintenant subir une neurochirurgie qui ne se pratique actuellement que là-bas. »

« On devrait avertir les patients qu'il n'est pas permis d'avoir deux problèmes à la fois », dit Laura, qui écoutait.

« Les chirurgiens l'attendent, mais les ambulanciers paramédicaux ne sont pas venus la chercher pour la transférer là-bas », expliquai-je.

Laura avait une nouvelle remarque. « Voici la preuve que nous, les baby boomers, devenons vieux. Le prénom de ma patiente de soixante-trois ans est Melissa. Un jour, les patients âgés porteront des noms comme grand-maman Tiffany, grand-père Jason. Écoutez, l'état de Mme Derczanski se détériore rapidement. Elle devrait voir un chirurgien du cerveau. »

« J'ai parlé à l'équipe de transfert, mais ils demandent encore au moins une heure de patience, leur dis-je. Ils étaient en route pour venir ici lorsqu'ils ont reçu un nouvel appel – des jeunes qui avaient pris une surdose d'Ecstasy. Je vais appeler le répartiteur et lui dire que le cas de Mme Derczanski est devenu urgent. »

J'en revins à M. Lilly, dans la salle de Nicole.

« Que pouvons-nous faire ? » nous interrogions-nous des yeux.

« C'est si triste, dit Nicole, ce que nous faisons aux personnes âgées de notre société. Elle secoue la tête. Regarde comme ses cheveux et ses ongles sont soignés et comme son chapelet est usé. »

Je savais que le sien l'était aussi. Elle avait placé ce chapelet dans sa main ; dans une veine bleue de cette main, une aiguille avait été insérée pour l'injection d'une solution saline. Je restai à observer les gouttes qui, une à une, tombaient comme le sable dans un sablier.

« Je lui ai donné à peine 2 milligrammes de morphine, parce qu'il luttait contre l'intubation. Mike va lui installer un cathéter artériel. » Elle haussa les épaules, essayant de se détacher de ce qu'elle faisait. Elle remplit un bassin d'eau tiède savonneuse et donna à son patient un bain d'éponge, centimètre par centimètre, veillant à le couvrir de tas de serviettes. Je lui donnai un coup de main pour quelques minutes.

Tous les autres semblaient tranquilles.

Hors de son local, Pamela lisait un magazine. Son patient, sous sédation, inconscient, était stable et tranquille. Elle était arrivée avant l'heure normale pour demander à soigner ce patient particulier. Elle avait dit qu'elle était fatiguée, souffrait de migraine et qu'elle terminait une grippe et souffrait en même temps du syndrome prémenstruel.

« Cette fille est une tire-au-flanc. Elle n'a pas quitté une seule fois sa chaise de toute la nuit, me dit Laura. Je vais dessiner un trait de craie autour de son patient pour lui prouver le matin qu'elle n'a pas bougé de toute la nuit. »

« Regardez, dit Laura qui avait coincé Mike et poursuivait ses récriminations, vous devriez prendre une initiative, appeler David Bristol chez lui, faire tout ce qu'il faut, mais surtout conduire ma patiente chez le neurochirurgien à la Western. Sa faiblesse neurologique empire d'heure en heure. Elle peut à peine mouvoir le côté gauche. S'ils ne sont pas venus dans une heure, il ne sera plus nécessaire qu'ils viennent. Elle sera alors totalement paralysée. Parce que je n'aurai pu la transporter ainsi sur mon dos ou la mettre dans un taxi... »

« OK, OK, j'ai reçu le message », dit le résident.

« Je vais appeler le Dr Bristol chez lui », dis-je.

« Formidable, tu as du cran », dit Nicole, qui me rejoignit au bureau des infirmières pour plonger dans le sachet de croustilles, crème sure et oignons, que nous partagions au cours de la nuit.

« Il vous dira de vous faire une idée vous-même. »

« Il doit être informé de ce qui se passe. »

« Tu es un drôle de pistolet, Tilda », dit Frances, en m'adressant un sourire. Elle observait tout cela de sa chambre.

« Croirais-tu que nous l'avons élevée depuis qu'elle était un bébé ? » remarqua Laura.

« Oui et vois quel monstre nous avons créé », dit fièrement Frances.

« Une vipère », rétorqua Laura, ce qui, venant d'elle, constituait un fameux compliment.

« Le patient de Corinne est mourant », me dit Laura. Laura aurait pu être la responsable ; elle savait tout ce qui se passait. « Corinne est toute nouvelle, je vais aller lui donner un coup de main. » Lorsque votre patient meurt, il faut rapidement appeler le service d'entretien pour faire nettoyer la chambre afin qu'elle soit prête en cas de nouvelle admission.

« N'écoute pas ce gendarme », me cria Frances. Agis comme tu l'entends. »

« Tu dois préparer le lit pour le cas où quelqu'un en aurait besoin, dit Laura. Ils veulent tous arriver ce soir ! » Elle désigna la seule fenêtre, hermétiquement close, et hurla vers elle comme un loup-garou. « Tu vois ? C'est la pleine lune. »

« Je sais, dis-je, en pensant à haute voix. Actuellement, l'Unité de soins intensifs fonctionne à pleine capacité. Nous devrons renvoyer un patient si nous voulons en admettre un autre, arrêt cardiaque ou autre urgence. Ce devra être le Dr Laurence, parce que c'est lui le plus stable. Je devrais avertir Valerie de se tenir prête.» Valerie était l'infirmière du Dr Laurence.

«La famille Laurence n'en sera pas très heureuse, prévint Valerie, surtout si nous l'appelons en plein milieu de la nuit.»

«Je sais, je sais. Je te dis seulement ça pour le cas où nous aurions une autre admission du genre arrêt cardiaque ou simplement un transfert venant de l'urgence. Uniquement pour que tu saches.»

«Si le Dr Laurence doit être transféré ce soir, assure-toi qu'on pourra avertir la famille avant qu'elle ne s'amène ici le matin, ne trouve un lit vide et ne s'effraie sans que nous ayons eu le temps d'expliquer la situation.»

Son «pense-bête» des points à discuter avec le résident était long ce soir. Elle l'avait griffonné sur un bout de bande chirurgicale dans la calligraphie enjolivée qu'elle utilisait pour écrire ses longs manuscrits, nouvelles ou romans.

Sons adventitiels excessifs dans tout le champ pulmonaire. Phénomène nouveau. Température élevée jusqu'à 37,5. Sons thoraciques crépitants. Vérifier rayons-X. Infiltrats notés bilatéralement. Culture sanguine noyée. Veuillez demander radiographie du thorax et peut-être changer antibiotiques pour meilleure couverture gramme-négatif?

Aucune selle depuis trois jours. Administrer laxatif.

Administrer Héparine sous-cutanée pour prophylaxie thrombo-phlébite profonde.

Il y avait une autre note, coincée dans la porte du patient grec atteint du VIH.

« Si un homme a des relations sexuelles avec un autre homme, l'un et l'autre font une chose abominable et chacun doit être mis à mort.

Lévitique 20 : 13 »

Qui aurait pu déposer là ces notes ? Certainement pas Suman, qui était l'infirmier en charge de ce patient. Je cherchai aux alentours. Quelques-unes des infirmières religieuses étaient présentes, mais elles n'auraient pas voulu imposer leurs croyances à d'autres de cette façon, n'est-ce pas ? C'était probablement l'œuvre de quelqu'un en mission de sauvetage d'âmes païennes. Ce ne pouvait être le père Szigetti. Mais celui-ci avait probablement été à l'USI cette après-midi où Mme Daley était morte, peut-être avait-il donc quelque idée à ce sujet. Corinne s'approcha de moi et je pus voir qu'elle avait pleuré.

« Ça va durer toute la nuit, dit-elle. Ma patiente est pratiquement morte, mais la famille me presse de la maintenir en vie. Ils sont assis autour du lit, ne quittant pas le moniteur des yeux. Je le jure, ces lignes vertes sur l'écran les poussent à garder l'espoir qu'elle va récupérer. Chaque fois que sa tension artérielle plonge, ils me disent d'augmenter les inotropes, d'accroître l'apport d'oxygène, mais je suis actuellement aux doses maximales de tout. Ils ont une arrière-petite-fille qui n'arrête pas de chanter "Jésus m'aime" en chinois. Ça me fend le cœur. »

Je plaignais Corinne, coincée dans cette situation. Je compatissais avec la patiente, qui était trop loin, maintenant, je l'espérais, pour se rendre compte de ce qui se passait. Je compatis avec la famille ; je savais que le chagrin allait bientôt les envahir. Mais cette nuit, en tant qu'infirmière responsable de l'USI, mon souci principal était de savoir ce que je devais faire au cas où j'aurais besoin de ce lit.

« Je vais insérer un cathéter pulmonaire artériel », dit Mike avec lassitude.

« Chez qui ? » demandai-je.

« M. Lilly. Je dois le faire. »

« Non ? » dis-je, incrédule.

« On peut peut-être encore le sauver. Je dois savoir ce qui se passe dans son ventricule gauche. Est-ce un événement purement respiratoire ou y aurait-il une autre composante, comme une insuffisance cardiaque, par exemple ? »

« Ne peut-on plus laisser mourir quelqu'un simplement ? demandai-je. Je veux dire sans intraveineuse ? De façon naturelle ? »

« C'est bien là la question, dit Mike. Nous pouvons maintenant faire mieux que la nature. Anciennement, mourir était un processus pénible. Maintenant, nous pouvons rendre ce moment plus plaisant pour l'intéressé. Puisque nous le pouvons, pourquoi ne pas en profiter ? »

Je réfléchis là-dessus. « Oh ! fut tout ce que je pus dire. J'ai toujours supposé que la façon naturelle était la meilleure. »

« Mais nous pouvons améliorer ce qui est naturel. »

« Écoutez, dis-je. Pourquoi ne pas attendre et voir ? Peut-être va-t-il redevenir conscient et nous dire lui-même s'il souhaite tout cela ou pas. »

« Au point de vue technique, le consentement informé n'est pas requis pour cette procédure. Elle est indiquée médicalement. Mais ce serait négligence que de ne pas la lui proposer. »

« Ce n'est pas simplement parce que nous pouvons faire quelque chose que nous devons le faire. »

« Ce ne serait pas bien de ne pas lui donner une chance. »

« En quoi cela va-t-il changer votre traitement ? Ou est-ce seulement un exercice académique ? »

À ma question, il parut penaud. « Demain matin, Bristol me demandera si je l'ai fait et... »

« N'en dites pas plus. » Je levai la main comme un agent de la circulation pour arrêter le flot de paroles.

Maintenant, lorsque les gens me demandent si mon travail me rend triste, j'ai une nouvelle réponse, tirée de cette conversation : « Non pas triste. Furieuse. »

Corinne vint m'annoncer que sa patiente venait de mourir. Plus de tension sanguine, plus de pulsations, plus de débit cardiaque, plus de respiration. « Le seul problème, dit-elle, elle a un pacemaker interne et il continue à envoyer ses signaux et je ne sais pas comment l'arrêter. La famille est perturbée, parce qu'ils voient ces battements occasionnels sur l'écran et ils ne peuvent donc se rendre compte qu'elle est morte. »

« Où est Mike ? » Son local de garde n'était pas éclairé. « Réveille-le veux-tu, Laura ? Sais-tu qui aurait distribué ces notes partout ? » J'enlevai une autre bandelette de slogans placée sur le cadre de l'écran de l'ordinateur :

« Prétendant être sages, ils devinrent fous.
Romans 1 : 22 »

« De la psychologie religieuse, dit Laura en bâillant. Les ambulanciers paramédicaux viennent d'appeler. Ils disent qu'ils viennent chercher ma patiente. Espérons qu'il ne soit pas trop tard. Mike ? Il a été demandé à l'urgence pour consultation. Appelle le coronaire de l'USI. Demande si leur cardiologue peut venir arrêter le stimulateur cardiaque, ajouta-t-elle, et tu peux le prévenir de se préparer à faire face à ton propre stimulateur cardiaque. »

« Vous devez arrêter ce stimulateur, me recommanda, par téléphone, le cardiologue de sa voix traînante et endormie. Déplacez l'anneau magnétique autour de la paroi antérieure de la poitrine jusqu'à obtenir l'arrêt du pacemaker et une ligne plate horizontale. »

« Quel anneau magnétique ? Pourriez-vous venir le faire pour moi ? Je n'ai jamais fait cela », dis-je.

C'est votre travail. Je vous ai réveillé. Admettez-le. Mais vous ne voulez pas sortir du lit. C'est là votre problème.

« Je ne puis venir, dit-il. Quelqu'un fait un arrêt cardiaque ici. Prenez l'anneau magnétique, il est probablement collé à la porte du réfrigérateur. Promenez-le autour de la poitrine, vers le haut, puis vers le bas, ensuite tout autour. »

« Vers le haut, puis vers le bas, ensuite tout autour », répétais-je comme un écho. J'étais étourdie. L'endroit me portait sur les nerfs. Je jetai un coup d'œil à ma montre : quatre heures du matin.

La patiente était morte, mais le stimulateur cardiaque continuait à faire inutilement battre son cœur. Après quelques tentatives infructueuses, je trouvai finalement l'endroit sur la poitrine qui permet d'arrêter les battements. Alors, et seulement alors, la famille fut convaincue qu'elle était morte. Ce fut le signal du début des lamentations et des mélopées funèbres. Ils frappèrent des mains, les agitant vers le haut puis vers le bas en direction de leur vieille matriarche desséchée. Elle avait été sage-femme dans une partie rurale de la Chine, aidant à la naissance de tous les bébés du village. Elle avait ensuite travaillé des mains et des genoux dans le Toronto huppé, récurant les parquets pendant des années, comme travailleuse immigrante, sans jamais avoir prononcé un mot d'anglais.

Un de ses petits-fils sanglotait bruyamment. Il avait relevé ses lunettes cerclées d'or sur son front et pressait les doigts contre ses paupières pour arrêter le flot de larmes. La pièce était maintenant pleine de monde, les uns chantant en chinois, les autres sanglotant, agenouillés sur le parquet, à côté du lit de la vielle dame, profondément prosternés. Toutes ces personnes rivalisaient de chagrin : la jeune fille et son oncle, le petit chanteur et le vieux cousin, le vieil époux de la défunte et le neveu sourd-muet.

Tristes, affligés, douloureux, épuisés – je les reçu tous. Corinne et moi les embrassions l'un après l'autre, en leur exprimant notre sympathie. Je décelai de l'incrédulité dans leurs yeux. Leur douleur était si naïve. C'était comme s'ils ne s'étaient jamais figuré que cette vie de femme âgée pouvait se terminer un jour.

Je passai à la salle des infirmières, me préparai un pot de café corsé et m'en versai une bonne tasse. La caféine devrait avoir un effet stimulant très faible dans l'état de fatigue extrême où je me trouvais. Frances avait apporté un gâteau de sa confection, mais il avait un goût bizarre – avait-elle peut-être confondu sucre et sel ou avait-elle utilisé du talc au lieu de levure – si bien que je le recrachai discrètement en passant devant la poubelle. Il était cinq heures du matin. J'avais lu quelque part que cette heure était celle « des sorcières ». Le soleil allait bientôt se lever. Mon lit douillet m'appelait chez moi. La maison serait calme durant toute la matinée. J'y arriverais bientôt. Je me verserais un bon bol de céréales avec du lait et décrocherais le téléphone ; mon petit chien Rambo viendrait se pelotonner à mes pieds... moi, là, me creusant un nid sous mon duvet douillet...

Le téléphone sonna. J'y jetai un coup d'œil. Sur le récepteur, un message :

« Écris les choses que tu as vues et les choses qui sont,
Et les choses qui seront plus tard.
Révélations I : 19 »

Je décrochai le téléphone.

C'était Mike. « Tilda, c'est toi ? J'ai examiné le patient, ici, à l'Urgence. Il doit venir à l'USI. C'est un gars de vingt ans qui a bu de l'antigel dans une soirée folle. Quelle est la situation ? Avons-nous une infirmière pour lui ? Et un lit disponible ? »

Je pris une gorgée de café. La tasse me réchauffa les mains. Dans l'espoir d'y trouver la réponse, je plongeai mon regard dans les profondeurs lactées du liquide.

Chapitre 10

NOUVEAUX DÉCORS

Depuis quelques années, des changements profonds étaient en cours. L'administration était en train de se « restructurer » et de créer une notion nouvelle de ce que devait être un hôpital. Des coupes sombres dans le budget, la fermeture de lits et la mise à pied d'infirmières étaient devenues de nouvelles réalités. Le premier choc fut annoncé lors d'une réunion du conseil. Rosemary, notre bien-aimée directrice des infirmières, avait été licenciée. C'était elle-même qui nous avait appris la nouvelle.

« Aucun poste n'est sûr », avait-elle dit. Ils m'ont même dit que ceux qui croyaient pouvoir compter sur leur ancienneté risquaient d'avoir de grosses surprises. En blaguant, ils ont dit qu'apporter son lunch était faire preuve d'un optimisme exagéré. »

Nous en avions été étonnés, sauf Morty qui, avec calme, expliqua la situation.

« Rosemary a raison. Les infirmières faisant partie du personnel sont aussi susceptibles d'être remerciées. Il existe des projets d'économie consistant à remplacer certaines infirmières par des travailleurs moins coûteux, parce que non spécialisés. On imagine que les pâtissiers de la cafétéria pourraient être formés pour assurer la toilette des malades, pour donner les soins essentiels, etc. On appelle ça la "déspécialisation". »

« Ça ressemble à une poêle à frire », dit Tracy.

« C'est plutôt un poêlon », dis-je.

Morty commenta davantage. « Ils veulent se débarrasser de nous et engager de nouvelles infirmières moins expérimentées à un salaire moins élevé. Ils croient pouvoir s'en tirer ainsi à moindres frais. Oh ! ces dispositions font partie des nouveaux projets du gouvernement concernant la réforme des soins de santé. Ce ne sera que quand les patients commenceront à tomber comme des mouches qu'ils se rendront compte de la valeur des soins infirmiers. N'avez-vous pas entendu le premier ministre de l'Ontario comparer les infirmières aux fabricants de Hula Hoop ? Autant pour le gel des salaires et bienvenue à la révolution du Bon Sens. Nous le ressentons maintenant, mais le tour des patients viendra bientôt. »

« Je ne comprends pas », dit Nicole, qui avait été la première à se remettre du choc. Ce n'est pas comme si l'affaire ne marchait pas. La demande est plus élevée que jamais. Chacun sait que la population tend à vieillir. Nous aurons donc besoin, au contraire, de plus d'infirmières. L'USI est toujours pleine de patients qui doivent venir ici et nous cherchons toujours plus d'infirmières, particulièrement pour tous les transplants que nous réalisons maintenant. »

Frances approuva. « Vous rappelez-vous ce qui arriva le jour où nous avons dû envoyer une paire de poumons ailleurs parce que nous n'avions pas assez d'infirmières pour soigner nos candidats-receveurs ? »

«À présent, on cherche uniquement à réduire les coûts. Couper et brûler», commenta Morty en hochant la tête de dégoût. Jusqu'à sa tignasse rousse qui semblait s'enflammer en réaction à cette déclaration. «Les hôpitaux ont tendance à fusionner entre eux pour rationaliser les services et éliminer les doubles emplois. Ils deviennent des sociétés publiques et les patients deviennent les «clients». L'un d'entre vous aurait-il lu les résultats de l'enquête concernant la satisfaction des clients? "Le service est déficient. Je n'ai pas vu une seule infirmière durant toute la nuit." Ou "Les matelas sont trop souples et mes draps n'ont pas été changés depuis deux jours." Il est certain qu'il est possible d'améliorer bien des choses. Un autre problème est que, comme on sait, nous nous dirigeons vers une médecine privée et un système de financement de la santé publique à deux vitesses, et il y aura un régime pour les riches et un régime pour les autres. Nous en arriverons au régime américain où les gens doivent hypothéquer leur maison pour payer l'ablation de leur vésicule biliaire. Un transplant de poumon ruinerait la plupart des citoyens», grogna Morty.

«Bien sûr, nous nous préoccupons des patients et du système de soins de santé, mais qu'en est-il de nos emplois?» demanda l'une des autres infirmières.

«Après s'être débarrassé de certaines d'entre nous, continua Morty, ils exigeront que toutes les infirmières aient un diplôme universitaire. Toutes, nous devrons retourner à l'école si nous voulons conserver notre valeur marchande.»

En entendant cela, chacune d'entre nous parut découragée et préoccupée, excepté Laura, qui n'avait aucun titre et n'avait aucune intention d'en acquérir un. Elle savait ce qu'elle valait pour l'hôpital et ne se souciait absolument pas que l'on s'en rende compte ou pas. Mais pour moi, les nouvelles étaient inquiétantes, même en tenant compte de mes diplômes. Nos emplois n'étaient pas garantis, bien que nous sachions toutes que nous étions indispensables. Une fois par mois, les médecins se rencontraient pour discuter du cas des patients que nous avions traités à l'USI, ainsi que des raisons pour lesquelles certains patients avaient été adressés ailleurs. Invariablement, la raison était le manque d'infirmières. En dehors de cela, nous n'avions pas beaucoup de preuves que le métier d'infirmière puisse peser dans la balance. Pourtant, toutes, nous savions qu'il en était ainsi.

Je regardai Rosemary qui paraissait plus triste qu'inquiète. « Mais comment peuvent-ils se débarrasser de vous ? » Ma voix grinçait d'indignation.

J'entendis autour de moi des rumeurs et des encouragements de la part des autres infirmières qui prenaient part à la réunion.

« Ils ne peuvent se débarrasser de vous », dit Morty. Ce n'est pas comme s'il y avait un problème concernant votre comportement. Votre travail est impeccable. Ils sont obligés, de par la loi, de vous offrir quelque chose d'autre, un autre emploi dans l'hôpital. »

« Ils ne me doivent rien. » Elle nous adressa un sourire las. « Cela s'appelle réduction. Ils disent que mon emploi est redondant. Ils ont besoin de quelqu'un ayant plus d'expérience de gestion qui puisse prendre la responsabilité de toutes les USI. Mais ils m'ont en fait offert quelque chose. » Elle nous parlait, en tant que groupe, de la même façon intime et personnelle qu'elle aurait parlé à chacune d'entre nous. « C'est un travail de bureau au département de l'éducation. Là, ni patients, ni familles, ni infirmières, uniquement des ordinateurs et du papier. La plupart des personnes qui y travaillent n'ont plus ni vu ni touché un patient depuis des années. » Elle soupirait et semblait désespérée. « C'est triste parce qu'au cœur même on se heurte à l'incapacité des administrateurs d'apprécier ce que font les infirmières. Ils se représentent la durée de chacune des tâches afin de pouvoir justifier le paiement des heures de travail. Par exemple, combien de temps et de personnes exige la grande toilette d'un malade. Ils veulent savoir combien de minutes une infirmière passe à apporter son soutien émotionnel au patient. Cinq ou dix minutes, imaginent-ils. Et ainsi de suite. »

« Combien de points recevons-nous pour nettoyer quelqu'un qui s'est oublié au lit ? demanda Morty. Nous serions pécuniairement à l'aise si on en tenait compte ! »

« Cela fait partie du problème, dit Rosemary avec regret. C'est probablement ce que tous ces administrateurs pensent que font les infirmières. C'est pourquoi ils croient qu'ils peuvent introduire des personnes moins qualifiées pour vous remplacer. »

Frances était excédée. « Ce n'est pas comme lorsque vous prenez les signes vitaux ou donnez un bain de lit, c'est un boulot comme enfoncer un clou. Pendant que vous faites cela, vous parlez aux patients, vous leur expliquez les traitements, vous vérifiez l'état de leur peau. Vous jugez s'ils ont besoin de plus de calmants. Vous prévoyez le moment où vous referez leur pansement et de quoi vous aurez besoin. »

« Bon, de toute façon, j'ai refusé ce travail qu'ils m'offraient, nous dit Rosemary. Je suis certaine que c'est un travail important, mais tout ce que les infirmières *font* et tout ce que les infirmières *savent* ne trouveront jamais de place dans les livres des records. Peut-être quelques actions isolées, mais jamais les connaissances et certainement pas la façon d'être. Comment pourrait-on accorder une cote aux soins, en minutes ou en centimes? On dit que nous devrions être plus responsables, que les infirmières sont une matière de base et doivent être utilisées avec efficacité comme toute autre ressource hospitalière, mais, par définition, la tâche de l'infirmière est un domaine sans limites. Il n'est pas possible de recevoir trop de soins. Il n'y a pas de limites à ce que peut donner une infirmière et le besoin, côté patient, est certainement tout aussi illimité. De toute manière, le besoin de faire ce travail ne se trouve pas seulement en moi. Je quitterai avec l'indemnité de licenciement qu'ils offrent. »

Nous avons quitté pour porter la nouvelle aux autres infirmières qui nous remplaçaient et avons repris notre fonction auprès de nos patients.

« Introduisons une pétition ou écrivons une lettre à qui de droit », proposa Nicole à notre groupe, au cours du déjeuner ce même jour. Nous pouvons certainement faire quelque chose pour sauver Rosemary. »

« Cet endroit ne sera jamais plus le même sans elle », dit Frances.

« J'aime Rosemary autant que l'infirmière qui pourrait la remplacer, dit Morty. Elle mord énergiquement dans son sandwich, comme pour mieux se préparer au combat qui se dessine. Mais elle n'est pas réellement une championne du budget. Elle est devenue un dinosaure. Je vous préviens, il vaudrait mieux que vous vous intéressiez plus à notre syndicat, sinon, nous serons toutes perdantes. »

« Rosemary était toujours à nos côtés », dit Frances dans un soupir.

« Oui ! Rappelle-toi quand ce fils de famille nous a menacées comme un gangster : "Si Maman devait mourir ici, je prends un revolver et je viens vous tuer toutes."» Laura fit le geste de se trancher le cou pour montrer comment le garçon envisageait les choses. Il y avait de quoi avoir des frissons. Lorsqu'en fait la mère mourut, Rosemary prit la menace suffisamment au sérieux pour requérir la présence d'un garde de sécurité dans l'Unité de soins intensifs pendant quelques semaines.

« Te souviens-tu du gâteau qu'elle avait préparé pour les résidents le dernier jour de sa rotation à l'USI ? » interrogea Frances, qui avait déjà décidé de continuer cette tradition à l'occasion du départ de Rosemary. « Qui d'autre que Rosemary aurait assisté à tous les mariages des infirmières, aux baptêmes de leurs enfants et envoyé des fleurs quand nous étions malades ? Rappelez-vous ce Noël où nous avons eu tant à faire avec tous ces donneurs et ces transplants et où elle était venue pour prendre soin elle-même d'un patient ? » rappela Frances.

« Elle parvenait à calmer les familles les plus anxieuses », dis-je.

« Rosemary connaissait par leur nom chacun des patients ainsi que leur famille, dit Tracy. Elle allait s'asseoir dans la salle d'attente et parlait aux familles. »

« Elle allait parler aux familles avant qu'elles ne s'inquiètent, ajouta Nicole. Rappelez-vous comme elle savait les accueillir dans son petit bureau pour les faire asseoir et leur demander ce qui les tracassait *vraiment* ? »

« J'aimais cette affiche, dans son bureau, qui disait : "Prenez des risques. C'est là que vous trouverez le fruit" », dis-je.

Nous nous rappelions toutes ces choses.

Un administrateur du service infirmier vint à l'USI pour calmer le mécontentement croissant des infirmières. Nous avions le cœur brisé parce que Rosemary avait été éliminée et nous étions remplies d'indignation du fait que l'hôpital ne l'avait pas appréciée autant que nous l'avions fait nous-mêmes. Une nouvelle directrice des infirmières devait être nommée et, ainsi que l'avait expliqué l'administratrice, sa tâche serait de relever le niveau de professionnalisme de la fonction. Les choses devaient être redressées, notamment le code vestimentaire, avait-elle dit, l'aspect de certaines des infirmières étant plutôt «inadéquat». («Négligé» était probablement le mot qu'elle avait en tête, mais c'était délicat à employer.) Elle avait aussi noté, au cours d'une visite précédente, que beaucoup d'infirmières prenaient le café dans la chambre des patients et que certaines infirmières avaient couvert leur badge d'une photo d'actrice ou d'une célébrité du moment.

Tandis qu'elle parlait, je regardais ma salopette verte trop large. J'avais l'habitude de choisir mes salopettes environ deux tailles trop grandes, pour mon confort et pour la facilité de mes mouvements, mais, vraiment, j'avais l'air de porter un pyjama. Il y avait quelques gouttes de ketchup sur la manche de mon cache-poussière de laboratoire. Je m'efforçai de dissimuler mon sourire tandis que je tentai de retourner discrètement mon badge pour qu'on n'aperçoive pas la photo d'une jeune Elizabeth Taylor là où ma photo était censée se trouver. (Par inadvertance, un membre distrait d'une famille m'avait un jour appelé «Liz». Plus tard, nous avions bien ri de cette blague.) Nous avions eu une nuit de veille très tranquille et Laura en avait profité pour découper dans de vieilles revues et coller sur nos badges de nouvelles figures. Laura était Michelle Pfeiffer – une ressemblance frappante, mis à part quelques kilos excédentaires; Nicole était Blue, le chien de Don Cherry; Tracy était le Pokémon appelé Pikachu; Frances était Madonna et Morty, Bart Simpson.

Les dirigeants avaient été clair quant à nos priorités : l'hôpital accusait des millions de dollars de déficit. Nous avions besoin de directeurs capables de ramener le budget dans des proportions plus raisonnables. Réduire les congés de maladie. Limiter les frais. Rationaliser les services pour éviter les duplications. Remplacer les infirmières par du personnel moins qualifié et les payer moins. Modifier le niveau de formation, qui était trop élevé, en faisant appel à des travailleurs moins spécialisés que l'on peut payer moins cher. Si nécessaire, réduire le nombre des infirmières.

En quelques semaines, la remplaçante de Rosemary avait été choisie. Sculpturale, mince comme une lame, parfaitement fardée, coupe de cheveux impeccable, Sydney Hamilton était devenue la nouvelle directrice des infirmières. Elle se déplaçait dans l'USI, portant un mince porte-document de cuir dans une main parfaitement manucurée et éclairée par les reflets d'une bague sertie de brillants. Elle aurait pu poser sa candidature comme gérante d'une banque de Bay Street. Ou encore être présentée en couverture d'un magazine féminin sous la mention : « Elle possède tout. Une vedette révèle ses secrets. »

Au comité de direction infirmières-médecins, elle avait apporté un dossier, soigneusement préparé, qui décrivait sa mission à l'USI. Devant nous, elle présenta une série de graphiques, de tableaux et de diagrammes qui montraient les mesures d'économie et les projets à long terme qu'elle envisageait pour l'Unité, le tout basé sur la thèse qu'elle défendait en vue de l'obtention d'un doctorat en administration des affaires au sujet de l'application de mesures d'économie dans les soins critiques. Ensuite elle s'assit et ouvrit son sous-main de cuir sur un texte déjà préparé.

« Nous vivons une période pleine de défis dans le domaine des soins de santé », commença-t-elle, regardant tour à tour chacune de nous. « Mais, là où il y a défi, il y a aussi possibilité de progrès. Nous avons notamment l'occasion de réévaluer notre concept des soins de santé. Malheureusement, pour beaucoup de nos travailleurs du domaine de la santé, le chômage risque de devenir une nouvelle réalité... Nous devons chercher les moyens de mieux servir nos malades... d'accroître les revenus de l'hôpital... de devenir plus responsables au plan fiscal... Nous devons faire un usage efficace de nos services hospitaliers grâce à une répartition judicieuse de nos précieuses ressources médicales. »

« Je crois que nous recherchons ici l'excellence en matière de soins de santé, dit l'administratrice du système infirmier lorsqu'elle revint à l'Unité pour une nouvelle visite. Sydney Hamilton possède le brillant et le professionnalisme nécessaires pour apporter une présence efficace à la table des négociations. Elle représentera une force dont on devra tenir compte au cas où le problème des infirmières viendrait à être discuté. »

J'espérais que ce problème pourrait être évoqué de temps en temps à l'occasion des réunions générales annuelles des directeurs de l'entreprise hospitalière.

« Nous importunerons cette poupée Barbie jusqu'à ce qu'elle fasse une crise nerveuse », promit Laura. Nous étions assises au salon pendant notre pause de midi. « Je vais remplir sa mallette de pilules laxatives. Lorsqu'elle l'ouvrira pendant une réunion, elles se disperseront dans toute la pièce. Je vais composer de faux excréments au moyen de Kexelate et de Cascara sagrada et les laisser dans une boîte sur son bureau. Je ferai une poupée vaudou que nous pourrons remplir de grosses aiguilles pour intraveineuses. » Elle se frotta les mains. « La première fois qu'elle passera quelque temps avec nous, nous la verrons quitter la pièce en hurlant. Nous nous révolterons jusqu'à ce qu'ils nous rendent Rosemary. »

« Que manigancez-vous ? Puis-je savoir de quoi il s'agit ? » demanda Morty qui nous rejoignait.

« Oui, nous sommes en train d'élaborer des scénarios permettant de nous débarrasser de Sydney Hamilton et de nous ramener Rosemary, répondit Nicole. Même David Bristol a dit qu'il n'y avait personne de la valeur de Rosemary. Il a dit qu'on l'aimait dès qu'on l'approchait, qu'elle avait un caractère d'argent et un cœur d'or. »

« Oui, c'est une véritable pierre précieuse, dit Morty, riant de sa trouvaille. Je crois que Daniel Huizinga a un faible pour Sydney. "Références impressionnantes et comportement d'étoile," a-t-il dit après une réunion, mais je crois qu'il parlait des jambes de Sydney. Écoutez, mes amies, dépassons ce problème. J'aime tout autant Rosemary que vous, mais il est temps d'avancer. Allons ! si une infirmière en chef doit avant tout être une administratrice plutôt que l'amie de tous, Sydney pourrait convenir parfaitement pour le poste. De toute manière, donnons-lui une chance. Ne vous en faites pas, le syndicat veillera à ce qu'elle respecte les règles. »

Laura fronça les sourcils et parla comme un démon de *The X-Files* : « Une infirmière directrice satanique est arrivée au pouvoir, pourtant la propagation d'un culte satanique n'est pas encore évidente. »

Nous avons organisé une réunion d'adieu pour Rosemary. Elle avait accepté un emploi comme infirmière en chef de la section orthopédique de l'hôpital d'Arnprior, Ontario, une petite ville où elle et son mari, Bill, avaient l'intention de se retirer. Elle nous promit de garder le contact.

Aux yeux de Sydney, il était important que l'Unité soit attrayante et elle se mit à décorer l'endroit. Tous les employés du pavillon reçurent de nouvelles fournitures de bureau, un sous-main vert pour leur table de travail et des vestes de couleur assortie. De nouvelles tentures furent choisies pour la salle d'attente : rose Pepto-Bismol avec des chaises à siège garni de vinyle.

« Lorsqu'elle sera prête, cette salle sera aussi charmante qu'un *Bed and Breakfast* victorien, dit Laura. Qui l'a conseillée ? Martha Stewart ? Chose plus importante, pourquoi les numéros des chambres ne se suivent-ils pas dans l'ordre normal ? Nous avons été regroupés, réorganisés, déménagés et décentralisés tant de fois qu'il est possible de lire l'histoire de l'endroit au travers du numéro des chambres. Pourquoi le local 670 jouxte-t-il le local 605, pourquoi le 616 est-il à côté du 620 et pourquoi aucune de ces pièces ne se trouve-t-elle au sixième étage ? Un premier plan avait été élaboré mais, au moment de le réaliser, un autre avait déjà été créé. Aucun jour ne se passe sans que je ne rencontre une âme errante, perdue dans ce labyrinthe, brandissant un pathétique bout de papier, cherchant un local, ou un bureau, ou un département fantôme. »

Sydney avait animé les activités de la Semaine de l'Infirmière. Elle avait contribué à en faire plus qu'un symbolique chariot itinérant offrant café et croissants au personnel. Elle en avait fait plus qu'une visite à la clinique du stéthoscope pour faire nettoyer et graisser vos instruments. Elle avait invité des conférenciers et organisé des ateliers sur la gestion du stress et sur l'orientation de carrière et avait offert des certificats de massage à toutes les infirmières.

Mais elle avait posé quelques actions qui nous avaient irritées. L'une de celles-ci était la destruction des lignes selon lesquelles nous avions travaillé pendant tant d'années.

« Les infirmières ne sont pas des ouvrières d'usine travaillant sur une ligne de montage et reliées à une pointeuse. Vous êtes des professionnelles capables de déterminer comment et quand vous travaillez. Vous avez le pouvoir sur la vie de votre travail, moyennant l'accord de votre syndicat, bien sûr », ajouta-t-elle avec un signe de tête à Morty.

Elle avait institué un programme souple pour permettre aux infirmières de retourner à l'école, de suivre des cours et d'organiser leurs horaires pour s'accorder éventuellement à ceux des enfants.

Une autre chose qu'elle avait faite et qui nous parut étrange avait été de placer des étiquettes de prix sur les équipements. Crème pour éviter les escarres, 12 $ le tube. Ceftazidime, 88 $ l'ampoule. Bouteille de succion tube pectoral, 23 $ pièce.

« Réfléchis deux fois avant d'ouvrir ce tube cathéter d'artère pulmonaire, écrit-elle dans le cahier de communications. Assure-toi que tu comprends le mode d'utilisation et rappelle-toi que chacun coûte 75 $! »

Elle voulait que nous soyons économes des fournitures, que nous soyons économes des ressources de l'hôpital et que nous éliminions le gaspillage. Elle suivait tout attentivement si bien qu'elle pouvait estimer les sommes qu'elle avait fait économiser à l'Unité au cours des six mois écoulés.

« Peut-être que Sydney pourrait trouver de bonnes occasions en fournitures médicales sur le canal Affaires », dit Laura.

Finalement, nous nous sommes habituées aux méthodes de Sydney et nous avons appris à la respecter, mais c'est aussi vers cette époque que certaines choses troublantes sont survenues.

Un soir, chez moi, je reçus un appel téléphonique, mais je ne pouvais entendre que des sanglots au bout du fil.

« Tilda, c'est moi. Le père Szigetti. Vince Szigetti. »

« Que se passe-t-il ? » Nous étions collègues de travail – il l'était avec nous tous –, mais il ne m'avait jamais appelée chez moi.

« Ils m'ont remercié, ma chère. »

« Pourquoi vous ? Vous ne coûtez rien à l'hôpital ! »

« J'ai été appelé devant le conseil paroissial et ils m'ont déchargé de mes obligations vis-à-vis de l'hôpital. Comme pénitence, ils m'ont envoyé faire une retraite de méditation silencieuse. Ils m'ont dit que j'étais trop familier avec les infirmières. Ils prétendent que je les embrasse trop souvent et que je les touche de façon inconvenante. »

« Je ne puis... Je ne puis le croire. » De telles choses me laissaient muette.

« Et ce n'est pas tout, ma chère. Ils m'ont accusé de raconter des blagues homophobes. Je savais, depuis des années, qu'il existait une mafia "lavande". Certains l'appellent "Notre Flamme". Peut-être ai-je pu raconter une blague ou deux, seulement à titre de blague et sans aucune intention mauvaise. »

« Vous savez, père, combien les gens sont susceptibles aujourd'hui. Nous devons être tellement prudents. »

Je ne pouvais m'empêcher de me souvenir de la blague qu'il avait un jour raconté à la salle de médecine concernant une église gaie où seulement la moitié de la congrégation se mettait à genoux. N'en avions-nous pas *tous* ri ?

« Mais j'ai toujours dit que les homosexuels pouvaient faire de bons prêtres. Bien sûr, ils le peuvent. Pour autant qu'ils restent célibataires. Les enseignements de la Bible doivent être respectés. Nous devons réintroduire plus de discipline dans l'Église. Et il y a un autre crime pour lequel on me recherche, ma chère. Ils m'accusent de prosélytisme. Ils prétendent que je suis l'auteur de graffitis dans l'hôpital, simplement dans l'intention de susciter l'imagination des infirmières et des patients. »

« Mais est-ce vrai, père ? Est-ce vous qui avez fait cela ? »

Étais-je en train de confesser un prêtre ?

« C'était absolument inoffensif. Dans ces temps d'épreuve, ma chère, l'important est d'écouter la parole de Dieu. Un homme est un prêtre pour toujours, soit pour sa plus grande gloire au paradis, soit pour sa damnation en enfer. Je vous serais reconnaissant d'écrire une lettre à mon propos pour témoigner de mon caractère. »

« Bien certainement, je le ferai », dis-je.

« J'aurai besoin de vos prières, ma chère, pour m'aider à sortir de cette crise. »

Je l'assurai qu'il pouvait compter sur moi à ce propos.

Mais un autre appel reçu quelques jours plus tard me convainquit que d'autres prières étaient encore plus urgentes.

« Tilda, c'est Tracy. »

« Hé! Trace, comment vas-tu ? » Elle était enceinte de dix semaines d'un deuxième enfant – Jake avait seulement trois ans – et avait un premier trimestre difficile.

« Je me sentais mieux jusqu'à ce que j'entende cette nouvelle. J'ai reçu mauvaises nouvelles sur mauvaises nouvelles. Par où veux-tu que je commence ? »

« Commençons par les pires. »

« La première est mauvaise pour moi, la seconde est pire pour toi. »

« OK, vas-y. » Je me sentais en forme. Nous venions d'acheter une maison. J'étais enceinte et j'étais bien. Rien ne pouvait me perturber.

« Te rappelles-tu ce patient dont je me suis occupée il y a une semaine ? Il était en voyage d'affaires, venait de Singapour et souffrait d'une infection respiratoire depuis son arrivée. Eh bien ! il est vraiment malade et les résultats des tests, qui viennent d'arriver, indiquent qu'il a contracté la tuberculose ! Je l'ai soigné, ce qui m'expose à la contagion. Ils veulent me faire passer un examen radiographique du thorax et à titre préventif ils me recommandent de prendre un traitement de Rifampine et d'Isoniazide en même temps que tous les autres médicaments TB classiques. »

« Leur as-tu dit que tu étais enceinte ? »

« Ils m'ont assurée qu'il n'y avait aucun danger de prendre ces médicaments pendant la grossesse, mais je ne sais si je puis les croire. Ai-je le choix ? Ils prétendent que mon risque de contracter la tuberculose est plus grand que le risque de faire du tort à l'enfant. Maintenant, es-tu prête à recevoir la mauvaise nouvelle ? Je suis sûre que Sydney t'appellera bientôt, mais un groupe de chez nous, au travail, a découvert que les relevés roses étaient réellement roses. Cinq cents infirmières ont été remerciées, dont vingt à l'USI, et, je regrette de te le dire, Tilda, tu es l'une d'elles. »

Chapitre 11

MOTS TRANSFIGURÉS

Je n'ai pas eu à porter longtemps le deuil de mon emploi. Deux semaines après avoir reçu mon avis de licenciement, l'hôpital recherchait des infirmières. Le département des ressources humaines invitait toutes les infirmières mises à pied à présenter une demande pour être réinsérées dans l'hôpital. Seulement, maintenant, ils nous offraient des emplois à temps partiel ou temporaires.

« Qu'est-ce que ça signifie ? » demandai-je à Morty lorsque je l'appelai chez elle.

« Problème syndical. Ils voulaient se débarrasser d'autant de monde que possible. L'hôpital est sous pression de la part du gouvernement provincial pour réduire les coûts. Ils s'imaginent qu'ils peuvent économiser sur notre dos en ayant un nombre flexible et variable d'infirmières épaulée si nécessaire par un recours aux agences de placement. Ainsi, ils ne sont pas obligés de vous garantir un horaire de travail, de vous payer des indemnités de maladie ni autres avantages. »

Sydney Hamilton nous a appelées individuellement pour nous encourager à soumettre une demande de réengagement. Mais beaucoup d'infirmières avaient été découragées, avaient déjà quitté – soit la profession d'infirmière, soit l'Ontario – ou étaient sur le point de le faire pour chercher un emploi ailleurs. Beaucoup d'infirmières avaient été attirées par les foires d'emploi où l'on recrutait des infirmières pour les États-Unis. En fait, beaucoup avaient été tentées par des offres de primes de déménagement, de possibilités de formation incluant le remboursement de frais d'études, des indemnités importantes de travail de nuit ou de week-end et une gamme de choix de carrières dans toutes les spécialités de l'hôpital.

« J'envisage d'accepter un travail en Floride, me confie Suman, une infirmière originaire d'Iran qui avait travaillé avec moi à l'USI. Je sais que j'aimerai le climat, pourtant, je ne suis pas tentée d'y aller. »

Nous nous rencontrions à l'occasion du café pour nous encourager mutuellement.

« À Tallahassee, ils m'offrent le logement gratuit et un horaire complet, mais je n'aime pas quitter ma famille et mon ami. Nous venons de nous fiancer. J'accepterais donc plutôt un boulot moins sûr ici. »

« À l'USI ? »

« Non, j'ai été remerciée. Ils m'avaient offert un travail à l'un des étages de médecine, mais je n'avais pas assez d'heures. Le dernier chèque que j'ai reçu comptait quatre heures de travail pour toute une période de paie. Je m'en tire, mais si je ne vivais pas chez mes parents, je ne pourrais m'en sortir. Je devrais aller aux États-Unis. »

Je connais bien des infirmières qui ont dû quitter.

Je suis revenue à l'USI pour travailler à mi-temps. J'ai eu de la chance parce que j'étais enceinte et devais bientôt être en congé de grossesse. Entre-temps, suivant la tradition de Rosemary, Sydney fit tout son possible pour compléter notre formation d'infirmière. Elle m'aida à assister à une conférence sur les soins palliatifs où j'ai eu l'occasion de me faire un nouvel ami.

Je logeais à l'auberge Delta Chelsea, au milieu d'une multitude de spécialistes des soins critiques venus de Washington, de Paris ou de Helsinki, quand une main puissante se tendit vers la mienne et la secoua chaleureusement. Cette main appartenait à un homme grand et élégant, à la tête rasée, portant une boucle d'oreille. C'était Darryl Price, il avait été boursier dans notre Unité de soins intensifs. Il avait récemment rejoint le groupe dirigeant de l'USI comme spécialiste en réanimation. J'avais toujours admiré la façon dont il parlait aux patients et je voulais apprendre cette précieuse faculté. En outre, il y avait quelque chose en lui qui me disait qu'il pouvait devenir un bon ami.

« Je vous avais remarquée au travail, Tilda, et vous êtes une très bonne infirmière. »

Sa voix était douce de sorte que je dus m'approcher de lui pour mieux l'entendre. C'était exactement la voix que j'entendais en imagination lorsque je lisais *Angela's Ashes*, le livre dont j'étais obsédée à ce moment-là.

« Avez-vous lu *Angela's Ashes* (Les Cendres d'Angéla) ? » lui demandai-je.

« Je ne peux supporter la lecture de ce livre, dit-il avec un soupir. Je connais trop de familles, dans mon pays, qui vivent dans ce même état de pauvreté. »

Un matin, quelques semaines après cette rencontre, j'étais à genoux sur le parquet à vider le sac d'urine de mon patient lorsque j'entends Nicole parler à quelqu'un.

« Voulez-vous entendre la déclaration complète d'une infirmière ? Tilda est l'infirmière qui prend soin de ce patient. J'imagine qu'elle vient tout juste de sortir pour un moment. »

Ils ne pouvaient pas me voir mais, de mon côté, je voyais qu'elle parlait au Dr Darryl Price, qui venait tout juste d'entrer dans la chambre. La totalité des résidents de l'USI et le reste de notre équipe se pressaient autour de lui.

Je restai en retrait, derrière les sacs d'urine et de selles et pensai à me cacher pendant un moment, ne sortir qu'après les rondes. S'apercevraient-ils de mon absence ? Je tenais à la main un grand cylindre gradué qui nous servait à mesurer la quantité d'urine.

« Connaissez-vous Tilda ? Un jour, elle deviendra une grande écrivaine », dit Nicole. J'avais envie de rentrer sous terre.

« Vous êtes donc écrivaine en même temps qu'infirmière, n'est-ce pas ? » me demanda Darryl, s'approchant du côté du lit où je me trouvais en me regardant de toute sa hauteur. J'étais en fait agenouillée sur le parquet, tenant un urinal qui se remplissait d'urine. J'étais sur le point de faire ironiquement allusion à une pinte de bière que j'étais en train de soutirer, mais je me retins à temps.

« Oui, c'est elle. Elle édite aussi une lettre d'information pour les infirmières de l'hôpital, lettre qui s'intitule *Vital Link* (Chaînon vital). »

« Oui, mais que tout le monde l'appelle *Vital Stink* (Puanteur vitale), dit Morty de sa voix de stentor. Ou parfois *Vicious Link* (Chaînon vicieux). »

Nicole lui lança un regard furieux et me poussa hors de la salle.

L'urinal était plein à ras bord et je ne pouvais pas l'abandonner ainsi sur le sol. Je me penchai donc pour l'enlever avec toute la grâce dont j'étais capable et l'emportai prudemment jusqu'à la salle de bains, où je le versai dans les toilettes.

« C'est là une des tâches les plus prestigieuses de notre profession », dis-je en sortant de la salle de bains, reconnaissante des rires de l'assistance.

Pendant que le résident retraçait le passé médical de mon patient, l'un de ses dadas favoris, et se lançait dans une revue complète de ses aspects biochimiques et microbiologiques, Darryl se pencha vers moi et murmura : « Si j'étais ce gars dans le lit avec son sac d'urine, j'aimerais avoir une infirmière aussi intelligente et respectueuse que vous pour essuyer mon cul. »

Je rougis et gardai la tête penchée, simulant être la princesse Diana, d'origine roturière, mais choisie par un prince au milieu de la foule.

Puis vint mon tour. J'exposai mon interprétation détaillée de l'état du patient que chacun écouta attentivement. Darryl avait d'ailleurs recommandé silence et attention. Le résident poursuivait son rapport et Darryl ne se fit pas faute de l'interrompre fréquemment pour le corriger ou le contrer, ou encore faire référence à de nouveaux progrès de la recherche.

« Il n'est pas exact de prétendre que la tachycardie atrio-ventriculaire multifocale est toujours révélatrice d'un problème respiratoire sous-jacent... » Darryl s'interrompit brusquement, levant la tête comme s'il avait entendu un cri lointain ou comme s'il avait été un limier flairant une piste. En quelques bonds rapides, il se précipita à travers la salle en direction du patient de Nicole, un jeune homme qui, soudain, éprouvait des difficultés à respirer. Sa saturation en oxygène décroissait : 90... 84... 79... 71...

Comment Darryl avait-il décelé ce problème avant même que l'alarme ne sonne ?

Nicole se précipita aux côtés du patient et, rapidement, poussa la concentration de la ventilation en oxygène jusqu'à cent pour cent puis sortit une seringue de médicaments d'urgence.

Darryl prit la main du jeune homme : « Tout va bien aller, dit-il. Nous allons arranger tout cela immédiatement. » Il libéra les voies respiratoires du patient, les passages vers ses poumons, ensuite il ajusta le tube respiratoire et, en quelques minutent, les couleurs revinrent sur le visage du jeune homme.

Pendant qu'il accomplissait ces choses, on aurait dit qu'il tenait aussi la main du patient, je ne pouvais imaginer comment il réussissait à faire toutes ces choses en même temps. J'avais vu de telles interventions de nombreuses fois, mais la façon dont Darryl les accomplissait faisait reculer les machines, les équipements et les médicaments au rang d'accessoires d'importance secondaire, quasi imperceptibles. L'objectif de Darryl était uniquement d'aider le patient, de rassurer la personne inquiète qui se trouvait dans le lit.

Plus tard, lorsque tout fut rentré dans l'ordre, Darryl revint dans ma chambre pour parler de mon désir d'écrire ainsi que de musique et de littérature, domaines que nous appréciions tous deux.

« Êtes-vous folle des écrivains irlandais ? Comme tout le monde aujourd'hui ? »

« Je suis seulement en train de les découvrir, dis-je. J'ai essayé de lire *Ulysse* et *The Dubliners*, mais ce n'est pas facile. J'adore les brèves histoires de William Trevor. Rody Doyle est amusant, mais il emploie des termes de jargon que je ne comprends pas. »

« Au sujet de Joyce, dit-il, oubliez tout sauf *Portrait of an Artist*. Cette œuvre est brillante. Le reste ne vaut rien. »

« Oh ! et j'aime beaucoup Edna O'Brien. »

« Elle est plutôt... terre-à-terre, n'est-ce pas ? »

« Très sensuelle. Elle décrit de nombreuses scènes érotiques. »

« Oh ! vous êtes toujours certaine d'en rencontrer, n'est-ce pas ? »

« Absolument. »

« Y a-t-il des scènes érotiques dans le livre que vous écrivez ? »

« Beaucoup, dis-je, et je me promets d'en écrire une ce soir en rentrant. »

« C'est une bonne chose que Darryl Price ne soit pas originaire de l'Inde. Tu empesterais le curry, me dit dit Morty au cours d'une de nos sorties mensuelles. Tu nous pousserais à méditer et à écouter des concerts de sitar plaintif. »

Cette fois-là, nous étions à la Rebel House sur Young Street, un pub irlandais où l'on écoutait de la musique celtique. Nous venions de voir le film *The Commitments* dans un cinéma de répertoire et nous prenions un verre en essayant, sans succès comme d'habitude, de ne pas parler de quoi que ce soit qui se rapportait au travail.

Elles avaient remarqué que j'étais profondément plongée dans *Trinity* de Leon Uris et que je m'étais soudainement emballée pour collectionner les CD des Chieftains. Je suppose que c'est parce que j'avais insisté pour qu'elles viennent avec moi voir *Riverdance*. Je ne pouvais rien cacher à mes amies.

« Est-ce que ton mari connaît ta toquade ? »

« Je vais l'appeler pour le lui dire », menaça Morty.

« Il n'y a rien à dire. J'aime Darryl comme un ami, et parce qu'il y a des choses que je veux apprendre de lui. »

« Et Daniel Huizinga ? David Bristol ? Jessica Leung – elle-même ferait bientôt partie des cadres. Ce ne sont pas des empotés. »

« Ce sont de remarquables médecins. Tout ce que je veux dire, c'est qu'il y a quelque chose de différent dans la façon dont Darryl parle aux familles et aux patients, et je veux en apprendre davantage à ce sujet. J'aime les mots qu'il utilise. »

« Pourquoi l'aimes-tu tellement ? » demanda Tracy, qui venait de nous rejoindre. Elle se sentait mieux après ce terrible accès de tuberculose et, pour autant que nous sachions, sa grossesse progressait normalement.

« Avez-vous déjà entendu la façon dont il s'adresse aux patients ? Avez-vous déjà participé avec lui à une réunion de famille ? » demandai-je.

« Il a un accent très prononcé, dit Nicole. Ça me rappelle cette publicité pour le savon Irish Spring. »

« Qu'est-ce que ce farfadet chauve a donc de si particulier ? demanda Morty. C'est un phénomène de "self-control" ne crois-tu pas ? Il est pourtant devenu vert cette fois où j'ai déconnecté les alarmes du moniteur cardiaque. Celles-ci se déclenchaient à tout moment parce que le patient remuait dans son lit et créait des interférences. Je lui avais dit que, dans ces conditions, il m'était impossible de suivre le match de hockey à la radio, mais ça ne l'avait pas impressionné. En fait, le gars n'avait aucun sens de l'humour. »

« Il n'est pas mieux que n'importe quel autre, dit Laura. Je leur ai dit ce qui devait être fait pour le patient, ils ont discuté mes idées, et quand je suis revenue le lendemain, qu'ai-je constaté ? Ils avaient travaillé et fait exactement ce que je leur avais d'abord demandé. De toute manière, il est anesthésiste mais aussi spécialiste des soins intensifs, n'est-ce pas ? Je ne supporte pas les anesthésistes. Ce sont les pires des spécialistes. » Laura était lancée sur l'un de ses sujets favoris. « Tout ce qu'ils cherchent, c'est gagner de l'argent, pour eux, tout n'est qu'interventions payantes. Tout ce qu'ils font c'est prescrire quelques médicaments, endormir le patient et surveiller son état. Ils ne font pas plus qu'une infirmière. Ce sont les plus ennuyeux de tous les spécialistes. »

« Je ne suis pas d'accord, dis-je. L'anesthésie est une spécialité qui concerne le corps tout entier. L'anesthésiste n'est pas comme le cardiologue, uniquement intéressé par un seul organe en oubliant tout le reste. Ce sont eux qui comprennent réellement la douleur et son action, et qui se soucient de la soulager. Vous souhaiterez certainement un anesthésiste si vous accouchez. Savez-vous combien il est important d'avoir confiance en son anesthésiste ? Pour beaucoup, la partie la plus préoccupante de l'opération est d'être sûr de pouvoir se réveiller. En quoi consiste le phénomène d'état de veille sous anesthésie ? »

« De quoi s'agit-il ? » demanda Nicole.

« J'ai lu certaines informations à ce sujet. Des patients ont raconté qu'ils étaient restés éveillés pendant l'opération. Ils se souviennent de tout, ils ont tout senti, et ils peuvent même se rappeler avec précision ce que les chirurgiens et les infirmières ont dit au cours de l'opération. C'est très rare, mais c'est une pensée inquiétante pour les patients sur le point de subir une opération. C'est pourquoi je dis à Laura que les anesthésistes sont sous-estimés. Et puis, ajoutai-je en me tournant vers elle alors qu'elle récupérait la dernière goutte de sa bière, y a-t-il quelqu'un que tu aimes réellement ? As-tu un bon mot à dire au sujet de quelqu'un ? »

« Je ne peux penser à personne comme ça, répondit-elle. Ouais... Liam Nielson. C'est un bel Irlandais ! »

« Oui, Darryl est un excellent médecin. Il est très fort, reprit Frances, mais il est très susceptible. Et ses rondes durent toute la journée. Je ne peux faire mon travail parce qu'il bavarde sans cesse. Je sais que si je vais avec lui dans une réunion de famille, il se passera des heures avant que nous puissions en sortir. J'ai toujours envie de lui dire : viens-en au fait ! »

« C'est tout comme toi, bavarde ! » dit Laura.

Et, comme d'habitude, nous avons terminé la soirée enchantées du plaisir d'avoir pu bavarder entre nous.

Un jour, je m'occupais d'un patient qui venait de subir un transplant de poumon et dont l'état était inquiétant. Sa tension était en chute et son sang accusait un taux en oxygène dangereusement bas. Rapidement, la salle s'emplit de monde : le chirurgien et ses résidents qui venaient de réaliser l'opération, des infirmières qui étaient venues me donner un coup de main, des spécialistes de la respiration et le Dr Jessica Leung, chargée de cours. Darryl Price était au pied du lit du patient, surveillant calmement la scène.

« Nous avons augmenté l'oxygène, lui dis-je. J'ai demandé une radiographie du thorax. J'ai prélevé une série de lytes et une troponine et j'ai un tube thoracique prêt pour le cas où il ferait un pneumo. Je viens de faire un électrocardiogramme. Le voici. »

Darryl ne quittait pas le patient des yeux et il pinçait les lèvres de consternation. De toute évidence, il voyait quelque chose que personne d'autre ne voyait.

« Ai-je oublié quelque chose ? » demandai-je.

Il s'éclaircit la voix. « La famille. Nous devons parler à la famille. »

La famille ? Je n'y avais pas pensé. Qui était là, d'ailleurs ? Je jetai un coup d'œil sur la liste. Une femme, des enfants, deux, je pense.

« Mais que pouvons-nous leur dire ? Il décline rapidement et nous ne savons pas quelle en sera l'issue. »

« C'est exactement ce que nous devons leur dire. Il y a assez de monde ici pour faire face aux besoins. J'ai le sentiment que c'est simplement un bouchon de mucus ou une surcharge de fluide que l'on pourra éliminer. Tilda, j'aimerais que tu viennes avec moi. »

Ensemble, nous parcourûmes le long corridor vers les ascenseurs qui devaient nous mener à la salle d'attente. D'importants travaux de rénovation étaient en cours dans tout l'hôpital pour réunir les unités et consolider les départements, et la salle d'attente avait été réinstallée loin de l'Unité des soins intensifs, à un autre étage. Les infirmières avaient rédigé une lettre de protestation, expliquant la nécessité pour les familles de rester à proximité physique de leurs malades et la difficulté pour beaucoup de visiteurs âgés de parcourir de si longues distances. Mais rien n'y avait fait.

Dans l'ascenseur, Darryl et moi échangeâmes quelques mots. Il lisait Robertson Davies et écoutait la mélancolique *Wrecking Ball* d'Emmylou Harris ; je lisais ce qu'Oprah avait choisi pour le mois et redécouvrais les *Nocturnes* du Chopin de ma jeunesse.

« Vous devriez lire *The Magic Mountain* de Thomas Mann, dit-il. Si vous ne l'avez déjà lu. C'est le meilleur livre pour comprendre, du point de vue du patient, l'expérience de la maladie. »

Je considérai ce conseil comme une prescription.

Dans la salle d'attente, Darryl nous présenta aux membres de la famille. Ils étaient faciles à reconnaître. Ce ne pouvait être que ce groupe compact assis autour du thermos de café, certains étaient affaissés sur les canapés qui avaient pris la forme de nombreux autres corps hagards avant les leurs. Tous les yeux étaient tournés vers nous et avides de nouvelles.

Habituellement, lorsque j'entre dans la salle d'attente, j'essaie de garder un visage calme et sans expression. Je pense à mon mari à la table de poker et à son visage imperturbable sur lequel il m'est impossible de déceler s'il détient de bonnes ou de mauvaises cartes.

Les yeux étaient fixés sur nous, d'abord sur le médecin, ensuite sur moi, en va-et-vient. Quelles sont les nouvelles ? S'en sortira-t-il ?

Darryl s'assit au milieu d'eux sur un lit. Je m'assis aussi. Il regarda la femme du patient puis chacun de ses enfants devenus adultes. Il ne détourna pas les yeux, comme j'aurais fait en pareille situation.

« C'est très inquiétant pour vous et pour toute votre famille qui attend. Attendre et ne pas savoir est très dur. L'opération s'est parfaitement déroulée. Votre mari a reçu une excellente paire de nouveaux poumons. Je sais que les chirurgiens vous en ont déjà parlé. Pourtant, ici à l'Unité de soins intensifs, il y a eu quelques complications. Je pense que nous pourrons y remédier. Mais je voudrais vous préparer à des problèmes comme celui-ci. Ils sont très fréquents. Nous vous tiendrons au courant de chaque pas que nous ferons. Nous nous occupons de lui actuellement pour faciliter sa respiration et élever son niveau d'oxygénation en ajustant les réglages de la ventilation. Ce n'est pas précisément le meilleur moment pour lui rendre visite, à moins que vous ne pensiez que vous le devriez vraiment. »

L'épouse secoua la tête. « Nous pouvons attendre. »

Il sourit. « Les infirmières savent tout et vous tiendront informés. Dès qu'il sera stabilisé, nous vous appellerons et vous pourrez venir le visiter. Est-ce que cela vous convient ? »

Elle acquiesça.

« Ce doivent être les pires jours de votre vie. »

Elle acquiesça encore.

« Nous comprenons votre situation. Il tendit la main pour prendre la sienne. Nous sommes avec vous. »

Au cours des années que Darryl Price a passées à l'USI pour parfaire sa formation en médecine des soins intensifs, j'ai eu de nombreuses occasions d'observer sa façon exceptionnelle d'utiliser les mots les plus simples et les plus vrais pour transmettre des informations compliquées et pénibles aux familles, et ce, de la façon la plus gentille possible.

Alors que je travaillais avec lui, c'était avant même que notre travail ne soit commencé, je me souviens avoir reçu une nette prémonition qu'une transformation puissante, quasi mystique, était en train de se produire. En fait, elle était en grande partie suscitée par les paroles, les gestes et l'âme attentive de Darryl.

C'était la garde de nuit. Comme je passais quelques minutes dans la salle de médecine à considérer ma tasse de café avant d'entamer la longue nuit qui commençait, je pus ressentir de puissants tourbillons d'ondes énergétiques provenant de la chambre de mon patient. Bien sûr, je ne mentionnai pas cela à mon entourage. Ils avaient déjà assez de sujets pour se moquer de moi.

Darryl Price était debout devant la porte de la chambre du patient, en consultation paisible avec l'un des chirurgiens vasculaires. Je savais que la situation devait être sérieuse pour qu'il soit encore ici si tard dans la nuit. Les médecins de l'état-major sont généralement rentrés chez eux à cette heure et laissent la garde de l'USI au résident de service qui, en cas de problème, décide de prendre contact avec ses aînés.

Je flânai encore quelques minutes dans la salle de pharmacie, retardant mon entrée dans le monde où je devais séjourner toute la nuit à venir. Au centre de ce monde se trouvaient mon patient et sa famille, chacun d'eux envisageant la crise actuelle à sa façon. La situation demandait toute mon attention ainsi que ma capacité à me consacrer à répondre à leurs besoins. Au cours de la nuit, il y aurait des centaines de faits, de détails et de chiffres à absorber et à interpréter. En même temps, je devrais rester suffisamment souple pour m'adapter à toute évolution éventuelle de la situation. Je pensais à l'œuvre musicale d'Arthur Schoenberg toute en noirceur et en dissonances, intitulée *Nuit transfigurée*.

J'étais prête. Je jetai le reste de mon café dans l'évier, rinçai ma tasse, la remplis d'eau de source fraîche et me dirigeai vers mon bureau en buvant lentement.

« Je suis heureux que tu sois ici cette nuit, Tilda, me dit Darryl. Mais ce sera probablement une nuit très occupée pour toi. Nous devons parler à la famille au sujet de ce qu'il y aurait lieu de faire en cas d'arrêt cardiaque. J'ai réexaminé complètement le dossier et je crois qu'une instruction "ne pas réanimer" serait appropriée étant donné l'état particulièrement précaire du patient. Qu'en penses-tu ? »

Je pensais qu'il était peu commun de parler de ces choses avant qu'une crise ne survienne et combien il serait utile de parler à la famille avant qu'il ne soit trop tard.

« N'es-tu pas en forme, Tilda ? me demanda-t-il en me regardant attentivement. Tu sembles fatiguée. »

« Oh ! je me sens bien », dis-je, en sortant de ma rêverie.

Il paraissait fatigué aussi et je le lui dis.

« C'est aujourd'hui le sixième anniversaire de mon fils », me dit-il. Je dois encore voir dix autres patients dans cette Unité et quelques autres à l'étage. Je sais que je n'arriverai pas chez moi avant qu'il ne soit au lit. De toute façon, appelle-moi quand la famille sera ici. »

L'infirmière de jour avait terminé la remise en ordre de la chambre par gentillesse pour moi, et attendait. Bien sûr, elle était ici depuis plus de douze heures et elle souhaitait rentrer chez elle. Moi j'étais ici pour toute la nuit. Nous nous assîmes à la table roulante de la chambre du patient et elle me mit au courant de l'état de ce dernier.

M. Eagleton, soixante et onze ans, était dans notre Unité de soins intensifs depuis une semaine, et toutes, nous connaissions très bien son histoire. Il nous avait été adressé par l'hôpital Midland Huronia pour rupture d'anévrisme de l'aorte. Il avait dû retourner aujourd'hui à la salle d'opération pour dix heures et il avait encore des saignements internes. Sa tension sanguine était basse et son rythme cardiaque était rapide. Plus troublant encore, il ne semblait pas sortir de son sommeil.

« Il ne va pas bien », conclut l'infirmière en terminant son rapport. Elle était prête à partir.

« Est-ce tout ? » demandai-je.

« C'est tout ce à quoi je peux penser. »

« Comment se comporte la famille ? »

« Ah oui ! j'avais presque oublié. Il a une femme et plusieurs enfants adultes, mais j'ai été trop occupée pour leur permettre d'entrer. Tu sais comment vont les choses. Je crois qu'ils sont toujours dans la salle d'attente. »

Madame Eagleton semblait être le genre de femme qui, en tout temps, était impeccablement maquillée et habillée. Cette nuit, elle avait passé une paire de pantalons de jogging et le vieux sweater de laine tricoté à la main de son mari avant de se précipiter vers l'hôpital. Je remarquai qu'elle portait deux montres au poignet et deux bagues au doigt – la sienne et celle de son époux. Je la pris par la main et la guidai dans l'USI. Je baissai un peu le rail du lit afin qu'elle puisse prendre la main de son mari et je l'encourageai à lui parler.

« Le son de votre voix le réconfortera », lui dis-je.

Elle lui parlait doucement et, ne recevant aucune réponse, elle se mit à pleurer. « Nous avons fêté notre cinquantième anniversaire la veille de son entrée à l'hôpital, me dit-elle. Je lui avais dit : "Alfred, devrions-nous continuer notre petite fête si tu ne te sens pas bien ?" Il avait travaillé au bateau tout le jour et peut-être s'était-il trop fatigué. Son visage avait un air bizarre. Je lui ai donné deux Tylenol, mais ça n'a pas semblé l'aider. Il m'a dit : "Oui, chérie, continue à t'occuper de nos invités, ça ira bien." Et voilà. »

Je ne pouvais dire si M. Eagleton souffrait parce qu'il était profondément inconscient et ne répondait en aucune manière. Nous ne saurions probablement jamais s'il avait souffert, parce qu'il allait probablement mourir. Même s'il survivait à sa crise, il ne se souviendrait probablement plus de rien. Les recherches montrent que la plupart des patients ne peuvent se souvenir de leur passage à l'USI. Je décidai de lui administrer davantage de narcotiques au cas où il souffrirait, même si cela devait faire baisser davantage sa tension. Dans ce cas, j'augmenterais quelque peu le médicament destiné à soutenir sa tension. Je devrais surveiller tout cela de très près cette nuit.

J'apportai des chaises pour sa femme et ses enfants et les laissai entre eux un moment, tout en me tenant à proximité. Je plaçai un avertisseur pour Darryl et je retournai à mon travail. En dedans de quelques minutes, il était là. Nous apportâmes les chaises juste en dehors de la chambre du patient et tînmes là une réunion de famille. « Madame Eagleton », lui dit Darryl. Il s'adressa d'abord à elle, mais de temps en temps, il regardait les deux filles et le fils. « Que vous a-t-on dit de la maladie de votre mari ? »

« Notre médecin de famille de Midland nous a dit qu'il devait venir d'urgence à Toronto pour subir une opération. C'était la semaine dernière. Il n'était pas comme ceci. Alfred ne s'est jamais plaint de quoi que ce soit. Il m'a seulement recommandé de vous prier de ne pas placer d'intraveineuse dans son bras droit parce qu'il joue du violon. Il adore la musique. Dites-moi, Docteur, est-ce très sérieux ? »

Darryl soupira, puis respira profondément. Il glissa sa chaise plus près de celle de Mme Eagleton et la plaça, non de façon à lui faire face, mais pour se trouver à côté d'elle, comme s'ils allaient discuter un cas entre collègues. Ils auraient pu être deux personnes assises côte à côte sur un banc le long d'un sentier, regardant le vaste océan, ou deux amis discutant d'un problème commun. Il plaça doucement la main sur la manche de son tricot.

« Ce que nous avons à faire ce soir, c'est de penser à la personne qui se trouve à l'intérieur du corps de M. Alfred Eagleton. Nous devons penser aux choses qui sont importantes pour lui en tant que personne et en tant qu'homme. Le problème du cerveau est la chose essentielle dans notre façon de voir. Il n'a aucune qualité de vie et il est improbable qu'il puisse jamais en retrouver une. Nous sommes tous très inquiets à son sujet.

Nous sommes capables de faire toutes ces choses, mais nous ne pensons pas que ce soient les bonnes choses à faire pour lui, parce que nous ne pensons pas pouvoir lui rendre la qualité de vie qu'il avait précédemment. Nous hésitons à lui imposer ces traitements alors que nous ne croyons pas qu'il puisse aller mieux. Nous nous sentons mal à l'aise d'utiliser ces machines et ces médicaments si elles ne peuvent améliorer l'état du patient. Bien que nous nous félicitions de pouvoir faire toutes ces choses, est-ce bien dans l'intérêt du patient? Un bon traitement médical, à notre avis, serait de ne pas commencer un nouveau traitement ni ajouter d'autres moyens pour soutenir la vie à ceux déjà utilisés. Il est bon de perdre un peu de dignité pour un moment, si nous pouvons en espérer un bénéfice, mais je crois que, dans le cas présent, ce serait dégradant. Que pouvons-nous faire pour rendre sa vie digne et confortable pour lui? Il y a beaucoup de choses que nous pouvons faire. Cet aspect des choses est simple. Ce qui est réellement dur pour tous les médecins et les infirmières est qu'il n'y a aucune chance d'améliorer son état.»

Il laissa toutes ces paroles pénétrer les esprits et resta assis là au milieu d'eux pour un long moment. Puis il poursuivit.

«C'est très triste pour chacun et chacune ici, pour nous et pour vous, que votre mari soit mourant. En fait, sans ces machines et ces médicaments, il serait déjà mort. Quoi que nous fassions maintenant, l'issue sera la même. Il ne pourra améliorer son état, il n'est pas possible qu'il puisse récupérer.»

Personne n'aurait pu ne pas déceler les trésors de gentillesse qui se cachaient dans ces dures paroles.

«Je crois que tu as un faible pour Darryl Price.» Morty me taquinait encore. «J'ai vu que tu lui avais envoyé une carte par le courrier de l'hôpital. Était-ce une lettre d'admiratrice?»

« C'était une carte de la Saint-Patrick qui portait la mention "*mazel tov*". Il saura d'où elle vient et, non, je n'ai pas un faible pour lui. Je suis très heureuse en mariage. »

« Si, tu as un faible pour lui. Je vais appeler Ivan et le lui dire. »

« Ce n'est pas vrai. J'admire Darryl. C'est-à-dire que oui, je suis emballée mais seulement d'une certaine façon. OK, vous avez raison, je suis attirée par son esprit. »

« Tu vois bien… »

« Oui, j'aime la façon dont il pense et la façon dont il parle aux familles. »

« Es-tu sûre ? »

« Oui, j'aime ses mots. »

« Est-ce tout ? »

« Non, il y a plus. Son courage. »

Chapitre 12

DIFFÉRENCE ENTRE UN PIED ET UN PÉNIS

Nicole me sortit de la pièce, loin des oreilles de la mère du patient, pour me faire un rapport secret. Je compris après avoir entendu les quelques premiers détails.

« Tu blagues... ce n'est pas possible... Je n'ai jamais eu un tel patient », dis-je.

Je venais tout juste de revenir d'un long congé de maternité. Ivan et moi étions maintenant parents d'un petit garçon que nous avions appelé Harry, et j'étais on ne peut plus heureuse. Ce premier jour de rentrée, je me réjouissais de retrouver tous mes anciens camarades et de me remettre à jour en matière de commérages. Pourtant, ce qui m'attendait ce jour-là dans le lit de mon patient me donna un choc auquel rien de mes dix ans de la profession d'infirmière ne m'avait préparée.

Je pense encore à eux, mon patient, Samuel Jürgens, et sa mère, Cindy. Je me demande si toutes les histoires doivent être racontées. Je ne suis pas sûre que celle-ci devrait l'être, mais elle me hante encore aujourd'hui.

Le dossier médical de mon patient était très long. Deux pages pleines décrivaient ses problèmes médicaux, pour la plupart hérités à la naissance, il y avait dix-neuf ans. Samuel souffrait d'un problème génétique provoquant un important retard mental, des problèmes aux reins, le diabète, crises diverses, malformations importantes du cœur (pour lesquelles il avait subi de nombreuses interventions chirurgicales) et de graves difformités physiques comme une petite tête difforme à front proéminent, des yeux mal orientés, un palais fendu et des doigts et des orteils palmés.

« Mais pourquoi est-il soigné à l'ICU ? » demandai-je, car si graves que soient ses problèmes, aucun d'eux ne menaçait sa vie.

« Pneumonie, répondit Nicole. Il est ici pour administration intraveineuse d'antibiotiques et ventilation mécanique par sa trachéotomie permanente. Sa mère fait tout pour lui. Tu auras une journée facile. Elle est venue avec lui en apportant un matelas pneumatique qu'elle utilise pour dormir sur le sol à côté du lit. Sa mère fait tout pour lui, et je dis *tout*. Absolument tout ce que tu peux imaginer. »

Après avoir entendu cela, ma première réaction fut d'adresser un signe amical à la mère, assise sur une chaise à côté du lit de son fils, et de lui signifier que je serai près d'elle sous peu. Ensuite, je m'adressai à l'infirmière de service pour lui signaler que, pour ma prochaine journée de travail, je voudrais être affectée à un autre patient. Un jour de soins auprès de ce patient particulier serait suffisant pour moi. Plus serait trop demander. Nous sommes une équipe et nous devons partager les tâches réellement pénibles. Celles-ci doivent être assignées sur une base tournante. Elle était bien d'accord et prit note de ma demande. Les autres infirmières présentes acquiescèrent.

Elles n'aimeraient pas non plus être elles-mêmes pénalisées de la sorte. « Si vous vous occupez de lui un jour, vous ne souhaiterez plus recommencer de sitôt », m'assurèrent-elles.

La mère du patient devait avoir senti mon appréhension et elle m'appela.

« Voudriez-vous venir un moment, Sam ne mord pas. »

Je m'approchai d'eux. Dans le vaste lit d'hôpital gisait un corps de dix-neuf ans, large, costaud, avec un minuscule cerveau de bébé logé dans une boîte crânienne déformée, distordue. De ce que j'avais compris du protocole, il y avait un problème pour quasi chacune des parties de Sam.

« Il fonctionne comme un enfant de trois mois », dit Cindy. Elle semblait aussi fière que les autres mères que je connais qui prétendent que leur enfant est doué.

Je pensai à mon propre fils qui avait tout juste dix mois. Je me rappelais comment à trois mois, crier, manger et dormir avaient été toutes ses activités, et à cette époque, j'avais adoré chacune de ces minutes. Mais maintenant, à dix mois, il pouvait s'asseoir, jouer à coucou et me sourire en me voyant. Combien plus agréable et amusant était chaque jour, car il pouvait faire de plus en plus de choses ! Quelle joie – et quel soulagement – nous éprouvions à chacune de ses étapes ! L'aimerais-je autant s'il ne pouvait faire ces choses ? J'espérais n'avoir jamais à me poser cette question.

Au moment où Cindy quitta la pièce pour fumer une cigarette, je décidai de considérer de plus près ce que je craignais d'affronter. La tête de Sam était rejetée en arrière, pressée contre l'oreiller, son cou arqué comme celui d'un monstre de film de science-fiction et il avait aussi de l'acné et des sous-bras velus comme tout garçon de son âge. Il bavait beaucoup et produisait des sons inarticulés déplaisants. Tandis qu'il jetait les bras de-ci de-là, ses doigts palmés s'évasaient dans toutes les directions. Il toussait fréquemment et, chaque fois, des bulles vertes d'expectorations gargouillaient hors et autour de sa trachéotomie.

Je ne pouvais me résoudre à parler à cette créature. Je ne pouvais m'adresser à lui comme à un garçon de dix-neuf ans et je n'étais pas préparée à utiliser les doux mots que j'utilisais vis-à-vis de mon propre bébé.

Mais, Oh ! comme sa mère l'adorait !

« Sam aime la musique », dit Cindy lorsqu'elle revint. Elle glissa une cassette dans un enregistreur sur la table de nuit. Il reproduisait des cris de canards, des tintements de cloches et de carillons, et des trains mugissants. J'observais Sam sans pouvoir discerner le moindre indice qu'il avait même conscience de ces sons, et moins encore qu'il les aimait.

« Comprenez-vous ce que je veux dire ? dit-elle. Tu aimes cette musique, n'est-ce pas, chéri ? Voyez-vous comme il l'aime ? »

Plus tard, lorsque la saturation en oxygène de Sam commença à baisser à cause de l'accumulation des sécrétions, Cindy se leva pour pratiquer une succion. « Allons, Sam. Arrête de te conduire mal ! » Elle me sourit. « Il fait un peu de théâtre. »

C'était exactement ce que je disais à propos de mon propre bébé lorsqu'il faisait quelque chose d'étonnant pour nos amis.

Pour passer la journée, je m'occupai de diverses tâches. Je vérifiais l'état du réservoir d'oxygène et de l'aérateur et je redressais la tubulure de l'intraveineuse. Je faisais tout ce à quoi je pouvais penser pour éviter de contempler ce visage et ce corps dans le lit.

Cindy ne quitta son poste que pour passer à la salle de bains, ou pour une cigarette, ou pour un repas à emporter qu'elle ramenait dans la chambre pour manger à côté de lui. Lorsqu'elle revenait après même quelques minutes, c'était comme s'il lui avait manqué terriblement pendant cette brève absence. Elle revenait en catastrophe dans la chambre et se jetait sur lui pour lui dire combien elle l'aimait et lui demander s'il avait été sage pendant son absence. N'avait-il pas donné des ennuis aux infirmières?

Lorsque Sam dormait, elle le regardait dormir, ses yeux remplis d'amour, comme lorsqu'elle le regardait bavarder, grommeler ou avoir ces crises occasionnelles. Elle faisait tout pour lui, nettoyer son derrière, changer ses langes et lui curer bouche, nez et oreilles. Elle lui donnait ses médicaments, prenait ses signes vitaux et lui aspirait ses sécrétions pulmonaires.

« Comment faites-vous, Cindy? lui demandai-je. Mon bébé a eu un rhume la semaine dernière et j'ai été debout toute la nuit, surveillant sa toux. J'étais tellement inquiète à son sujet. Et vous, vous avez fait face à tant de choses. Comment pouvez-vous vous lever quatre ou cinq fois pendant une nuit pour le soigner? Comment avez-vous été capable de le soigner et de lui parler pendant toutes ces années sans jamais recevoir de réponse de sa part? »

« Il *me* répond », dit-elle.

« Oui, mais *aucune* réponse ayant un sens », tentai-je de corriger.

« Pour moi, elles ont un sens. »

J'observai tandis que Cindy massait les pieds de Sam, l'un après l'autre. Finalement, je compris une petite chose. Comme Cindy, j'aimais chaque partie du corps de mon bébé. Parfois, je mettais même l'un de ses petits pieds dans ma bouche, après le bain. Lorsque je tenais un des pieds de mon bébé, mon amour pour la totalité de son corps et pour lui se répandait dans toute ma personne.

À mesure que le jour avançait, je poursuivais la surveillance de Cindy du coin de l'œil. L'expression de son visage était sereine. Elle était absolument satisfaite. Elle n'avait aucun désir d'être ailleurs, ni de faire autre chose, ni d'avoir Sam autrement qu'il n'était.

Je l'observai lui frotter le dos. « Tu aimes ça, n'est-ce pas, chéri ? » lui demanda-t-elle.

Comment pouvait-elle savoir s'il aimait ça ? Quels étaient ses signes de satisfaction ou de frustration ? Ses yeux, bigleux, ouverts puis fermés, puis ouverts à nouveau, ne traduisaient rien.

J'avais imaginé que l'hospitalisation de Sam serait une occasion pour Cindy de prendre quelque repos. Moi-même, j'avais un plaisir coupable de reprendre le travail que j'aimais et de laisser mon enfant à la maison aux soins de quelqu'un d'autre. Le soin des enfants peut être ennuyeux et exténuant par moments. C'est ainsi que je le sentais.

Sam ne dormait pas beaucoup, mais lorsqu'il dormait, Cindy pouvait se reposer un peu et sortait un livre d'un sac de plastique qu'elle tenait près d'elle. Elle n'était pas rentrée dans son appartement depuis l'admission de Sam à l'hôpital et elle portait toujours les mêmes vêtements chaque jour – des chaussures de sport, un T-shirt gris portant l'inscription « Parti pêcher » et un blue-jean. Elle était assise, les chevilles enlaçant les pieds de la chaise, lisant un livre de poche emprunté à la bibliothèque des patients.

« Cindy, puis-je vous poser une question ? »

Elle leva les yeux et dit : « Certainement ! »

« Avez-vous déjà pris un jour de congé ? »

« Je ne peux jamais laisser Sam », répondit-elle. Je ne peux jamais me séparer de lui. »

« Ce que je voudrais vraiment vous poser comme question, Cindy, est ceci. Comment réussissez-vous à faire ce que vous faites ? C'est ce que je voudrais comprendre. Tous les médecins et les infirmières s'émerveillent de votre dévouement pour Sam. C'est remarquable. Je n'ai jamais rien vu de tel. »

« C'est mon fils. » Elle hausse les épaules. « Je l'aime. »

Elle vit bien que, même si je la croyais, sa réponse ne me satisfaisait pas.

« Je l'aime comme on aimerait tout enfant. Lorsqu'il est né, ils venaient tout juste d'inventer tous ces systèmes permettant de sauver la vie du bébé et ils les ont tous utilisés pour lui. Et ils l'ont sauvé. Mais ils m'ont dit qu'il ne vivrait pas jusqu'à un an. Ensuite, ils jurèrent qu'il ne dépasserait pas sa deuxième année puis qu'il ne terminerait pas la troisième. Et le voici, à dix-neuf ans, un gaillard bien charpenté. Il doit même remplir sa fiche de déclaration de revenus, imaginez ! »

« Prendre soin de Sam ne semble pas vous démoraliser. »

« Vous savez, lorsque vous vous trouvez dans la salle d'attente d'un hôpital pour enfants – c'est là que nous avons passé nos dix-huit dernières années jusqu'à ce que nous venions ici – et que vous voyez les parents qui pleurent... Ceux-ci viennent pour l'ablation des amygdales. Certains autres, là bas, rient et racontent des blagues, ont des enfants atteints du cancer. Ils s'efforcent de leur procurer un peu de bon temps. L'enfant de ceux-là a survécu à un accident... »

« Je vois, dis-je, et j'en étais persuadée, je vois... un peu. »

« Je me souviens d'un petit garçon, Kevin, qui, jusqu'à quatre ans, avait été parfaitement normal. C'est alors qu'il fut renversé par une voiture. Cerveau gravement endommagé. Un végétal. Je n'ai pas vécu ce drame avec Sam. Nous sommes très heureux ensemble, Sam et moi. Plus heureux que la plupart des couples mariés, d'après ce que je crois. Je n'ai qu'un souhait... »

« Lequel ? »

« J'aurais voulu qu'il puisse avoir des enfants. J'adorerais avoir des petits-enfants. »

Je soupirai à cette idée.

« Mais évidemment, je sais que ce n'est pas possible. Je suis trop âgée. »

Est-ce que je saisis bien ?

« Bon, je crois que je vais aller déjeuner maintenant. Je me sens comme un certain Taco Bell. J'espère pour vous que ces fèves réchauffées n'agiront pas sur moi ! »

Elle empoigna son exemplaire déchiré du tome de Wilbur Smith qu'elle lisait, donna un gros baiser à Sam en lui disant : « Au revoir, Alligator ! » et elle me salua en quittant.

Le soir, avant de quitter à la fin de ma journée de travail, je modifiai le programme de ma journée du lendemain. « Je voudrais le même patient pour demain », dis-je à l'infirmière de nuit qui arrivait. J'inscrivis au crayon mon nom au bon endroit dans le livre des affectations pour le lendemain. « Je voudrais poursuivre ma conversation avec Sam et sa mère. »

« Cindy Jürgens est une sainte, une philosophe et une héroïne », dis-je aux autres, le matin suivant, au petit déjeuner dans la cafétéria.

« Non, c'est faux. C'est une idiote, dit Laura. Une psychopathe. Il faut être folle pour sacrifier sa vie pour un autre être humain. »

« Je ne suis pas sûre que Sam puisse vraiment prétendre faire partie de cette espèce, dit Morty. C'est un exemple parfait de la sorte de chose pour laquelle l'Église est si… Nous nous décarcassons toutes pour ce gars alors qu'il y a des gens que nous pourrions réellement sauver et qui auraient besoin du lit d'hôpital qu'il occupe. Mais c'est *elle* que nous traitons, pas lui.

« Je croyais que tu avais voté pour le NPD », dis-je, tentant une fois pour toutes de la faire trébucher.

« Être socialiste ne signifie pas que je crois au gaspillage d'argent », répondit-elle.

« J'essaie d'imaginer comment Cindy fait, dis-je, revenant au seul sujet que je souhaitais voir discuter. Elle ne semble jamais se fatiguer, ni désespérer. Je suis désespérée chaque fois que je regarde Sam. Je ne parviens ni à lui parler, ni à le toucher. » Je repoussai mon muffin aux myrtilles.

« Ne sois pas triste pour Cindy Jürgens. Elle retire aussi quelque chose de l'expérience », dit Doris, l'une des infirmières les plus chevronnées qui nous avait rejointes à table.

« Qu'est-ce qui te fait dire ça ? » demandai-je.

« As-tu jeté un coup d'œil sous les draps ? » dit-elle.

« Je ne sais pas de quoi tu parles, dis-je, et je ne crois pas que je veuille le savoir. »

« Je l'ai soigné la semaine dernière, dit Morty, et il n'y a aucun doute à ce sujet dans mon esprit. Ne sois pas si naïve, Tilda. »

Même Frances acquiesça.

Plus tard, lorsque Cindy sortit pour déjeuner, Doris, l'infirmière avec laquelle j'avais parlé au cours du déjeuner, me rejoignit dans ma chambre. Elle me dit vouloir me montrer quelque chose.

« As-tu bien regardé le garçon ? »

« Que veux-tu dire ? »

« Son pénis. L'as-tu vu ? »

« Bien sûr que je l'ai vu. J'ai fait une évaluation complète du garçon ce matin quand j'ai commencé mon service. »

« Viens voir. » Doris ferma les rideaux autour du lit de Sam. Elle retira les couvertures et là se dressait devant moi le pénis le plus énorme que j'aie jamais vu. *Il n'était pas là avant*, pensai-je. Saillant et renflé, il semblait demander satisfaction. Il me faisait penser à un étalon ou à un berger allemand ardent et contenu, cherchant l'attention, pressé de se soulager. Le calmer aurait été plus difficile que d'abattre un arbre – et nous aurions dû crier : « Attention, l'arbre tombe ! » Rabattu, il aurait touché ses genoux. Sans aucun doute, c'était le plus gros que j'aie jamais vu dans ma carrière professionnelle comme dans mon expérience personnelle, certainement plus limitée. Comment ne l'avais-je pas remarqué plus tôt ?

« Il y avait un lange par-dessus, c'est pourquoi je ne l'ai pas vu », dis-je.

« Je vois qu'elle l'a ôté », remarqua Doris.

« Pour sa dignité. »

« Ou pour en faciliter l'accès. »

« Tu peux considérer cela d'une façon ou de l'autre, n'est-ce pas ? »

« Soyons honnêtes, dit Doris. On peut voir qu'il est expérimenté. Il connaît la vie et sait ce qu'il veut. Il a bien été utilisé. S'il ne l'avait pas été, il serait plus ratatiné, plus atrophié. Vous savez, si vous ne l'utilisez pas, vous le perdez. Ce muscle a été bien entraîné. Il est habitué à être satisfait. Avec qui, sinon avec Cindy ? Elle en a besoin, elle aussi, c'est une mère célibataire esseulée et probablement qu'elle ne sort pas pour rencontrer des gars, du moins pas ceux qui voudraient venir chez elle. »

Nous le recouvrîmes, mais il regimba sous les draps. Sam lui-même était inconscient, ni bouleversé, ni au repos. Il ne réagissait à aucun signal que je puisse concevoir, ni au froid, ni à la chaleur, ni à la lumière, ni à l'obscurité, ni à la douleur, ni au plaisir, ni à l'arrivée, ni au départ de quelqu'un. Très étrangement, c'était son extraordinaire pénis qui communiquait plus que Sam lui-même ne pouvait le faire.

« Je voudrais vous demander une chose, dit Doris. Avant de quitter pour le repas de midi, l'a-t-elle embrassé ? Sur les lèvres ? »

« Oui, mais qu'allez-vous donc imaginer, Doris ? Qu'elle et Sam... ? Que la mère voudrait... ? Avec son propre fils handicapé ? Mais elle lui est si dévouée. »

« Raison de plus. C'est la façon dont ils communiquent. Il reçoit une stimulation tactile et – qui sait s'il y a plaisir ? – j'ose dire qu'ainsi, elle en reçoit une aussi. Ils se libèrent l'un et l'autre et je suppose que personne n'en sort blessé. Les infirmières de l'hôpital des enfants avaient des soupçons. Elles ont appelé la Société protectrice de l'Enfance, mais personne n'a rien pu prouver. »

Je ne savais que penser. Je savais que je n'avais jamais vu Cindy agir de façon inappropriée.

« Où est le père Szigetti ? Je ne le trouve jamais quand j'en ai besoin ! » dis-je à Morty, dans la salle des infirmières.

« OK, je veux bien jouer son rôle pour toi, dit-elle en se signant et en adressant un regard pieux en direction de la chambre de Sam. Bon Dieu, ma chère. Sam est aussi une création de Dieu... mais il doit y avoir aussi des jours de relâche, même pour Lui. »

Je devais en rire. Je souris aussi au choix de ses boucles d'oreilles pour aujourd'hui : de minuscules masques de théâtre grec en argent – comédie pour l'une, tragédie pour l'autre.

J'avais précédemment demandé à Cindy si elle était croyante et si elle souhaitait voir un prêtre, mais elle avait rejeté ma suggestion. « Je n'ai que faire de l'Église. Je veux dire que je la respecte, mais mon ami catholique m'a abandonnée lorsque

Sam est né. Sam est tout ce qu'il m'a donné et nous ne sommes pas catholiques. »

Il était temps de relever les signes vitaux de Sam et, comme Cindy n'était pas encore revenue de son lunch, je les ai pris moi-même. Il faisait une pointe de fièvre et, en entrant, je le lui dis.

« Non, il n'en a pas, rit-elle. Ce n'est pas possible. »

Elle prit sa température elle-même et n'en crut pas ses yeux : 38,8 °C. Je préparai une culture microbienne et le médecin rajusta ses antibiotiques. Cindy administra à Sam quelques comprimés de Tylénol et lui prépara un bassin d'eau pour une toilette à l'éponge.

Ce jour-là, Faizel El-Bakshy était le résident de service pour l'USI. Il émergeait tout juste du bureau de garde, rajustant son cache-poussière de laboratoire, quelques minutes en retard, afin de nous rejoindre pour les petites rondes de fin d'après-midi. Il avait été envoyé au Canada par une grande société de Ryad, Arabie Saoudite, pour venir se spécialiser en soins palliatifs. « Je suis prêt... pour pratiquer la procédure de ponction artérielle sur Jürgens, Samuel, le patient », dit-il dans un langage hésitant mais très formel.

Le Dr Daniel Huizinga était le médecin de garde responsable cette semaine et il avait décidé qu'en raison de cette nouvelle poussée de température, les prises intraveineuses et artérielles devaient être changées pour de nouveaux emplacements afin de prévenir de possibles infections. Cindy savait exactement ce qui se passait. Elle avait probablement pratiqué cette procédure de nombreuses fois et il n'était pas nécessaire de la lui réexpliquer.

« Avez-vous terminé vos prières ? » demandai-je tranquillement à Faizel tandis qu'il prenait sa place dans l'équipe.

« Oui, comment le savez-vous ? » Il sourit. « Si je ne prie pas, je deviens nerveux. Je dois prier quatre fois par jour et une fois la nuit. » J'acquiesçai et il poursuivit : « C'est un besoin physique que je dois satisfaire, c'est comme quand ma vessie est pleine ou même comme... une relation sexuelle. »

Je n'avais jamais entendu décrire la prière comme un besoin essentiel, comme un processus de survie. Je crois que nous éprouvons tous des besoins puissants. Pourquoi ne pas les satisfaire de quelque façon que ce soit, pourvu que nous ne blessions personne ? N'est-ce pas ce qui se passe de manière privée entre deux personnes, comme entre cet homme et son Dieu ? Si ce qui se passait entre Cindy et Sam les rapprochait et aidait Cindy à entreprendre ce travail herculéen de prendre soin de lui, jour après jour, qui pourrait la juger ?

« Avez-vous reçu votre déjeuner ? demandai-je. Tout le monde a été très occupé dans l'Unité aujourd'hui. »

« Je ne peux pas manger avant le coucher du soleil. C'est le ramadan. Je meurs de faim, mais je dois attendre. Il y a un appel au Département de l'urgence auquel je dois répondre. »

Je savais qu'il y avait un plateau de déjeuner intact à l'office qui serait jeté. Je prélevai une tranche de pain aux bananes et un carton de lait sur le plateau et les lui apportai. « Voici, vous avez de quoi manger. Gardez ceci pour plus tard, lorsque le soleil sera couché. »

« Que Dieu vous bénisse ! »

Il me dit qu'il avait récemment reçu de mauvaises nouvelles. L'entreprise le renvoyait chez lui plus tôt qu'il ne l'avait escompté comme interniste non spécialisé. Elle ne continuerait pas à le patronner pour qu'il puisse se spécialiser en cardiologie, comme il l'avait souhaité.

« Je parie que votre femme est heureuse de cela. » Il m'avait dit combien elle souffrait d'être loin des siens.

« Oui, le désert lui manque, le sable, les muezzins qui appellent à la prière. Le temps est pénible pour elle ici. Elle se sent isolée. »

Je ne l'avais jamais rencontrée, mais je sentais sa présence. Je me représentais Lai'lah, Tabiyah et Ashnoor, leurs trois filles dont il m'avait parlé et dont il m'avait montré les photos. Je savais sa déception de ne pas avoir eu de fils pour perpétuer le nom de la famille.

Il me restait encore quelques heures de travail à assumer. La fièvre de Sam ne le quittait pas et Cindy semblait inquiète. Elle savait ce que cela signifiait quand je lui avais dit que le nombre de globules blancs croissait : une grave infection, peut-être dans le sang, et qui, pour Sam, compte tenu de tous ses handicaps médicaux, pouvait menacer sa vie même.

Après avoir retiré la sonde artérielle radiale droite de Sam et avoir aidé Faizel à placer, sur la face interne du poignet gauche de Sam, une nouvelle sonde, Cindy se proposa de lui laver les cheveux et de le raser. Je prélevai donc quelques essuies supplémentaires sur la lingère. Dans le hall, je rencontrai le Dr Huizinga qui me parut préoccupé. Il aurait voulu savoir si j'avais fait quelques progrès dans mes tentatives de sevrer Sam de l'aérateur et si sa fièvre avait diminué. Il me parla aussi d'une jeune femme de vingt-quatre ans dans le coma, avec défaillance hépatique, conséquence d'une réaction exceptionnelle à un traitement médical. Elle était provisoirement logée à l'étage inférieur et aurait dû être amenée d'urgence à l'USI. Mais je savais que nous n'avions aucun lit disponible...

Plus tard, j'étais au lavabo et j'observais Cindy s'empresser autour de Sam, le dorlotant tout en se parlant à elle-même et en consultant le thermomètre. Je redoutais de devoir lui dire que nous pourrions être amenés à devoir transférer Sam en dehors de l'USI. Elle décida de donner à Sam un nouveau bain d'éponge. À nouveau, elle transporta le grand bassin de métal que nous gardions sous l'évier, avec son savon spécial, le shampoing et l'après-shampoing. Elle changea ses draps, qui étaient parfaitement propres, les assouplit et les réarrangea.

Soudain, je sens que je m'impatiente. J'aurais voulu que ma journée prenne fin. Cette affaire suscitait chez moi trop de sentiments inconfortables. Nous avions appris, à l'école d'infirmières, à être ouverts à autrui et à ne pas juger, mais dans le cas présent, je devais lutter pour arriver à pratiquer ces vertus fondamentales. Deviez-vous cacher tous vos sentiments pour être une bonne infirmière? S'il en était ainsi, laquelle serait suffisamment vertueuse? Et je ne pouvais écarter de mon esprit cette jeune femme gravement malade à l'Urgence, avec une crise d'hépatite fulminante. Elle aurait dû venir d'urgence à l'USI et il y avait une chance que nous puissions la sauver, mais il n'y avait pas de lit pour elle. Cependant, il y avait Sam qui n'avait aucun espoir de guérison, ni même de voir son état s'améliorer et qui occupait un lit qu'elle aurait pu avoir. Peut-être que ce que Morty avait dit au déjeuner était vrai, que nous ne pouvions sauver tout le monde. Les soins de santé coûtaient cher et il fallait faire des choix. Et voilà Cindy qui nous dictait notre comportement, peut-être pour satisfaire ses propres besoins. Ce ne pouvait être pour Sam qu'elle faisait tout cela. Elle commandait et nous suivions ses directives.

Cindy continuait à arranger les draps de Sam. Sam grommelait et pétait. Ses pets annonçaient un flux de diarrhée, ce qui semblait plaire à Cindy parce que ça lui donnait une chose de plus à faire. La tête de Sam se renversait sur l'oreiller. Ses yeux étaient grands ouverts et fixaient le plafond, mais il ne semblait conscient de rien, ni du plafonnier, ni de la chambre, ni de la présence constante de sa mère.

D'une part, ce que Doris et d'autres infirmières prétendaient était pure spéculation. Il était dangereux et injuste de soulever, sans preuves, de si graves allégations.

D'autre part, qu'en serait-il si la rumeur s'avérait exacte ? J'avais remarqué que Nell, qui avait déjeuné avec nous, était restée sans réaction. Peut-être qu'avec toutes ses histoires ludiques et ses affabulations, elle se sentait mal à l'aise en face d'une vérité troublante. Quoi qu'il en soit, il me paraissait clair, ou du moins plausible, que Cindy puisse avoir ce type de relations avec son fils. Une telle idée m'était venue sans effort ni contrainte, claire dans mon esprit. Elle ne m'avait demandé aucun effort d'imagination. Il me suffisait de penser à la façon dont Cindy embrassait Sam sur les lèvres et l'entourait de son corps, combien elle souhaitait qu'il ait des enfants, tout en regrettant qu'*elle-même* soit trop âgée.

Mais *même* si toutes ces choses étaient vraies, elles s'éclipsaient face à la tragédie personnelle de Sam. Son existence en ce monde était, sans aucun doute, une tragédie. Mais l'était-elle vraiment ? Peut-être que le défaut résidait chez ceux d'entre nous qui sont incapables d'accepter ce qui nous est donné et d'y trouver une signification. Peut-être cela était-il plus important que tout ce qui pouvait se passer entre lui et sa mère.

Et le jour où Sam mourrait, comme Cindy souffrirait ! Comme elle se trouverait seule et dépossédée de sa compagnie, quoi que celle-ci puisse représenter, et aussi du plaisir que celle-ci lui procurait. Sam était tout pour elle. Encore, l'aimait-elle tellement qu'elle était prête à tout faire pour le maintenir en vie, ou peut-être ne l'aimait-elle pas assez pour le laisser partir?

Je me détournai d'eux pour regarder à travers la fenêtre. J'agrippai le bord de l'appui et plongeai mon regard dans la sombre profondeur du jardin en me demandant si Ivan avait pu trouver la bière et les ailes de poulet pour notre dîner. Barbecue, Ranch, Cajun... J'étais fatiguée et je voulais rentrer chez nous. Je voulais revoir mon bébé et m'assurer encore qu'il était bien normal. Aussi normal qu'il fût lorsque je l'ai quitté ce matin. Je voulais être près d'Ivan, avoir du bon temps auprès de lui et balayer tout ceci de mon esprit.

Tout en préparant la dose d'antibiotiques de dix-neuf heures pour Sam, j'envisageai un court instant d'étiqueter le sac mais d'oublier le médicament. S'il manquait seulement une ou deux prises du médicament, c'en serait fait de lui, l'infection pourrait le submerger, il deviendrait septique et ce serait la fin. Je rejetai cette pensée terrible de mon esprit et j'administrai le médicament comme prescrit.

Je jetai un coup d'œil à l'horloge, impatiente de voir mon service prendre fin. L'aiguille des minutes fit une révolution complète. Puis une autre. Je me retournai pour voir Cindy masser le pied de Sam, je vis la façon dont elle tenait délicatement le talon et les orteils dans ses mains. C'était si beau de voir cela, sa main pleine d'amour pour le pied, pour toute la personne qu'était son fils. Elle plaçait le pied contre sa figure et le tenait contre sa joue. Elle en embrassait la plante et fermait les yeux, savourant son goût, son odeur. Elle ne demandait rien en retour à Sam, elle voulait seulement l'aimer. La façon dont Cindy tenait ce pied, la façon dont elle le massait, le baisait et caressait sa joue était exactement la même que moi avec mon propre enfant. Quelle était la différence? L'une comme l'autre, nous avions donné naissance à un fils et nous aimions ce qui était sorti de nous-mêmes. Que mon amour me semble naturel et facile et que le sien pour Sam m'apparaisse impossible était une erreur de jugement en moi, non pas en elle. Si Cindy Jürgens utilisait son corps et celui de Sam pour communiquer cet amour – et d'ailleurs, quelle était la différence entre un pied et un pénis ? – et si un peu de cet amour primal, physique, était transmis à Sam, et si cet amour était perçu d'une certaine manière dans les cellules primitives de son cerveau, et si, peut-être, seulement peut-être, cela lui apportait un certain plaisir, ou un certain contact humain, ou le soulagement d'un inconfort – nous ne saurions jamais s'il y trouvait douleur ou plaisir – au cours de son séjour sur cette planète, alors qui étais-je – ou qui étions-nous – pour décréter que c'était bien ou mal ? Si je m'aventurais à juger tout cela, quelle infirmière serais-je ? Quel type de personne serais-je si mon esprit avait une opinion sur tout ? Pour être le genre d'infirmière et de personne que je souhaitais être, je devais rompre avec tous mes préjugés et passer outre à tout jugement. Je décidai de ne pas avoir d'opinion sur l'ensemble de la chose. Le seul sentiment que j'aurais serait de la compassion.

Je revins auprès de Cindy et de Sam. Elle était en train d'appliquer une huile parfumée à la menthe sur ses pieds et sur ses jambes.

« Cindy, je dois aller aider une autre infirmière. Sam est stable et les alarmes du moniteur sont branchées. Venez me chercher si vous avez besoin de moi. Vous et Sam avez aussi besoin d'un peu de tranquillité. »

Elle me regarda, surprise. Elle n'avait pas été seule avec lui une seule minute depuis leur arrivée à l'hôpital. Chez elle, il lui appartenait, mais l'hôpital avait priorité. Nous ne pouvons posséder personne, et certainement pas nos enfants, mais Sam lui appartenait plus qu'il n'appartenait à l'hôpital ou à quiconque d'entre nous. Elle méritait bien d'être un peu seule avec lui.

Je fermai le rideau autour d'eux. Je fermai la porte. Je leur laissai temps et espace pour qu'ils jouissent d'un peu d'intimité.

Chapitre 13

ENFIN C'EST ARRIVÉ !

Comme infirmière, j'ai été spécialiste des soins intensifs pendant douze ans. Au cours de cette période, j'ai écrit des articles sur le rôle de l'infirmière, j'ai parlé du sujet à l'occasion de conférences, j'ai aussi eu l'occasion de patronner de jeunes infirmières et même de diriger un projet de recherche dans ce domaine. Pourtant, quelles que soient les incursions que j'ai pu faire dans ces domaines, j'ai toujours voulu rester auprès des malades. Pour moi, c'est là que j'ai trouvé les plus grands défis et les plus grandes satisfactions. Et c'est encore le cas aujourd'hui.

En dehors de deux congés de maternité, je n'ai eu qu'un hiatus de longue durée au cours de mes années de service à l'Unité de soins intensifs et c'est à la suite d'une escapade ridicule. J'avais dû appeler l'hôpital pour dire que je serais non-disponible pendant quelques semaines.

« Laura, est-ce toi ? »

« Tillie ! Que se passe-t-il ? Es-tu malade ? Ta voix me donne l'impression que tu es en forme. »

« Je viens d'avoir un petit... malheur. »

« Est-ce que tu vas bien ? »

« Oui, mais je me suis cassé la cheville. »

« Comment cela ? »

Je devais le leur dire. Je savais qu'elles ne me laisseraient pas tranquille. Elles me le rappellent encore chaque fois qu'un cirque vient en ville.

« Je... j'espère... que tu as... » Laura pouvait à peine parler. Elle étouffait de larmes et de rire. « Un parasol rose ! »

Un ancien engagement que j'avais pris envers moi-même d'être une mère « amusante » lorsque j'aurais mes propres enfants m'avait poussé à faire quelque chose de fou et de téméraire. Comme ma propre mère avait été une invalide, étendue sans mouvement sur un divan pendant des jours, pour ne se relever que plus faible et plus fatiguée qu'avant, je m'étais promis d'être différente. À l'occasion d'un anniversaire d'enfant, qui avait le cirque comme thème, je regardais les garçons se balancer joyeusement au trapèze. Je riais du clown et j'avais même fait quelques tentatives de saut au tremplin. Je décidai de demander la permission d'essayer la corde raide.

« D'accord, répondit Boris, le meneur russe, avec un petit rire. Vas-y. »

La corde n'avait que quelques pieds de longueur et était tendue à quatre pieds du sol, qui était garni d'épaisses nattes. M'engageant sur la corde, je progressai, aussi gracieuse et agile qu'un véritable acrobate. J'exécutai magnifiquement mon exploit aérien mais, à ma descente maladroite, un craquement sonore se fit entendre, facile à interpréter par chacun.

Une petite fille de six ans me regarda, couchée sur le tapis : « T'es-tu cassé le pied ? »

Huit semaines de convalescence avec un pied dans le plâtre me fournirent l'occasion de réfléchir à ma profession. La période y était particulièrement propice. L'hôpital venait d'engager une nouvelle directrice des soins infirmiers qui était une animatrice brillante et dynamique. Elle avait donné des conférences stimulantes au sujet du rôle de l'infirmière. Non seulement elle croyait en l'importance de notre travail, mais elle assurait une présence efficace en notre nom à la table de négociations.

Dès son arrivée, elle avait organisé une série de réunions sans prétention, destinées à toutes les infirmières. Comme j'avais du temps libre, j'étais allée écouter ce qu'elle avait à dire.

C'était par une magnifique après-midi de la fin de septembre. Le soleil coulait ses rayons au travers des larges fenêtres de l'auditorium où la réunion devait se tenir. Notre nouvelle directrice devait prendre la parole pour ensuite ouvrir la discussion à tous ceux et celles qui souhaitaient s'exprimer. Aucun sujet n'était exclu, nous avait-elle dit. Et la confidentialité était assurée. Du thé et des biscuits avaient été prévus.

Tout d'abord, elle nous présenta une magnifique photo prise par elle à l'occasion d'un voyage dans le sud de la Frances. C'était la vue d'un pont de pierre à une seule arche, structure qu'elle dénomma « canal herméneutique ». Elle parla du symbolisme de l'image, de sa beauté simple et de l'union de la fonction avec l'esthétique. D'une certaine manière, elle poursuivait avec grâce sa supplication adressée aux infirmières de cesser leur longue tradition de silence face aux souffrances des clients et aux injustices du système de santé. Elle exprimait sa conviction que les infirmières étaient les nouvelles « travailleuses du savoir » dans le système des soins de santé du vingt et unième siècle. Elle en appelait à chacune de nous pour saisir et profiter de cette occasion de créer une différence dans la vie des patients. Se tenant fièrement devant nous dans son tailleur sombre sur lequel un bijou brillait dans le soleil, elle ouvrit les bras à la dimension de sa vision du glorieux avenir de notre profession.

Les infirmières étaient en uniforme saumon, blanc ou bleu ou en salopette verte, écoutant les orateurs en grignotant des biscuits. J'étais assise loin derrière, portant mes vêtements de ville parce que j'étais venue de chez moi exprès pour la réunion, en boitant et en m'accoutumant petit à petit à l'usage de mes béquilles.

Je frissonnai de joie à l'idée que notre leader avait une telle vision de notre profession. Finalement, nous avions à la tête quelqu'un qui croyait en la valeur de notre profession et, d'après ce que je pouvais voir, qui se battrait pour obtenir les choses que nous méritions – reconnaissance et respect. Mais encore, pour moi, quelque chose manquait. Et ça n'avait rien à voir avec nos salaires, nos conditions de travail, ni les horaires exténuants. C'était quelque chose qui n'avait jamais été soulevé publiquement. C'était quelque chose qui semblait à l'opposé de sa vision noble de nos rôles et cependant, je savais que c'était une importante partie de notre travail.

Ce que je voulais soulever était trop sauvage et trop cru pour cette aimable assemblée. Il ne cadrerait pas avec ces rafraîchissements élaborés que nous appréciions. Je n'avais pas le courage de soulever le point. C'était un important aspect de notre travail, et pourtant, nous n'en parlions presque jamais, même entre nous, sauf pour en blaguer. C'était le bas-ventre, le point vulnérable dans la vie d'une infirmière.

Beaucoup d'infirmières ne pouvaient s'adapter au sale travail de leur métier. Ces infirmières choisissaient souvent de travailler ailleurs que dans un hôpital, ailleurs qu'à l'Unité de soins intensifs, où les patients et leurs corps étaient les plus vulnérables. Certaines infirmières choisissaient des endroits plus propres, des postes où le travail était plus facile, ou elles se réfugiaient derrière des ordinateurs, un travail de bureau, ou dans l'enseignement. Qui avait besoin d'un diplôme universitaire pour placer le bassin hygiénique, disaient-elles ?

En fait, j'avais entendu si souvent cette dernière remarque que j'avais fini par l'entendre comme un slogan ou un leitmotiv. Je l'avais entendu de la bouche de différentes infirmières, dans tous les hôpitaux où j'ai travaillé. Ça me rappelait une race de chimpanzés à propos desquels j'avais lu qu'ils avaient tous la même habitude de s'essuyer la figure avec des feuilles de banian. Qui pourrait expliquer comment le même comportement avait pu se propager si largement parmi des membres non apparentés de la même espèce qui habitaient différents continents ?

J'étais consternée de constater que certaines infirmières réduisaient notre profession à seulement faire la toilette. Elles faisaient du bassin hygiénique notre emblème, comme le stéthoscope était celui des médecins et le marteau celui du juge. Cependant, si nous souhaitions rester au chevet des patients pour prendre soin d'eux, cette attention personnelle et intime constituait une partie essentielle de notre travail. Parfois, elle suggérait que notre travail était sale et avilissant. Nous savions que les patients qui perdent le contrôle de ces fonctions de leur corps devaient certainement se sentir embarrassés et gênés, et nous l'étions aussi parfois de faire ce travail.

Quand je dois nettoyer du sang, de l'urine, des crachats, du vomi ou des selles (il y a une hiérarchie secrète), je m'efforce de me concentrer sur la personne, non sur le bassin hygiénique. Je souhaite aider mes patients à garder leur dignité, mais le problème est que, dans de tels moments, je dois aussi chercher à garder la mienne.

C'était peut-être la juxtaposition de ces pensées philosophiques proposées par notre nouvelle directrice des infirmières et de l'occasion que j'avais à cette période de prodiguer des soins pratiques au domicile d'une femme mourante qui me firent réfléchir à la signification du sale secret des soignants. Je décidai qu'un jour je briserais cette frontière et dévoilerais le plus angoissant et le plus embrouillé des tabous.

Grâce aux émissions de télévision comme Urgences, il est souvent bien connu que « Code bleu » indique une urgence – comme un arrêt cardiaque – quelque part dans l'hôpital (et quelque chose comme une médaille d'honneur offerte à ceux choisis pour courir la règler).

« Code rouge » est le signal d'incendie.

« Code blanc » indique un patient violent, parfois venant de la section Psy, qui demande les muscles des gardes de la sécurité.

« Code vert » annonce un déversement toxique.

« Code jaune » est un patient errant – quelqu'un disparu ou ASP.

Nous, les infirmières, avons inventé le « code brun » pour notre propre usage. C'est notre signal d'alarme pour obtenir l'aide du service de nettoyage.

Nous nous appelons la Patrouille Caca, la Brigade Boyau, les Balayeurs de Merde, parce que, par moments, c'est ainsi que nous nous voyons. Nous avons toutes des histoires mémorables à ce sujet et, en faisant appel à ma mémoire, en voici quelques-unes des miennes.

Un jour, Rodney, l'assistant, n'était trouvable nulle part, et j'avais besoin d'urgence de son aide pour transférer mon patient à l'étage. J'étais pressée de me débarrasser de ce patient parce qu'un malade d'un autre étage venait juste de faire un arrêt cardiaque et devait arriver sans délai à l'USI.

« OK, Tilda, dit Laura, qui était responsable ce jour-là, je ne sais pas où est Rodney. Je vais transférer avec toi ton patient vers l'étage et ensuite nous passerons à l'autre étage prendre en charge le patient qui a un arrêt cardiaque. Je suppose que nous sommes à la fois porteuses, déménageuses, secrétaires, concierges et femmes d'ouvrage. Quoi qu'il en soit, allons-y ! »

Mon patient était prêt. Ses effets personnels avaient été remis à sa disposition dans un grand sac de plastique et ses médicaments étaient regroupés dans un petit sac transparent. Cet homme se rétablissait après une chirurgie abdominale compliquée par une pneumonie postopératoire. Son état s'améliorait cependant et bientôt, il pourrait être admis au régime normal.

Laura lâcha le frein du lit, se plaça à la tête pour tirer et moi au pied pour pousser. Nous avions à peine franchi la porte qu'un nouvel appel arriva de l'étage.

« Quand venez-vous chercher ce patient ? Il doit venir à l'USI immédiatement », dit le commis.

« Dis-leur que nous arrivons », répondit Laura.

Mais au moment où nous traversions le hall, un nuage sombre passa sur son visage. C'était clair, quelque chose le tracassait. Il pressa son estomac.

« Que se passe-t-il ? » demandai-je.

« Je devrais... utiliser le bassin hygiénique. Voudriez-vous me ramener dans ma chambre ? »

« Attendez que nous arrivions à l'étage. Nous y sommes presque », dit Laura, en pressant vers l'ascenseur.

« Non, je regrette, j'ai besoin maintenant. Je ne peux pas attendre. »

Laura et moi nous nous regardions.

L'insistance de sa voix nous fit faire demi-tour et nous le reconduisîmes dans sa chambre de l'USI. Je lui donnai le bassin hygiénique et je fermai le rideau. Quelques instants plus tard, nous enlevions la cuvette et allions reprendre notre voyage. Mais quelque chose nous arrêta dans notre élan. Laura et moi regardions dans le bassin, étonnées. C'était la plus massive quantité de fèces en un seul dépôt que nous ayons jamais vue. Nous pouvions reconnaître l'empreinte intégrale complètement intacte de ses intestins sculptée en une spirale étagée. On pouvait reconnaître le duodénum, l'intestin grêle et le gros intestin, le cæcum et le rectum. Le tout terminé par une volute satisfaisante (pour lui, probablement) au sommet. Nous nous regardions. C'était une chose étonnante. Il était incroyable que tant de matière ait pu être logée dans un corps humain. Mais nous nous sentions petites et vaines aussi. Pour nous épauler, nous transportâmes ensemble le bassin hygiénique et, tandis que je versais le contenu dans le bol de toilette, Laura tira la chasse.

« Je me demande ce que la famille royale fait en ce moment », grommela-t-elle.

« Vous devez vous sentir mieux maintenant », dis-je au patient en ressortant, et je me lavai les mains au lavabo.

« Je ne me suis jamais senti aussi bien ! » confirma-t-il.

Comme un troupier contant une histoire de guerre, ou un pêcheur se vantant de la taille de sa prise, Laura ne put s'empêcher de raconter à tous ce que nous avions vu, entre autres à

Nell qui n'en fut pas la moins impressionnée. Facilement, elle surenchérit.

« Une fois, alors que je travaillais dans un poste avancé de l'intérieur du pays en Australie, j'ai eu un patient qui a fait un serpent. Un véritable serpent vivant et sifflant. »

« Un cobra, j'en suis sûre, railla Laura. Ou peut-être le Grand Charabia Vert ? » Elle était décidée à coincer un jour Nell dans l'une de ses affabulations.

« Peut-être était-ce un ver. Le patient avait peut-être un parasite et tu as cru que c'était un serpent », suggérai-je.

« En tout cas, ce devait être un serpent-jarretière », dit Frances qui, si c'était possible, était encore plus facile à duper que moi.

« Tilda, si tu écris à ce sujet, je jure que je te tue, dit Laura. Mais, après réflexion, si tu le fais, pourquoi ne commencerais-tu pas par "chère Diarrhée"... » Elle se pâma devant la subtilité de son intelligence.

Pour une raison que nulle ne pouvait sonder, Nicole ne portait jamais de gants lorsqu'elle soignait les patients. Elle n'hésitait pas à plonger les mains dans un bassin d'eau brunâtre tandis qu'elle lavait un patient après une diarrhée. Sans gants, elle a même déjà nettoyé du vomi et changé le pansement d'une trachéotomie infectée et suintante.

« Nicky, pour l'amour de Dieu, mets des gants ! » lui criions-nous.

« C'est idiot, Nick », dit Tracy.

« Et dangereux. Et le SIDA et l'hépatite ? Et le côté dégoûtant ? » demandai-je avec un frisson involontaire en lui lançant une paire de gants jetables.

« Je préfère toucher les patients avec les mains, expliqua-t-elle. Je ne peux rien sentir en portant des gants. De toute manière, j'ai lavé ma propre mère qui mourait d'un cancer et les infirmières là-bas disaient la même chose. Elles craignaient que je n'absorbe l'un ou l'autre radio-isotope ou une trace de sa chimio, mais je n'étais pas inquiète. »

Mes amies avaient la désagréable habitude de commenter ce que nous avions apporté comme lunch tandis que nous étions assises ensemble pour déjeuner. Je me réfugiais dans un coin dans l'espoir de garder mes repas pour moi seule.

« Qu'as-tu apporté aujourd'hui, Tillie ? » demandait Frances. Les autres aussitôt levaient les yeux.

Il se pouvait que j'aie une boîte Tupperware contenant un reste de sauté ou une tranche de pizza froide, quoi qu'il en soit, je ne souhaitais ni commenter, ni discuter la chose avec quiconque.

« Qu'est-ce que c'est que *ça*? demanda Laura, en regardant un jour dans mon bol. Ta soupe ressemble à ce qui sort du tube rectal de mon patient. »

« Merci, Laura. » Je repoussai mon déjeuner sans pouvoir repousser l'idée.

Nicole était réputée pour apporter de plantureux déjeuners, parfois toute une tête de salade iceberg et un concombre anglais entier. Elle savait préparer une salade à la façon du plus enthousiaste des démonstrateurs d'un grand magasin, utilisant divers instruments pour découper en dés ou en tranches. Elle apportait parfois toute une bouteille de vinaigrette qu'elle versait entièrement dans un grand contenant que Morty avait baptisé « la sébile de Jéthro » d'après le roman télévisé *The Beverly Hillbillies.*

« Tu pourrais donner un bain à un patient dans ce bol », disait Tracy.

« Participes-tu à un safari ? » lui demandait Laura en considérant le sac de victuailles de Nicole.

J'avais des dadas en matière de nourriture et je n'aimais guère discuter avec elles de ce que je mangeais. Mon poids était toujours variable, parfois stable, puis de nouveau en progression. Il était toujours fonction de mes états d'âme. La nourriture était mon souci permanent.

« Comment restes-tu si mince ? » avais-je un jour demandé à Clara, une infirmière polonaise venue au Canada pour travailler à l'Unité de soins intensifs. Son langage était hésitant, mais correct.

« Ça est ce que je fais. » Elle haussa les épaules d'un air las, comme si elle s'occupait d'un enfant retardé. « Simple manger. Je mange quand moi faim et arrête quand moi assez. »

Imaginez. C'était aussi simple que ça !

Je fouillais dans les trésors de la réserve pour trouver une bouteille à échantillon. Je cherchais un flacon spécial qui contenait un milieu favorable à la culture de selles en vue de détecter le *Cryptosporidium* ou le *Clostridium difficile*, ou tout autre mystère qui pouvait se terrer dans les déjections du canal rectal de mon patient.

« De quoi as-tu besoin ? » me demanda Laura qui apparut dans l'encadrement de la porte.

« Je cherche un contenant pour un échantillon de selles. »

« Ça s'appelle communément une toilette, ne le sais-tu pas ? »

Je lui lançai un regard épuisé. « Tu sais de quoi je parle, une bouteille à échantillon. »

« Allons, Tilda, tu peux sûrement trouver un hobby plus intéressant que celui de collectionner des échantillons de selles.

Que dirais-tu d'une collection de timbres ? Ou de pièces de monnaie ? »

« Laura ! »

Elle se dirigea droit vers le tiroir, l'ouvrit et me tendit la bouteille.

« Voici, Tilda ! C'est tout simple. »

Nous l'appelions notre « Tiny dancer » d'après la chanson d'Elton John. C'était un minuscule patient atteint du sida. Il avait été danseur de ballet et était originaire de Frances. Il était actuellement inconscient et mourant de la pneumonie fatale que ces patients contractent souvent. Il avait une diarrhée permanente et, pour le tenir propre, on lui avait inséré un tube rectal. Mais un seul ne suffisait pas. Il fallut cinq tubes pour sceller son anus élargi. Nous étions autour de son lit, cherchant une meilleure solution qui le perturberait moins. Tout ça manquait de dignité, c'était fruste, irrespectueux, probablement inconfortable, mais y avait-il une alternative ? Comment aurions-nous pu autrement le tenir propre et au sec ?

Nous avions un patient qui ressemblait à Jésus. Il étendait ses longs bras maigres aux mains pendantes. Il avait même une longue barbe et des yeux expressifs fixant le ciel. Il souffrait de pancréatite alcoolique et avait dû subir d'urgence une opération qui l'avait laissé septique pendant des semaines. La sclérotique de ses yeux était d'un blanc pur et ses pupilles étaient d'un bleu éclatant, comme celles d'un chien esquimau. Frances avait essayé de nombreuses fois de le convaincre de lui permettre de raser sa maigre barbe. Que nous disposions son corps émacié ou que nous nous efforcions de lui donner une position confortable, il reprenait toujours la pose de la crucifixion.

Une nuit, ses intestins étaient si enflammés qu'ils jaillirent hors de son ventre, brisant la suture et se répandant dans le lit. Le chirurgien vint les remettre en place, boucle après boucle. Je l'aidai à refermer les deux lèvres de la plaie, comme une valise gonflée et trop pleine. Pendant un certain temps, nous dûmes maintenir en place une serviette verte stérile pour contenir ses intestins pour le cas où ils sortiraient à nouveau.

Il était chez nous depuis de nombreux mois et nous avions toutes eu l'occasion de nous occuper de lui, et je n'étais nullement consciente qu'il ait pu développer une relation particulière avec moi jusqu'au jour où il présenta une demande que moi seule pouvais satisfaire.

« Infirmière Tilda, nettoie-moi ! » demanda-t-il.

Frances était son infirmière ce jour-là et je l'entendis répondre : « Tilda a un autre patient aujourd'hui. C'est moi qui vais le faire pour vous. »

« Non, je veux l'infirmière Tilda. »

Il souffrait de constipation chronique et nécessitait de fréquentes interventions pour dégager les fèces accumulées et durcies comme de l'argile cuite. Grâce à de longs doigts (doublement gantés), nous pouvions soulager son inconfort.

Mais qu'y avait-il de spécial au sujet de la façon dont j'opérais ? En tout cas je ne souhaitais pas voir ma réputation se répandre à ce propos !

Je revois encore la réverbération du plafonnier fluorescent sur le métal poli du bassin hygiénique que Laura tenait en sortant de la salle de bains où elle avait été le chercher pour son patient.

« Cet homme va mourir », déclara-t-elle au sujet de son nouveau patient qui venait d'être admis.

« Ce n'est pas vrai, dis-je en arrivant à côté d'elle. Ne l'écoutez pas. Vous allez très bien. »

De toute façon, je ne crois pas qu'il avait entendu Laura, ni moi, parce qu'elle venait de lui administrer de la morphine pour soulager les douleurs qu'il ressentait dans la poitrine du fait de sa crise cardiaque et il était devenu très somnolent.

« Pourquoi as-tu dit cela ? lui demandai-je quand nous nous assîmes pour faire notre rapport. Son état est stable, maintenant. Sa tension est acceptable et son rythme sinusal est normal. »

« Quand ils ont une crise coronarienne aiguë et que, soudain, ils demandent le bassin hygiénique, c'est un signe. C'est habituellement une réaction vaso-vagale due à une perturbation de leur système nerveux parasympathique. Je parie tout ce que tu veux que ce gars a eu un infarctus antérieur », dit-elle, en regardant son électrocardiogramme à douze dérivations.

Peu après, d'instinct, elle jeta un coup d'œil au moniteur quelques secondes avant que le cœur du patient ne passe à un rythme rapide et incontrôlé. Quelques secondes encore s'écoulèrent avant que l'alarme ne se déclenche, mais Laura avait préparé le chariot d'urgence qu'elle avait placé juste à côté de la porte du patient et elle l'amenait déjà dans la chambre. Nous passâmes immédiatement à l'action sans laisser à Laura le temps de dire : « Que vous avais-je dit ? »

« La défaillance organique multiple est la cause principale de mortalité chez les patients de l'USI. » Le Dr Daniel Huizinga s'exprimait ainsi dans la salle de conférences. D'habitude, il était le professeur distrait et fantasque, tant avec les patients qu'avec les étudiants, impudent et gamin avec les infirmières, mais sur l'estrade, il était un orateur distingué et très écouté.

« En fait, la défaillance organique multiple est très semblable à la pornographie, ironisa-t-il. On ne sait pas comment la décrire ni comment la définir, mais vous la reconnaissez dès que vous la voyez. »

Il en vint à parler du « lavement évacuateur ». C'était une idée nouvelle en médecine des soins critiques et il souhaitait en étudier les effets bénéfiques. La théorie prétendait qu'en réinjectant par voie rectale la propre diarrhée du patient, la flore intestinale, qui avait été éradiquée par les antibiotiques à large spectre, serait restaurée. Une idée nouvelle à explorer. Il était enthousiaste pour ce projet peu ragoûtant et, comme un gamin jouant avec des pâtés de sable, il était impatient de l'expérimenter sur des patients. « Bien sûr, ajouta-t-il, je compte sur les infirmières pour m'aider dans ces recherches. »

« Ne touchez pas au café ni aux croissants, dit Morty, s'adressant à nous tous. Ne les touchez pas. Ne vous laissez pas acheter. Il croit que, par ce moyen, il pourra nous faire faire la sale besogne. N'avons-nous pas déjà assez de travail sans devenir de surcroît les assistantes de recherche d'un médecin ? Croyez-moi, vous n'avez aucun intérêt à l'aider dans cette affaire ! »

« Certains médecins ont un degré très élevé de résistance au dégoût », dis-je, fronçant le nez en pensant à cette façon de travailler et sentant la nausée me gagner.

« Daniel ? » Morty agita la main. « Pourrais-tu étudier la relation entre la défaillance organique multiple et la pornographie ? »

« Quel a été ton patient le plus remarquable ? » demandai-je un jour à Tracy, qui en savait tant mais disait si peu.

« Oh ! mes patients les plus marquants sont souvent ceux dont j'essaie d'effacer le souvenir ! » Elle fit une pause, puis reprit : « Mme Powell, sans doute, mais je ne puis dire qu'elle ait soulevé mon enthousiasme. »

J'appréciai son honnêteté car ce n'était pas une chose que beaucoup d'infirmières voudraient admettre, particulièrement celles ayant la conscience de Tracy.

« Je ne sais pourquoi, dit-elle, d'un ton songeur. Mme Powell ne pouvait – ou ne voulait – contrôler ses besoins. On eût dit qu'elle prenait plaisir à créer du gâchis. Elle ne se souciait ni d'être sale ni de sentir mauvais, quel que soit le nombre de bains que nous lui infligions. Elle prenait plaisir à nous choquer et ça me dégoûtait. Nous ne pouvions l'aider à garder sa dignité, simplement parce qu'elle en était totalement dépourvue. »

Toutes, nous nous souvenions de Mme Powell, mais Frances en avait un souvenir particulier.

« Un jour, je l'ai vue terriblement effrayée. C'était le jour où David Bristol lui avait dit que nous ne pouvions rien faire de plus pour elle. Ce seul fait avait suscité en moi de la compassion, bien qu'elle ait été le seul patient pour qui j'ai toujours éprouvé de la difficulté à en ressentir. »

Elle souffrait de problèmes respiratoires dus à son habitude de fumer et elle était à la fois obèse et diabétique. Le sevrage du ventilateur fut lent, avec beaucoup de retours en arrière. Ses principaux intérêts étaient de manger et de rester sur le bassin hygiénique. En fait, plutôt que de choisir entre ces deux activités, elle préférait faire les deux à la fois.

Elle avait beaucoup d'habitudes qui nous révoltaient. Mais, en professionnelles, nous essayions de les supporter. Nous pouvions nous élever par-dessus et ne pas permettre à nos sentiments personnels – y compris l'horreur, la répugnance et le dégoût – d'affecter les soins que nous donnions.

Elle aimait jouer dans ses propres selles et identifier les restes de la nourriture qu'elle avait prise quelques heures auparavant. Elle y prélevait, pour nous l'exhiber, entier et intact, une longue nouille ou un morceau de banane.

Un jour, j'ai même trouvé sous elle un petit pois. Il tomba quand je l'ai retournée pour changer ses draps. La princesse sur un pois, pensai-je. *Loin de là...*

« C'est un robot de cuisine humain », dit Morty, dégoûtée.

« Je ne puis m'y accoutumer », dit Nicole.

Tracy garda pour elle ses réflexions, serra les dents et affronta bravement la situation quand ce fut son tour.

Madame Powell s'arrangeait pour faire ses pets au moment où nous l'approchions pour lui donner des soins. Elle ouvrait largement les cuisses pour nous montrer ses lèvres et ses hémorroïdes qui vibraient à chaque expulsion de gaz. Elle recroquevillait ses longs orteils osseux, qui étaient maigres et séparés les uns des autres comme des doigts. Ils me faisaient penser à des racines de tubéreuses fibreuses. Elle se complaisait dans sa dépravation.

Le problème ne provenait pas d'elle, mais bien de nous. En s'exposant à nous, en nous visant, pour ainsi dire, son comportement nous éclaboussait. Il nous humiliait. Nous nous sentions gênées.

« N'est-ce pas le boulot le plus dégoûtant du monde? » demanda Laura qui menaçait de quitter le métier d'infirmière pour aller s'installer dans un endroit perdu du nord de l'Ontario ou ouvrir un *Bed and Breakfast* dans les Maritimes, ou peut-être s'établir à New York et y écrire des blagues pour David Letterman. Ou encore, en tout dernier ressort, travailler à l'Unité de soins intensifs cardiovasculaires, un endroit plus propre et où les patients, généralement, se comportent mieux.

Nous nous étions partagé le fardeau de soigner Mme Powell selon le principe de la rotation.

Son mari, Jim, venait lui rendre visite chaque jour, portant ce qui semblait être toujours la même blouse de travail crasseuse. Il se tenait au pied du lit, les mains glissées sous son gilet.

« Tu reçois des tas de trucs ici, Maman, et tout le saint-frusquin, disait-il. Sapristi ! cet endroit brille comme un casino. » Il restait en admiration devant le ventilateur. « Je n'ai pas pu venir plus tôt aujourd'hui parce que nous avons dû charger le baudet à l'arrière du camion et il ne voulait pas avancer. J'ai dit à Barney : "Donne-moi une planche de contre-plaqué et une carotte." »

« À quoi devait servir le contre-plaqué ? » demandai-je, intéressée. Je présumais que la carotte devait inciter l'âne à avancer, mais il n'avait jamais été fait mention, que je sache, de cruauté envers les animaux. »

« Le contre-plaqué devait être calé derrière les pattes arrière afin d'empêcher l'animal de ruer, comprenez-vous... Et la carotte devait inciter l'âne à s'approcher du chariot, mais l'animal n'a jamais voulu bouger. Alors Barney a dit : pousse-la dans son cul. Ce que nous fîmes et, bon Dieu ! – comme ce baudet a démarré ! Ensuite, nous dûmes imaginer comment récupérer la racine. J'introduisis donc ma main, jusque-là. » Il mima les mouvements effectués. « Mais que diable allions-nous faire de cette fichue carotte ? Nous l'avons donnée à manger à l'animal. Il n'a fait aucune difficulté. C'est un âne. »

Chaque jour, Jim s'arrangeait pour amuser sa femme avec ses histoires, pourtant, parfois, il l'énervait.

« Elle n'est pas elle-même aujourd'hui », disait-il, quand il pensait qu'elle avait régressé et ne mangeait pas autant que d'habitude. (On dit souvent cela des personnes qu'on aime, pourtant, j'ai toujours cru que, d'une certaine manière, la maladie rend les gens plus proches que jamais de ce qu'ils sont vraiment.)

« Elle est calme aujourd'hui, disait-il à une autre occasion. Elle devient snob. Trop bien pour nous, maintenant qu'elle vit dans une grande ville. Quand nous nous sommes mariés, nous étions, l'un et l'autre, de petits blancs pauvres, et maintenant, regardez-la, elle se donne de grands airs. »

Certains jours, elle refusait d'essayer de se passer de l'aérateur et nous priait de placer une cigarette allumée à l'ouverture de sa trachée afin qu'elle puisse tirer quelques bouffées. Jim aussi avait insisté pour que nous le lui permettions.

Morty était la seule à traiter la situation avec aplomb.

« Nous vous avons soignée pendant tous ces mois alors que vous étiez si malade et incapable de faire quoi que ce soit par vous-même. Vous êtes mieux et, maintenant, il est temps, pour vous, de prendre soin de vous-même. »

Mme Powell faisait signe qu'elle souhaitait des glaçons et claquait des doigts en regardant Morty comme pour dire : « Et tout de suite ! »

« "Tout de suite" n'existe pas ici, Betty ! Auriez-vous oublié vos bonnes manières ? Ce n'est pas parce que vous êtes malade que vous pouvez oublier les "s'il vous plaît" et les "mercis". »

Lorsque je priais M. Powell de sortir un moment pendant la toilette de sa femme, il répondait qu'il préférait rester.

« C'est ça le mariage ! me dit-il un jour. Vous commencez par un bassin à vaisselle, mais vous terminez par un bassin hygiénique. »

Il adorait bavarder avec l'infirmière chargée des soins de sa femme. Il se vantait de ses exploits en tant que pompier et de tous les sauvetages héroïques qu'il avait accomplis.

« Vous devez vous être trouvé dans bien des situations dangereuses », dis-je.

« Eh oui ! On avait l'habitude de dire que lorsque les rats quittaient, c'était nous qui entrions. »

Il m'avait dit un jour, alors qu'il s'apprêtait à rentrer chez lui : « Prenez bien soin de ma jolie fille, Mademoiselle, sinon vous aurez affaire à un cow-boy mécontent ! »

Si, pour une raison ou une autre, il ne pouvait venir, il appelait pour prendre des nouvelles. Mangeait-elle assez (et comment !), allait-elle régulièrement à la selle (oui, Monsieur !) et comment battait son cœur : « Fait-il encore des folies ? » Avait-elle encore eu de ces « cartogrammes » aujourd'hui ?

« Tu la prends aujourd'hui, Morty. Tu ne l'as pas eue depuis des semaines », dit Nicole un matin avant de prendre son service.

« Jamais de la vie ! Merci ! Je cherche un patient intubé et inconscient. » Morty passa la liste des patients en revue pour en choisir un, aimable et facile. « En outre, je n'ai pas apporté mon masque à gaz. Je ne souhaite pas respirer d'émanations toxiques. »

« Non, c'est ton tour. Tu es d'ailleurs l'infirmière parfaite pour elle, parce que, de toute façon, tu es une remueuse de merde », dit Laura.

« Tilda devrait la prendre. Elle reste insensible à ces inconvénients. »

« Non, je l'ai eue hier et aussi la semaine passée. J'ai bien fait mon devoir », dis-je, d'une manière suffisante et décontractée

« Et pourquoi pas Frances ? Elle souffre d'allergies, elle ne sentirait donc rien. »

« Frances est en charge du nouveau transplant du poumon. Elle a déjà reçu le rapport. »

« Et alors... » Elle dirigea son regard vers Tracy.

« Pas question ! Je continue avec le même patient que j'avais hier. N'as-tu jamais entendu parler de la *continuité des soins*, Morty ? Elle est pour toi ! N'oublie pas la double paire de gants. »

Morty tempêtait, mais elle n'était jamais réellement fâchée, ni jamais fâchée pour longtemps.

Plus tard, ce matin-là, je l'entendis tempêter.

« Trois selles déjà, Betty ? Et il n'est que dix heures du matin. Les avez-vous toutes gardées pour moi ? C'en est assez pour aujourd'hui. Vous avez atteint votre quota pour la journée. Maintenant, retenez-vous ! »

Et plus tard dans la journée : « Je vais vous préparer un programme pour vos pets, Betty. Nous allons les répertorier. Nous les classerons d'après leur musicalité : sifflants, déchirants, silencieux mais empoisonnants, et ensuite selon l'odeur : puants, fétides, marécageux, sentant le moisi, le fromage, et ainsi de suite.

Plus tard dans la journée, Morty préleva une chaise dans le hall et, s'adressant à Mme Powell : « J'aimerais venir près de vous, Betty, mais je ne puis supporter vos exhalaisons. »

Mme Powell ne pouvait répondre parce qu'elle était encore en régime de ventilation sous pression positive. Je n'avais jamais entendu rire un patient ayant subi une trachéotomie, mais j'étais sûre que c'était ce qu'elle faisait.

« Je ne veux pas perdre mon temps à essayer de vous guérir si tout ce que vous souhaitez est manger et déféquer, lui dit Morty. Je sors ce soir après ma journée et je voudrais me laver les cheveux. » Elle attrapa quelques serviettes sur l'étagère, se mit la tête sous le robinet, dans l'évier de la chambre de Madame Powell et se lava les cheveux au chlorhexidène.

Comment les choses se sont-elles engagées ? Je me le demande encore. Mais chaque fois que j'y repense, je suis persuadée que toutes deux, Madame Powell et Morty, se sont bien amusées en se moquant l'une de l'autre.

L'humour est peut-être le meilleur moyen de traiter une situation comme celle-là ainsi que les sentiments inconfortables qu'elle suscite. Pourvu que l'on puisse trouver une légèreté suffisante en soi-même.

J'avais rencontré Gabrielle Mendoza pour la première fois à l'occasion de l'un de ses séjours à l'hôpital, plus tôt au cours de sa maladie. Pendant un arrêt de travail à l'occasion du déjeuner, je m'étais rendue à l'étage d'oncologie pour lui faire une visite, répondant ainsi à la demande de la famille, qui était voisine de la mienne. Gabrielle était une femme de trente-trois ans atteinte d'un cancer du sein. Lorsque je l'ai rencontrée pour la première fois, elle venait tout juste de terminer un cycle de chimiothérapie qui l'avait laissée fiévreuse et affaiblie. Mais en ce moment, Gabrielle était surtout bouleversée de ne pas être capable de prendre une douche.

« Je ne supporte pas de ne pas être propre », dit-elle doucement.

Je regardai autour de moi. Ce n'était pas qu'il y eut des infirmières désœuvrées dans la station. Il n'y avait personne. Je savais combien le personnel manquait à cet étage – en fait, je ne voyais aucune infirmière nulle part. Elles étaient sûrement là, occupées dans les chambres. Il me fut facile de déplacer Gabrielle en fauteuil roulant jusqu'à la douche et de l'aider. Je la savonnai, lui lavai le dos, lui fis un shampoing, la séchai et l'installai dans des draps propres. J'étais fière d'avoir pu réaliser le tout aussi efficacement et aussi facilement, en parlant avec elle, la distrayant entre-temps par une conversation légère.

Un après-midi, plusieurs mois plus tard, je reçus chez moi un appel téléphonique. Me serait-il possible de venir aider Gabrielle ? Elle ne se sentait pas bien, me dit son père qui ne parvenait pas à joindre son époux au travail. J'avais entendu parler des traitements de chimiothérapie brutaux et de la radiothérapie qu'elle avait endurés ainsi que de leurs résultats négatifs concernant la rémission espérée. Par-dessus tout, on m'avait rapporté ses vaillantes tentatives pour continuer à être une épouse et une mère auprès de leurs deux jeunes fils.

Lorsque je reçus cet appel de son père, je répondis : « J'y vais immédiatement. » Je me demandais ce que je pouvais lui apporter. De quoi une personne mourante pouvait-elle avoir besoin ? D'un stéthoscope ? D'une bouillotte ? De thé aux herbes ? Je n'avais rien d'utile et je décidai donc d'y aller les mains vides.

Je rencontrai son père à la porte d'entrée. Il revenait tout juste de la pharmacie et portait un petit sac de papier. « J'ai acheté du lait de magnésie. Je pense que Gabrielle souffre un peu de constipation », m'expliqua-t-il de sa façon aimable.

Gabrielle était couchée sur un lit en désordre. Elle semblait pâle et faible. Une écharpe rose scintillante lui couvrait la tête, dissimulant mal sa calvitie. Elle faisait encore admirable figure dans sa mini-jupe en jeans. D'une certaine manière, la vie devait avoir dû continuer dans ce ménage parce qu'il y avait, dans un coin, quelques balles de golf prêtes derrière la machine électrique lance-balles de son mari et une collection de cartes de hockey de son fils à côté du lit.

« Je voudrais aller à la salle de bain », dit Gabrielle dès qu'elle me vit.

Notre groupe, Gabrielle s'appuyant sur son père et sur moi, se dirigea vers la salle de bain dans laquelle je l'introduisis.

« Je sens comme s'il était prêt, mais je ne réussis pas à l'évacuer, dit Gabrielle en haletant. Je n'en ai pas la force, je n'y parviens pas. »

Je lui conseillai de se pencher en avant contre moi afin que je puisse voir. En regardant, j'aperçus la plus grosse masse de fèces que j'aie jamais vue. Elle détendait et élargissait l'ouverture au-delà de ce que j'aurais cru physiquement possible. Cette énorme masse lui causait de la difficulté à respirer. C'est pourquoi même marcher une courte distance était si pénible pour elle et pourquoi son abdomen était aussi distendu.

Je n'avais ni gants, ni instruments, et personne pour m'aider. Je savais que j'avais deux choses à faire : d'abord sortir d'elle cette masse et ensuite m'assurer que cette expérience en soit une de soulagement pour Gabrielle, sans honte ni embarras. Je cherchais désespérément quelque chose pour me protéger les mains, mais il n'y avait rien. J'introduisis délicatement mes doigts à l'intérieur et je tâtai autour de la selle en essayant de l'assouplir. J'insistai quelque peu, tirai légèrement et Gabrielle poussa un cri de douleur. Avec mon autre main qui la supportait et la maintenait droite, je massai son abdomen.

« Courage, Gabrielle, vous le pouvez », dis-je tandis que je fouillais plus avant avec mes doigts et que j'insistais encore. Elle s'évanouit presque de douleur tandis que j'explorais le rectum. Et soudain, les selles émergèrent, dégageant lentement leur longueur énorme. Le tout plongea dans le bol de toilette. Elle se leva, redressa les épaules et frissonna de soulagement. Son dégagement était si grand que ce fut pour elle comme un genre de plaisir, je crois.

L'odeur remplit la pièce. Je fis mon possible pour ne pas froncer le nez. Je ne souhaitais pas laisser entrer cette odeur dans mes poumons, mais je me forçai à respirer normalement afin que Gabrielle ressente mon acceptation et mon respect pour ce que nous venions d'accomplir.

Je divisai les selles au moyen du déboucheur afin qu'elles n'obstruent pas les canalisations. Je me lavai les mains puis la soutins sous la douche, ensuite je l'aidai à s'installer dans un bain chaud. Le sourire calme de son visage fut ma récompense.

Gabrielle mourut chez elle, quelques jours plus tard, et j'espère que ce fut dans le confort et la paix.

Chapitre 14

FATIGUÉE, AFFAMÉE

« Ah ! Oui, c'est celle-là ! Je ne veux plus jamais que cette infirmière s'occupe de mon mari ! »

C'était de moi qu'il s'agissait. C'était moi qui me trouvais au bout du doigt accusateur de Brenda Laurence, l'ex-épouse du Dr Irving Laurence, un patient de l'USI. Elle s'adressait à Sydney Hamilton, notre directrice – qui venait de sortir de son bureau à ce moment précis – pour me désigner : une mauvaise infirmière. Sydney l'écoutait sans sourciller.

« Tilda est une excellente infirmière. Cependant, si vous avez un grief particulier à formuler, voudriez-vous, je vous prie, en discuter en privé avec moi ? »

Ce qui était arrivé avec la famille du Dr Laurence, c'est que j'avais fait une chose que jamais une infirmière ne devrait faire : je les avais pris en grippe. En dépit de tous mes efforts pour cacher mes sentiments, la famille avait dû s'en apercevoir. Et apparemment, ces sentiments étaient réciproques.

Le Dr Laurence était un homme de soixante-quinze ans atteint d'un cancer et souffrant du diabète, d'une maladie vasculaire périphérique, de la maladie pulmonaire chronique obstructive, d'une défaillance rénale et de la maladie artérielle coronarienne. En outre, il était obèse, ce qui exacerbait tous ses problèmes, et surtout son diabète. Son état l'avait rendu tellement susceptible aux infections que quelques mois auparavant, on avait dû l'amputer du pied droit. Toutes, nous le connaissions bien du fait de ses nombreuses admissions précédentes à l'USI. Dans le cas présent, son principal problème était la respiration. Il était dans une torpeur profonde, ronflant fort et respirant à peine. Il ne recevait pas assez d'oxygène et il me semblait qu'il allait sous peu devoir être intubé.

J'avais déjà rencontré son ex-épouse, Brenda Laurence, la nuit où j'avais été de service, et j'avais aussi eu l'occasion de le connaître, lui et sa famille, au cours de ses nombreuses hospitalisations précédentes.

Son compagnon de vie et chauffeur, Howie, l'avait amené à l'hôpital quand les remèdes neuropathiques et homéopathiques, ainsi que les bombes d'aérosols et les bouffées d'oxygène n'avaient plus suffi à le soulager. Compte tenu de son grand âge et de ses nombreux problèmes médicaux, les chances de le voir récupérer totalement étaient infimes. Sa volonté de tenir le coup semblait s'amenuiser à chaque hospitalisation.

J'effectuai son admission et Morty intervint à titre de comité d'accueil.

« Bonjour, Dr Laurence ! Vous avez accumulé beaucoup de points de fidélité chez nous ces derniers temps, ne croyez-vous pas ? Elle lui tapota affectueusement le bras. Il s'éveilla brièvement pour lui adresser un bref sourire puis retomba dans sa stupeur ronflante.

Laura survint et lui jeta un regard scrutateur. « Je parie que le niveau de dioxyde de carbone de ce gars est quasi de 100 », dit-elle. Elle lui posa la main sur la poitrine, ferma les yeux et, comme une magicienne, prononça son diagnostic : « Il doit être voisin de 94, dirais-je. Son niveau de base normal doit être assez élevé, mais je crois qu'il fait une crise d'hypercapnie respiratoire. »

Pour autant que je sache, les talents rudimentaires et démodés de Laura en matière de diagnostic basé sur l'observation, l'écoute, le toucher, le sentiment et la réflexion, s'étaient toujours avérés corrects.

« Je parie tout ce que tu veux que ce gars fait un syndrome de Pickwick, dit-elle, poursuivant son propre diagnostic. On lui a donné ce nom d'après un personnage de Dickens. Quand je travaillais à l'Urgence, j'ai vu une fois une patiente dans cet état. C'était pendant une de ces journées chaudes de l'été et cette personne maladivement obèse était arrivée, respirant à peine – tout juste un grognement occasionnel – et il était impossible de la réveiller, tout comme lui. Quand je l'ai étendue sur le lit, un sandwich grillé au fromage est tombé de dessous son corsage. "Ah ! voilà où il était", grogna-t-elle en l'entamant à belles dents. Pickwick a un très mauvais pronostic. Je vous garantis que si on l'intube, il ne sera plus jamais capable de se passer du ventilateur. Ces patients sont impossibles à sevrer. »

Daniel Huizinga était le médecin responsable cette semaine. Il vint bavarder avec le patient pour s'assurer qu'un tube respiratoire était bien indispensable. Mais, à ce moment, le Dr Laurence était tellement privé d'oxygène et confus qu'il ne fût pas en mesure de prendre part à la discussion.

« Souhaitez-vous que nous placions le tube respiratoire ? » lui cria Daniel dans l'oreille.

Le Dr Laurence avait dû entendre, car il fit un signe d'assentiment, trop éprouvé pour pouvoir répondre autrement. Évidemment, il le souhaitait alors, à ce moment inquiétant, mais, à mon avis, il ne semblait pas que le moment soit indiqué pour lui poser une telle question.

« Réveille-toi, réveille-toi, Irv », cria plus tard Brenda, lorsqu'elle arriva, ce même jour. Le tube respiratoire était en place et, pour son confort, le patient avait été placé sous sédation légère.

« Ouvre les yeux, Irv, et regarde-moi. » Elle me jeta un regard exaspéré, puis regarda le patient avec attendrissement. « Alors, pourquoi ne fais-tu pas ce que je te dis, espèce d'entêté ? »

« Je suis certaine qu'il le ferait s'il le pouvait », ne puis-je m'empêcher de dire.

Elle me regarda à nouveau. « Irv, tu le peux. Ouvre les yeux et dis-moi quelque chose. » Elle lui tapota fermement les joues une fois, puis une seconde fois. Elle lui donna quelques petites saccades sur son cathéter urinaire et je me précipitai pour l'arrêter.

« Réveille-toi, Irving, immédiatement ! Je voudrais te montrer la robe que j'ai achetée à New York pour le jour du mariage de ton petit-fils Mitchell. Allons, ouvre tes beaux yeux verts. »

Il ouvrit les yeux, la vit, puis les referma et se retourna.

« Il n'est pas entêté, expliquai-je en son nom. Il est incapable de vous répondre. »

« C'est un non-sens, dit-elle. Irving est un homme très fort. Il n'abandonne jamais. Vous ne savez pas à qui vous avez affaire. »

« Il ne paraît pas aussi motivé que d'habitude », dis-je.

« Si vous ne pouvez avoir une attitude positive, je ne souhaite pas que vous preniez soin de lui », me dit Brenda.

Je m'interdis de lui répéter ce que les autres infirmières avaient dit.

« Il essaie de nous dire quelque chose, disaient d'autres qui le connaissaient mieux que moi. Il en a eu assez et il se détourne de la famille. Combien un homme de son âge peut-il accepter ?

Je ne bougeai pas. Plus tard dans l'après-midi, pendant quelques brefs instants, le Dr Laurence se montra plus alerte et je l'aidai afin qu'il puisse griffonner une note à mon intention, dans une écriture tremblante, sur une feuille de papier fixée à une écritoire.

« Est-ce nécessaire ? Ai-je le choix dans ce domaine ? »

Je saisis l'occasion.

« Dr Laurence, comprenez-vous que le tube respiratoire est essentiel en ce moment pour vous maintenir en vie ? »

Il acquiesça.

« Vous rendez-vous compte que si nous enlevons ce tube, vous mourrez ? »

Il fit signe que oui.

« Est-ce ce que vous souhaitez ? »

Il joignit les mains en prière, les yeux levés vers le ciel. Son message ne pouvait être plus clair, son intention plus résolue. Pourtant, quand sa famille vint plus tard, il ferma les yeux et se détourna d'eux. Délibérément, il choisit de ne pas leur exprimer ses désirs, du moins pas aussi clairement qu'il ne l'avait fait vis-à-vis de moi.

Nous savions, de par ses admissions précédentes, que le Dr Laurence et sa femme avaient été séparés pendant de nombreuses années, mais étaient pourtant restés en bons termes. Elle était venue de New York, où elle vivait maintenant et, de son côté, leur fils Sidney était venu de Californie. Le Dr Laurence vivait avec Howie dans un imposant manoir de

Bridle Park. Lors de séjours précédents, il nous avait parlé de ses voyages à travers le monde en compagnie de Howie. Pourtant, quand il s'agissait de soins de santé, il était décidément un Canadien. Ses dossiers médicaux dans notre hôpital prenaient, à eux seuls, plus de cinq volumes.

Dans les années quarante, commençant avec seulement un dollar en poche, Irving Laurence avait amassé une vaste fortune dans l'industrie vestimentaire en confectionnant des vêtements féminins. Il avait ensuite développé, dans le même domaine, une chaîne de services de nettoyage à sec. Comme il se confirma, il n'était pas du tout médecin. Il avait fait une donation pour la construction de l'aile d'une école de médecine à Denver, Colorado. En reconnaissance pour ce don, l'université lui avait conféré un doctorat honorifique et avait accepté l'aîné de ses petits-fils dans cette école de médecine. Nous avions entendu parler des nombreuses réalisations de son père, Sidney, et des fréquentes références à la vaste fortune de la famille ainsi qu'à la générosité du père, qui s'arrangeait souvent pour faire fièrement mention de son fils Adam, celui qui était passé par l'école de médecine.

« Se spécialise-t-il en bosses ou après-ski ? » avait demandé Morty, sans scrupules.

Sid était un cinéaste, un auteur de scénarios, un styliste musical et un producteur de films – la légende variait souvent – qui vivait à Los Angeles. Pendant cette admission, Sidney et sa mère avaient visité Irving Laurence chaque jour, mais s'étaient arrangés pour éviter d'arriver quand l'autre était là. Ils ne s'étaient plus parlé depuis de nombreuses années, gardant encore vivante une ancienne querelle familiale.

Une chose qu'ils avaient en commun était que ni l'un, ni l'autre, ne croyait que les heures de visite de l'hôpital devaient s'appliquer à eux. Ni l'un, ni l'autre, ne pensait à s'annoncer de la salle d'attente avant d'entrer dans l'USI, ainsi que nous le recommandions à chaque visiteur. Ils entraient directement lorsque ça leur plaisait, de jour comme de nuit.

Brenda vint la première, tôt le matin suivant.

« Sidney ne viendra probablement même pas aujourd'hui, dit-elle en déposant son manteau sur l'ordinateur dans la chambre. Est-ce que mon fils est d'ailleurs déjà venu ? Serait-il venu avant moi ? » Ensuite, elle s'occupa de sa mission : elle était décidée à obtenir une réponse du Dr Laurence.

« Enfin, Irving, tu peux le dire ! » Elle lui tapotait le menton. « Tu as l'air empoté aujourd'hui ! Enfin, Irv, grand garçon sexy ! Dis-le-moi ! » Elle promenait un doigt à l'intérieur de sa cuisse. « Il a besoin de ses lunettes, me dit-elle. Pourquoi ne les lui avez-vous pas mises ? »

J'obtempérai et il ferma les yeux derrière ses lunettes.

« Vous l'avez drogué ! cria-t-elle. Voilà pourquoi il est ainsi ! »

« Votre mari n'a reçu aucun sédatif aujourd'hui, ni pendant la dernière nuit », lui dis-je.

« Il n'était pas ainsi quand Ingrid s'est occupé de lui hier. Il était mieux avec elle. »

Je vérifiai les notes des infirmières et vis que le patient ne réagissait plus depuis plus d'une semaine.

Après une heure de tentatives infructueuses pour obtenir des réponses de sa part, Brenda quitta la chambre, prétextant avoir un rendez-vous pour le déjeuner.

Howie arriva un peu plus tard ce matin-là et resta toute la journée. Il vivait dans le manoir de Laurence, s'occupant des plantes et des animaux de compagnie. Il portait un chapeau et des bottes de cow-boy et une magnifique chemise de la couleur exacte de l'intérieur d'un concombre. Dès son arrivée, il déposait sa tasse portative de café sur le sommet du ventilateur et se penchait pour embrasser Popsi, comme il l'appelait, sur la joue. Il l'aspergeait ensuite généreusement d'eau de Cologne pour homme et lui soignait les ongles des mains et des pieds, après quoi il s'asseyait au bord du lit, dégustait son café en grignotant un croissant au chocolat dont les miettes se répandaient sur les draps. Le Dr Laurence ouvrait les yeux devant cette nourriture tentante. La faim, les frustrations et la déception dans les yeux de ce vieillard, auxquels Howie était apparemment insensible, m'attristaient de façon insupportable.

Howie avait d'autres choses en tête et il les partageait avec moi. Il craignait que sa dévotion infatigable ne soit pas récompensée. Il s'inquiétait de ce que la famille ne l'écarte quand il serait question de la distribution des biens.

« Ils sont si chiches, se plaignait-il, après tout ce que j'ai fait pour Popsi pendant tant d'années ! Non seulement cela, mais maintenant, je n'aurai plus ces vacances annuelles à la villa des Îles Caïmans. » Il désignait de la tête le groupe des médecins examinant les radiographies à l'ordinateur. « Que disent les grands chefs ? Pensez-vous qu'ils vont le laisser baisser les bras ? »

Je regardai le Dr Laurence pour savoir s'il était attentif à ces choses mais, heureusement, ses yeux étaient clos à nouveau. Ou il dormait, ou il nous avait complètement éliminés de ses préoccupations.

Accidentellement, je heurtai le lit en renouvelant une pochette de sang pour intraveineuse.

« C'est votre infirmière maladroite, Popsi. »

Howie me regarda.

« Ne t'en fais pas, Irv, c'est parfait. Mais fais attention à toi. »

« Ma mère est-elle venue ? » Sid se tenait dans l'embrasure de la porte. « Est-elle déjà venue ? Combien de temps est-elle restée ? »

Je n'aimais pas faire de l'espionnage à leur profit.

Je sortis quelques instants pour renouveler les stocks de linge à partir de la réserve et, lorsque je revins, je constatai que Brenda avait de nouveau remplacé Sid et était en train de lire la feuille de santé.

« Ce n'est pas permis », dis-je tout en haïssant jouer ce rôle de gardien de la... »

« J'ai le droit de lire la feuille de santé de mon mari, dit Brenda, offusquée. Comment pourrais-je savoir ce qui se passe ? Personne ne me dit quoi que ce soit ici. Irv partage toujours tout avec moi. »

« Je serais heureuse de répondre à vos questions ou de demander à un médecin de vous parler. » Je savais qu'il y avait quelques passages délicats dans ce document que le Dr Laurence aurait voulu garder confidentiels. Il avait été traité par un psychanalyste pour une dépression, il avait pris du Viagra à certaines occasions et avait eu de nombreuses relations homosexuelles au cours des années, et non seulement avec Howie, son compagnon actuel.

« La feuille de santé de votre mari est privée et, sauf s'il vous autorisait à en prendre connaissance... »

« Mais il ne peut me donner l'autorisation, dit Brenda. Il ne peut se réveiller ! »

« Donc... »

Je repris le document, me sentant comme l'enfant qui refuse de partager ses jouets.

Le jour suivant, dans la course pour prouver son dévouement à son père, c'est Sid qui arriva le premier.

« Comment se porte mon père ? »

« Son état est stable », dis-je. Je ne pouvais en dire plus sans me trouver en difficulté. « Il a eu une bonne journée hier et il est resté stable au cours de la nuit. »

« Pouvez-vous me dire comment on lit tous ces chiffres ? » dit-il en désignant le moniteur.

« Peut-être un médecin pourrait-il vous l'expliquer », dis-je, haïssant mon sarcasme. Je me détournai de lui en remarquant qu'il lorgnait ma poitrine.

« Quels seins avantageux », l'entendis-je commenter.

Plus tard, il poussa la tête, gémissant qu'il avait fait un effort tout particulier pour venir aujourd'hui. Les choses avaient été particulièrement difficiles parce qu'il souffrait d'un mauvais rhume. Peut-être pourrais-je prendre sa tension sanguine et sa température ?

« Rectale, bien sûr, dit-il avec un petit sourire lubrique. Je ne me sens pas bien. J'ai besoin d'une soupe chaude. En auriez-vous ? Puis-je me coucher ici sur ce lit supplémentaire ? Vous prendriez soin de moi ? »

Je m'occupai à rectifier les tuyauteries du ventilateur et à évacuer les condensations qui s'accumulaient dans les spires. Je préparai le rapport quotidien pour l'infirmière qui devait assurer le service de nuit. Je passai aux toilettes et tirai plusieurs fois la chasse d'eau.

Il me demanda alors de lui masser le dos. Lorsque je refusai aussi cette demande, il fut visiblement mécontent.

« Je devrais peut-être amener une strip-teaseuse pour père ou l'une de ces jolies infirmières sexy comme Julia ou Sharon, ou quel est encore le nom de cette grande blonde ? »

« Je ne sais pas de qui il s'agit », dis-je.

« Vous savez, elle était de service l'autre jour. L'étourdissante, le véritable coup de bambou. »

« Karen ? »

« Oui ! Je n'oublierai jamais son nom ! Quand revient-elle ? »

« Je n'en ai pas la moindre idée. »

« Ramenez Karen. Elle ferait sauter mon père. Elle le ferait revivre, qu'en pensez-vous ? Père sait apprécier les jolies femmes ! »

« J'en suis sûre. »

« Peut-être Karen pourrait-elle le soigner nue. »

Toute cette scène tenait du mélodrame burlesque. C'était une troupe d'acteurs ambulants dans une *commedia dell'arte.* Le théâtre était le corps du père. Les principaux acteurs étaient Irving, le patriarche vieillissant ; Sydney, le fils gâté et pleurnicheur ; Brenda, la princesse juive, ex-épouse et vaillante libératrice ; Howie, le domestique aigri, qui a beaucoup souffert, et les petits-enfants dans leur rôle mineur, pour la détente. Je pouvais voir tout cela, mais je ne pouvais encore m'élever par-dessus et tenir mon rôle de producteur. Je ne réussissais même pas à rester calme dans le public en évitant d'être entraînée dans l'action dramatique se déroulant au centre de la scène. Ils m'ennuyaient, m'insultaient et m'irritaient. Ils me rappelaient ma propre famille. C'était trop proche pour être confortable. Pire que tout, par la façon dont ils me traitaient, et par la façon dont ils se comportaient, je me sentais, par leur présence, gênée d'être une infirmière et embarrassée d'être juive.

Je n'ai jamais pu comprendre comment ils s'arrangeaient pour coordonner leurs visites afin de ne se trouver que rarement en face les uns des autres. Cette fois encore, peu après le départ de Sid, Brenda arriva, accompagnée d'un autre de ses petits-enfants, la fille de Sid, Mélissa, dix ans, qui parlait à son grand-père avec des mots enfantins. Après quelques minutes, elle déclara en avoir assez et voulut s'en aller.

« Allons, ma chérie, lui dit sa grand-mère, allons faire quelques emplettes. Mélissa doit avoir des chaussures neuves pour le mariage, Irv », lui cria-t-elle dans l'oreille.

« Ouais, parle d'argent, ça le tiendra éveillé, commenta Sid qui rentrait à l'instant. Maman dépense tout ton argent, père. Réveille-toi et arrête-la. » Il passa de l'autre côté du lit, là où Brenda se tenait et vers lequel la tête du Dr Laurence était tournée, mais aussitôt que Sid se trouva dans la ligne de vision de son père, celui-ci se détourna.

« Ma mère est cinglée, me dit Sid après qu'elle ait quitté. Elle l'a toujours été. Tout ce qui l'intéresse est son argent. Ils sont séparés depuis des années, mais ils ont toujours des comptes en banque communs. Elle cherche à tout contrôler, mais elle ne l'aime pas autant que moi. »

Je regardai le père qui gisait dans son lit, immobile, les yeux clos, inconscient à la présence de sa famille, inconscient à tout, réellement. Pour moi, sa face large et hirsute était belle, en dépit des poches sous les yeux, de son nez bulbeux et velu et de ses traits affaissés, même en dépit du tube endotrachéique et du sparadrap utilisé pour fixer ce tube sur son visage. Mais son expression était absente, quasi inexistante, n'exprimant que le désir de sombrer plus profondément en lui-même et loin de nous.

Le lendemain, en compagnie de quelques amis, j'étais assise au salon où nous déjeunions. Nous semblions tous avoir besoin de nous défouler à propos de problèmes familiaux, au sommet de la liste desquels figurait la famille Laurence.

« Ils me feront devenir folle, grommelai-je. Ils ont dit à Sydney qu'ils ne voulaient pas que je m'occupe de lui et je dois dire que je n'en suis pas mécontente. Ils m'ont fourni une échappatoire pratique. »

« J'ai eu aussi quelques problèmes familiaux la semaine dernière, dit Tracy. Ils ont poussé Sydney à se plaindre de mon "service". Vous vous rendez compte de l'effet ! »

« Dis-leur de demander une autre serveuse la prochaine fois », suggéra Morty.

« J'ai aussi une journée infernale, dit Nicole. On m'a confié cette dame de vingt-huit ans qui a eu un bébé il y a trois jours et qui fait maintenant une crise rénale aiguë avec défaillance hépatique – c'est un cas rare de syndrome auto-immunitaire. »

« Le bébé a-t-il pu être sauvé ? » demanda Frances.

« Oui, mais le pronostic n'est pas très bon pour la mère. Elle est septique, ce qui a entraîné des problèmes de fonction de coagulation du sang. Elle souffre dangereusement d'acidose, son pH est seulement de 6,79 et son niveau de lactates est supérieur à 12, nous avons donc dû lui administrer des sédatifs, la paralyser, etc. De toute façon, nous faisons tout ce qui est en notre pouvoir – en permanence, toute la journée – et la mère, la sœur, le mari sont tous là, pleurant au pied du lit, me posant des milliers de questions et me signalant qu'elle a trop chaud, trop froid, qu'elle a besoin d'une couverture, qu'on lui masse les pieds, qu'on mette de la vaseline sur ses lèvres. Le mari m'a regardée et a dit : "C'est demain notre anniversaire." Que pouvais-je dire ? Je ne souhaite pas entendre ces choses. Je me marie le mois prochain et je prépare ce jour, je veux être heureuse. Je compatis, oui, bien sûr, je compatis, mais je suis fatiguée et je voudrais rentrer chez moi et ils pleurent amèrement. Je sais que ce n'est pas raisonnable, mais j'ai envie de dire : "Pourquoi de telles mines éplorées? Allons, c'est déprimant de rester près de vous."»

Morty rappela une histoire amusante. «Vous souvenez-vous de cette patiente dont le mari ne cessait de parler dans un enregistreur? Je soignais cette dame qui s'appelait Louise, et il disait : "Je parle à... quel est votre nom? et je répondais : mon nom est Thelma." Il poursuivait, "Je parle à Thelma, l'infirmière de Louise. Ce n'est ni une mauvaise, ni une excellente infirmière." Il attribuait une cote à chacune. Je crois que j'avais reçu un B moins.»

«Nous ne recevons aucune appréciation, dit Nicole, qui se joignit à notre concert de jérémiades, et je sais que nous ne devons pas en espérer, mais vous souvenez-vous de cet entraîneur de hockey que nous avions eu comme patient? Il distribuait aux médecins des billets pour la série éliminatoire et aux infirmières des boîtes de bonbons rancis?»

«Parfois, vous donnez et donnez et vous arrivez à un point où vous ne pouvez plus rien offrir», soupira Frances. Nous étions étonnées d'entendre un tel commentaire de sa part. Et elle se sentait coupable de nous laisser tomber.

«Je ne vous comprends pas, les filles.» Laura, qui s'était roulée en boule comme un chat sur le lit, prétendant s'octroyer une pause-santé et ne rien écouter de nos conversations, se redressa. «Je n'ai *jamais* aucun problème avec les familles. Je ne familiarise jamais avec elles et je n'espère rien d'elles. Ne vous impliquez pas émotionnellement. Particulièrement toi, Tilda, tu es la pire de toutes. Tu es sssi sssensssible!»

Pour me taquiner, Morty nous força à écouter quelques passages nasillards de la rengaine de Jann Arden : «Insensitive».

«Ton problème, dit Laura, qui m'observait comme si elle devait me réviser entièrement, ou au moins me choisir une autre coiffure, c'est que tu *penses* trop. Arrête tes réflexions.»

« Je suppose que tu as raison », concédai-je.

Les familles ne se plaignaient jamais de Laura, mais Laura, de son côté, n'essayait jamais d'établir des relations avec elles. Elle maîtrisait l'art de la compassion sans elle-même se perdre dans le processus. Les familles l'adoraient, parce qu'elle dispensait tous ses soins à leurs bien-aimés malades, mais ils savaient aussi se contenir en sa présence.

« Je n'ai, moi non plus, jamais eu de problèmes avec les familles », murmura Nell sans aucune vantardise. Dans son cas, c'était tout simplement vrai.

Certaines infirmières ont une sagesse innée ou une maturité acquise qui leur permet de donner sans se donner. Plus d'une fois, j'avais vu Nell, Frances, Bruno, Ellen, Valerie ou Suman pleurer avec la famille la détérioration de l'état d'un patient et occasionnellement laisser leur propre numéro de téléphone à un membre de la famille qui aurait souhaité leur parler en privé. Karen avait maintes fois assisté aux funérailles, veillées ou shivas pour certains de ses patients et même consacré son temps libre à des visites à domicile. Pour ces infirmières, aucune de ces choses offertes n'apparaissait comme provenant de leurs ressources personnelles.

Elles n'étaient pas les seules de ce genre. Il y avait aussi Julia, Juliette, Murry, Anne, Lisa, Linda, Judith, Richard, Sharon, Anita – et bien d'autres. Les bonnes infirmières. Celles qui établissaient la liste des demandes des familles de chaque patient, celles qui consultaient ces listes. Il y avait aussi toutes les autres. La vaste majorité d'entre nous qui luttions pour maintenir notre équilibre en présence de telles souffrances et de tels désespoirs. Et celles d'entre nous qui essayaient de rester attentives aux malheurs des autres sans se laisser submerger.

À l'école, on nous avait appris l'importance de manifester de l'empathie envers nos patients. La sympathie est insipide, sentimentale. L'empathie est l'aptitude de percevoir et de ressentir la peine de l'autre. On est supposé partager avec le patient « son expérience de la maladie ». On est supposé se mettre à la place du patient, voir les choses du point de vue du patient et de sa famille, penser et sentir comme le patient, se charger de ce que vit cette personne. Tout cela dans le but de le connaître intimement et ce n'est qu'ainsi que l'infirmière peut offrir son plus grand cadeau, l'empathie, empreinte de la véritable infirmière professionnelle.

Quelle autre profession que celle d'infirmière pourrait être caractérisée par un tel degré d'engagement émotionnel ? Certainement pas celle de mon mari, qui vend des assurances-vie, même si cette profession exige de lui d'avoir de sérieuses discussions avec de jeunes personnes pleines de santé et de convaincre celles-ci de la précarité de l'existence. Même les travailleurs sociaux peuvent garder leurs distances par rapport aux mots et aux paperasses. Les professeurs peuvent s'impliquer dans les problèmes personnels de leurs étudiants, les écouter, les comprendre et les aider, mais ils peuvent aussi choisir l'autre voie et, tout en restant collés à la matière qu'ils enseignent, faire malgré tout d'excellents professeurs.

Pourtant, une infirmière qui n'est pas sensible aux émotions du patient, qui ne contribue pas à apaiser ses sentiments morbides, qui ne lui apporte pas ce don ultime de ressentir avec lui – l'empathie – ne satisfait tout simplement pas aux exigences de base de la profession.

Ceux qui nous enseignent réalisent-ils les exigences de cette profession vis-à-vis de jeunes (pour la plupart) femmes (la grande majorité des infirmières sont des femmes) dont les limites sont souvent si perméables et ductiles ? Quelqu'un a-t-il jamais considéré le poids qu'une telle réceptivité émotionnelle impose à la plupart d'entre nous, filles et garçons ? Pourquoi ces choses ne sont-elles pas traitées dans les ouvrages et les manuels relatifs à la profession ? Comment peut-on rester sensible à l'expérience du patient, voir les choses du point de vue de celui-ci, faire preuve de compassion et cependant ne pas se laisser entraîner avec lui dans le désespoir et la tristesse, ni emporter par l'irritation et la frustration ? Et dans le cas contraire, qui pourrait exercer efficacement ce métier pendant un certain temps ? Qui pourrait résister une vie durant ?

À mesure que mon second jour de soins pour Irving Laurence progressait, celui-ci semblait s'installer de plus en plus dans le détachement du monde. Quand nous le retournions dans le lit, il restait sans réaction et nous laissait faire tout l'effort. À mesure que le jour progressait, il paraissait de plus en plus fiévreux et, à la fin de l'après-midi, sa température faisait une pointe marquée.

« Il était si bien ce matin ! Que lui as-tu fait ? me demanda Brenda, qui jeta son manteau et s'approcha du lit. Il est arrivé dans cet hôpital en bonne forme et vois comme il est maintenant ! »

Elle n'était arrivée que depuis quelques instants quand, comme prévu, Sidney se pointa. (Se cachait-il dehors, dans les buissons, pour guetter ses allées et venues ?)

« Avant cette maladie, père n'avait jamais été un seul jour malade de sa vie, grommela Sid. Il ne connaissait même pas le sens du mot "hôpital". »

Je m'efforçai de ne pas regarder la pile des feuilles de séjours successifs rassemblées sur l'étagère ; elles constitueraient plusieurs volumes. J'approuvai simplement Sidney de la tête. Son téléphone sonna.

Nous avions souvent demandé à Sid de couper son téléphone cellulaire en entrant à l'hôpital parce que celui-ci pouvait interférer avec les équipements électroniques, mais il le maintenait en activité, prétendant qu'il attendait un appel urgent. Il travaillait en permanence sur une affaire de quelques millions de dollars toujours sur le point d'aboutir. Cependant, la plupart des appels que je l'avais entendu faire semblaient être destinés à son avocat, pour connaître les détails exacts du testament de son père, pour savoir comment la propriété serait partagée entre lui et sa mère et quand les débours devraient être effectués – c'était une question de jours ou de semaines?

À nouveau, je n'étais pas affectée aux soins du Dr Laurence, mais les questions que l'expérience suscita en moi persistèrent dans mon esprit des jours durant. Je rentrais tout juste à l'USI après avoir transféré un patient à l'étage et j'étais donc libre de me promener à travers l'Unité, de visiter les patients et de donner un coup de main aux autres infirmières. Et je passai devant la chambre d'une patiente qui demandait de l'aide.

J'avais déjà entendu parler de cette patiente. Elle avait quarante-deux ans, était mère de deux enfants, et on venait de lui découvrir un cancer qui se répandait rapidement. Elle était arrivée à l'USI souffrant d'une dangereuse infection respiratoire. Je savais, pour avoir vu ses radios avec l'équipe, que son état empirait rapidement et qu'elle devrait être intubée sous peu.

Lorsqu'elle aperçut mon visage dans l'embrasure de la porte, elle me héla. «Je me débats dans le lit et il ne semble pas que je puisse m'arrêter, dit-elle. Mon infirmière est persuadée que je suis folle. Dites-lui que ce n'est pas vrai.»

Son infirmière, Esméralda, une petite Philippine aux longs cheveux noirs et brillants, ayant une préférence pour les salopettes rose bonbon, s'approcha d'elle. « Vous êtes énervée, voilà le problème, dit-elle avec une autorité calme. Voulez-vous que je vous donne votre médicament pour vous aider à vous calmer ? Voulez-vous que je vous donne un médicament en intraveineuse pour vous aider à retrouver votre calme ? »

En posant cette question, Esméralda lui injectait déjà 5 mg de Valium dans le circuit intraveineux.

« Ma famille était ici et maintenant ils sont partis et j'ai peur. Je ne sais plus que faire », gémit la dame. Sa respiration était courte. « Aidez-moi, aidez-moi. Je suis toute gonflée. » Elle exhibait son bras tuméfié et plein d'ecchymoses, souvenirs d'anciennes intraveineuses.

« Œdème périphérique modéré et hématomes superficiels », écrit Esméralda dans son rapport, sous la rubrique « système tégumentaire » communément appelé « peau ».

Elle dispensait de bons soins et remplissait scrupuleusement ses rapports. C'est ça l'efficacité, pensais-je. Voilà une infirmière qui jouirait d'un repos réparateur ce soir. Elle pourrait tenir longtemps.

« J'ai peur », dit la patiente, ses yeux suppliants me fixant, puis, à tour de rôle, Esméralda puis Ruth, l'autre infirmière dans la pièce, qui s'occupait d'une autre patiente.

« De quoi avez-vous peur ? » demanda Esméralda, bien que nous puissions penser à un million de choses.

Je remarquai que, quelques minutes après mon entrée dans la pièce, bien que non impliquée et simple observatrice, je devins *moi-même* mal à l'aise. La patiente était si anxieuse, geignait tellement et était si inconsolable, en dépit des efforts compétents d'Esméralda, que j'étais moi-même dans un état survolté d'éveil et de malaise. La réconforter ne servait à rien, le Valium n'avait fait aucun effet et le besoin de cette femme semblait emplir la pièce. Je me sentais devenir moi-même tendue et ma propre respiration était oppressée. J'avais envie d'arrêter cette voix implorante et de pouvoir m'occuper d'autre chose. Je pouvais fuir dans une autre pièce, réellement, je n'avais aucune obligation de rester là. D'autres infirmières pouvaient profiter de mon aide.

«Je suis bouleversée, je suis terriblement bouleversée. Sortez-moi d'ici!» criait la patiente.

Esméralda lui tapotait le bras, geste qui lui rappelait que c'était une bonne occasion d'étendre l'autre bras de la patiente, moins gonflé, et de mesurer sa tension sanguine pour la comparer à l'indication électronique du transducteur artériel du moniteur. (Nous considérions la méthode avancée plus fiable que la méthode manuelle mais nous la vérifiions encore de temps en temps par l'ancienne méthode pour nous assurer que les deux méthodes donnaient des résultats comparables.)

«Comment réussis-tu à faire tout ce que tu fais?» demandai-je à Esméralda. J'admirais son assurance et son calme pendant qu'elle dispensait ses soins avec gentillesse. Elle était compatissante et cependant très réservée. Elle dispensait ses soins tout en ne s'impliquant pas particulièrement au plan émotionnel.

«Je viens ici, je donne ce que je peux et ensuite, je dis "au revoir", il est temps de rentrer chez moi», dit-elle de sa voix aiguë.

Ruth, l'autre infirmière, était de mauvaise humeur. Elle avait ses bons jours et ses mauvais jours. Je l'avais vu dispenser ses soins avec une incroyable compétence et un dévouement sans limites et, à d'autres moments, être distante et négligente avec les patients. « Si tu me le demandes, cette patiente est un CP », dit-elle calmement, de son coin dans la chambre.

« Je ne connais pas cette abréviation », dis-je.

« Casse-pieds. Je sais qu'elle se meurt, mais doit-elle être insupportable à ce point pour ça ? »

« Ruth, comment peux-tu dire ça ? » lui demandai-je, les mains aux hanches, consternée et réprobatrice. Puis je m'arrêtai net – ne venais-je pas d'avoir moi-même mes propres pensées *peu charitables*? Étais-je mieux ? J'avais passé seulement deux minutes dans cette chambre et je souhaitais déjà m'en échapper. Je me sentais vidée de cette empathie que j'avais pour mission de donner.

Était-ce là une manifestation du « syndrome d'épuisement professionnel » contre lequel, à l'école, on nous avait bien mis en garde ? J'étais infirmière depuis quinze ans déjà, dont dix ans passés aux soins intensifs. J'avais beaucoup lu à propos du phénomène, je l'avais étudié à l'école et j'avais vu des infirmières gravement atteintes par ce mal. Je m'étais toujours promis que je ne passerais jamais par cet état, mais voilà que je m'y trouvais, entraînée par le désespoir d'une patiente, déstabilisée par son anxiété. Je l'avais contracté de cette patiente aussi facilement qu'on attrape une maladie infectieuse.

Parfois, certaines personnes, certains patients avaient cet effet sur moi : les jeunes, les éveillés, les insatiables et les tragiques. Car si tristes que soient certaines des morts auxquelles j'ai assisté à l'USI, la plupart n'étaient pas tragiques. Je me sentais soulagée pour les personnes âgées ou très malades qui mouraient ; elles s'étaient arrangées pour partir discrètement et s'éclipser. C'était triste pour ceux et celles qui restaient, famille et amis, mais ces cas n'étaient pas ceux qui me portaient à perdre la maîtrise de moi. Ce n'était pas ceux qui brisaient mon cœur.

Quelques jours plus tard, Laura et Frances rentraient d'une conférence où Sydney les avait déléguées. Elles nous avaient rapporté des informations concernant les nouveaux produits destinés à éviter les escarres de décubitus, les dernières techniques pour le drainage par position des sécrétions pulmonaires et la dernière théorie de soins que l'hôpital semblait pressé d'adopter, dénommée « soins centrés sur le patient ».

« N'est-ce pas déjà ce qui caractérise nos soins ? » demandai-je.

« N'est-ce pas ce que nous faisons déjà ? » répéta Tracy comme un écho. Elle était aussi choquée que moi par le reproche indirect qu'impliquait ce nouveau titre. « Comment pourrait-on être plus centré sur le patient que nous le sommes ? »

Frances nous vint en aide. « On cite comme exemple les heures de visite. La tendance est de laisser les familles visiter leur malade quand elles le veulent, les gens entrent, de jour comme de nuit, et restent aussi longtemps qu'ils le veulent. »

« Est-ce que vous n'avez jamais vu la tension sanguine ou le rythme cardiaque de certains patients monter en flèche quand leur parenté vient leur rendre visite ? Nous le constatons fréquemment. Le patient est calme et relaxe. La famille s'amène et, s'adressant à nous, dit : "Il souffre. Faites quelque chose. Donnez-lui un antidouleur !" dit Nicole. Parfois, les familles doivent être écartées pour permettre au patient d'avoir un peu de repos et d'intimité. Parfois ils se mettent à poser des questions au patient et à faire des histoires et, en quelques minutes, ils l'ont agacé au point qu'il se débat contre le tube, les saturations en oxygène diminuent et vous n'avez d'autre choix que de lui administrer des calmants. »

Seule Morty eut le culot de soulever l'autre question qui était sur toutes les lèvres.

« Si les familles sont présentes tout le temps, quand aurons-nous l'espace nécessaire pour accomplir nos tâches sans avoir en permanence quelqu'un regardant par-dessus notre épaule et remettant tout en question ? Nous connaissons toutes des familles qui peuvent être plus exigeantes que les patients eux-mêmes. »

« Et autre chose, dit Laura avec un sourire espiègle, vous aimerez celle-ci. Nous offrons aux familles l'occasion d'assister aux examens et même aux interventions, afin qu'elles puissent voir ce qui se passe. Peut-être que si les gens voient ce que ces choses comportent, ils pourront faire des choix plus réalistes. Eh bien ! ça donne à réfléchir. »

C'était vrai. Nous avions grand besoin de matière à réflexion, de nourriture spirituelle, de repos physique et de temps libre loin de ce travail exigeant. Il fallait que nous prenions bien soin de nous-mêmes si nous voulions être capables d'accomplir la tâche de prendre bien soin des autres. Bien sûr, nous étions fatiguées et affamées, mais ce n'était ni de repos, ni de nourriture, dont nous avions besoin. Ce dont nous avions grand besoin était d'une régénération spirituelle et d'une nourriture émotionnelle nous permettant d'accomplir convenablement ce travail et de faire face à ses exigences émotionnelles. Nous avions désespérément besoin de renouveler les choses qui s'épuisaient si rapidement en chacune de nous tandis que nous nous attachions à répondre constamment aux exigences sans limites des autres. Nous devions réapprovisionner notre esprit afin de pouvoir aller de l'avant, au milieu de la tristesse et du désespoir qui nous entourait, sans nous laisser submerger par ces sentiments.

Nous avions développé la compréhension et le soutien émotionnel que nous avions reçus de notre directrice Rosemary, qui était une infirmière dans l'âme. Nous étions récompensées quand nos patients allaient mieux, ou quand nous réussissions à diminuer leurs souffrances, ou quand on nous adressait un merci ou qu'on se montrait reconnaissant. Mais plus que tout, ce qui apaisait nos besoins, revivifiait nos âmes et rassasiait nos appétits était la nourriture spirituelle que nous recevions les unes des autres. C'était cela qui nous soutenait.

Nous nous confiions les unes aux autres après une rencontre déstabilisante avec un patient. Nous échangions les horreurs des blessures que nous avions vues, les malaises des patients que nous n'avions pu soulager et les tragédies dramatiques auxquelles nous avions assisté. Qui d'autre, sinon une autre infirmière, aurait pu comprendre comment nous ressentions ces choses? C'était dans cette compréhension que nous trouvions la force de poursuivre notre mission.

Nous prenions mutuellement soin de nous. Nous partagions des secrets entre nous ainsi que les détails intimes de nos vies. Nous nous comprenions. Notre travail nous y préparait. En fait, je crois que cette promiscuité fût la chose qui nous fortifiait dans l'exécution de ce travail émotionnellement exigeant.

Par exemple, parce que nous savions que Carole avait un enfant souffrant de graves crises, nous comprenions immédiatement sa réaction, d'abord de surprise, puis stoïque, la nuit où nous fûmes amenées à soigner un jeune patient qui venait de faire une attaque. Nous savions qu'Erica s'efforçait de devenir enceinte, et nous essayions de ne pas lui confier de jeunes accouchées gravement malades pour ne pas l'inquiéter. Nous étions aussi informées de la courageuse lutte de Nell contre la dépression et avions cessé de nous moquer de ses maladies imaginaires et de ses excuses bizarres. Nous envoyions Ellen prendre un petit repos en assurant son service au milieu d'une période particulièrement chargée parce qu'elle souffrait de nausées matinales.

Tracy préservait particulièrement sa vie privée, mais elle avait confié à notre petit groupe qu'elle n'avait plus vu sa mère depuis des années. Celle-ci était une sans-logis qui vagabondait dans les rues de la ville portant des sacs remplis de sacs de plastique et qui dormait dans des fossés ou des passages souterrains. Nous observions Tracy scruter occasionnellement les rues à sa recherche lorsque nous sortions ensemble.

Nicole partageait ses inquiétudes avec nous concernant son engagement vis-à-vis d'Andrew, un chirurgien du thorax résident qu'elle avait rencontré dans notre USI. (Oliver avait été oublié depuis longtemps, comme quelques autres d'ailleurs.) Elle envisageait de reporter le mariage jusqu'à ce qu'elle se sente plus sûre d'elle. Elle n'était pas prête, disait-elle. Elle n'était pas non plus certaine qu'il était bien l'élu de son cœur.

Bien que Frances soit célibataire, elle rêvait d'être mère. Elle avait pensé aller en Chine pour y adopter un bébé, une fille. Elle envisageait aussi de retourner à l'école pour obtenir son diplôme d'infirmière et essayait de convaincre Laura de se joindre à elle, mais Laura ne s'était pas encore décidée.

Quant à Laura... Mais qui connaissait vraiment Laura?

Nous savions qui se cachait dans l'armoire et qui osait en sortir. Nous étions mutuellement informées des grossesses et des tentatives de grossesses, des avortements et des fausses couches, des gains et des pertes de poids; des unions heureuses et malheureuses; des enfants à problèmes et des enfants brillants; des indiscrétions relatives aux cartes de crédit, des beaux coups en bourse, des amourettes et des folies.

Certaines d'entre nous connaissions même le secret de Belinda : son mari était mort dans notre USI d'une pneumonie consécutive au SIDA.

Frances était l'infirmière qui l'avait soigné. «Je ne l'oublierai jamais, me dit-elle un jour. Je travaillais dans un autre hôpital à cette époque. C'était si confus pour moi que je ne l'avais même pas reconnue quand elle est venue travailler chez nous. Tout ce dont je me rappelais était sa voix perçante. Elle avait été si gentille et si prévenante pour moi quand il est mort. J'avais perdu mon contrôle et je pense que je gémissais et que je pleurais. J'en suis tellement gênée quand j'y pense maintenant, mais je ne pouvais m'en empêcher. C'est alors que j'ai décidé que c'était ici que je voulais travailler un jour.»

Elle m'avait dit cela un jour où elle soignait un patient qui était couché dans le lit où son mari était mort.

Les infirmières savent l'importance des anniversaires de naissance. Aucune des dates de ces anniversaires ne passe inaperçue. Pour l'un de mes anniversaires, Frances avait apporté un gâteau aux carottes recouvert d'un glaçage vert néon brillant.

«Y a-t-il au moins des carottes là-dedans?» demanda Nicole.

Frances était réputée pour ses recettes improvisées. Pour un repas-partage, un soir au bureau, elle avait confectionné une meringue au citron où, n'ayant aucun citron sous la main, elle les avait remplacés par des oranges.

«Comment sais-tu? Je n'avais pas assez de carottes, admit-elle, et je les ai remplacées par des pommes de terre.»

Danny Huizinga dit qu'il en voulait seulement une mince tranche. «J'espère que je ne vais pas briller dans le noir à cause du glaçage. Je dois dire, Frances, qu'il paraît beaucoup plus appétissant que ce gâteau garni d'une cerise que tu as fait dernièrement. » Il rit. « J'ai fait des biopsies pulmonaires qui étaient plus appétissantes que ça. »

« Oui, mais tu t'es pourtant arrangé pour en manger deux tranches, si je me souviens bien », dit Laura, qui avait l'air prête à lui taper dessus gentiment ou à l'embrasser violemment pour le compte de Frances. Heureusement, nous réussîmes à l'en empêcher à temps.

Mais je commençais à m'inquiéter des effets à long terme de notre exposition permanente à la souffrance. Par moments, je sentais que la tristesse s'accumulait en nous. Par moments, je voyais que, d'une certaine manière, elle nous émoussait et qu'aussi elle nous rendait hypersensibles. De plus en plus, je voyais que les infirmières souffraient. Elles avaient besoin d'espoir pour survivre.

« Qui peut tenir le coup longtemps tout en restant continuellement attentionné ? » demanda Frances dans un profond soupir.

Je la regardai. « Si tu ne peux résister, qui le pourra ? dis-je. Tu dis toujours combien tu aimes ta profession. »

« La passion qui me pousse à faire ce travail est aussi la chose qui me poussera à le quitter à la fin », répondit-elle avec lassitude.

D'une certaine façon, de nous toutes, c'était Frances qui avait fait l'effort de créer une bonne relation avec la famille Laurence. Un jour, ils laissèrent une boîte de chocolats belges et un petit mot dans la salle des infirmières.

Merci à toute l'équipe qui prend soin de Irving. Et un merci tout spécial à Frances (elle sait pourquoi).

Brenda Laurence.

Je demandai à Frances ce qu'elle avait fait pour mériter cette mention spéciale.

«Tout ce que j'ai fait a été de lui dire : faites ce que vous croyez devoir faire pour votre mari. Ne tenez pas compte de ce que les médecins et les infirmières disent. Après tout, c'est vous et votre fils qui le connaissez le mieux. C'est tout.»

Je m'émerveillais du degré de contrôle qu'elle était capable d'exercer sur elle-même.

Bien souvent, nous nous sentons vides, désespérées, dépassées par les exigences – morales plutôt que physiques – de notre métier d'infirmière. Parfois, il nous semble que ce travail exige trop de nous, non seulement comme infirmières, mais aussi comme êtres humains. Qui pourrait donner autant, de façon aussi désintéressée ? Pour faire ce travail, il faut être désintéressé, pour l'accomplir convenablement, vous devez vous débarrasser de votre personnalité. Vous pouvez avoir un soi, mais vous devez le subordonner, l'oblitérer, pour satisfaire aux besoins d'autrui.

On ne s'attend pas à ce que nous ayons nos besoins propres. Oui, nous pouvons être fatiguées et affamées, mais qui s'en soucie ? Certainement pas nos patients qui, la plupart du temps, sont inconscients et totalement dépendants de nous. Définitivement, pas les familles des patients non plus, eux qui attendent de notre part un dévouement total et nous reprochent de prendre quelque repos ou semblent nous en vouloir si nous prenons un moment de détente ou encore lorsque nous nous levons pour quitter, à la fin d'une journée de douze heures, et qu'ils doivent s'habituer au style et aux manies d'une autre infirmière.

« Reviendrez-vous demain ? » demandent souvent les familles au moment où vous quittez.

Vous essayez de discerner au ton de leur voix ou à l'expression de leur visage s'ils sont tranquillisés ou désappointés par votre réponse tandis que vous dites que non, que demain sera votre jour de congé. Vous savez que, parfois, ils vous demandent spécialement, et que, d'autres fois, ils demandent spécialement que ce ne soit pas vous qui preniez soin de leur malade.

Ce n'est pas une Florence Nightingale qu'ils souhaitent. La véritable Florence Nightingale était un gendarme autoritaire, un micro-manager militaire et un meneur d'esclaves. Ce qu'ils veulent est une version adoucie, altruiste et aimante de Mère Thérésa. Peu d'entre nous satisfaisons à ce critère.

La santé du Dr Laurence se détériorait rapidement. Certaines décisions allaient devoir être prises sous peu pour que les choses ne se passent pas d'une manière désordonnée et incontrôlable. Il menaçait une défaillance respiratoire fatale ou un grave dérangement biologique qui ne pouvait conduire qu'à un arrêt cardiaque. Cette fois encore, nous devions faire face au dilemme éthique que nous avions rencontré fréquemment à l'USI. Ou nous augmentions ou nous maintenions le même degré de soins, ou nous renoncions et changions nos objectifs. C'est-à-dire, ou nous continuions à augmenter les doses de médicaments et le nombre de machines en accroissant les tests et les procédures, ou nous prenions une direction totalement différente : lentement et progressivement, nous arrêtions tous ces systèmes et nous nous occupions de la dignité et du confort du patient. Parfois, le scénario devenait une confrontation, un duel au coucher du soleil.

L'un des membres de la famille opta pour faire tout ce qui était possible et nous recommanda de ne pas hésiter à faire appel à toute intervention ou tout traitement existant. Il choisissait cette voie parce qu'il croyait à la miraculeuse résilience du patient ou parce qu'il attribuait à la science médicale le pouvoir de guérir en toutes circonstances. Parfois, je me demande si cette voie n'est pas adoptée par les gens parce que c'est le moyen de montrer que leur amour est plus fort que celui des autres membres de la famille, que leur geste sera justifié dans les annales familiales. « Vous voyez, je vous l'avais dit, s'imaginent-ils dire un jour dans une joyeuse réunion de famille, je savais combien père était fort. Vous étiez tous prêts à perdre espoir, mais grâce à Dieu, j'ai cru qu'il en sortirait et j'avais raison. »

Une autre faction de la famille pensait que, pour assurer un juste équilibre, ils devaient choisir l'autre position. Ce camp devait s'opposer à l'attitude agressive des premiers afin de pouvoir déclarer : « Non, c'est nous qui aimons le mieux notre père. Nous le prouverons en posant cet acte désintéressé et compatissant de le laisser partir en paix. C'est nous qui l'aimons vraiment le mieux parce que nous seuls sommes prêts à faire ce sacrifice. »

Cependant, quelle que soit la discussion qui précédait l'action, c'est l'infirmière qui la mettait en pratique.

C'est Morty qui devait soigner le Dr Laurence et, chargée de veiller sur un autre patient, je me trouvais dans la salle avec elle. Brenda survint mais dit qu'elle ne pouvait rester que quelques minutes parce qu'elle avait laissé QT, son caniche, dans la voiture et que celui-ci s'y sentirait trop seul.

« Pourquoi n'avez-vous pas envoyé QT visiter votre mari et n'êtes-vous pas restée seule dans la voiture ? » demanda très sérieusement Morty, mais Brenda était si éperdue et si affolée qu'elle ne réagit même pas.

Les semaines avaient passé et nous avions successivement traité crises après complications et rechutes. Nous maintenions le Dr Laurence en vie. Il gardait la plupart du temps les yeux clos, mais quand il les ouvrait, il paraissait être au ciel, joignait ses mains comme s'il nous implorait ou demandait grâce.

Howie avait cessé de lui rendre visite. Il était furieux. Il avait appelé pour nous dire que son nom avait été supprimé de la liste du personnel et qu'il avait simplement été remercié.

Sidney devint superstitieux et interdit tout couvre-lit sur le lit de son père. Le vert portait malheur, avait-il décidé. En fait, il avait insisté pour que nous écrivions « Aucun couvre-lit vert » dans le règlement, comme si c'était un ordre du médecin.

« Autre chose, ajouta-t-il, je veux que personne ne parle de chats. »

Quelqu'un avait mentionné que son père semblait avoir neuf vies.

« Si j'entends cela une fois encore, dit-il, je crois que je vais hurler. »

« Les chats portent-ils malheur ? »

« Oui ! Je veux que père ait cent vies. Je ne veux pas le perdre. Ne comprenez-vous pas ça ? »

Brenda avait découvert la religion. Elle portait un grand poisson doré accroché à une chaîne autour du cou comme son conseiller spirituel lui avait recommandé. Il devait apporter les pouvoirs de guérison de la mer pendant la convalescence de son mari – il était du signe du Poisson. Elle amena un rabbin des Temps Nouveaux auprès de son mari pour qu'il prie sur lui et lui donne un nouveau nom hébreu afin que l'Ange de la Mort soit contrecarré et ne le fasse pas disparaître.

« Nous devons tout faire. Nous ne devons pas abandonner », dit-elle à Morty, un jour que celle-ci était de service. Je l'avais entendue demander : « Peut-il encore entendre une prière ? Si je récite le *Shema* dans son oreille, est-il capable de l'entendre ? »

« Votre opinion est aussi bonne que la mienne. On dit que l'ouïe est le dernier des sens qui disparaît, mais si vous voulez la vérité, Brenda, je crois qu'il est en dehors de tout cela. » Morty le dit comme elle le pensait.

Sidney et Brenda avaient refusé une réunion de famille dans la salle de recueillement. Ils préféraient rester dans le hall et y faire les cent pas, tandis que les médecins leur parlaient. Je leur avais offert des chaises, mais l'un comme l'autre avaient répondu qu'ils n'avaient pas le temps de s'asseoir. Ils devaient quitter rapidement et ne disposaient que de quelques minutes. Lorsque le Dr Leung vint leur parler, Sid était occupé à converser dans son cellulaire et Brenda fouillait les pages de son carnet de rendez-vous.

« Je crois que nous arrivons au bout de ce que vous pouvez offrir à votre père, dit le Dr Leung de sa façon gentille et pleine de respect. Je le regrette. Je voudrais émettre ici l'idée qu'au cas où votre père aurait un arrêt cardiaque, nous ne croyons pas qu'il soit de son intérêt de le réanimer. »

« Faites-vous allusion au principe de non-réanimation ? demanda Sid. J'ai parlé à mon fils, il est étudiant en médecine, et nous avons changé d'avis. Nous sommes arrivés à la conclusion que père n'aimerait pas que tout cela soit mis en branle. »

« Oh ! si, il le voudrait, dit Brenda. Ton père n'a jamais abandonné facilement la partie. Il n'a jamais laissé facilement tomber les bras. Contrairement à toi... »

Je décidai de répondre en privé.

« À plusieurs occasions, alors qu'il était conscient et en mesure de communiquer, le Dr Laurence a dit à plusieurs d'entre nous qu'il ne souhaitait pas poursuivre les traitements. »

Heureusement, j'avais conservé certaines des notes écrites par le Dr Laurence pendant ses moments de lucidité, il y a quelques jours, quand je l'avais veillé.

Laissez-moi partir. J'en ai assez.

J'ai assez souffert.

Je veux mourir.

Sid lit le document. « Oui, c'est bien l'écriture de père. »

Brenda me regarda, atterrée. « J'espérais plus de toi, Tilda ! En tant que membre de notre communauté, tu devrais le savoir. Il est interdit d'abréger la vie. Seul Dieu peut le faire. Le rabbin a dit que la préservation d'une vie est la plus grande *mitzvah* ! Après toutes les épreuves subies par le peuple juif, c'est à tout prix que nous devons sauver une vie ! Pour protéger une vie, il vaut la peine de souffrir. Le rabbin m'a dit... » Mais elle s'arrêta et sanglota dans son écharpe de soie.

« Non seulement cela, poursuivis-je, convaincue que je faisais la seule chose que je pouvais et devais faire : plaider pour mon patient, mais d'autres infirmières ont aussi entendu ses souhaits, directement de sa bouche. Peut-être les a-t-il cachés à vous deux, mais à nous il les a clairement exprimés. »

Morty approuva de la tête. Le médecin écoutait attentivement.

« Pouvez-vous le maintenir en vie jusqu'au mariage de Mitchell et d'Emily ? demanda Brenda. C'est la semaine prochaine, et cela ruinerait ce jour spécial pour Mitchell. » Elle consulta le calendrier. « La semaine prochaine conviendrait, si vous souhaitez le faire. »

J'étais sans voix. Nous l'étions tous.

Excepté Sidney. « Tu es si superficielle », dit-il à sa mère.

« Que faisons-nous maintenant ? » demanda Brenda.

« Prendre une chaise, leur dis-je. Lui tenir la main. Être avec lui. »

Je m'assis et leur montrai comment faire.

Chapitre 15

MARGES ÉTROITES ET APPELS D'URGENCE

Nous ne pouvions cesser de parler de ce qui venait d'arriver.

Lorsque nous n'en parlions pas, nous y pensions. Si nous n'y pensions pas, nous priions pour que de telles choses n'arrivent jamais à aucune d'entre nous.

C'était arrivé dans un autre hôpital et on nous avait dit que l'infirmière avait été soignée pour un choc émotionnel. Elle était inconsolable.

Ce qui était arrivé était plus qu'une erreur ou une faute. C'était plus qu'une étourderie ou qu'un moment d'inattention. C'était une erreur innocente mais fatale et qui, accidentellement, avait tué un patient. Le plus effrayant avait été que chacune de nous pouvait s'imaginer capable de faire exactement la même chose pendant l'un ou l'autre des moments d'urgence ou de distraction que nous avons toutes vécu au cours de notre travail.

« Le Collège des infirmières prendra probablement une mesure disciplinaire contre elle, dit Laura. Elle pourrait très bien perdre sa licence. Une chose est certaine, elle ne pourra plus jamais travailler dans cette ville. Le coroner va prescrire une enquête et cette infirmière se fera fustiger. C'est la fin de sa carrière. »

« Soyons clairs à ce sujet, dit Morty. Une faute n'est pas nécessairement un crime. Espérons qu'elle ne sera pas traitée comme une criminelle. »

« Je peux seulement l'imaginer pleurant, seule, chez elle », dit Nicole.

« Je parie que chacun lui tombe dessus », dis-je, me mettant à la place de cette infirmière pendant quelques instants insupportables.

Tracy était manifestement tranquille, mais c'est parce qu'elle réfléchissait profondément.

« Tout au moins, il y aura quelques explications », dit Laura avec un visage sinistre.

« Comment sera-t-elle jamais capable de poursuivre sa carrière ? Comment reprendra-t-elle un jour son travail ? Comment pourra-t-elle revoir ses collègues ? » dis-je, traduisant la question que chacune avait sur les lèvres.

« Comment cela s'est-il produit ? »

« Elle savait certainement qu'on ne peut dialyser un patient avec de l'eau stérile ordinaire ! »

« Eh oui ! Sans un agent tampon, une solution hypotonique comme celle-là épuiserait tout le sodium des cellules en quelques minutes. Le sujet imploserait pratiquement. »

Suffisance imméritée ou humilité authentique, nous étions néanmoins toutes secouées ; personne ne pouvait rester indifférent. Ces choses auraient pu arriver à l'une d'entre nous. À moi, par exemple. Facilement.

Un beau matin, il y a bien des années déjà, peu après mes débuts à l'Unité de soins intensifs, j'avais décidé de donner un bain à mon patient. Andy était un homme d'âge moyen, père de deux enfants. Il souffrait de leucémie aiguë. Il était à l'USI, luttant contre une série d'infections consécutives à de longues séances de chimiothérapie. Le nombre de plaquettes dans son flux sanguin – celles responsables du mécanisme de coagulation – était pratiquement nul. Je relus les résultats du laboratoire : néant. Comment était-ce possible? Je fermai le dossier et lui préparai un bain. Il faisait une forte fièvre. Il acquiesça faiblement quand je lui fis part de mon intention.

« Andy, penchez-vous simplement pour que je puisse vous laver le dos. » Je l'aidai à saisir le rail latéral. « Bien, encore un petit effort. » Il était trop faible pour se soulever seul. « Appuyez-vous au rail », lui conseillai-je. Ce qu'il fit, il s'appuya, et le rail céda.

Le fracas, lorsque son corps roula hors du lit sur le sol, et le vacarme de l'équipement – tige-support, pompes et ventilateur – qu'il entraîna dans sa chute se répercutèrent dans toute l'Unité. On accourut de toutes parts. Je ne pouvais qu'observer la mêlée. Je me sentais malade.

« Attrape ses jambes ! »

« Je lui tiens la tête ! »

« Attention, maintenant, un... deux... trois, soulevons-le ensemble. »

« Doucement, criais-je. Il a zéro plaquette. »

Il mourut trois jours plus tard. D'une infection, de saignements internes, du cancer lui-même. Il avait un tas de bonnes raisons de mourir, mais la chute du lit n'avait pas amélioré sa situation. Rosemary m'appela dans son bureau.

« Le lit était vieux et probablement défectueux. Le rail, de ton côté, était convenablement bloqué. Tu n'as rien fait de mal. Cet accident nous amène à remplacer tous les lits de l'USI par de nouveaux lits à commandes électroniques. Il en résultera donc une amélioration. Je veux que vous sachiez, Tilda, que vous n'avez rien fait de mal. »

« Mais il est mort », dis-je tristement. J'étais peut-être absoute, mais un homme était mort et j'étais impliquée dans sa mort. Aurais-je pu agir autrement ?

« Nous avons dit à la famille exactement ce qui était arrivé. Nous leur avons présenté nos regrets sincères et notre sympathie. Ils ont accepté. Maintenant, oublie tout cela, dit Rosemary. Va de l'avant. Nous sommes toutes à tes côtés. »

Je fis comme elle avait dit. J'éliminai l'affaire de mon esprit. Autrement, comment aurais-je pu continuer à travailler là ? Pourtant, de temps à autre, quelque chose me secouait – c'était quelque chose que je faisais ou que je voyais faire par d'autres – et j'étais à la fois humiliée et reconnaissante. De temps en temps, quelque chose me poussait à m'arrêter, à réfléchir et à me demander si je prenais assez de précautions, un instinct me conseillait de ne jamais être sûre que tout était en ordre sans l'avoir vérifié, et de ne jamais bâcler les choses. Tout pouvait basculer à cause d'un moment d'inattention.

Un jour, la canalisation de l'intraveineuse d'un patient avait un raccord défectueux que je n'avais pas remarqué et le sang du patient s'écoulait dans le lit, en même temps que le médicament qu'il aurait dû recevoir. La situation fut aisément corrigée dans ce cas. Je nettoyai le patient, changeai les draps et administrai, cette fois, le médicament, mais il avait été moins une !

Je bavardais avec l'épouse de mon patient. Lui était assis sur son lit et commençait à s'habituer à se passer du ventilateur. Sa respiration était pénible. Elle le distrayait par des plaisanteries parce qu'il devenait facilement anxieux et sa respiration se faisait pénible dès qu'on faisait allusion à la possibilité de le sevrer du respirateur. Une infirmière avait suggéré que je cache l'horloge murale afin qu'il ne compte plus les minutes tandis qu'il s'efforçait de se passer de la machine. Il réussirait ainsi plus facilement le sevrage. Mais personnellement, je me serais sentie coupable de tromperie et ne pouvais me résoudre à appliquer une telle méthode.

« Je te revaudrai ça, tout ce par quoi tu m'as fait passer ! » lui dit sa femme en lui donnant une petite claque sur l'épaule. C'était une blague qu'elle ne pouvait faire que maintenant, parce que sa santé s'améliorait.

« Tu devras être bien bon avec moi quand nous rentrerons chez nous, parce que j'ai vécu l'enfer à cause de toi ! »

Il approuva de la tête. Le chemin de la récupération depuis son opération d'un anévrisme thoracique avait été long et pénible.

Son chirurgien entra dans la chambre et le salua chaleureusement. « Bonjour, M. Trute ! Comment allez-vous ? C'est bon de vous voir hors du lit. Je suis venu vous parler des résultats de vos tests. »

La dame et le patient me regardaient inquiets. Je regardai le médecin sans comprendre.

Le problème était que cet homme était M. Szabo et que celui-ci n'attendait aucun résultat de tests. De plus, si le médecin confondait les noms de ses patients, il pouvait aussi confondre d'autres choses. S'il y avait erreur sur le nom, les traitements ne pouvaient-ils aussi être inadéquats ? Peut-être que ceux destinés à M. Trute étaient bien ceux qu'il recevait. Et l'opération, et les médicaments? Pire encore, l'image que le médecin gardait en mémoire était-elle bien celle de son mari, Félix Szabo?

« Excusez-moi. » Je m'interposai et clarifiai la situation.

« Oh! » Il consulta ses notes, se confondit en excuses et quitta la chambre.

Plus tard ce même jour, quand je racontai à Morty ce qui s'était passé, elle trouva l'histoire très amusante. Elle nous en raconta une autre – pêchée dans Internet ou véridique, sa façon de la raconter ne pouvait nous éclairer là-dessus – qui nous fit bien rire.

« Donc, cette infirmière vient soigner son patient et elle lui entend dire : "Madame, voudriez-vous vérifier si mes testicules sont noirs". "Quoi?" dit-elle. "Bien sûr que non! Vos testicules ne sont pas noirs." Il le lui redemande. "Madame, s'il vous plaît. Vérifiez si mes testicules sont noirs." "C'est un non-sens, dit-elle. Oubliez ça." Il redemande encore : "Mes testicules sont-ils noirs?" Elle enlève donc les couvertures et l'examine. Elle prend les testicules l'un après l'autre dans ses mains. "Non, dit-elle, vos testicules ne sont pas noirs. Êtes-vous satisfait?" Il paraît réellement étonné et enlève le masque à oxygène qui lui étouffait la voix. "Madame, je vous demande si les résultats de mes tests sont arrivés." »

Malgré toutes les précautions, malgré les vérifications et les contre-vérifications, des erreurs sont encore commises. Avant d'accrocher une dose de sang ou de plasma, nous vérifions, avec une autre infirmière, cinq pièces différentes relatives à l'identification. Nous vérifions deux fois chacune des doses d'insuline, de digoxine, de dilantine et d'héparine et tout médicament qui nous est peu familier. Si nous ne connaissons pas parfaitement un médicament – son action, ses interactions, ses contre-indications et ses effets défavorables – nous nous abstenons de le prescrire. Comment pourrions-nous être plus prudentes ?

« Un jour, lorsque les prescriptions, les doses et même la distribution et l'étiquetage du médicament seront entièrement réalisés par ordinateur, les erreurs seront éliminées, prédit le pharmacien. Le facteur humain sera ainsi réduit au minimum. »

Oui mais c'est l'un des rôles essentiels de l'infirmière que d'optimiser le facteur humain. Des singes ou des robots seraient-ils capables de donner le médicament, d'en expliquer les effets secondaires et de faire les ajustements nécessaires, comme le font les infirmières ? Le taux de précision serait-il supérieur ? Tout faire par ordinateur apporte aussi ses propres séries de nouveaux problèmes : cette façon de faire élimine la pensée critique et le savoir-faire en matière de résolution de problèmes et dans le domaine de la prise de décision. Ce qu'il fait – et il le fait précisément quand tous les ordres de laboratoire et les rapports sont enregistrés – est créer de nouvelles sources d'erreurs.

Nous, les infirmières, vérifions et contrôlons constamment. Les médecins aussi.

Une nuit, le Dr Leung m'a appelée de chez lui. Un coup d'œil à ma montre : il était 3 h 30 du matin.

« Je réfléchissais à la crise rénale de votre patient », dit-elle.

Dans sa voix perçaient le besoin de dormir et le désir opposé de rester éveillée.

« Je crois que nous devrons lui donner une bonne dose de Lasix pour voir si nous pouvons stimuler ses reins. » Elle prit une profonde inspiration. « Tilda, dit-elle, je vous demanderai de lui donner 320 mg. »

Ma gorge se serra. Le maximum que j'avais donné était 80 mg. « Autant que cela, Jessica ? »

Nous pensions toutes deux aux nombreux effets toxiques secondaires possibles d'une dose aussi élevée.

« Sa créatine est de 398, dis-je au moment même où elle me demanda : "où en est sa créatine ?" »

« Faisons un essai, dit-elle. Prenez ceci comme une prescription verbale et je la signerai demain matin. »

« Je ne sais pas... dit Laura, pensant tout haut. J'ai confiance en Jessica, mais... »

« Nous vous appuierons, dit Tracy. Nicole, Morty et Laura le feront aussi. Elles signeront toutes le procès-verbal de prescription à côté de ma propre signature pendant que j'injecterai le médicament. »

Le matin, quand la relève du jour se présenta, les reins du patient fonctionnaient. L'urine coulait. Le seul problème était que le médicament avait rendu le patient sourd.

« Il est possible que ce problème ne soit pas permanent. » Je restai tard, ce matin-là, pour écouter Jessica expliquer à la famille ce qui s'était passé. « Il pourrait recouvrer partiellement son ouïe. C'est un effet secondaire du médicament administré à forte dose, mais nous devions l'essayer pour sauver ses reins. »

« Mon mari, sanglota sa femme, est professeur de musique. »

« Certains patients meurent à cause d'une chimiothérapie mal dosée », remarqua un matin, sans raison particulière, Daniel Huizinga, pendant sa ronde matinale. Il tenait l'index levé pour indiquer qu'une notification d'opposition était en préparation. « Le problème est que certains patients meurent aussi à cause de doses correctes de chimiothérapie. Que faire ?

Tout cela se ramène au même problème. Nous sommes des êtres humains faillibles et nous en connaissons très peu du corps humain. Le grand public nous attribue la connaissance parfaite et la capacité de corriger n'importe quoi, d'avoir réponse à tout. On comprend que c'est ce qu'ils souhaitent. Mais nous ne sommes que des êtres humains qui faisons de notre mieux. Pourtant, ils s'en soucient peu, ce qu'ils veulent, c'est l'amélioration de l'état de l'être qui leur est cher. »

Si c'était cela qu'on attendait, comment pourrions-nous jamais le mesurer ? Évidemment, on a le droit de ne pas être content lorsque les choses vont mal, mais comment pourrions-nous, en tant qu'infirmières, être sûres de faire, en tout temps, tout ce qu'il faut ? Même si nous faisions tout correctement, ce ne serait pas une garantie de bon rétablissement pour le patient.

Parfois, lorsque l'état du patient se détériore, les familles se précipitent pour demander : « Qui a fait cela ? » ou « Comment est-ce possible ? » ou encore « Qu'est-ce qui n'a pas bien fonctionné ? » Certainement, quelque chose n'a pas été fait comme il le fallait, quelque chose n'a pas été remarqué à temps, semblent-ils dire. Quelqu'un doit avoir négligé ou mal géré quelque chose, supputent-ils. Pourtant, selon mon expérience, c'est rarement le cas. Les patients sont des malades. Beaucoup voient leur état empirer. Quelques-uns, au contraire, sont capables de recouvrer la santé.

Le Dr Huizinga avait raison quand il disait que les choses pouvaient empirer, même si tout était fait convenablement. Même si tout était fait correctement mais que des paroles inappropriées étaient utilisées, cela pourrait encore, selon moi, constituer une erreur, ou au moins une faute de jugement susceptible d'entraîner des dommages. Certaines paroles peuvent agir comme médicament ; je le crois. Je les ai vues utiliser pour guérir, pour réconforter et pour encourager. Mais les mots peuvent être utilisés de façon aussi préjudiciable que certains gestes auxquels je pense.

« Pourquoi cette patiente se porte-t-elle mieux ? » demanda-t-il.

« Euh ! ... Je... je pense que les traitements sont efficaces », répondit le résident.

Daniel secoua la tête. Il était déterminé à entendre tout autre chose. « Il serait intéressant d'étudier un échantillon de tissu provenant de l'autopsie. »

« Nous devrons encore attendre un peu pour cela », dis-je en fermant la porte de la chambre.

« Pourquoi cela ? » aboya-t-il.

« Et bien, elle est encore en vie. Elle se porte mieux. »

« Sais-tu ce que Huizinga conseille », me dit plus tard Laura. « Je l'ai entendu dire à un patient qui avait fait une tentative de suicide : "Est-ce que vous l'avez fait ? C'était stupide, ne le faites plus jamais. Cherchez de l'aide. Mais si vous vous proposez de recommencer, faites-le convenablement la prochaine fois. Pas de demi-mesures." C'est comme cela qu'il conçoit la consultation d'un psy ! »

Pourtant, je ne pouvais réconcilier ses façons abruptes avec son extrême dévouement et sa remarquable compétence professionnelle. C'était le médecin que j'aurais voulu pouvoir choisir si j'avais eu une maladie grave, bien qu'à certains moments, je pouvais difficilement supporter d'échanger ne fût-ce que quelques mots avec lui.

Un jour, le Dr David Bristol entra dans ma chambre pour parler à ma patiente, une Éthiopienne de quarante ans qui avait été admise à l'USI pour hémorragies internes dues à de mauvais traitements infligés par son mari parce qu'elle ne lui avait pas donné de fils, seulement des filles. On lui avait aussi récemment diagnostiqué un cancer du sein.

Quand j'entrai dans la chambre, le Dr Bristol était déjà en pleine conversation.

« Mme Afework, vous avez une maladie grave et, en plus, des blessures dangereuses. En cas d'arrêt du cœur, souhaitez-vous que nous pratiquions des compressions cardiaques ? Au cas où vous seriez incapable de prendre une décision vous-même, quelqu'un devra la prendre pour vous. Si vous avez besoin que nous introduisions un tube respiratoire dans votre trachée, l'acceptez-vous ? Il est important que vous vous organisiez pour vous assurer que vos souhaits soient respectés. Où est votre famille ? » Il cherchait du regard une personne à la peau basanée dans les environs qui puisse traduire ses paroles en amharique.

« Je n'ai pas de famille. Je suis seule. »

« Auriez-vous une amie ? »

« Non, je n'en ai pas. »

« Supposons que vous deveniez inconsciente. Qui pourra prendre des décisions pour vous ? Qu'adviendrait-il de vos finances ? Quelqu'un pourrait-il prendre soin de vos enfants ? Il y a un département du gouvernement avec lequel nous pouvons prendre contact, et celui-ci pourrait prendre des décisions pour vous, sinon vous devriez désigner un chargé d'affaires. Ce sont d'importantes décisions. »

Je m'approchai d'elle après son départ. « Avez-vous bien compris ce que le docteur a dit ? Ce sont des choses auxquelles il faut penser, au cas où il vous arriverait quelque chose, en fin de parcours. »

Elle étreignit mon bras. « S'il vous plaît, Infirmière, demanda-t-elle. Ne laissez pas ce médecin appeler le gouvernement, ils me prendraient mes enfants. »

Peut-être ne l'avait-il pas blessée avec ses paroles, mais il ne les avait pas employées pour l'aider.

J'étais infirmière en soins critiques depuis bien des années et je commençais à comprendre un peu ces situations intermédiaires entre ce qui est véridique et ce qui est cruel ; ce qui est attendrissant mais faux ; ce qui est correct, mais nuisible. J'en étais aussi arrivée à comprendre que c'est plus compliqué que d'infliger simplement un blâme. Ce n'est pas simplement parce que beaucoup de personnes sont impliquées, ni que nous sommes terriblement occupés, ni qu'il y a beaucoup de distractions – bien que toutes ces choses soient vraies. C'est qu'il y a tant de nuances, de variantes de signification et d'interprétations possibles et que ces choses peuvent avoir des effets aussi importants que des erreurs. Comment des erreurs peuvent-elles être évitées ou rectifiées, comment le problème peut-il être redressé autrement qu'en commençant par chercher à comprendre tous les points de vue, sous tous les angles ?

Au déjeuner, un jour de printemps, il fit finalement assez chaud pour s'asseoir dehors. Nous en profitâmes pour nous glisser dans le soleil sur une petite colline verdoyante, devant l'hôpital, nous appuyant contre une sculpture de bronze représentant des cubes imbriqués les uns dans les autres. Ce jour-là, Bruno nous avait rejointes ainsi que Belinda. Frances avait pensé prélever un couvre-lit jaune de la réserve et nous l'avions étendu comme une nappe sur le gazon en vue d'y déguster nos déjeuners. Nous avions l'impression de prendre un pique-nique de vacances, mais nous savions toutes que nos quarante-cinq minutes réglementaires seraient malheureusement vite écoulées.

Comme d'habitude, Nicole avait apporté une tête entière de laitue et préparé une salade. Bruno avait un rôti aux pois chiches acheté chez Navreen, dont le comptoir jamaïcain de mets à emporter était en plein essor. Celle-ci avait conservé son emploi au service de la buanderie de l'hôpital, mais continuait à exploiter son affaire personnelle qui approvisionnait notre département. Ses menus s'étaient étoffés et comprenaient du riz aux petits pois, des pâtés de viande et de la chèvre au curry. Nous pouvions l'appeler sur son répondeur si nous avions envie de rôti ou d'un quelconque supplément au cours de la journée. Son numéro était repris au répertoire de l'hôpital sous le nom de « Rôti Lady », entre les rubriques « Respiration » et « Sociologie ».

Nous commençâmes par bavarder.

«… Le travail de Tina a duré trois jours. L'accouchement a finalement été provoqué. Alexa a une liaison avec un médecin marié… Erica vient d'avoir une autre fausse-couche, pauvre petite… »

Je décidai de demander leur avis au sujet d'une affaire que je jugeais importante depuis l'erreur fatale qu'une infirmière avait commise concernant la solution de dialyse.

J'avais été préoccupée par le sujet de la faillibilité depuis l'affaire qui avait fait les manchettes de la presse, cette histoire de *rock star* qui poursuivait les médecins qui avaient soigné son frère. Celui-ci était décédé d'un arrêt cardiaque et d'une obstruction intestinale. Il apparaissait que si le malade avait beaucoup d'argent ou jouissait d'une certaine célébrité, il pouvait se permettre de faire valoir ses droits à un traitement approprié. Leur façon de voir pouvait se traduire à peu près comme suit : "quelle autre raison possible pour expliquer pourquoi notre bien-aimé frère est mort, sinon que quelqu'un…"

La façon dont les médias rapportent ces événements n'aide pas toujours à élucider ces affaires complexes. J'ai récemment lu un titre de journal disant : « Le produit utilisé pour exécuter les condamnés à mort a été administré à un patient de l'hôpital qui en est mort. » Ce produit est le chlorure de potassium et j'en ai administré souvent à mes patients. Administré chaque jour correctement, ce qui est presque toujours le cas, par les infirmières de tous les hôpitaux, il peut sauver des vies. Il s'agit du KCl, un composé de deux éléments essentiels liés entre eux pour en constituer un troisième. Le sucre peut édulcorer ou tuer; de même, la morphine, l'essence et le feu peuvent être aussi utiles que dangereux.

« Quelle est la chose la plus effrayante qui vous soit arrivée à propos d'un patient ? » leur demandai-je.

Belinda proposa son histoire. « C'est bien simple. J'étais fraîchement diplômée et, accidentellement, j'ai interverti les médicaments de deux patients. Comme ils étaient tous deux cardiaques, il n'y a pas eu de graves conséquences. »

« David Bristol est venu dans mon bureau aujourd'hui, dit Laura, se proposant pour une déclaration plutôt qu'une confession. Il me dit : "Pourquoi vos totaux d'urine apparaissent-ils toujours comme multiples de cinq ? Est-ce que vos patients ne font jamais 33 ou 46 cc ? Ne pourriez-vous pas être plus précise ? Il ne faut pas arrondir !" Je lui ai répondu que je ne suis pas une infirmière à 3 cc. »

L'histoire de Morty se rapportait à l'inconduite de quelqu'un. « Je ne puis croire l'infirmière qui a amené un patient de l'étage ce matin. Il avait fait un arrêt, mais elle me dit qu'elle n'avait pas relevé ses signes vitaux parce qu'à ce moment, elle avait sa pause-café. "Que dites-vous là ? lui dis-je. Je vous donne une occasion de modifier votre histoire, sœurette. Faisons comme si je n'avais rien entendu." Mais elle la répéta. "Oui, je ne prends jamais les signes vitaux avant la fin de ma pause-café." À ce moment, ils ne sont plus vitaux, ne croyez-vous pas ? lui dis-je. Elle était angoissée. »

« Était-elle Noire ? » demanda Belinda qui était Noire.

« Quelle est la différence ? »

« Vous avez dit "sœurette". »

« En réalité, elle ne l'est pas, mais où voulez-vous en venir ? »

« Vous, les Blancs, vous ne me croyez pas, mais nous, le peuple noir, sommes stéréotypés. Tout le monde croit que nous sommes paresseux. Si je suis au poste d'infirmières avec une infirmière blanche, et si quelqu'un a besoin d'aide pour un patient, qui croyez-vous qu'on appellera ? Moi, parce qu'on supposera que je suis de toute façon assise à ne rien faire. »

Le gant avait été jeté et Morty le releva.

« Belinda, la population de Toronto est aujourd'hui composée de plus de cinquante pour cent d'immigrants. Notre profession y est bien représentée par des femmes et des hommes de couleur. Il est possible que, par le passé, nous ayons eu une image conservatrice blanche, mais plus maintenant. Ne croyez-vous pas qu'il y a eu une nette amélioration ? »

« Un petit peu plus de chocolat, dirais-je », précisa Laura en riant.

« Est-ce vrai ? reprit Belinda. Et combien d'infirmières en chef connais-tu dans cet hôpital qui soient des Noires ? Bien sûr, il y a quelques médecins noirs et un nombreux personnel d'entretien, mais parmi le personnel dirigeant et les infirmières gradées, voyez-vous des Noirs ? Le racisme est partout. Il en sera toujours ainsi. N'avez-vous jamais remarqué, dans les nouvelles, qu'on ne mentionne pas que c'est un Blanc qui a commis le crime, mais si c'est un Noir, on le dit tout de suite. »

« Et si c'est une fille ? On le mentionnera certainement ! dis-je. Quelle a été, pour toi, la chose la plus angoissante, Bruno ? » Je voulais ramener la discussion vers mon sujet. Je visais la chose la plus angoissante pour les patients, mais Bruno, de toute évidence, pensait à lui.

« C'était d'attendre les résultats de mon test de SIDA, répondit-il. Ces vingt-quatre heures ont été les pires, les plus inquiétantes. » Son regard se perdit dans le lointain.

« Plus inquiétantes même que la réponse ? » demanda quelqu'un.

« Oui. »

Nicole intervint pour détourner l'attention inconfortable qui se portait sur Bruno.

« Ma pire erreur s'est produite dans le dernier hôpital où j'ai travaillé avant de venir ici. Ma patiente faisait un myélome multiple, je l'avais fait monter du rez-de-chaussée à l'USI. Tout son corps souffrait le martyre. Elle se débattait et demandait grâce. La douleur l'avait transformée en une bête délirante. Sa poche d'intraveineuse était vide et je la remplaçai par une nouvelle provision de morphine prélevée dans notre réserve de narcotiques. J'étais très occupée, prises de sang, radioscopies, électrocardiographies, cultures sanguines, avec la famille surveillant toutes mes actions et me soufflant dans la nuque. La patiente n'arrêtait pas de crier, mais soudain, en quelques minutes, elle se calma et sembla s'endormir. Je m'aperçus qu'en réalité, elle ne dormait pas, mais paraissait au contraire bien éveillée. Je l'appelai par son nom, essayant d'obtenir une réponse d'elle. Je remarquai alors que la concentration du sac distribuant la solution de morphine était le double de la dose qu'elle recevait à l'étage alors que j'avais réglé le débit au même niveau. Une double dose aurait dû être administrée à un débit réduit de moitié! J'aurais dû réduire le débit! Merde! pensai-je et je courus chercher du Narcan! Imaginez! En l'espace de quelques secondes, elle était passée d'un état quasi comateux à la frénésie d'un cheval pur-sang. Ses yeux étaient grands ouverts, sauvages. Dieu, ce médicament est puissant! Je réussis à la calmer et lui administrai du Tylenol pour sa fièvre. Elle me dit qu'elle se sentait mieux et qu'elle m'était tellement reconnaissante. Je n'ai pas osé lui avouer "Eh bien, c'est une chance! Parce que je vous ai presque tuée". »

Nous étions tous somnolents, pourtant, il était temps de reprendre le travail. Nous nous débarrassâmes des déchets dans la poubelle, repliâmes le couvre-lit et rentrâmes ensemble à l'hôpital.

N'étions-nous pas de bons citoyens?

Cette histoire me rappelle une soirée à laquelle j'avais participé. Quand on avait appris que j'étais infirmière, chacun m'avait interrogée au sujet de cette jeune fille morte dans un hôpital et des deux infirmières qui avaient été impliquées dans cette affaire.

«Je n'en sais que ce que j'ai lu dans les journaux, comme tout le monde» dis-je, les paumes des mains tournées vers le haut pour prouver qu'elles étaient innocentes. «Je n'ai aucune information particulière.»

«Comment cela a-t-il pu se produire? me demandèrent-elles. Comment une jeune fille peut-elle mourir ainsi?»

«Elle souffrait d'une douleur opiniâtre. On lui administrait de fortes doses de morphine parce qu'elle se plaignait en permanence. Peut-être aurait-elle dû être surveillée de plus près, peut-être aussi sa réaction a-t-elle été accidentelle, mais elle a fait un arrêt respiratoire. Elle était jeune et en bonne santé, et on n'a pas pu la réanimer. C'est tragique, mais je peux imaginer comment de telles choses se produisent. La morphine peut être un médicament dangereux.»

«Les infirmières l'ont jugée hypocondriaque et ont cru qu'elle cherchait seulement à attirer l'attention sur elle, dit quelqu'un. La mère s'est énervée et on a ignoré son état. C'est ce qu'on peut lire dans les journaux.»

«Je peux comprendre les deux points de vue», dis-je.

«Pourquoi restes-tu toujours indécise? demanda Ivan, impatient. Tu as sûrement une opinion.»

«Mon opinion est que c'est tragique. Une jeune vie a été perdue pour rien. Peut-être y avait-il des problèmes d'encadrement. Il y a probablement eu des négligences, un manque d'attention; ce sont des erreurs humaines. Il y a certaines explications possibles, mais il n'y a pas d'excuses. Je doute que ce soit intentionnel. Je ne crois pas que ces infirmières méritent le même traitement qu'une personne accusée d'agression ou de meurtre. J'ai déjà vu des infirmières pressées, désorganisées ou surmenées, mais je n'ai jamais observé chez elles d'intention de nuire.»

J'étais probablement sur la brèche, mais c'était le seul point d'où je pouvais voir les deux côtés et peut-être commencer à comprendre la complexité de tout cela. Et ce n'était qu'en le comprenant qu'il y avait une chance de trouver des moyens de prévention et de correction.

Je me rappelle ce que disait souvent Laura : «C'est comme lorsque le médecin dit que la cause d'un problème est "plurifactorielle". Nous n'avons aucune idée de ce qu'ils veulent dire.»

Je m'étais efforcée d'aider une infirmière qui venait de joindre l'USI.

« Tu me donnes l'impression que je suis au jardin d'enfants, dit Vicky, exaspérée. Crois-tu que je ne connais rien ? Je suis infirmière depuis neuf ans. J'ai travaillé aux soins palliatifs, en obstétrique et en psychiatrie. »

« Oui, mais tu ne travailles aux soins critiques que depuis deux semaines », dis-je.

Non seulement cela, mais tu as beaucoup à apprendre, m'empêchai-je d'ajouter en m'apercevant de l'embarras dans lequel je la plongeais. Vicky avait récemment obtenu son diplôme pour le cours de soins intensifs et m'avait été associée pour faciliter son intégration à l'USI.

« Tu as accroché un médicament qui ne porte aucune étiquette. Comment peut-on savoir ce qu'il y a dans ce sac ? Tu as planté une épingle dans l'oreiller du patient… »

« J'avais l'intention de la retirer », expliqua-t-elle.

« Mais tu l'as oubliée et c'est une habitude dangereuse. Tu n'as pas transcrit les prescriptions du médecin et regarde, le patient a manqué sa dose d'ampicilline de 14 h. »

Frances vint voir comment se passaient les choses. Mon visage était rouge de honte. Frances, qui avait été si patiente avec moi quand j'étais nouvelle m'avait prise en défaut dans mon nouveau rôle.

« C'est ton heure de repos, Tilda, me dit-elle avec un petit clin d'œil. Je vais travailler avec Vicky. »

À une autre occasion, tout comme j'allais partir à la fin de ma journée, mon patient, qui avait été extubé et dont l'état s'était amélioré au cours de la journée passée avec moi, m'appela.

« Mademoiselle, je me meurs. Vous m'avez donné des pilules qui ne me conviennent pas. Essayeriez-vous de m'empoisonner ? »

Je pris la chose avec calme. Il fut un temps dans ma carrière où un commentaire de ce genre m'aurait mise sur la défensive, mais plus maintenant. Je vérifiai les fiches de médicaments et les médicaments que j'avais donnés, les comparai aux prescriptions originales du médecin. Je gardai à l'esprit que le patient était encore confus après sa crise de foie chronique et qu'il prétendait organiser un thé pour ses amis au plafond d'un magasin d'antiquités. Je vérifiai les flacons et les ampoules que j'avais utilisés ce jour-là. Je recalculai les doses de médicaments que j'avais donnés. Mentalement, je repassai en mémoire tous les faits de cette journée.

« Bonne nuit, lui dis-je. Dormez bien. »

À peine étais-je rentrée chez moi, la chose qui me vint à l'esprit, parmi toutes les bonnes choses utiles que j'avais pu faire ce jour-là, était le médicament que j'avais oublié de noter en partant, une quantité de fluide corporel que j'avais oublié d'ajouter au total ou l'échantillon de sang que j'avais envoyé dans un tube à essai encapuchonné de vert plutôt que de rouge.

« Ça m'arrive aussi à moi, dit Frances, tout le temps. »

Marianne Sorensen était l'une des patientes les plus gravement malades dont j'avais eu à prendre soin. Elle avait subi un transplant pour une fibrose pulmonaire, un état grave qui, dans son cas, n'avait aucune cause connue, et elle était vraisemblablement en phase terminale. Tant pendant qu'après l'opération, Marianne avait eu de nombreuses complications : saignements, pneumonie, réaction aiguë de rejet et oxygénation déficiente. Une mesure exceptionnelle avait été prise le jour où je devais m'en occuper. Le dispositif s'appelait MECO – membrane extra-corporelle d'oxygénation. C'était un système technologique dernier cri, habituellement utilisé en salle d'opération seulement, pendant les chirurgies à cœur ouvert, pour court-circuiter le cœur et les poumons et prendre en charge les fonctions de ces deux organes essentiels. Dans le cas de Marianne, le système devait être utilisé jusqu'à ce que son propre cœur et ses poumons tout neufs, mais encore fragiles, aient pu récupérer.

Cet après-midi-là, l'équipe du Canada disputait la finale de hockey contre l'équipe des États-Unis au stade olympique de Nagano, au Japon. Le reportage était suivi en sourdine tant dans la salle des infirmières que dans les chambres des patients à travers toute l'USI. Et on entendait les réactions d'enthousiasme ou de déception des patients.

Pendant ce temps, dans la chambre de Marianne, nous étions en train de jouer un match autrement plus grave. Nos yeux étaient rivés sur les chiffres, les formes d'ondes et les écrans d'oscillateurs qui nous aidaient à naviguer à travers son corps. Je n'osais pas regarder le visage de Marianne parce que je ne voulais pas y apercevoir une expression que j'avais déjà vue sur le visage de certains patients. Cette expression risquait de me faire perdre ma conviction que nous étions capables d'inverser la tendance des choses. Je n'avais même pas un moment pour regarder Marianne elle-même, ni son corps découvert et abandonné, encore moins son visage gris et cendreux, tant j'étais occupée à fournir l'oxygène à ses cellules sanguines, à doser les médicaments favorisant sa circulation, à équilibrer ses fluides vitaux.

Du coin de l'œil, je voyais les visages anxieux de son mari, de sa mère, de son père et de sa sœur qui se tenaient à l'arrière-plan, mais je n'avais pas de temps, ni pour répondre à leurs questions, ni pour leur fournir des paroles rassurantes.

Vers la fin du jour, l'équipe canadienne avait perdu et nous étions aussi sur le point de perdre Marianne.

« Nous allons essayer la MECO, dit à la famille Daniel Huizinga. C'est un dernier espoir. Certains centres obtiennent de modestes succès grâce à cette technique. Elle peut aider ou non. Les prochaines vingt-quatre heures seront cruciales. »

D'une main, je tenais le gros tuyau de sang rouge cerise qui était renvoyé au corps de Marianne, saturé de molécules d'oxygène. De l'autre main, je tenais un tuyau un peu plus froid et plus sombre de sang qui sortait de son corps. C'était le sang veineux épuisé, qui avait été utilisé par son corps pour soutenir la vie, seconde après seconde. Jamais je n'avais ressenti aussi vivement que je tenais la vie d'un patient entre mes mains.

« Je propose que vous preniez un moment de repos », dis-je à la famille, qui, je le savais, avait veillé toute la nuit et tout le jour. Je leur offris des couvertures et des draps. « Vous pourrez vous étendre dans la salle d'attente. Prenez soin de vous. Quoi qu'il arrive à Marianne, le chemin sera encore long pour chacun. »

« Est-ce qu'elle s'en sortira ? » La mère attrapa mon bras, ma main, désespérée.

« Je ne sais pas. Nous faisons de notre mieux... elle tient bon. » Ils avaient besoin de plus de ma part. « Elle est gravement malade et nous luttons pour sa vie. Actuellement, l'essentiel est son rythme cardiaque, son oxygène, sa tension sanguine. » Alors, je pensai à quelque chose d'utile à dire. « J'ai vu d'autres jeunes tout aussi gravement malades s'en sortir. » Cela leur donna visiblement un peu d'espoir.

« Pensez-vous qu'il soit possible de la quitter quelques instants pour nous reposer un peu ? » demandèrent-ils.

Si je disais oui et si quelque chose arrivait, ils ne me le pardonneraient jamais. Si je disais non, ils s'épuiseraient sans rien apporter ni à eux-mêmes, ni à Marianne. Ils sentirent mon hésitation et n'insistèrent pas.

Pendant le reste du jour, je travaillai sans arrêt. Frances, Laura, Tracy, Justine, Nicole et bien d'autres étaient là à prêter leur aide.

Frances me suggéra de prendre un peu de repos, ne fut-ce que pendant dix minutes.

« Non, ce n'est pas possible », insistai-je.

J'étais dopée par ce médicament puissant. Et c'était la chose la plus excitante du monde de me consacrer avec tant d'énergie à sauver la vie de quelqu'un.

À la fin de ma période de travail, je devais transférer la garde de Marianne à l'infirmière de nuit qui venait pour me remplacer. Mon cœur se brisa quand Pamela arriva. C'était une infirmière très compétente, mais je ne croyais pas qu'elle pourrait donner toute l'attention particulière requise, la touche tendre, les mots attentionnés attendus par la famille. Je caressai l'idée de rester pendant une nouvelle période de garde. Ça me ferait vingt-quatre heures de présence et j'avais été debout tout le temps, mais j'étais préparée à cet effort. Peut-être pourrais-je y arriver.

« Non, tu ne peux faire cela, Tilda. Ce n'est pas raisonnable, dit Frances. Tu serais exténuée. Ce ne serait ni sûr pour la patiente, ni sain pour toi. Allez, à la maison ! »

Donc, à regret, je confiai la garde de mon bébé à une autre mère, Pamela. Celle-ci n'en parut pas très heureuse.

« Je ne souhaite pas un patient fatigant, grommela-t-elle. Je suis fatiguée. C'est ma cinquième nuit de suite. J'aurais dû demander une tâche plus facile. »

« Pourquoi travailles-tu autant ? »

« Nous venons tout juste d'acheter une nouvelle maison et voulons prendre des vacances avec les enfants, et je suis en retard pour le paiement de mes factures. Bon Dieu, je suis crevée et la nuit n'a pas encore commencé! » Elle prit une gorgée de sa tasse de café.

« Peut-être aimerais-tu permuter avec une autre infirmière. Marianne est très malade. Tu devrais avoir une nuit particulièrement fatigante. Elle est sur MECO. »

« Merde! Je n'ai jamais eu de patient MECO. C'est beaucoup de travail, n'est-ce pas? » Elle regardait l'imposante série d'appareils compliqués et les tubes de sang provenant des artères et des veines de la patiente et y retournant. Les perfusionnistes étaient responsables des machines, mais l'état de Marianne était très instable et exigeait, à chaque minute de la nuit, des soins infirmiers constants, fiables et ininterrompus.

Le lendemain, j'avais hâte de retrouver Marianne et sa famille.

« Je l'ai eue toute la nuit, sans aucun repos », dit Pamela lorsqu'elle m'aperçut. Elle bâillait à se fendre la mâchoire. « Merci d'être venue si tôt. J'ai hâte de sortir d'ici. »

Mes appréhensions n'étaient pas fondées. L'état de Marianne s'était amélioré pendant la nuit grâce aux soins de Pamela. Tout était parfaitement en ordre. Les échantillons de sang étaient prélevés et les signes vitaux enregistrés avec précision.

« Et la famille? Comment vont-ils? »

« Quelle famille? Ils ont appelé pour venir la voir, mais je n'admets pas de famille la nuit. Elle n'a pas besoin de visiteurs maintenant. Les patients doivent se reposer. Les infirmières aussi. »

Marianne passa de nombreuses semaines à l'USI et eut même davantage de complications – une obstruction intestinale, des hémorragies internes, une infection du sang et, momentanément, une défaillance rénale qui exigea une dialyse.

Chaque fois, nous pensions que c'était l'ultime problème, mais chaque fois, elle réussit à en sortir.

Sa mère me parla pendant l'une de ses crises. « Depuis des mois, maintenant, nous avons eu à nous préparer à la possibilité qu'elle meure et, en même temps, nous avons prié pour qu'elle survive. »

Le corps et l'esprit de Marianne s'en sortirent indemnes, mais son moral était très bas.

Un portrait sur le mur de la chambre représentant Hugo, son bien-aimé golden retriever, me suggéra une idée. Avec l'approbation de la directrice, je conspirai avec son mari et j'obtins la permission des spécialistes des maladies infectieuses. (J'avais une fois amené un chien et il avait donné tant de joie au patient. C'est la seule fois où j'ai vu un chien pleurer. Je suis certaine qu'il pleurait.) Certaines infirmières étaient inquiètes au sujet de mon projet, mais la plupart m'épaulèrent. La mère de Marianne n'était pas très à l'aise. Son mari, Rick, était emballé et était convaincu qu'amener Hugo réjouirait Marianne et lui apporterait du bonheur. Mais Pamela rencontra la mère de Marianne dans l'ascenseur et elles eurent ainsi l'occasion de discuter du projet.

« Je ne laisserais pas un chien me rendre visite si j'étais malade, dit Pamela à la mère. Les chiens transportent des microbes. Leur gueule est pleine de bactéries. On peut attraper toutes sortes de maladies par les animaux et Marianne est déjà déficiente au point de vue de son système immunitaire. »

La mère interdit donc la visite au chien.

La plus grave erreur que j'ai commise me remplit encore de regrets. Je l'ai vu bien des fois et je n'ai jamais rien fait à son sujet. Personne n'y a rien fait. Ma plus grave erreur fut Pamela.

Pamela n'était ni paresseuse, ni stupide, ni désorganisée. Elle n'était ni mauvaise ni méchante. Pamela était indifférente. Pamela était totalement coupée des souffrances de ses patients. Chez une infirmière, ce degré d'apathie et de détachement envers les êtres humains – caractère opposé à l'empathie – est une forme d'incompétence.

Un jour où l'eau chaude avait été coupée dans l'hôpital pour permettre une réparation, la plupart des infirmières avaient fait chauffer de l'eau dans des chaudrons pour tiédir le bain de leurs patients. Certaines décidèrent de reporter le bain au jour suivant. Pas Pamela. Elle donna à son patient un bain d'eau tiède.

Une fois, Pamela invoqua le Code blanc : patient violent. Son patient se rétablissait d'une surdose et manifestait des signes de violence tandis que les agents chimiques se résorbaient dans son corps. Il jouait violemment des pieds et des poings et les gardes de la sécurité avaient dû être appelés pour nous aider à le maîtriser.

« Je vais vous lier les bras et les jambes si vous ne vous calmez pas ! » l'entendis-je crier, exaspérée. Plus tard, même après qu'il ait été maîtrisé et calmé, il me sembla qu'elle était un peu plus dure avec lui qu'il n'eût été nécessaire pour sa propre protection.

J'aurais dû le signaler. Tous, nous aurions dû. J'aurais dû la prendre à part et lui parler, d'infirmière à infirmière. J'aurais dû lui parler et lui faire voir comment elle était devenue dure. Peut-être aurais-je dû relever certains de ses agissements. Nous savions tous ce qui se passait, mais n'en faisions pas mention, ne voulant pas nous dénoncer l'une l'autre.

Le chien ne vint jamais rendre visite, mais j'eus l'occasion d'offrir un autre plaisir à Marianne. Après avoir supporté le tube respiratoire dans sa gorge pendant un certain temps, elle devait réapprendre à avaler. Une pathologiste de la parole vint l'aider, mais les progrès furent lents.

« Avaler est important, expliqua-t-elle à Marianne. Non seulement pour absorber la nourriture, mais aussi pour protéger la respiration, le passage vers les poumons. »

Un jour, il fut décidé que nous devrions essayer un petit morceau de glace, et voir comment elle s'en tirerait. Je m'assis donc sur le lit et plaçai ce petit morceau de glace sur la langue de Marianne. Elle l'avala sans problème. Puis un autre, et encore un autre.

« Arrêtons un moment », dis-je.

Plus tard, nous reprîmes l'exercice. Elle avalait avec plaisir, fière de son exploit.

« Était-ce bon ? » demandai-je.

« Délicieux », soupira-t-elle.

« Elle s'en tire très bien, dis-je à l'équipe. Je vais essayer une glace aux fruits. »

« D'accord », dit Jessica.

« Que penserais-tu d'une glace aux fruits, Marianne ? »

Ses yeux s'agrandirent. « Un popsicle ! Crois-tu que je pourrais ? »

J'avais confiance, bien que je sache que si elle aspirait, ce serait une erreur, un autre retard. Je serais critiquée pour erreur de jugement. Pourtant, quel triomphe si ça marchait !

« Essayons, veux-tu ? »

« Présente-le-moi ! » Elle se souleva en position assise.

La cuisine envoya un popsicle aux cerises sur une assiette de carton, portant le nom de Marianne.

Je divisai la glace en petits morceaux, le laissai un peu se réchauffer et ramollir. Mon cœur battait. J'en plaçai un soupçon de la taille d'un rubis dans sa bouche grande ouverte et sa langue l'emporta.

« C'est... » Elle ferma les yeux.

Je me devais de regarder ailleurs. Elle méritait un peu d'intimité pour jouir de ce plaisir tout simple.

« C'est... » Elle retomba sur l'oreiller.

« Marianne, est-ce que tu vas bien ? »

Un moment, j'ai cru qu'elle s'était évanouie. Je jetai un coup d'œil à son taux d'oxygénation sur le moniteur. Je cherchai mon stéthoscope.

Elle rouvrit les yeux, un sourire de rêve aux lèvres. « C'est l'orgasme. »

Chapitre 16

UNE DOSE DE PHOTO-RÉALISME

Ils sont innombrables les objets, breloques, fétiches, icônes, objets d'art, colifichets et autres bibelots que j'ai vus au cours des années près du lit de mes patients. J'ai gardé une liste des objets que j'ai pu remarquer :

Un ange gardien en filigrane; une poupée à tête en pompon de Mario Lemieux; une bouteille non ouverte de jus de *Boochoo* des Philippines (en boire un coup était le dernier vœu non-partagé d'un mourant); un fétiche *juju* ouest-africain; un kirpan – dague sikhe – un peigne spécial en bois et un bracelet d'acier inoxydable; une couronne de fleurs en plastique et un cierge de l'amitié (non allumé); un Bouddha de jade riant; un *hamsa* fait à la main à centre bleu-vert (pour protéger des mauvais sorts); une cassette audio des plus grands succès d'Anne Murray ("Si j'entends encore une fois *Snowbird*, je vomis" – commentaire de Morty); trois oranges et un bol de riz; un filtre de dialyse usagé encore imprégné du sang d'une patiente, conservé afin qu'il puisse être enterré avec elle; un poisson en plastique à piles qui chante *Don't worry, be happy*; une paire d'andouillers de chevreuil provenant d'une expédition de chasse ; des ampoules d'eau bénite et des madones miniatures en plastique ; des cartes laminées de prières en l'honneur de divers saints et particulièrement de saint Jude, le saint des causes difficiles ; un capteur de rêves indien et une rame de canoë; de minuscules manuscrits en écriture inconnue ; des chapelets à grains de pierre et à croix de bois d'olivier ; deux poissons rouges (Pebbles et Bam-Bam) nageant dans un sac à intraveineuses d'eau saline ; une plume d'aigle ; des grains de mala bouddhiste ; un petit poudrier contenant de la *Long Life Rejuvenation Powder* et portant encore la mention du prix : 395 $.

La famille ou les amis apportaient ces menus objets près du lit du patient. Quelquefois, ces objets étaient collés au mur, accrochés au support d'une intraveineuse, accolés à l'aide de punaises au bulletin de santé ou épinglés à l'oreiller (et à l'occasion, accidentellement roulés et évacués avec le linge sale). Je les considérais comme un hommage à la vie passée du patient en tant que personne saine ordinaire. (C'était la santé qui avait conféré au patient ce caractère ordinaire, par contraste avec l'état extraordinaire dans lequel il se trouvait maintenant.) Ces objets autour du lit du patient étaient comme des autels, points focaux pour les prières de la famille. Je m'émerveillais devant la foi sincère et solide des gens impliqués dans ces situations désespérées et qui s'efforçaient encore d'invoquer les pouvoirs guérisseurs de ces objets.

Ma pratique du métier d'infirmière avait évolué de sorte que les tâches techniques et les connaissances que j'avais eu tant de difficulté à maîtriser étaient depuis longtemps devenues pour moi une seconde nature. Mon but était maintenant de réaliser ces tâches de façon à apporter aux patients la gentillesse aimante que je ressentais envers eux. Je souhaitais pourvoir aux besoins de leur esprit, de leur âme et de leurs émotions aussi complètement que je le faisais pour leur corps. Au cours des années, je m'étais arrangée pour créer, avec de nombreux patients ainsi qu'avec leurs familles, des relations positives et favorables à leur guérison. Mais, pour y parvenir, il avait été indispensable que je connaisse certaines choses de mes patients dans leur réalité de tous les jours.

J'étais devenue une sorte de détective cherchant toujours à subodorer les indices et à déceler les clés qui pouvaient m'aider à percer les mystères. Dans beaucoup de cas, ces précieuses données représentaient tout ce qui pouvait m'aider dans mes recherches. En considérant ces mémentos, j'évaluais leur signification pour le patient. Je les étudiais pour les indices d'identité et de personnalité qu'ils pouvaient me fournir au sujet de mes patients – des personnes restant souvent cachées, timides et mal connues. Ces petits objets me connectaient au patient et à sa famille. Ils me parlaient lorsque le patient ne pouvait le faire. Et si le patient était assez conscient pour se rendre compte de son environnement, ces objets assuraient alors un autre but : peut-être même un coup d'œil sur ces talismans familiers apportait du réconfort. Ils pouvaient peut-être servir de balise encourageante ou de borne le long du chemin pour la destination souhaitée du patient : la maison.

Pourtant, si fascinantes et intéressantes que m'apparaissaient ces choses personnelles, et quoique je fusse profondément intéressée par elles, rien ne me touchait davantage que lorsqu'un membre de la famille apportait une photo. Ce n'est qu'alors que je commençais à apprendre l'histoire que j'avais envie de connaître. C'est comme si une pièce manquante du puzzle se mettait soudainement en place.

Les photographies, placées avec amour, mélancolie, mais par-dessus tout avec beaucoup d'espoir, au chevet du patient, m'arrêtaient toujours. C'était habituellement la photo de la personne avant qu'elle ne soit alitée, pratiquant une activité typique. C'était un père dans la maison de vacances, debout au bord du quai de la baie de Georgie, montrant sa belle prise du jour ; c'était une jeune femme levant les yeux au cours d'un entretien téléphonique pour adresser un sourire au photographe ; c'était un jour de mariage avec toute la famille heureuse rassemblée. Parfois, c'était une photo de la petite-fille, du petit-fils ou d'un fidèle animal de compagnie.

Certaines familles m'ont confié qu'ils exposaient ces photos comme stimulant pour motiver le patient. J'ai pu observer aussi que, parfois, elles servaient de moyen mnésique pour secouer l'esprit d'un patient confus ou embrumé. Tandis que les mémentos personnels affichés au lit du patient étaient bien destinés au patient lui-même, les photographies, je crois, étaient placées là pour que nous – les infirmières, les médecins et tous ceux et celles qui soignaient ce patient – les voyions. Dans un sens, c'était peut-être un moyen utilisé par la famille pour nous faire savoir qu'ils espéraient voir leur bien-aimé revenir à l'état robuste représenté sur cette photo. En outre, la photo était placée là pour nous rappeler que le patient que nous voyions dans le lit ne ressemblait nullement à ce qu'il était en réalité. « Voilà comment il est "réellement" », disait la photo.

Un ragoût commençait à mijoter dans mon esprit. La viande, les pommes de terre, les oignons et les carottes représentaient tous les incidents collectés à l'USI au cours des années :

Je conduisais un homme vers le lit de sa fille. Celle-ci venait tout juste de rentrer de la salle d'opération après une intervention urgente : un ulcère perforé avait déversé le contenu de son estomac dans son abdomen. Elle était enflée, intubée et immobilisée par tous nos harnachements. Je le guidai, mon bras passé autour de son épaule.

« Ce n'est pas Kelly », dit-il, visiblement soulagé que ce spectacle horrible dans ce lit, et que je l'avais par erreur amené à voir, ne fût pas sa fille.

« Si, lui dis-je aussi doucement que possible, c'est elle. »

« Mais elle est si enflée, ce n'est pas elle. Kelly est mince et jolie. »

« On appelle cela œdème. Les tissus se remplissent de fluides quand on atteint ce degré d'infection. Cela disparaîtra avec le temps. »

« Ce n'est pas possible, dit-il encore, se retournant pour s'éloigner. C'est impossible. »

Je lui montrai ses mains, ses doigts et son bracelet.

« Kelly, dis-je, votre père est ici. »

Ce n'est que lorsqu'elle lui serra la main dans la sienne qu'il la reconnut.

Colleen paraissait affreuse. Émaciée et jaune, sa peau semblait peler par plaques. Elle souffrait de défaillances rénale et hépatique et était si faible qu'elle ne pouvait même pas soulever les bras sur le lit. Pire que tout, elle avait souffert d'attaques qui l'avaient rendue incapable de s'exprimer. Elle nous regardait avec des yeux impuissants et frustrés. Nous l'avions tirée d'une pneumonie et de beaucoup d'autres complications, mais nous avions des sentiments partagés quant à notre « succès ». L'avions-nous amenée jusqu'ici pour la voir ainsi ?

Au-dessus de son lit trônaient les photos de ses trois enfants et une d'elle-même en mini-jupe, sautant à la corde avec les enfants devant leur maison.

« Elle a été prise l'an dernier, dit son mari. Colleen est comme ça en réalité. Non pas comme ça. » Il regarda cette femme ratatinée qui bavait dans le lit et eut un frisson involontaire.

Certaines infirmières partageaient avec moi leur expérience de la photographie de patients.

« Vous rappelez-vous ce jeune homme souffrant d'un cancer du pancréas et de cette photo de lui avec sa toque de chef, travaillant dans ce restaurant réputé ? »

« Et cette vieille dame toute plissée qui gardait une photo – encore relativement récente – d'elle-même portant un bustier sexy et des jeans Calvin Klein ? »

« Je n'oublierai jamais cette patiente tellement défigurée par une maladie de la peau et qui avait placé une photo d'elle prise avant sa maladie dans son peignoir d'hôpital. "Je n'ai pas toujours été comme vous me voyez maintenant," m'avait-elle dit calmement. »

« Quand je travaillais à l'étage, j'avais une patiente qui gardait une photo collée sur sa robe d'hôpital. C'était une photo de son fils décédé il y avait plus de vingt ans. Il portait une coupe afro, des pantalons à pattes d'éléphant et une veste de jean. "Elle a dû embrasser cette photo un million de fois" m'avait dit son mari. »

Le résident médical présenta un cas pendant les rondes. « Mme Tanaka, vingt-cinq ans, précédemment en bonne santé, a accouché à terme la nuit passée par césarienne. Elle a fait un arrêt cardiaque, a été ressuscitée et est maintenant en état de choc septique. »

Je m'avançai. « Son état s'est amélioré au cours de la nuit... les signes vitaux sont normaux, bon contrôle de la douleur, mais l'oxygénation reste un problème. »

« Voyons ses radios », dit le Dr Leung.

Nous discutâmes longuement des détails. Nous étions sur le point de passer au patient suivant quand quelque chose accrocha mon regard : une photo de type passeport collée sur le moniteur cardiaque. C'était une petite femme en kimono, fardée comme une geisha et tenant, d'une main gantée de blanc, un parasol rose par-dessus son épaule. Est-ce que ce pouvait être elle ? Je regardai alternativement la photo et la patiente, la patiente et la photo, essayant tout le temps de voir la personne.

« Qu'a-t-elle eu, un garçon ou une fille ? » demandai-je.

« Une fille, dit le résident. Une belle petite fille. »

« Te rappelles-tu cette mère chinoise qui nous avait fait donner à son fils des brindilles, des bâtonnets et des organes desséchés de reptiles ? Nous devions broyer tout cela dans un mortier avec un pilon, comme les apothicaires du Moyen-Âge ! » dit Laura.

« Ce que je ne peux comprendre, dit Tracy avec son bon sens habituel, c'est pourquoi les gens ne se rendent pas compte que même les choses naturelles peuvent avoir, au même titre que les médicaments, des effets secondaires et des interactions. Comment pouvons-nous employer ces moyens sans savoir ce qu'ils représentent ? »

« Rappelle-toi que certains d'entre nous avaient refusé de donner cette mixture mystérieuse et qu'elle l'avait administrée elle-même par le tube nasogastrique, poursuivit Laura. Et quand sa santé s'est rétablie, elle a cru que c'était grâce à son médicament et non pas grâce aux nôtres ! Peux-tu croire cela ? Des milliers de dollars de médicaments et d'appareillages et elle croit qu'elle a guéri sa méningite avec sa potion d'yeux de tritons et de testicules de taureaux ! »

« Laisse-lui croire cela, ne t'en fais pas ! » dis-je.

Morty se souvenait également de ce cas. « Daniel Huizinga m'avait dit d'aller de l'avant et de le lui administrer, mais en le diluant très largement. Je lui avais répondu que, tenant compte de tous les produits chimiques dilués dans le lac Ontario, j'avais besoin d'une prescription pour lui administrer cette eau ! »

« Nous devons aider Ellen, dit Laura, en m'entraînant. Elle est à bout. »

Ellen n'était pas une débutante, mais elle n'avait pas été occupée depuis aussi longtemps que nous.

Nous l'avions trouvée sanglotante, appuyée sur la tablette dans la chambre de son patient. D'autres infirmières avaient repris les soins de ce patient. Des chirurgiens du cœur et du thorax étaient survenus de nulle part et remplissaient la chambre. Comme des charpentiers de haute technologie, ils transportaient avec eux tous les instruments dont ils pouvaient avoir besoin, en l'occurrence ceux nécessaires pour une chirurgie à cœur ouvert. Chaque seconde comptait, et il n'y avait pas assez de secondes disponibles pour transférer le patient dans la salle d'opération.

« Christopher a appris le langage des signes en vue du transplant pulmonaire qu'il devait subir, dit Ellen à travers ses larmes, afin de pouvoir communiquer lorsqu'il serait intubé. Après son opération, il ne cessait de nous montrer le « m » puis le « i » avec les doigts. Je lui dis, “Oui, oui, je sais que tu as soif, Chris, mais tu ne peux rien prendre maintenant.” J'étais en fait trop occupée pour lui parler. Mais il s'avéra plus tard qu'il avait simplement voulu dire « Merci ! » et « non ! » ce qui m'a brisé le cœur ! »

Des larmes coulaient sur ses joues, et elle me regardait avec des yeux vides. Elle était en état de choc. Je plaçai une couverture autour de ses épaules et Frances lui apporta une tasse de jus.

Je me demandai ce qui immobilisait soudain une infirmière expérimentée, ce qui la faisait réagir comme si c'était la première fois qu'elle traitait une tragédie. Ellen était une excellente infirmière, mais elle se vantait de ne jamais s'impliquer émotionnellement auprès des patients.

Le bruit de la scie électrique du chirurgien découpant le sternum et le craquement des os de la cage thoracique résonnaient. Le lit baignait dans le rouge.

« Je discutais avec ce gars il y a à peine une heure, et maintenant, regarde ! On lui ouvre le cœur ! » gémit-elle. En y regardant de plus près, on voyait le cœur battre au milieu des linges verts qui couvraient le reste de son corps.

« Mon propre frère a le même âge, vingt-quatre ans, ajouta Ellen, voulant poursuivre toute l'histoire. Ce jeune homme est un as en mathématiques. Il allait si bien après son opération. Son père est venu plus tôt ce soir et m'a montré des photos de lui. L'une représentait Chris jouant avec son chien, une autre le montrait à sa sortie de l'université. En regardant ces photos, quelque chose a changé en moi. Je ne sais pourquoi, cette fois, j'ai décidé d'ouvrir mon cœur à tout cela. »

Ellen frissonna, prit une gorgée de jus et poursuivit : « Chris commençait à se passer du ventilateur, mais aux environs de minuit, sa tension s'est mise à baisser. Son père était rentré chez lui et je ne voulais pas le rappeler trop vite. Mais vers deux heures et demie, la tension de Chris est tombée très bas et son état a empiré. À deux heures quarante-cinq, j'ai appelé les parents et leur ai demandé de revenir. À trois heures, le cœur s'est arrêté. Tout ce à quoi j'ai pu penser a été ces fichues photos! Mon cœur saignait en pensant au patient et à ses parents. C'était vraiment comme si mon cœur était arraché de ma poitrine. Je vous le dis, j'ai soigné ce gars avec tout mon cœur. Je suis passée par-delà tous les murs de protection que j'ai jusqu'ici réussi à ériger. Soudain, j'ai renversé ma façon de voir et quand j'ai su que ce pauvre, que ce grand gars, cet enfant d'un couple, cet amant de quelqu'un – je voyais ces choses dans les photographies – était si gravement malade, qu'il pouvait même mourir, je n'ai pas pu le supporter. La pièce est devenue soudainement noire et s'est mise à tourner. Heureusement, Tracy et Laura sont venues m'aider.»

Quelque chose me tracassait. C'était quelque chose que je voulais mieux comprendre. Je voulais l'explorer, la mesurer, la tester et la décrire.

«Ça ressemble fort à de la recherche», dit avec passion notre directrice Sydney.

«Avez-vous déjà remarqué les choses que les gens gardent à leur chevet? Et les photos que les familles apportent, les avez-vous observées?» demandai-je à mes amis.

«Je le jure, plus est important l'attirail que les familles apportent, moins bon est le pronostic, déclara Laura. Voilà une recherche que tu devrais entreprendre, Tilda. Étudier la relation entre la quantité de choses apportées et le taux de mortalité des patients.»

Elle envoya un coup de pied à un moniteur cardiaque défectueux stocké sous le comptoir de la salle des infirmières et qui attendait d'être emporté pour réparation. « Cet endroit me tape sur le système. J'ai horreur de cet endroit infernal. C'est réellement le palais des horreurs. »

« Pourquoi es-tu toujours aussi négative ? Ton attitude agit comme un poison. » Je me dressai contre elle, soudainement furieuse. « Pourquoi faire ce travail si tu le hais tant ? Mais je ne te crois pas de toute façon. Une fille aussi bonne infirmière que tu l'es ne peut haïr le métier. »

« C'est toi qui le dis », rétorqua-t-elle. Elle était en train de préparer une poupée vaudou du Dr Bristol. Comme il passait, elle lui demanda : « Comment se porte votre dos, David ? » Et elle planta une épingle et gloussa de façon maniaque. « N'avez-vous pas eu certaines douleurs ou souffrances dernièrement ? »

Il la regarda, stupéfait.

Elle s'était occupée de choses de plus en plus bizarres ces derniers temps. Passant de chambre en chambre, elle avait laissé la photo de Hannibal Lector ou de Jack Nicholson, découpée dans *The Shining*, sur chaque ordinateur comme économiseur d'écran. Elle avait rempli le porte-document de cuir de Sydney Hamilton de pilules laxatives, ainsi qu'elle l'en avait d'ailleurs menacée. Elle avait commandé une grande pizza avec dix garnitures différentes et l'avait fait livrer chez le Dr Huizinga. Elle avait placé dans nos sacs à dos divers accessoires médicaux qui nous prenaient par surprise lorsque nous les découvrions le soir en rentrant chez nous : un cathéter de Foley, une poire à lavement ou un tube rectal (non utilisés, évidemment !). Elle avait garni les murs de la chambre des résidents de service de photos découpées dans un calendrier annonçant : « Les chattes les plus mignonnes du monde ».

D'année en année, il semblait que son imagination l'entraînait de plus en plus loin de nous.

« Tu traverses ta seconde enfance », lui dis-je.

« Je réagis sainement à un monde de plus en plus fou », rétorqua-t-elle.

« Tu as réponse à tout. »

« J'ai fait une offre de services en salle d'op. Je ne dois parler à personne là-bas et je ne pourrai qu'injurier les chirurgiens s'ils me font la vie trop dure. »

Elle bluffait, mais je craignais qu'un jour elle ne mette ses menaces à exécution et ne quitte l'USI ou même le métier d'infirmière. Quelle perte ce serait !

« Ne crois-tu pas aux miracles ? » demanda Gloria, l'une des religieuses-infirmières. À la demande de la famille, elle épingla sur l'oreiller de sa patiente un médaillon doré gravé d'une image de mains jointes en prière. Elle savait que j'étais une païenne, une apostate, une hérétique, mais qu'il y avait toujours une chance que je devienne croyante ; il n'est jamais trop tard pour être sauvée.

« Bien sûr que si, dis-je. Enfin, pour être honnête, je ne suis pas sûre. »

« Quand les patients vont mieux, n'est-ce pas un miracle ? »

« Je ne le vois pas de cette façon. Lorsque les patients vont mieux, ça signifie, je crois, que ce que nous avons fait était juste. Qu'ils avaient en eux les ressources pour répondre aux traitements. Je crois en Dieu, mais je ne crois pas que Dieu accorde ou n'accorde pas des miracles. »

Gloria essayait de sourire. « Les patients pour lesquels je suis le plus triste sont ceux qui n'ont pas la foi. Quel réconfort peuvent-ils avoir ? Où vont-ils après leur mort ? Je ne peux penser à quelque chose de plus effrayant. C'est pour eux que je me sens triste. Pour les infirmières aussi», ajouta-t-elle avec une touche d'espièglerie.

«Les patients pour lesquels je me sens le plus triste sont ceux en faveur desquels nous interférons longtemps après le signal qui les rappelle, et pour lesquels nous prolongeons les souffrances terrestres, dis-je. Je crois que nous les torturons.»

J'étais disposée à en rester là, l'une et l'autre campant sur ses positions, mais je saisis l'expression des yeux de Gloria : de la pitié pour moi. Selon elle, j'étais vraiment une brebis égarée.

Je ne m'attendais pas à la réaction de la part de plusieurs infirmières en réponse à mon projet de recherche.

«Penses-tu que mes soins pourraient être différents, qu'il y ait ou non une photographie au chevet de mon patient?» demandèrent-elles avec colère.

«*Tous* les patients reçoivent les meilleurs soins, qu'il y ait ou non une photographie dans les environs!» insistèrent d'autres.

«Des photographies? Il y en a, mais je ne les remarque même pas», dirent quelques-unes.

«Je ne peux supporter la présence de ces photos. Elles me brisent le cœur, surtout si je sais que le patient pourrait ne jamais plus être le même ni retrouver une vie heureuse.»

«Il n'y a pas besoin de photos lorsqu'il y a un donneur d'organes! Elles ne servent à rien!»

«Sois réaliste, Tilda. Les photographies ne guérissent pas le cancer! Pourquoi perds-tu ton temps à des questions sans importance?» C'était là le commentaire de Morty et elle s'engageait à signer au bas de mon étude.

Je m'expliquai d'abord vis-à-vis de ceux qui m'interrogeaient : « J'ai besoin de connaître le patient que je soigne. Il m'est impossible de soigner simplement un corps ou un organe. Souvent, nos patients ne peuvent parler et, souvent, ils n'ont pas l'air d'être eux-mêmes, de sorte que j'ai besoin d'indices, d'un coup d'œil dans leur monde. Mon travail devient alors plus intéressant. »

« Pour moi, mon travail en est rendu plus difficile, dit Tracy avec un soupir. Dès que je m'implique personnellement, je suis perdue. Vous les voyez comme ils sont dans le lit et ensuite, en contraste, ce qu'ils étaient précédemment, et c'est trop déprimant, surtout si vous savez qu'ils ne retrouveront plus cette image de santé. »

« Pourtant, certains la retrouvent », lui rappela Frances.

Il y a beaucoup de timorées dans notre métier. Des choses que nous faisons parce qu'on les a toujours faites ainsi. Si le métier d'infirmière doit être une science, nous avons besoin des raisons et de la logique pour ce que nous faisons. Les patients ont-ils besoin d'un bain chaque jour ? Est-il à conseiller de soulager la fièvre ou plutôt de la laisser suivre son cours ? Quels sont les meilleurs moyens de contenir l'expansion de l'infection ? La mesure de la température est-elle plus précise par voie orale ou rectale ? Comment soigner le plus efficacement les blessures pour favoriser la guérison ? Traitons-nous adéquatement la douleur de nos patients ? En faisons-nous assez pour comprendre l'expérience de nos patients en matière de maladies graves ? Qu'est-ce qui aide nos patients à supporter leurs épreuves et qu'est-ce qui est inutile ? Que répondre quand les familles demandent à amener de jeunes enfants en visite ? Une telle visite est-elle traumatisante pour l'enfant ? Selon moi, il y a encore tant à étudier, beaucoup de questions à soulever, beaucoup d'études à faire.

Les réponses à mon enquête s'accumulaient.

« Les photos, je les évite ! C'est déprimant de voir comment le patient était avant son problème et comment il est devenu aujourd'hui. »

« Les photos qu'apportent les familles sont tellement déprimantes ! Je ne les regarde jamais. On peut très bien donner d'excellents soins sans s'impliquer émotionnellement auprès des patients. »

« Mais, raisonnais-je avec certaines personnes venues spécialement débattre du sujet avec moi, ne trouvez-vous pas qu'elles contribuent à mieux connaître le patient ? Je veux dire que, lorsque le patient ne peut parler par lui-même, comment pouvez-vous le connaître ? Comment était-il avant d'être malade, quels étaient ses champs d'intérêts, ses passe-temps, sa profession ? Qui l'aimait et qui aimait-il ? »

« Pourquoi devrais-je me préoccuper de tout cela ? Je puis assurer de bons soins aux patients sans entrer dans tous ces détails personnels. Ils ne sont pas ici pour que nous les connaissions », dit quelqu'un.

« Mais si vous n'arrivez pas à les connaître, dis-je, ne faites-vous pas dans ce cas que des tâches techniques ? Ne ressentez-vous pas un besoin de vous connecter d'une certaine façon à cette personne, par-delà tous les tubes, les fils et les électrodes ? »

Je voulais leur montrer comment je me sentais maintenant que je commençais à comprendre leur point de vue. Ces commentaires venaient d'infirmières que j'estimais beaucoup. D'infirmières que j'aurais souhaité avoir auprès de moi ou auprès de quelqu'un que j'aime. Était-ce simplement un trait de mon caractère qui me portait à ce besoin de communication personnelle ? Peut-être que connaître le patient en tant qu'individu n'était pas une exigence du métier. Je me rendais compte que cela pouvait représenter un obstacle et combien, pour beaucoup d'infirmières, cela pouvait rendre leur travail plus difficile. Qui pourrait blâmer les infirmières qui s'efforçaient de minimiser le coût émotionnel ?

Mais j'avais toujours remarqué combien les familles étaient touchées lorsqu'un médecin ou une infirmière s'impliquait émotivement ; lorsqu'une infirmière pleurait, ou qu'un médecin avait des difficultés à annoncer de mauvaises nouvelles. Lorsque nos expressions de tristesse se rapprochaient des leurs, même si ce n'était que brièvement, je crois que les gens se sentaient mieux soignés, mieux écoutés et réconfortés, peu importe l'issue pour le patient. Mais je savais le prix que ces émotions exigeaient de nous.

« Je suis comme toi, Tillie », reconnut Nicole. Et Frances acquiesça de la tête. « J'aime ces images et je les recherche toujours. Bien sûr, elles me rendent triste, mais malgré tout, j'aime les voir. Rappelle-toi cette photo du grand-père et de son petit-fils. Celle où il montrait à l'enfant l'oiseau perché sur son doigt ? Et l'histoire de ce vieux couple racontée par des collages de photos de leur vie réalisés par l'épouse. Une randonnée en Arizona, une baignade dans la baie de Monténégro... J'aimais celle où ils sont assis, entrelacés. Son bras rejeté en arrière revient caresser la joue de sa femme tandis que celle-ci lui tient les épaules. Il fallait y regarder de près pour démêler les corps. Il est mort, comme vous le savez... »

« Tout bon chercheur doit être conscient de ses préjugés personnels », me dit la statisticienne. J'avais pris rendez-vous avec elle pour examiner les données brutes et analyser les résultats. « Vous semblez surprise de vos résultats. Contredisent-ils vos hypothèses de départ ? »

Je fis signe que oui. Je me sentais coupable de faire de la recherche pour prouver ce en quoi je croyais.

Je ne pouvais expliquer comment la majorité des infirmières voyaient ces images et j'avais besoin de regarder ailleurs. Comment pouvais-je réconcilier le fait que la plupart des infirmières, 82 pour cent d'entre elles, prétendaient que les photographies les aidaient à mieux connaître le patient et qu'en même temps, 86 pour cent prétendaient qu'elles trouvaient les photos dérangeantes ?

Je présentai mes résultats à une conférence nationale sur les soins palliatifs et à la suite de cette présentation, une nouvelle possibilité s'offrit à moi. J'étais invitée à participer à un vaste programme de recherche dans le but de déterminer les effets des soins infirmiers sur le sort des patients. Le but d'une telle étude était de mettre concrètement en évidence l'importance de ces soins pour les patients. Elle était appelée à fournir les éléments indispensables au gouvernement pour qu'il décide de promouvoir la carrière d'infirmière en fournissant les preuves que les soins infirmiers professionnels pouvaient réduire la durée des séjours à l'hôpital, diminuer les risques de complications et augmenter la satisfaction du patient. Mais quelque chose en moi s'opposait à ce que je participe à ce projet, bien que je sache que c'était un travail important et que c'était un honneur que d'y prendre part. La vérité était que j'hésitais à m'éloigner du lit des malades. Je voulais travailler avec d'autres infirmières auprès des patients et de leur famille. Ce que j'avais découvert était que, plus je pratiquais ce métier, plus je l'aimais et plus il y avait à apprendre – parce qu'au cœur de tout cela se trouvait un mystère.

Un beau matin, alors que j'étais encore en train de réfléchir à la possibilité de cette nouvelle carrière, j'eus un entretien avec l'épouse d'un patient qui me donna largement la preuve – si besoin était – de la valeur du travail de l'infirmière.

Helen Fischer vint nous voir. Pour une famille, c'était inhabituel de revenir après que leur patient ait été transféré ailleurs et il n'y avait pratiquement pas de précédent si le patient était mort, comme c'était bien le cas. Il avait été reçu à l'USI après un transplant du foie et avait fait une obstruction intestinale qui avait nécessité une chirurgie, suivie de nombreuses infections. Il survécut à son passage à l'USI et fut transféré à l'étage, mais mourut quelques semaines plus tard.

« Chaque fois que je venais le voir, je le trouvais dans un état déplorable. Il avait été laissé dans un état indescriptible, se lamentait Mme Fischer. Un jour, son sac colostomique était si plein qu'il a explosé quand je suis arrivée. Je l'ai trouvé baignant dans ses propres selles qui contaminaient sa blessure ! Lorsque j'appelai pour obtenir de l'aide, il a fallu une heure avant qu'une infirmière arrive pour me dire que, n'étant pas son infirmière, elle ne pouvait m'aider ! »

Il était consternant qu'un patient puisse être négligé à ce point. Pourtant, tandis que je me lamentais, je pouvais du même coup envisager la situation des infirmières et mon cœur comprenait aussi leur situation. Je connaissais les conditions et la charge de travail des infirmières à cet étage. Deux ou trois infirmières pour jusqu'à quarante patients qui étaient tous aussi malades et qui demandaient autant de soins que John Fisher. Elles couraient dans tous les sens, essayant de les satisfaire tous, distribuant les médicaments, changeant les lits, notant les signes vitaux, sans oublier l'enregistrement de chacun de leurs gestes – chaque geste représentant un élément de ce marathon dans cet établissement de travail forcé. Elles étaient surmenées, épuisées. Quels que soient leurs efforts, il leur était impossible de maîtriser leur travail. C'était un monde d'apprentis sorciers, chacune remplissant des seaux d'eau pour vider une cuve qui débordait en permanence.

M. Fisher avait besoin de soins infirmiers convenables et, si les conditions avaient été normales, il aurait pu en bénéficier, ce qui aurait fait toute la différence entre sa vie et sa mort.

En privé, Helen Fisher m'en confia davantage. Ce fut pour moi un moment intime et précieux, et je lui suis encore très reconnaissante qu'elle ait bien voulu partager ce cadeau avec moi.

« Je le lavai donc moi-même. Ensuite, je le fis lever et marcher autour de la pièce. Mais avant cela, il ferma les rideaux du lit et m'attira derrière. “Viens ici, Helen, dit-il, je voudrais toucher tes seins.” C'était bien lui, si malade, si faible, avec un sac à excréments pendant sur son ventre, il pouvait encore penser à faire l'amour. Oh ! comme j'adorais cet homme ! »

Elle pleura dans mes bras et d'autres infirmières qui l'avaient aussi connue se pressèrent pour la réconforter. Quelle recherche aurait pu englober cela ?

J'ai peut-être eu tort de décliner l'offre de participer au projet de recherche, mais je répugnais tout travail qui m'aurait éloignée du soin des malades. Et je me révoltais à l'idée que nous avions encore à prouver ce qui était évident pour la plupart d'entre nous : l'infirmière contribue à rendre les gens meilleurs. Quand pourrions-nous accomplir tout simplement notre boulot ? Pourquoi devions-nous encore prouver notre valeur ?

Florence Nightingale avait elle-même entrepris une recherche dans ce sens pendant la guerre de Crimée. Elle avait étudié le travail des infirmières, relevé le taux d'infection des soldats et le nombre des blessures qui guérissaient. À l'époque, elle prouva l'efficacité des soins infirmiers professionnels en en mesurant les résultats. Deux cents ans plus tard, nous pratiquons encore cette méthode.

« On ne sait pas ce que fait une infirmière tant qu'on n'en a pas besoin. C'est la seule façon de le savoir », dit Laura lorsque je fis part à mes amies du projet de recherche.

« On croit que faire de la recherche est la seule façon de promouvoir sa carrière, dit Morty. Pourquoi le fait de quitter le chevet des malades est-il toujours considéré comme une promotion ? C'est parce que le travail par roulement est moins bien coté. Que pensent les administrateurs quant à ce qui se passe ici « après les heures » ? Ont-ils déjà remarqué toutes ces infirmières qui entrent à l'hôpital quand eux en sortent à la fin de leur journée ? Ont-ils la moindre idée du sentiment de marginalisation que nous pouvons éprouver lorsque nous travaillons pendant des heures inaccoutumées : nuits, fins de semaines ou jours fériés, sans personnel de soutien, sans zones de repos ni d'étude disponible pendant les interruptions, sans endroit où se procurer un repas convenable, sans services éducatifs ni ateliers, sans administrateurs, professeurs ni chefs infirmiers pendant ces heures vides ? »

« Hep, Morty ! Daigneras-tu descendre de ton piédestal ou de ta boîte à savon ou de l'endroit où tu te trouves et pourrais-tu reprendre ton travail ? » grommela Laura.

Au cours des années, toutes les infirmières – les unes après les autres – qui s'étaient moquées de moi à cause de mon titre universitaire et de l'intérêt pour une infirmière d'avoir un diplôme, s'étaient inscrites à l'un ou l'autre des programmes universitaires dans le domaine. Elles avaient terminé leurs études – certaines étaient même allées jusqu'à faire une licence en sciences infirmières – et, en même temps, elles avaient réussi à avoir des enfants, à les élever, à gérer leur ménage et à assurer leur part de veilles de nuit et de fins de semaines en tant qu'infirmières. Elles l'avaient fait par obligation et parce qu'elles savaient qu'elles devaient le faire pour assurer leur accession au marché. Mais une fois là, je voyais combien elles aimaient apprendre et combien leur nouvelle formation leur apportait de nouvelles compétences comme infirmières.

« Souhaiteriez-vous devenir une autre Laura ou une autre Frances ? me demanda un jour une enseignante après avoir appris que j'avais décliné cette offre prestigieuse de chercheuse. Les infirmières comme elles ne peuvent aller n'importe où. Elles sont au chevet du malade et elles y demeureront toujours. Sans diplôme d'infirmière, les choix sont limités à ce domaine. Vous avez un diplôme et en continuant vers la maîtrise, vous pourriez enseigner ou faire de la recherche. »

Devenir une autre Laura ou une autre Frances ? Ai-je bien entendu ?

Savait-elle ce que je donnerais pour être une infirmière de leur envergure ? Pour avoir une once de leur intuition, de leur compétence, de leur sagesse et de leur compassion ? Avait-elle la moindre idée de la façon dont ces infirmières se conformaient aux règles et savaient exactement quand abandonner le livre et les règles pour gagner un jour, ou sauver le patient ? Sans doute, elles pouvaient renouveler leurs connaissances ou apprendre de nouvelles théories, ou enseigner, ou devenir administratrices, mais quelle perte pour les patients ! J'en étais restée là, abasourdie, consternée que cette enseignante n'ait pas conscience de cela. Certaines de nos dirigeantes étaient réellement très éloignées des patients.

Ces petits souvenirs et les photos personnelles que je peux voir au chevet de patients continuent de m'intriguer. Parfois, je crois que ce sont les seuls cadeaux que nos patients peuvent supporter. Même certains patients grands amateurs de musique ne peuvent entendre une sonate s'ils souffrent. Ils ne semblent pas plus souhaiter la lecture ni le chant. Leur douleur et leur inconfort les dominent et exigent toute leur concentration. Aucune poésie, aucune musique, ni télévision, ni radio pour celui qui est gravement malade. Ce n'est que lorsque l'état du patient commence à s'améliorer qu'on peut lui proposer ces choses, à petites doses et très progressivement. La beauté est trop pour celui qui est gravement malade. Un signe à l'entrée de l'USI le rappelle utilement.

« Pas de fleurs. »

« Pourquoi ? » ai-je demandé un jour à Laura.

« Elles peuvent provoquer des infections et beaucoup de personnes y sont allergiques. Il y a aussi cette croyance de bonne femme selon laquelle les fleurs absorbent trop d'oxygène, particulièrement la nuit. Ces tulipes empoisonnantes ! À bas ces vilaines capucines ! Et ces roses voraces ! » Elle grommelait contre une innocente plante en pot posée sur le bureau du poste des infirmières, au grand plaisir du planton assis près du téléphone.

« Je ne savais pas que des fleurs pouvaient être si dangereuses. Et violentes, en plus. »

Frances acquiesça. « Ne te souviens-tu pas, au pavillon, que l'infirmière en chef avait l'habitude le soir de sortir toutes les fleurs des chambres des patients et d'installer les vases sur le sol, à l'extérieur ? »

« Ça semble pénible », dis-je.

« Oui, et chaque matin, il fallait les rentrer... »

Morty se mit à fredonner l'ancienne ballade déplorant le départ des fleurs, il y a bien longtemps.

« Mais ne pourrions-nous faire davantage pour rendre l'USI plus agréable ? demanda Tracy. Si par exemple nous avions de jolis tableaux, ou une exposition de courtepointes ? Pourquoi pas une chute d'eau ou une baie de lumière, ou un jardin d'intérieur ? Tout ne doit pas nécessairement être fonctionnel. Se sentir entouré d'œuvres d'art pourrait peut-être apporter un certain bien-être. »

« Et pourquoi ne pas rendre ce lieu feng-shui ? » dit Nicole.

« Florence Nightingale a aussi écrit à ce sujet, dis-je. Elle affirme que la chose la plus importante qu'une infirmière puisse faire est de placer le patient dans les conditions les plus favorables possible pour que la nature puisse opérer sa guérison. Elle évoque la nourriture, l'air frais, le repos, la lumière, la propreté, l'intimité, une atmosphère agréable, la paix, le confort et un environnement attrayant. »

« Oui, tout cela passe par la fenêtre, dit Laura. Si au moins il y avait ici une fenêtre ! Aucune fenêtre n'est permise. Nous sommes emmurées ici comme dans un mausolée. Pas d'air frais. Pourquoi pensez-vous que nos vêtements et nos chaussures semblent aussi étroits à la fin du jour ? Pourquoi croyez-vous que nous avons toutes le nez bouché quand nous venons au travail ? Il n'y a aucune circulation d'air ici. Pourquoi avons-nous tant de congés de maladie ? Pourquoi pensez-vous que nous souffrons de maux de tête, surtout dans ces pièces ? » Elle faisait allusion à quelques pièces particulièrement peu ventilées, accusées de provoquer des migraines. « C'est un endroit malsain. Voyez ce à quoi nous devons faire face maintenant. »

Elle désignait notre salle d'isolement, où nous avions récemment admis un patient atteint d'une mystérieuse pneumonie. Le syndrome respiratoire aigu grave (SRAG) était apparu et avait modifié la façon dont nous faisions à peu près tout. Chacun appelait la méthode la « nouvelle norme », mais comment les choses pouvaient-elles à nouveau être normales ? Nous rencontrions de nombreux inconvénients et inconforts, mais le plus grave était que chaque fois que nous entrions dans la chambre d'un patient, nous risquions notre vie.

Dans notre hôpital, nous traitions de nombreux patients atteints ou soupçonnés d'être atteints du SRAG. L'état de quelques-uns d'entre eux s'aggrava et ils furent dirigés vers notre Unité de soins intensifs. C'était terrifiant d'entrer dans cette salle en sachant que chaque fois, nous nous mettions nous-mêmes, ainsi que nos collègues et nos familles, en danger. Nous nous arrangions pour partager ces risques en prenant, à tour de rôle, soin de ces patients. Nous nous offrions mutuellement des paroles d'encouragement et nous nous remplacions pendant les interruptions. Chaque fois que nous entrions dans une chambre de patient, nous nous aidions mutuellement à revêtir les lourds équipements de protection. D'abord, nous nous couvrions d'une longue robe et fixions à la taille une lourde machine filtrante à pression négative. Nous enfilions ensuite deux ou trois paires de gants – en collant les manchettes au poignet – puis un bonnet et des bottes, une paire de lunettes protectrices qui s'embuaient et un masque qui nous pinçait la base du nez. Par-dessus tout cet équipement, nous revêtions une combinaison spatiale qui se gonflait sous l'effet de la machine à dépression. Nous avions l'air d'astronautes rondouillards. Il faisait insupportablement chaud dans cet accoutrement et nous devions travailler seules et en silence à soigner un patient qui ne pouvait apercevoir que des yeux qui le fixaient à travers un masque. Lorsque nous rencontrions les yeux des patients, nous pouvions voir à quel point ils étaient terrifiés et c'est alors que nous trouvions le courage de leur apporter tous les soins et le confort possibles. À beaucoup d'égards, c'était notre moment de grâce. Nous nous félicitions réciproquement et faisions de notre mieux pour garder le moral.

Mais c'était une époque difficile, chaotique, et beaucoup d'infirmières étaient mécontentes. Les informations changeaient tous les jours à mesure que les experts étudiaient cette nouvelle maladie. Presque chaque jour en arrivant au travail, nous trouvions de nouvelles règles relatives à la façon correcte de nous protéger. Le processus interminable de vérification de chaque patient, de chaque membre de l'équipe de soins et de chaque visiteur était exigeant, mais inévitable. Les précautions rigoureuses que nous devions prendre pour chaque patient retardaient notre travail. Et il y avait de nombreuses questions demeurant sans réponse. Les experts en maladies infectieuses et les autorités de la santé publique faisaient leur possible pour nous tenir informés, pourtant de nouvelles informations contradictoires apparaissaient journellement, sinon à chaque heure du jour.

Notre travail était harassant et nous étions inquiètes. Quand je mentionnai à l'un de mes voisins où je travaillais, je le vis faire un bond de dix pieds en arrière et se tenir ensuite toujours à une distance respectable de moi. Certaines personnes à qui je parlais à cette époque me félicitaient pour mon courage tout en refusant de me serrer la main ou de s'approcher de ma personne. Bien que seulement quelques-unes d'entre nous furent réellement exposées à la contamination et durent être mises en quarantaine, nous connaissions toutes quelques cas de contamination par le SRAG.

Beaucoup d'infirmières, ainsi que d'autres membres de l'équipe, continuent à avoir des appréhensions à propos des dangers auxquels nous expose notre travail. Pourtant, je crois que, pendant la crise du SRAG, nous avons toujours reçu l'information la plus récente disponible dans les circonstances du moment. Il y a bien eu des problèmes et une certaine inefficacité dus à la soudaineté du phénomène et à son impact sur le système de santé, mais selon mon expérience limitée, je ne crois pas qu'on puisse reprocher quoi que ce soit à quiconque.

Certains pensent autrement. Un jour, j'entendis une infirmière qui se préparait à entrer dans la chambre d'un patient atteint du SRAG. Tandis qu'elle se soumettait, assistée par une collègue, au long processus préalable, elle disait : « Je n'ai pas vu un seul médecin de toute la journée. Et j'ai entendu un résident dire à un autre : "Limite le nombre de tes visites. Laisse les infirmières y aller." Ils basent uniquement leur traitement sur mon appréciation et mon évaluation du patient. » Sa diatribe se poursuivit alors qu'elle sortait de la chambre de la patiente et enlevait son équipement protecteur. J'aperçus son visage rougi et la sueur perlant sur ses bras et assombrissant le dos de son uniforme. « Ils devraient nous octroyer une indemnité pour le risque », grommelait-elle en se lavant les mains.

« Ce n'est pas le moment de réclamer une augmentation ! La santé et la sécurité publiques sont en jeu. Nous savions toutes, en commençant, que ce métier n'est pas sans risque », dit Laura.

« N'avons-nous pas le droit de refuser un travail dangereux ? » demanda-t-elle.

« Allons donc ! » répondit Laura. Traiter l'infection n'a rien de nouveau pour aucune d'entre nous. Nous avons toutes eu des piqûres d'aiguille, des éclaboussures de toutes sortes dans les yeux et nous avons toutes soigné des patients souffrant du SIDA ou d'une hépatite. Te rappelles-tu quand Tracy avait eu ces inquiétudes à cause d'un patient tuberculeux et avait dû prendre des médicaments alors qu'elle était enceinte ? »

« Souviens-toi du temps où on nous administrait ce médicament expérimental et où, avant de participer, tu avais dû signer une déclaration selon laquelle tu n'étais ni enceinte, ni allergique, que tu ne portais pas de lentilles de contact et que tu ne prenais pas de stéroïdes. C'était impressionnant ! » dit Nicole.

« Et te souviens-tu, l'an passé, de cette épidémie de grippe où nous avions toutes dû être vaccinées avant de revenir travailler ? Nous travaillions dans un endroit dangereux », dit Tracy.

« Oui, mais le cas actuel est différent. Le SRAG peut être mortel, nous rappela cette infirmière et, dit-elle après un moment de réflexion, ne pensez-vous pas que nous devrions recevoir une compensation pour ce nouveau risque ? » Elle poursuivait : « Les directeurs reçoivent des bons pour des hôtels de luxe et une nuit en ville. Ils bénéficient d'avantages. De notre côté, que recevons-nous ? Une entrée au cinéma et un T-shirt ! Oh ! j'allais oublier le certificat de la direction disant "merci beaucoup de risquer votre vie". »

« Au moins, soyez heureuses qu'on ne nous expose pas au véritable danger : les fleurs et les fougères », dis-je et, enfin, cette plaisanterie suscita un soupçon de sourire.

« En conclusion, dis-je en jetant un regard circulaire à l'assemblée, nous devons trouver les moyens de soutenir les infirmières dans le travail émotionnellement difficile qu'elles accomplissent. Beaucoup d'infirmières trouvent ces photographies dérangeantes. Cette constatation atteste du prix émotionnel que le travail exige de nous. Nous savons beaucoup au sujet de la pénurie endémique d'infirmières, au sujet des problèmes de charge de travail, d'épuisement, des risques de notre environnement et de la détresse morale de nos institutions. Cependant, cette recherche dévoile un autre type de stress tout aussi contagieux, dangereux pour notre santé et difficile à traiter. Nous devons reconnaître que certaines infirmières sont affectées par la tristesse de notre travail. La proximité constante de ce degré de souffrance mine notre santé émotionnelle. Les infirmières souffrent. Nous devons trouver des moyens de les aider à faire face à ces dangers inhérents à leur travail. »

L'auditoire applaudit poliment. Ce que je disais n'était guère nouveau. Il était bien connu que le travail de l'infirmière était difficile et stressant. Parfois même déprimant et, maintenant plus que jamais, dangereux. Mais les infirmières ont toujours pris sur elles les chagrins et la souffrance du monde. La plupart d'entre nous sommes fières d'être infirmières, mais nous hésitons à parler en public de nos défis car, appartenant à une profession chargée d'aider les autres, nous ne sommes pas supposées nous plaindre.

L'auditoire portait maintenant son attention sur l'orateur suivant. Celui-ci devait parler d'un sujet où chacun se sentait plus à l'aise : Directives pour les soins infirmiers à un patient en crise hépatique aiguë.

Chapitre 17

UN PRISONNIER DE GUERRE

Tracy bondit vers moi alors que j'arrivais pour commencer ma journée et qu'elle achevait sa garde de nuit. Nous ne travaillions plus si souvent ensemble depuis qu'elle avait dû changer ses programmes pour pouvoir assister, à l'université, aux cours matinaux qu'elle avait choisis.

« Comment peux-tu suivre un cours maintenant ? demandai-je en scrutant son visage pour y découvrir des signes de fatigue. Tu dois être exténuée. »

« Non, je ne suis pas fatiguée. » Ses yeux étaient pleins de vie, mais quelque chose la troublait. « Ce cours auquel j'assiste a suscité mes réflexions. Te souviens-tu de la mort de M. Kerr ? Je voulais te parler de la façon dont nous aurions pu traiter ces événements autrement. »

Nous nous souvenions bien sûr de nos patients et particulièrement, lorsque c'était le cas, des circonstances de leur mort. Même si le patient décédait lorsque nous n'étions pas présentes, nous nous informions auprès de l'infirmière de service des circonstances exactes afin de mettre sa mémoire au repos.

« Sa mort fut terrible. Le fils était furieux contre nous. Te souviens-tu que nous avions laissé le tube respiratoire inséré parce que nous pensions qu'il serait trop insupportable pour la famille d'entendre le râle de son dernier souffle ? Mais ça ne fit que prolonger les choses. Nous lui avions donné de la morphine pour diminuer son stress et apaiser la famille. Un narcotique destiné à la famille ! Ils ne pouvaient supporter de voir qu'il luttait. Qui aidions-nous ? »

« Je sais. » Je me souvenais de cela et de bien d'autres cas. Nous avions augmenté la dose de morphine alors que le mourant cherchait son dernier souffle, mais même avec la morphine, il avait ouvert grands les yeux et regardé autour de lui. Peut-être son fils crut-il qu'il voulait dire quelque chose sans y parvenir. La mère sanglotait, les filles s'accrochaient à leur mère et le fils était furieux. « Vous aviez promis qu'il ne souffrirait pas », reprochait-il.

« Il semble parfois que nous orchestrions tout le processus pour apaiser les familles. Ce n'est pas le cas. Nous ne souhaitons ni le hâter, ni le prolonger, mais souvenez-vous que les familles demandent combien de temps ça peut encore durer. Elles souhaitent abréger ces instants et supposent que nous pouvons arranger cela, dit Tracy qui, soudain, parut épuisée. Ce qui est possible, bien sûr. Ils sont choqués quand je coupe le moniteur, alors qu'il ne sert plus à rien de toute façon. »

Nous avons pu observer bien souvent de telles réactions. Les familles se fient au moniteur. Ils y sont collés, parfois pendant des semaines, et quand le temps est venu d'appuyer sur le bouton «*off*», c'est pour eux l'instant de la mort.

« Je sais. Ils se comportent comme mes enfants quand je coupe la télévision et leur dis d'aller au lit. Ils ne peuvent pas croire que je peux leur faire cela ! »

Nous eûmes un rire forcé.

« La mort de M. Kerr m'a hantée, dit Tracy. Nous ne l'avons pas très bien traité. »

J'acquiesçai. « La façon dont un patient meurt à l'USI est la responsabilité de l'infirmière. Des décisions sont prises – ou non – en conseil de famille, mais à la fin, le soin du patient mourant est confié à l'infirmière. »

Je réfléchis un moment. « Tracy, comment auriez-vous organisé autrement sa mort ? »

« Je ne sais pas, mais le fils était très furieux contre nous, dit Tracy. Je ne puis m'empêcher d'y penser. »

« Mais la vraie raison du courroux du fils était que son père se mourait. »

« Je sais », répondit-elle et, soudain, elle parut écrasée. C'était comme si la fatigue de toute la nuit de travail soudain l'envahissait brutalement. J'observais tandis qu'elle s'arrêtait... mais un second souffle se produisit et elle reprit son témoignage.

« Rappelez-vous comment ensuite nous avons, comme toujours, réintroduit la famille, après l'avoir bien arrangé, déconnecté les intraveineuses, le tube et les machines et rafraîchi la pièce. Nous avons veillé à ce que tout soit net et propre. Nous voulions leur montrer qu'il était redevenu lui-même. Exactement comme il aurait été s'il était mort de mort naturelle. Parfois la façon dont nous traitons la mort me paraît malhonnête. »

« Je sais », soupirai-je.

« Tu sais comment il nous arrive de blaguer ensuite, ajouta Tracy. Je m'en veux, mais cela ne semble pas m'arrêter. Un jour, je me suis penchée sur un cadavre que j'étais en train d'envelopper avec l'aide d'une autre infirmière pour augmenter le son de la radio et mieux entendre une chanson que j'aimais.

Je suppose que je devais me déconnecter de ce que j'étais réellement en train de faire. »

« Je comprends », soupirai-je.

« Je sais ce que tu veux dire, dis-je. Précisément, l'autre jour, j'étais en train de préparer un cadavre pour la morgue et comme d'habitude Morty était en train de fulminer contre les suaires et le fait qu'ils constituent un danger pour l'environnement. "Pourquoi font-ils encore des suaires dans cette matière plastique toxique ? grommelait-elle. On sait combien ils dégagent, lorsqu'on les ouvre, cette odeur chimique industrielle que nous essayons tous d'éviter de respirer ! Ils cherchent à nous rendre malades ! Ne pourraient-ils faire des linceuls biodégradables ? Des linceuls écologiques ! Le marché existe !" Ainsi, sur l'air de *Born Free*, elle se mit à chanter "Mourez écolo !" »

Oh ! que de lamentations pour des choses qui n'étaient pas le moins du monde amusantes, mais le plaisir éphémère de l'ivresse valait rarement la peine que l'on subisse une sensation écœurante de malaise.

Nous prétendions avoir tout vu, tout fait. Que rien ne pouvait ni nous choquer, ni nous ébranler. Nous nous vantions que rien ne pouvait nous déconcerter. Nous étions des vétérans expérimentés et savions que nous étions capables de tout contrôler. Après tout, nous avions traité le pire des scénarios. Nous avions vu toutes les choses graves, catastrophiques susceptibles d'arriver à un être humain. Mais nous nous trompions. Un jour, un patient arriva qui changea tout.

J'avais reçu M. Bellissimo de la salle d'opération. Il souffrait d'un cancer de la prostate qui s'était étendu à la vessie. Mais le cancer était le moindre de ses problèmes. À l'étage, il eut un arrêt cardiaque et fit ensuite une embolie pulmonaire à la suite d'une longue période de réanimation cardiaque. Plus inquiétante était la découverte, sur le *CT scan*, des dommages provoqués au cerveau par le manque prolongé d'oxygène. Tout cela était problèmes courants pour nous. Nous avions vu d'autres patients comme lui bien pires encore.

« Nous avons fait le nécessaire pour stabiliser provisoirement votre père, dis-je à ses deux filles adultes, Maria et Thérésa, tout en les introduisant pour la première fois à l'USI, mais il reste toujours gravement malade. »

« À l'étage, ils ont travaillé sur lui pendant des heures, dit Maria, l'aînée. Mais peut-être que s'ils l'avaient traité plus tôt, les choses auraient été différentes ? »

« Je ne sais pas, dis-je, mais parfois il peut être difficile de récupérer un vieux cœur de soixante-seize ans. »

Attendez, tenais-je à les avertir. *Arrêtons-nous un instant. Ne nous permettez pas d'entreprendre tout cela. Si vous nous laissez faire, nous irons trop loin et il sera plus difficile de nous arrêter alors.*

Au cours des premiers jours, M. Bellissimo n'eut pas de crises sérieuses ni de rechutes, mais malgré cela, le Dr Huizinga et les chirurgiens paraissaient anormalement pessimistes. Ils ne donnèrent pas à la famille leur image optimiste habituelle. J'essayai d'être positive en face des filles. Après tout, il était trop tôt pour pouvoir prédire qu'un homme dans cet état ne pourrait aller mieux, même si mon intuition me disait le contraire.

« Nous faisons tout ce qui est en notre pouvoir pour lui », dis-je à ses filles qui installaient un camp dans la salle d'attente, déterminées à rester aussi longtemps qu'il le fallait.

Pour une raison ou une autre, au cas où j'aurais pu penser le contraire, Maria dit : « Père est un vrai lutteur. »

« C'est bien, dis-je. Le chemin de la guérison sera long. »

« Il adore danser », dit-elle, et j'appréciai le fait qu'elle veuille m'informer de cela.

« Apporte une photo de ton père, si tu veux. Nous l'afficherons sur le mur pour que tous la voient. »

« Malheureusement, il n'a jamais dansé avec notre mère », murmura Thérésa.

« Maman est morte l'an passé, expliqua Maria, faisant de grands yeux à sa sœur pour qu'elle se tienne tranquille. Papa vit avec moi. »

« Comment était-il avant sa maladie ? »

« Il jouait à la balle tous les samedis ! Et il buvait son double espresso tous les soirs avant de se coucher. »

« Plus une grappa ou deux », murmura Thérésa.

« Père a un bon sens de l'humour, ajouta Maria en le regardant avec une adoration respectueuse. N'est-ce pas, père ? Je vais vous donner un exemple de sa drôlerie habituelle. »

« Quand il n'a pas bu », ajouta Thérésa amèrement.

« Si quelqu'un demandait à père s'il avait des enfants, il répondait toujours : "Non, mais ma femme en a deux." »

Maria secoua la tête en admiration devant l'esprit extraordinaire de son père.

Une semaine plus tard, M. Bellissimo fit une obstruction intestinale qui exigea d'urgence une intervention chirurgicale. Même le Dr Huizinga, connu pour ses prises de risques que personne d'autre n'aurait osées, parut inquiet. Lorsque je vins dans la chambre pour voir Morty qui prenait soin de lui ce jour-là, je trouvai Daniel les mains enfoncées dans le cloaque des intestins sanguinolents du patient. Il reprit le patient à la salle d'opération, mais lorsqu'il revint, il saignait toujours. Nous avons accroché pochettes après pochettes de sang (nous n'avons plus compté après la seizième) et dès que nous le pompions dans ses veines, il suintait à travers son incision. Le sang coulait sur le matelas et le long du lit sur le sol. Je suis allée chercher une « moppe ».

« Je vais amener la Croix Rouge sur place pour qu'ils voient où vont leurs précieuses réserves ! prévint Morty en regardant ses chaussures maculées de sang. Quel gaspillage ! »

Thérésa était impatiente. Elle allait et venait tandis que Maria était vaillamment suspendue au moniteur cardiaque à longueur de journée. Je me souviens du commentaire de Tracy en voyant comment Maria surveillait le moniteur exactement comme si c'était une télévision, les yeux rivés sur un programme favori.

« Je surveille le cœur de père », disait-elle quand elle remarquait que je l'observais.

Lorsque je me penchai sur lui pour vérifier ses poumons et son cœur avec mon stéthoscope, Maria me regarda comme si je pouvais, comme si j'allais accomplir le miracle qu'elles espéraient. L'intensité de leurs regards et les espoirs qu'elles nourrissaient étaient insoutenables parce que j'étais arrivée à la conclusion que dans le cas de leur père, je ne croyais plus à ce que je faisais. Pire, j'en étais arrivée à la conclusion que ce que nous faisions était mal, parce que nos interventions occasionnaient de la souffrance sans plus aucun bénéfice.

« Nous en avons discuté et avons décidé qu'il fallait faire tout ce qui est possible », dit Thérésa lorsqu'elle put joindre sa sœur au cours de l'après-midi.

« Est-ce ce que votre père aurait souhaité ? » demandai-je.

Sans attendre que la réunion de famille soit décidée, convoquée et tenue, je pris l'initiative de leur dire ce que je savais. « Les choses ne se présentent pas très bien. Le *CT scan* indique de graves dommages cérébraux. Son état reste critique. Avez-vous considéré la possibilité qu'il ne puisse récupérer ? »

« Oui, mais cette gentille dame médecin, vous savez, la jolie Chinoise... Elle nous a dit qu'il était possible qu'il ne nous reconnaisse pas. Qu'il pouvait entendre les mots sans les comprendre. Nous savons... »

« Même avant cet accident, il croyait parfois être en 1950 et qu'il vivait encore en Italie », dit Thérésa avec un petit rire.

Ah oui ! au moins, la guerre est finie.

« Elle nous a dit que c'était un peu comme ces personnes qui voient d'une part le club de golf et d'autre part la balle, mais qui ne réussissent pas à joindre les deux images. Ce n'est déjà pas si mal, me semble-t-il », dit Maria.

« C'est le cas de beaucoup de golfeurs débutants », dit Thérésa en m'adressant un petit sourire, à ce moment-là déplacé.

Deux semaines et demie plus tard, M. Bellissimo était encore là, ses filles interprétant sa longévité comme une preuve de sa combativité innée. Cependant, leur père luttait alors contre une grave infection du sang doublée d'une pneumonie. Il était sous trois différents inotropes à doses maximales destinés à soutenir la pression sanguine, la tension systolique qui atteignait seulement 85 environ.

« Sa radiographie ressemble à une tempête de neige, me dit Nicole lorsque je repris son service pendant sa période de repos. C'est tout blanc. Regarde toi-même. Les filles n'ont aucune idée de la façon d'interpréter ce qu'on leur a dit au sujet de la radio de son cerveau, dit-elle. Elles expliquent que c'est comme s'il voyait une tasse de café : il pourrait tremper sa main dans le liquide plutôt que de saisir l'anse. Il fait une hypoxie cérébrale globale. Il restera dans un état végétatif, pourvu qu'au moins il surmonte tout ce qui ne va pas actuellement. Est-ce quelqu'un ne pourrait pas leur expliquer cela en termes simples qu'elles pourraient comprendre ? »

« Va déjeuner », la pressai-je.

Comme M. Bellissimo ne pouvait bouger de sa propre initiative, nous repositionnions son corps d'heure en heure afin de lui donner un peu de confort. J'appelai Lola, l'assistante-hospitalière. Au premier abord, elle ne fit pas attention mais, soudain, je vis ses yeux se mouiller de larmes en voyant le visage tuméfié du patient, gonflé et raidi autour du tube respiratoire, les doigts et les orteils noircis et sa peau dégoulinant de plaies suintantes.

« Où est ton père, Lola ? » lui demandai-je.

« En Bosnie », répondit-elle calmement.

« Sarajevo ? » dis-je, parce que je ne connaissais aucun autre nom de ville de ce pays.

« Non, Banja Luka, dit-elle. Cet homme a le même âge que mon père. Je ne voudrais pas voir mon père dans un tel état. Pourquoi lui fait-on cela ? Ne voit-on pas combien c'est cruel ? »

« Je ne sais pas. »

Toutes les infirmières étaient au courant du cas de M. Bellissimo et c'était vers sa chambre que nos regards se tournaient avec curiosité et incrédulité lorsque nous arrivions au début de chaque période de travail. Chacune, nous vérifiions qu'il était toujours bien là.

Une autre semaine se passa et M. Bellissimo était toujours là, après un nouvel arrêt cardiaque et quelques complications supplémentaires : infections, obstructions intestinales et de nouvelles défaillances d'organes.

Morty avait appelé pour demander à être son infirmière le jour suivant.

« J'ai décidé de ce que j'allais faire », déclara Morty en arrivant. Elle portait son chandail de coton affichant « Pas de jérémiades » et des pendants d'oreille brinquebalants représentant de minuscules inukshuks. Il y avait dans son regard décidé une lueur diabolique que je ne lui connaissais pas. Je résolus de la tenir à l'œil.

À l'occasion de sa ronde, le Dr Huizinga proposa de poursuivre le traitement.

« Ce que je veux dire, dit-il en repoussant ses lunettes sur le front afin de pouvoir se frotter les yeux, c'est que j'essaie de déterminer l'étendue, et par là j'entends l'étendue jusqu'où moi, en accord, je l'espère, avec les filles de M. Bellissimo, ce qui pourrait être ou ne pas être le cas, et avec tout le respect que je dois au Dr. Dejenni, dit-il en lançant un regard plein de déférence à son collègue en visite, qui est venu ici à ma demande pour émettre une seconde opinion – et ce, malgré le coût exorbitant des frais de parking de cet hôpital… »

« Il patauge », dis-je, embarrassée pour lui.

« Quel coupeur de cheveux en quatre ! » s'exclama Nicole, ahurie.

« C'est un poltron », dit Laura, écœurée.

Et pourtant, nous étions toutes folles de lui. Nous savions qu'il était gentil et plein d'attention tout en étant un médecin brillant et audacieux.

« C'est un idiot », dit étourdiment Morty.

Daniel l'entendit et en parut accablé.

« Va t'excuser auprès de lui, immédiatement, lui dis-je. Tu l'as heurté. »

« Jamais. » Elle se croisa les bras.

« Justine, j'ai l'impression que vous n'approuvez pas le projet de traitement », dit le Dr Huizinga.

« Est-ce que vous ne le désapprouvez pas, vous aussi ? Soyez honnête, Danny ! Vous ne pourriez pas défendre ce que nous faisons. Vous ne pourriez même pas trouver quelqu'un qui le défende. »

« Non, je dois l'admettre... » Il baissa la tête. « Nous sommes tenus par les souhaits de la famille. Ceux-ci sont-ils motivés par des croyances religieuses ? s'interrogea-t-il. Est-ce que ce sont des catholiques ? »

« Si ces personnes sont plus ou moins croyantes, dit Morty, en le regardant, leur père est au purgatoire. »

Plus tard, Morty lut à haute voix à nous tous, rassemblés dans la salle des infirmières, une note que le Dr Huizinga avait griffonnée dans le dossier du patient : « La gravité de la situation a été expliquée ainsi que les limites possibles de l'intensification du traitement. Mon avis est que sa survie n'est pas garantie et que l'issue la plus probable sera la non-survie. »

« Non survie ! N'est-ce pas là le plus riche des euphémismes que nous n'ayons jamais entendus ? dit Morty. Quelle merde. Ce sont les conneries qu'il peut écrire à propos d'un patient qui est pratiquement mort ? »

Personne ne releva son coup de gueule. Nous avions entendu bien des fois déjà de tels propos et nous avions besoin de ne plus en parler, de ne plus y penser et surtout de ne plus devoir nous en occuper nuit et jour. Les centaines de versions de cette même conversation nous avaient épuisées.

Dès que les filles entrèrent un peu plus tard ce matin-là, Morty était prête à les recevoir.

« Maria, Thérésa, aujourd'hui, je suis prête à répondre à toutes vos questions. Je vous dirai tout ce que vous voulez savoir. Voulez-vous savoir ce que nous faisons à votre père ? Bon. Voilà. » Elle attrapa le rideau, le tira autour du lit et enleva les couvertures qui couvraient leur père. Morty lui ôta la chemise et découvrit le corps ballonné, les membres marbrés, les doigts et les orteils nécrosés, ratatinés et noirs comme des pruneaux.

« Des tissus morts », dit-elle.

L'odeur nauséabonde de ce corps dénudé, pourrissant, remplit rapidement la pièce.

« Ces doigts et ces orteils vont rapidement tomber, dit-elle calmement. Ceux-là aussi », dit-elle en leur montrant les testicules de la taille de deux melons ballonnés. Elle montra aussi qu'ils laissaient s'écouler deux ruisselets de fluide jaune clair absorbés par des essuies pliés et sur lesquels ils reposaient. Elle leur permit de voir ces indices quelques minutes.

Je gardai les yeux fixés sur les visages horrifiés des filles en retraçant mentalement l'endroit où se trouvaient les chaises pour le cas où elles viendraient à s'évanouir.

« Je vais maintenant procéder à la succion des secrétions de ses poumons », dit calmement Morty.

Elles le regardaient se raidir et tousser et étouffer tandis qu'elle enfonçait le cathéter de plastique dans ses poumons pour en extraire des chaînes et des paquets de glaires verdâtres. Morty aspira aussi sa bouche noirâtre, douloureuse, boursouflée de plaies et de caillots de sang.

Comme elle se préparait à nettoyer l'orifice de sa trachéotomie au moyen de tampons imbibés de peroxyde d'hydrogène, quelque chose attira le regard de Morty. Elle regarda de plus près et ce qu'elle vit la fit reculer d'horreur. Au moyen d'une pince, elle prit deux longues choses blanches qui se tortillaient.

« Des vers ! » Elle eut un haut-le-cœur et les laissa tomber sur le sol.

Mon estomac se souleva aussi et je cherchai une poubelle, car à ce moment j'en avais besoin.

« Les vers vivent dans les tissus morts ! » hurla-t-elle tandis que les deux filles se sauvaient, écœurées.

« C'est un cadavre. Je n'ai jamais été aussi dégoûtée de ma vie. » Morty enleva ses gants et les jeta à la poubelle. Toutes deux, nous courûmes nous laver les mains.

Nous sortîmes de la pièce pour nous éloigner autant que possible du théâtre de l'événement.

« Un cadavre ne me dégoûte pas, mais *soigner* un cadavre, oui », dit Morty. C'était la première fois que j'entendais une voix aussi calme chez elle.

« Si c'était réellement un cadavre, ce ne serait pas aussi grave, mais c'est sur un être humain que nous accumulons cette indignité, dis-je. Qui sait ce qu'il ressent ? »

« On traite des prisonniers de guerre mieux que cela », dit Morty.

« Nous le torturons, qu'il le ressente ou pas. »

« Suggéreriez-vous que le traitement de M. Bellissimo est *inutile*? » demanda à la ronde le Dr David Bristol lorsqu'il entendit mes reproches.

« Ne me faites pas dire ce que je n'ai pas dit, protestai-je. Je n'ai pas dit cela. »

« Vous l'avez sous-entendu, comme beaucoup d'infirmières. »

« D'accord, oui. Ce que nous faisons, nous le faisons en vain. » Je trouvais étrange d'utiliser ce terme. Je ne l'avais encore jamais employé. Je ne l'avais encore jamais goûté de ma bouche précédemment. C'était à la fois concentré et amer.

Comment pouvais-je accomplir ce travail si je jugeais vain chacun de ses éléments ?

«*En vain.*» David saisit le mot. «Pourriez-vous définir cette locution pour nous ?»

Il attendit et l'équipe resta en attente avec lui.

Il m'avait poussée à faire quelque chose qui était contraire à ma nature. *En vain* signifiait qu'il n'y avait pas d'espoir, et si le métier d'infirmière m'avait appris quelque chose, c'était bien qu'il y avait toujours des raisons d'espérer. Pourvu que l'on sache ce qu'on peut espérer. Non pas nécessairement la guérison, mais la paix, le confort et la dignité.

«En vain ? Je ne puis définir exactement l'expression, mais je la saisis quand je la vois», dis-je sans conviction.

«Ce n'est pas suffisant, dit-il, jouissant de mon inconfort. Donnez-moi une preuve.»

«Il me semble, David, que nous sommes en train de dévier. Les familles voient toutes les technologies que nous avons à offrir et elles souhaitent croire que celles-ci peuvent aider leur malade bien-aimé, mais ils n'en connaissent pas assez pour savoir si le résultat est garanti. Ils ne souhaitent pas devoir prendre les décisions eux-mêmes. Qui peut les en blâmer ? Nous savons tous que quelqu'un de l'âge de M. Bellissimo, accablé par tous ses graves problèmes médicaux, ne pourrait survivre. Pourtant, nous agissons comme s'il y avait encore une possibilité. Nous attendons que la famille nous aide à choisir : souhaitent-ils des médicaments à action inotrope ? des compresses ? une dialyse ? des chocs ? tout cela ensemble ? C'est comme un menu chinois, un mets de la colonne A, un de la colonne B, et chacun compose son menu individuellement.»

«Mais aucune sub-sti-tu-tion», dit Morty. Cette fois, cependant, son intervention ne rompit pas la tension du moment.

« Et, dis-je, nous ne faisons pas assez pour expliquer ces situations auprès des familles, afin que celles-ci comprennent les implications des décisions à prendre. Le public est informé à travers la pop culture, la télévision et les histoires sensationnelles de la presse. Ils entendent parler de traitements miraculeux, de guérisons en une nuit et de succès inespérés. Ils n'ont aucune idée de ce qui les attend quand ils arrivent ici sans même être en état de prendre des décisions rationnelles. Ils craignent que quelqu'un ne les accuse de ne pas avoir tout fait, ou ils se soucient de ne plus être capables de vivre avec eux-mêmes par la suite. Leurs décisions sont alors basées sur la crainte de regrets éventuels. La responsabilité est trop grande pour qu'ils puissent la supporter. »

J'en étais là à me rappeler une autre discussion au sujet de futilités. Il s'agissait d'une terrible discussion que j'avais eue avec mon mari, la personne la plus positive et la plus optimiste que je connaisse. Je lui avais dit combien j'étais fâchée et combien j'avais essayé de lui faire comprendre la situation, sans succès.

« J'ai essayé tant de fois de communiquer avec toi, avais-je dit. Je suis incapable d'essayer à nouveau. »

« On n'essaie jamais assez », me cria-t-il en guise de réponse.

Si fâché qu'il ait été – et heureusement, nous nous en sommes sortis – même en ces moments de « surchauffe », j'appréciais son espoir face à ma perte momentanée de confiance.

« Tilda, si tu ne peux traiter la situation, je suggère que tu ne prennes pas ce patient en charge. »

« David, tu as raison. Je ne puis contrôler la situation. Veux-tu savoir pourquoi ? Parce que ce que nous sommes en train de faire à M. Bellissimo n'est pas bien. »

La plupart des médecins n'étaient pas capables de faire le saut. À leurs yeux, même un semblant artificiel de vie était préférable à ce qu'ils considéraient comme la pire des issues, la faillite de tous leurs efforts : la mort. Quelque chose d'évitable, de décelable ou de traitable avait dû être omis. Peut-être était-ce né de la crainte que l'un ou l'autre des membres de la famille en vienne à les accuser d'une erreur ou de ne pas avoir suffisamment essayé. Mais, peut-être à cause de notre proximité immédiate et directe avec les souffrances de nos patients, la plupart de nos infirmières le ressentaient différemment.

« Lorsqu'il s'agit de la mort, vous, les gars, vous êtes comme Wayne Gretzky tâtant du patinage artistique ! » dit Morty qui finalement s'arrangea pour obtenir un faible semblant de la réaction qu'elle souhaitait provoquer.

La semaine suivante, le Dr Huizinga était le médecin de service responsable et celui appelé à faire face à toute révolte turbulente de la populace. Nous l'avons accosté avec une intense indignation.

« Parlez aux filles au sujet du retrait du traitement ! »

« Assez, c'est assez ! »

« Il est temps de laisser la nature suivre son travail ! »

« Nous avons été trop loin cette fois ! »

« Ça fait du bien d'entendre le point de vue des infirmières, dit-il en s'écartant de nous. Franchement, c'est un point que j'ai eu tendance à négliger. Un médecin doit être optimiste. Il n'est pas facile d'être le porteur de mauvaises nouvelles. Nous évitons peut-être les conversations avec les patients à cause de notre propre inconfort. Peut-être ne prenons-nous pas le temps d'expliquer tout complètement. »

« Nous amenons les gens à croire que nous pouvons tout guérir », dis-je.

« Vous avez probablement raison, concéda-t-il sans enthousiasme. Ah ! La médecine est un art, mais les patients espèrent que les médecins sont des scientifiques qui savent tout », dit-il.

C'était dit en véritable scientifique.

Plus tard, ce même jour, les filles de M. Bellissimo vinrent me faire une suggestion.

« Si le cerveau de père est endommagé, peut-il subir un transplant du cerveau ? »

Leurs yeux brillaient.

Je les regardai étonnée, et ne dis rien. Je ne savais par où commencer.

« Et autre chose, dit Maria, ma fille a lu dans Internet que le lait maternel peut aider à lutter contre les infections. »

« Quoi ? » *Seraient-elles prêtes à en offrir ?*

« Oui, dit-elle, le lait maternel favorise l'immunité. »

« Où allez-vous en trouver ? » demandai-je.

« N'y a-t-il pas une section maternité dans cet hôpital ? »

« Non, cette section n'existe plus. » Et c'était vrai. Notre hôpital « général » était devenu si spécialisé qu'un événement aussi naturel que la naissance d'un bébé ou même l'ablation d'un appendice enflammé n'étaient plus pris en charge. « Il n'y a malheureusement plus de section de maternité ici », dis-je.

« Vous croyez que parce qu'il a le cancer, sa cause est sans espoir ? me dit Maria en guise d'avertissement. Ne renoncez pas aussi facilement. Il vous surprendra. »

Le cas Bellissimo me rappelle une patiente dont je me suis occupée il y a quelque temps et qui était une des dernières survivantes d'Auschwitz. Je devais insérer une intraveineuse et le meilleur endroit que je pus trouver fut une magnifique veine passant juste sous le tatouage de son numéro de prisonnière du camp de concentration. Cet emplacement était destiné à lui apporter la vie, non pas à lui rappeler des choses terribles, me disais-je tout en glissant l'aiguille dans la veine complaisante et en recevant ma récompense sous forme d'un jet de sang rouge.

Je ne pus cependant m'empêcher de demander à l'époux de me raconter ce que sa femme avait vécu.

« Ils l'avaient appelée Christine, dit-il. Ils avaient changé son vrai nom d'Esther et l'avaient cachée. Elle a eu de la chance, une blonde aux yeux bleus. Mais ils l'ont trouvée et l'ont envoyée dans un camp. »

« Qu'est-ce qui était pire, ceci ou cela ? » interrogeai-je en frémissant.

« Cela », répondit-il sans hésitation et en me regardant sans sourciller.

Ensemble, nous l'examinions. Ses mains, contractées en griffes durcies, battaient l'air comme pour essayer de s'échapper. Son visage était figé en une grimace angoissée et contorsionnée.

« Elle a survécu à cette horreur... n'en a-t-elle pas vu assez ? » Je pensai que je m'étais donné une certaine licence pour connaître ce cas et pousser mes questions au-delà d'une barrière que je n'avais jamais franchie précédemment.

« Elle a survécu à cela, elle survivra maintenant. » Il s'assit pour lire un journal yiddish qui paraissait avoir aussi survécu à la guerre.

Les filles de M. Bellissimo se partageaient la garde vingt-quatre heures sur vingt-quatre. Finalement, Thérésa dut retourner dans sa famille et à son travail, mais Maria était présente quand j'arrivai un matin. Je l'encourageai à me parler de son père. C'est ainsi que j'appris la façon dont il avait essayé en vain de persuader sa fille de ne pas épouser un garçon de Trinidad et combien il avait apprécié les délicieuses lasagnes qu'elle savait faire. Maria peigna sa barbe, arrangea les couvertures et remplaça la bleue par une jaune. Elle lui massa les pieds et les frotta d'huile minérale.

« Nous ne sommes pas religieux, expliqua-t-elle, mais nous avons été élevées comme catholiques, et on nous a appris le respect de notre père – même si lui ne nous respecte pas parfaitement. »

« Que voulez-vous dire ? »

« C'est un fils de... excusez-moi. Il est très... strict. » Elle serra les lèvres. « En tout cas, nous espérons qu'il ira mieux, mais nous essayons d'être réalistes. »

« Comprenez-vous la situation ? » demandai-je.

« Oui, mais nous espérons qu'il ira mieux. J'ai demandé au Dr Bristol s'il y avait des chances qu'il récupère, sa réponse a été : moins d'un pour cent. Mais nous voulons courir cette chance. Tout ce que nous souhaitons est un effort à cent pour cent. Ça en vaut la peine, pour un être humain, ne croyez-vous pas ? » Elle tira une casquette de base-ball des Blue Jays d'un sac de plastique qu'elle avait apporté avec elle puis une casquette des Maple Leafs et en plaça une de chaque côté de la tête enflée de son père. Diagonalement, en travers de son corps, elle drapa une oriflamme qui portait en lettres rouges, vertes et blanches l'inscription : *Forza d'Italia.*

« Te souviens-tu de Joan Housley ? Pourquoi plus de familles ne peuvent-elles pas toutes être comme la sienne ? » se demandaient entre elles les infirmières.

Lorsqu'ils se sont rendu compte qu'aucun remède ne pouvait soulager le cancer avancé de leur mère, Jim, le mari de Mme Housley, et leurs trois filles, Jill, Janet et Jenny, furent d'accord lorsque je leur suggérai d'arrêter le moniteur cardiaque et de nous concentrer sur son confort et sa dignité, sur Joan elle-même. Pourtant, j'avais dû au préalable présenter mon idée devant l'équipe.

« Ce n'est pas comme si nous allions traiter une arythmie n'est-ce pas ? Nous n'allons pas faire un CPR, d'accord ? » dis-je. Je vois encore Daniel considérant le geste radical que je suggérais. « Je vous l'ai entendu dire vous-même, Danny : "N'entreprenez pas de faire un test si vous n'êtes pas prêt à traiter les résultats." »

J'ai vu combien il était difficile pour lui de réviser sa façon de penser, combien il lui était difficile de se dominer, de ne rien faire sans ressentir ensuite le sens de la défaite.

La nuit où Joan fit un arrêt, Tracy et Nicole restèrent près d'elle jusqu'à l'arrivée de sa famille. Le résident cette nuit-là était jeune et hésitant. Il n'avait pas eu l'occasion de la connaître comme nous.

« Ne croyez-vous pas que nous devrions essayer ? » dit-il. Rien qu'une série de CPR ? »

« Non. Nous connaissons ses souhaits. » Je restai ferme. « Elle nous l'a dit elle-même. »

« Mais personne ne l'a documenté », gémit-il.

« Croyez-moi », dis-je.

Après six semaines, les filles Bellissimo ne venaient pratiquement plus. Même Maria n'appelait plus qu'occasionnellement ou envoyait un fax transmettant ses questions ou suggestions. Seule l'une de ses petites-filles vint quelques fois.

« Il m'a salie, dit-elle en montrant son écharpe. Ça arrive quand la personne est... » *morte*, avais-je tendance à répondre... « très malade. »

« Qu'arriverait-il, hasarda-t-elle – et je savais exactement ce qu'elle allait demander – si on coupait tout ? »

Elle n'aurait pas osé poser cette question si sa mère avait été présente, aussi je répondis rapidement, pour le cas où elle arriverait. « L'état de votre grand-père est si fragile, si proche de la mort, que si l'une de ces choses était coupée ou simplement réduite, ne fût-ce que de très peu, comme ce débit d'oxygène, et je désignai celui-ci en faisant le geste d'en réduire un peu le débit, il mourrait en quelques minutes. »

Les infirmières notaient tout avec grand soin. Non seulement les fluides entrant et sortant, les chiffres croissants ou décroissants, mais aussi ce qui avait ou n'avait pas été fait, ce qui avait ou n'avait pas été dit.

« Documentation défensive », nous avait recommandé l'infirmière en chef.

« Une réunion de famille, dis-je à la petite-fille dans une forme écourtée que cette situation désespérée semblait justifier. Nous devons en organiser une. »

« Ni ma mère, ni ma tante Thérèsa n'en veulent plus », répondit-elle.

« Il ne s'agit pas d'une grande réunion, mais seulement d'une toute petite, ici dans cette pièce et non pas dans la salle de recueillement. Debout. Une brève discussion, ici même. »

Les filles s'étaient dérobées. Elles avaient cessé de répondre au téléphone et de répondre aux messages. Un jour, elles avaient envoyé une télécopie portant une série de demandes, y compris une demande pour que leur père ne soit traité que par des médecins expérimentés et non pas par des résidents ou des internes. La chambre devait être strictement maintenue à 22 °C. Il ne devait y avoir aucun courant d'air ni lumière intense. Elles demandaient que « seules des infirmières enjouées » soient affectées aux soins de leur père. « Nous ne souhaitons pas que des personnes ayant des pensées négatives soignent notre père », avaient-elles ajouté.

Le jour où le cœur de M. Bellissimo ralentit au rythme de 50 battements par minute alors que les quelques gouttes d'urine recueillies étaient noires et pleines de dépôts, le Dr Leung et moi-même étions de service.

Après toutes ces années de service, trois enfants, de nombreuses recherches scientifiques, des centaines de communications académiques, Jessica ne présentait aucun signe de fatigue. Et elle était toujours aussi jolie.

« Je suppose que nous devrons leur présenter une dialyse », dit-elle fermement, mais à ses yeux, je voyais bien qu'elle n'était pas exactement d'accord avec cette nouvelle intervention.

« Mais Jessica, dis-je, que gagnerons-nous par cette nouvelle procédure ? »

« Les filles le représentent. Ce sont donc ses souhaits. » Elle haussa les épaules en ajoutant : « Du moins en apparence. »

« Mais elles n'agissent pas dans son intérêt. Elles ne sont pas logiques. »

« J'ai longuement parlé avec elles et je suis convaincue qu'elles croient que c'est ce que leur père aurait souhaité. Il serait présomptueux et arrogant de notre part de nous diriger vers une approche paternaliste en supposant que nous savons ce qui est préférable pour les patients. Non seulement cela mais, dans ce cas, ce pourrait devenir hautement contradictoire. » Elle soupira avec lassitude. « Tilda, pense à la situation dans laquelle nous serions si nous les outrepassions. Vous devez comprendre d'où nous, les médecins, venons. »

Elle vit mon expression sceptique. Je pouvais la ressentir sur mon visage.

« Je ne sais pas ! » Elle leva les mains. « Nous n'avons pas toutes les réponses. »

« Non, mais les filles non plus et elles font un mauvais choix, dis-je. Comment pouvons-nous protéger le père des mauvais choix de ses filles ? »

« Tilda, *tu* supposes que *tu* sais ce qui est bon pour lui, que tu le sais même mieux que sa propre famille. »

« Jessica, ce pauvre homme est en train de pourrir dans son lit. J'exprime seulement une évidence ! Ce n'est que du bon sens ! »

« Comment peux-tu savoir avec certitude que M. Bellissimo ne voudrait pas cela ? »

« Connais-tu quelqu'un qui le voudrait ? »

Jessica aspira profondément et se donna une contenance.

« La chose que j'apprécie le plus et la chose la plus importante à mes yeux dans mon métier, c'est d'être totalement transparente et honnête dans toutes mes actions. De par ma constitution, je suis incapable de mentir. Je suis comme cela et le jour où cela changera sera celui où je changerai de profession. Il est de notre devoir de remplir les vœux du patient. Pour cela, je n'ai aucune inquiétude au sujet de cette situation. Je suis ici, avec les infirmières, pour soutenir les décisions prises par la famille. Permets-moi de te rappeler, Tilda, que nous ne sommes pas ici pour juger. C'est notre travail, que je sois d'accord avec la famille ou pas. Nous agissons, non pas selon nos convictions, mais selon les vœux du patient. »

Ensuite, ce fut mon tour, et Jessica m'écouta avec la même patience et le même respect.

« Pour moi, Jessica, la chose que j'apprécie le plus, la chose qui est la plus importante à mes yeux dans *mon* métier, c'est la gentillesse. Rien n'est plus important à mes yeux que de faire notre travail avec tout notre cœur. C'est pourquoi je rencontre beaucoup de difficultés dans le cas présent. C'est un cas cruel. »

« Il ne s'agit pas de coups et blessures. Rappelons-nous bien cela, dit-elle, se hérissant légèrement à ma suggestion qu'elle pourrait être un élément de quoi que ce soit de cruel. Nous sommes toutes motivées ici par le désir de faire du bien. Gardez cela en tête, Tilda. »

« Oui, mais ce que nous faisons n'est pas toujours bienveillant. Tout le monde peut voir que... » J'étais en train de perdre patience.

« Comment procéderiez-vous donc ? demanda-t-elle. Imaginez que vous êtes le Dr Shalof. »

« Je ne proposerais pas de nouvelle intervention médicale, certainement pas de dialyse ni de CPR en cas d'un nouvel arrêt cardiaque. J'insisterais immédiatement sur le retrait du traitement et mettrais l'accent sur le confort du patient et le soutien de la famille. J'introduirais une seconde, une troisième, voire une quatrième opinion pour corroboration professionnelle. J'introduirais des conseillers juridiques si nécessaire. Un juge. Une injonction du tribunal. Un ange gardien permanent. »

« Tout cela pourrait prendre des semaines, dit-elle, souriant à ma simplicité d'esprit. Entre-temps, nous ne lui faisons pas de mal. »

« Oh ! que si ! dis-je. Je crois que les infirmières et les médecins c'est différent. Nous sommes toujours présentes aux côtés des patients, chaque minute, jour et nuit. C'est nous qui faisons des choses auprès des patients. Nous voyons ceux-ci dans l'état où ils sont. Nous voyons les souffrances de la famille et combien nous prolongeons ces souffrances. Les médecins vont et viennent. Avez-vous vu comme la peau de M. Bellissimo suinte, avez-vous vu ses plaies ouvertes ? Avez-vous vu comme il grimace de douleur au moindre contact ? Nous continuons à lui donner de petites doses d'épinéphrine pour le tenir en alerte tout le jour. Nous ne pouvons pas lui donner beaucoup de morphine, car celle-ci abaisse trop sa tension. »

« J'espère que vous ne pensez pas, Tilda, que ce que je dis prévaut sur ce que vous dites », dit Jessica.

Je savais qu'elle essayait d'être conciliante et d'amener cette conversation difficile vers une conclusion pacifique. Un tel effort n'était pas nécessaire. Elle et moi étions devenues amies autant que collègues et j'avais appris à l'aimer et à la respecter. Nous avions travaillé ensemble pendant des années. Je me souviens de ses débuts comme résidente, puis au titre de stagiaire de troisième niveau, alors que j'étais une infirmière débutante, m'efforçant de m'initier aux rudiments du métier. Nos différends n'étaient ni personnels, ni acrimonieux, même s'ils étaient émotionnels et bruyants.

« Nous formons une équipe », insistait-elle.

« Oui, mais pourquoi les grandes sœurs ont-elles toujours raison ? » m'entendis-je encore geindre comme un bébé.

« Elles sont les plus proches parentes. Tu connais la loi, Tilda. Je suis simplement en train de suivre cette loi. »

« La loi ne se préoccupe ni de compassion, ni de la dignité des personnes ! Nous en faisons un monstre et lui permettons même de devenir grotesque. Ce que nous faisons n'a d'autre but que d'amadouer les filles pour éviter la confrontation et peut-être même les litiges. »

Laura venait vers nous portant quelque chose à la main.

« Comment savais-tu qu'il pourrait y avoir un litige, Tilda ? L'une des filles vient tout juste d'envoyer cette télécopie qui dit que l'état du père s'est aggravé pendant ta garde d'hier et elle croit que c'est ta faute. Elle menace de demander à un juriste de prendre l'affaire en main. Te voilà dans de beaux draps ! »

« Ne t'en fais pas. Je n'ai rien à cacher. »

« Es-tu en mutinerie ? demanda Laura, amusée. Tu deviens une reine du drame. »

« Non, dis-je, je refuse de prendre soin de ce patient. Je suis un objecteur de conscience, une activiste de la paix et un soldat de première ligne. Je me lance dans une campagne de travail selon les règles. »

C'était tout. Pour l'instant.

« Si vous voulez encore parler de M. B., je m'en vais », dit Laura ce soir-là après le travail. Nous étions dans un bar voisin de l'hôpital, en train de boire un verre. « Je ne veux plus entendre un mot là-dessus. »

« Non, il n'y a plus rien à dire à ce sujet. Je refuse simplement de le soigner », dis-je.

« Es-tu en grève ? »

« C'est tout comme. » Je savais que je ne tiendrais pas.

« Tu ne tiendras pas », dit Laura.

« Il n'est pas question non plus que j'y aille encore, dit Tracy. Je te soutiens, Tilda. »

« Tout être humain a droit à des soins, dit Frances. Je n'aime pas ça non plus, mais je le soignerai quand même. Je suis d'accord avec Jessica Leung. Il est de notre devoir d'accomplir les souhaits des malades. En tant qu'infirmières, nous ne pouvons simplement refuser un malade parce que nous ne sommes pas d'accord avec sa famille. Nous devons mettre de côté nos opinions personnelles et faire ce qui doit être fait pour le patient. »

Audacieusement, je décidai de prendre la défense d'une idée que j'avais longtemps caressée en privé. J'étais disposée à sauter sur l'occasion. « Écoutez, les amies, dis-je, je suis arrivée à savoir ce que nous avons à faire pour nous assurer que cela n'arrive plus jamais à aucune d'entre nous. »

« Je pensais que nous avions convenu de ne plus parler de travail ! » protesta Laura.

« J'ai pensé à me faire tatouer sur la poitrine un logo qui dit : "Ne pas réanimer", dit Nicole. Après cet exemple de M. B., je ne cours plus de risques. Lorsque le temps sera venu, qui sait ce que ma famille fera de moi ? Ah oui ! J'allais oublier. Assurez-vous que ce soit Morty qui prenne soin de moi. Je sais qu'elle m'enlèvera les poils du menton et retouchera les racines grises de mes cheveux avant que ma famille ne vienne me rendre visite. »

Nous savions toutes qu'elle prenait son caractère de mortelle plus au sérieux que ses paroles légères ne le laissaient entendre. Depuis quelque temps, nous savions toutes que Nicole préparait des albums de photos et conservait des souvenirs pour les enfants dont elle avait déjà choisi les noms et qu'elle espérait avoir un jour. Frances sirotait sa bière calmement. Après tout, ce n'était pas la première fois que nous avions ces conversations apocalyptiques.

« Jetez ma carcasse dans une poubelle, dit Morty. Je ne crois ni aux funérailles, ni aux tombes et je ne souhaite certainement pas donner mon foie à certains alcooliques repentis. »

« Nous devons écrire nos volontés, arrêter nos directives et consigner tout cela, dit Tracy. Nous devons faire connaître nos dernières volontés. Signer notre carte de donneur. Qu'y a-t-il d'autre à faire ? »

« Je vais vous dire ce que je propose, dis-je. Un pacte. Nous allons nous désigner mutuellement – notre groupe – comme décideurs mutuels si l'une de nous tombe gravement malade. Nous allons nous dire mutuellement ce que nous voulons dans diverses circonstances précises, nous allons faire connaître ces souhaits et les mettre par écrit. Nous ne pouvons laisser ces décisions à notre famille. Ils ne sauraient que faire. Qui saurait mieux que nous ce qu'il faut faire ? Qui partage ce point de vue ? »

« Mais qu'arrive-t-il à la dernière survivante ? » demanda Morty après réflexion.

« Je n'en sais rien, elle devra se débrouiller. Je n'ai pas encore élaboré *tous* les détails. »

Nous devînmes silencieuses. Nous avions assez parlé de la mort. Mais cela valait la peine d'en parler, concédèrent-elles. Peut-être un peu plus tard, un autre jour. À une autre occasion. Pas maintenant.

Chapitre 18

CHANGEMENT D'ÉQUIPE

Le faux buffet chinois offrait tout ce qui était imaginable, depuis le coussin thaïlandais jusqu'à la salade de chou, le rouleau impérial ou la lasagne, sans oublier les beignets chinois et la tarte aux pommes, le tout arrosé de cocktails étranges – et nous ne nous étions pas fait prier pour en profiter –, et ce, jusqu'à la fermeture du restaurant. C'est alors que Frances dévoila un gâteau d'anniversaire pour Nicole. Exceptionnellement, il avait été constitué d'ingrédients normaux – beurre, sucre, farine, œufs –, cette fois, elle n'avait pas dérogé à la recette classique. Nous célébrions tant de choses ce soir-là, mais surtout, notre franche camaraderie, scellée par le travail que nous avions accompli ensemble depuis près de quinze ans.

Mais cette nuit, nous étions aussi en deuil. Il y avait quelques jours, nous avions appris que Nell Mason avait été trouvée sans vie. Frances, comme d'autres, avait tenté, au cours des années, de rester en contact avec elle, mais celle-ci s'était éloignée petit à petit de nous, et voilà...

« C'est tragique, dit Frances. Quelle formidable infirmière Nell était. Daniel Huizinga avait l'habitude de dire que si Nell disait que quelque chose n'allait pas chez le patient et que lui ne parvenait pas à en trouver la cause, il aurait passé toute la nuit, si nécessaire, pour découvrir le problème. Il avait une confiance totale en elle. »

« Nous toutes également, dit Laura, effondrée. Peut-être n'aurais-je pas dû la taquiner autant. Mais toutes ces excuses idiotes et – reconnaissons-le – ces histoires à dormir debout! Certaines d'entre elles étaient vraiment amusantes pourtant », dit-elle avec un petit rire.

« Est-ce que l'une ou l'autre d'entre elles aurait pu être vraie ? Le chameau de compagnie ? L'ascenseur fou ? Les chiens sauvages sur la plage ? Et comme elle mimait les choses ! » – je fais le mouvement avec deux doigts pointant en l'air – « et les tire ensuite » – j'enfonce la tête du chien imaginaire sous la prétendue surface de l'océan – « et noie l'animal pour sauver sa vie ? »

« Vous a-t-elle déjà dit avoir géré seule un bureau médical dans une réserve d'Indiens ? demanda Laura qui ne pouvait résister au plaisir d'en raconter encore une. Un jour, un homme et une femme sont amenés, collés l'un à l'autre. Oui, après avoir fait l'amour, ils n'avaient pu se séparer. "Alors, comment traiter un cas comme celui-là, Nell ?" lui demandai-je. Je croyais l'avoir finalement coincée. Sans hésiter une seconde, Nell répondit : "Chlorpromazine, 50 mg en intraveineuse, et le problème est résolu." »

« À administrer à l'homme ou à la femme ? » interrogeai-je à haute voix, sans susciter aucune réponse.

« Il y a toujours un élément de vérité dans ces histoires, dit Frances. Nell était une merveilleuse infirmière et il était fascinant de travailler avec elle. J'ai beaucoup appris auprès d'elle. Si un extraterrestre débarquait sur terre et demandait : "Montrez-moi votre meilleure infirmière", j'imagine que chacune serait d'accord pour désigner Nell. »

« Elle me manque, dis-je, en ajoutant d'un air coupable : et ses histoires aussi. »

À la chaude lueur de la chandelle allumée au milieu de la table, je voyais les visages de ces femmes et je ressentais une douce mélancolie. J'aurais voulu que nous travaillions ensemble toute la vie, mais je pouvais sentir de l'inquiétude chez chacune d'elles et nous savions toutes depuis quelque temps que des changements se préparaient.

C'était l'heure du gâteau. Nicole allait lever le couteau, mais pour l'une ou l'autre raison, elle hésita et passa la main à Tracy qui, elle non plus, ne voulait pas entamer l'œuvre d'art. Le couteau passa de main en main pour s'arrêter devant Morty qui récemment avait repris son ancien nom de Justine. Elle en avait assez de ses anciennes gamineries. Même ses boucles d'oreilles avaient changé : elle ne portait plus que de simples cabochons d'or.

« Bien sûr que je vais le découper », dit-elle.

Justine empoigna le couteau, en jaugea le tranchant et, après avoir approché doucement cet instrument du gâteau, l'enfonça dans les fleurs roses et le glaçage blanc avec la précision et la netteté d'un joueur de golf, geste qu'elle venait d'apprendre sous la tutelle de Nicole. Justine envisageait de jouer avec son nouveau mari (elle avait divorcé du premier, Tom) qui était un golfeur expérimenté. Ils s'étaient rencontrés en jouant les premiers rôles d'amateurs dans une production locale de *Grease*.

Justine passa le gâteau à Frances pour qui le découpage d'œuvres d'art n'était pas une procédure habituelle. Sa main tremblait. Elle suivait à nouveau un régime amaigrissant et y avait été très attentive toute la semaine pour se permettre le présent écart. Elle élargit, puis rétrécit l'angle de la portion qu'elle voulait s'octroyer, puis changea brusquement de tactique.

« Puis-je couper un morceau pour toi, Nicky, étant donné que c'est toi qu'on fête aujourd'hui ? » Nicole, tout récemment enceinte et l'estomac un peu fragile, pouvait encore s'accorder une généreuse portion. Frances rétrécit la guillotine à calories.

Pour sa propre tranche, Frances enfonça lentement le couteau comme un citoyen senior faisant du crawl dans un bassin de Miami. Elle prenait son temps et agissait comme si elle devait lutter contre une résistance, ou comme si elle avait découpé beaucoup, beaucoup de gâteaux aujourd'hui et connaissait trop bien la complexité et les implications du découpage des gâteaux.

« Passe-moi ce gâteau, grommela Laura. Qu'est-ce qui peut demander tant de temps ? »

Dans les mains de Laura, le couteau s'affaira rapidement, faisant éclater d'étonnement les roses de la garniture. Nous nous regardâmes en souriant. Laura jeta une portion de gâteau avec sa garniture sur son assiette, se rassit et porta assiette et fourchette à sa bouche comme si elle était affamée. Non, ce n'était pas possible – nous venions de terminer un repas copieux – mais elle adorait les douceurs.

« Tu dois te décontracter, Laura, dit Justine depuis l'autre extrémité de la table. Tu es excitée et tu as besoin d'un bon... »

« Bon ou mauvais, je mangerai du gâteau jusqu'à ce que cela arrive. »

« Ce dont tu as besoin, Laura, dis-je, c'est un peu de repos par rapport à l'Unité de soins intensifs. Pourquoi ne prendrais-tu pas un temps d'arrêt pour aller quelque part en vacances ? »

« Je m'en vais effectivement quelque part », annonça-t-elle, nous prenant par surprise.

« Où vas-tu donc, Laura ? » demanda Nicole.

« À l'École de médecine », répondit-elle calmement.

« Non ! » dis-je, inquiète.

« Oui. »

« Non ! »

Elle sourit.

« Tu nous laisses tomber ! » dis-je.

« "Tu es trop intelligente pour être une infirmière, Laura, pourquoi ne pas être un médecin ?" » dit Laura d'une voix moqueuse. Les gens me disent toujours que je gâche mes talents en tant qu'infirmière. Je leur dis qu'il faut beaucoup d'intelligence pour être une infirmière, mais ils ne comprennent pas. Je leur dis : "N'êtes-vous pas contents qu'il y ait des infirmières intelligentes comme moi pour soigner les gens ?" Ils ne comprennent pas encore. Bon, j'en ai assez ! Je serai médecin. Je gagnerai bien ma vie et peut-être aurai-je droit au respect. »

« Il n'est pas facile de se faire accepter à l'école de médecine, lui dis-je. Tu pourrais ne pas être acceptée. »

« Je suis acceptée, dit-elle. J'ai reçu mon acceptation il y a quelques jours. Les infirmières savent aller là où les besoins se font sentir et je leur ai dit que j'étais prête à aller dans des régions éloignées et peu favorisées, je crois que ç'a aidé à me faire accepter. »

« Et tu l'es ? »

« Bien sûr. »

« Quelle perte ! » dis-je.

Évidemment, je pouvais imaginer combien un poste solitaire, isolé conviendrait à Laura. Elle pouvait être un véritable franc-tireur, sûre d'elle, indépendante, et probablement faire beaucoup de bien aux personnes dans le besoin. On l'aimerait et elle ferait un médecin extraordinaire.

Personne n'avait remarqué que Tracy avait repris une modeste tranche de gâteau. Nous négligions souvent de faire attention à cette douce et modeste Tracy, pourtant, j'étais arrivée à comprendre qu'elle n'était ni repliée sur elle-même, ni lointaine, mais seulement tranquille, réfléchie et, ces derniers temps, préoccupée par la santé de son père. Il y a environ un mois, elle nous avait appelées au travail, et le numéro d'appel affiché était une extension interne de l'hôpital.

« Où es-tu ? »

« Je suis en bas à l'Urgence. »

Elle était éternellement calme en toutes circonstances, mais je pouvais entendre trembler sa voix.

« Que se passe-t-il ? Tes enfants vont bien ? Ron ? »

« C'est mon père. Il a eu une crise cardiaque. »

« Je descends immédiatement. »

Pang-Mei avait repris mon patient en charge. « Bien sûr, descends et va voir le père de Tracy. Je sais ce que c'est. Ma mère a eu un terrible mal de ventre la nuit dernière et j'ai dû l'amener aux urgences. "Non, non," disait-elle à quiconque l'approchait – elle parle à peine anglais, elle est encore moins bonne que moi – "Il a DNR. Il a DNR." Je lui dis, non Ma, nous n'y sommes pas encore, le médecin veut seulement faire une radio ! »

« Elle a de la chance, Pang-Mei. Grâce à toi, elle était bien préparée. »

Le père de Tracy allait bien, mais Tracy, elle, était en mauvais état. Ses yeux étaient rougis par toute une nuit passée auprès de lui. Elle ne l'avait pas quitté une seule minute. Cependant, le plus gros problème, pour elle, avait été d'arriver à l'hôpital. Avec la menace d'une seconde vague de C. difficile menaçant de se répandre comme une épidémie, des mesures de contrôle encore plus strictes avaient été remises en place dans tout l'hôpital. Tracy avait réussi à se faufiler jusqu'à son père. Il avait de la chance ; tous les autres patients étaient seuls, sans personne pour leur tenir compagnie ni leur apporter une attention spéciale.

Le père de Tracy avait été placé dans une zone d'attente du Département des urgences, étendu sur une civière pendant deux jours dans l'espoir d'un lit disponible. Finalement, on en trouva un pour lui en Cardiologie où il fut transféré au moment où nous arrivions. Son état était stable, mais il devait encore être surveillé pendant quelques jours jusqu'à ce qu'on puisse procéder à un sondage du cœur pour déterminer s'il n'avait aucun blocage dans les artères coronaires et vérifier si un *bypass* était nécessaire.

Frances l'avait aidé à se laver, l'avait rasé et était allée acheter pour lui, au drugstore, une brosse à dents et du dentifrice.

Laura s'était jointe à nous, avait jeté un coup d'œil sur le malade et était allée chercher un résident pour lui signaler que la jambe droite de M. Smyth était enflée et douloureuse, indiquant peut-être une thrombose dans une veine profonde. « Comment n'a-t-on pas remarqué cela ? » l'entendis-je dire. Elle s'arrangea aussi pour convaincre le médecin d'augmenter la dose de calmants parce que, bien qu'il fut du type stoïque qui ne se plaint jamais, le malade était en train de souffrir visiblement.

« Un patient qui ne se plaint pas, un médecin qui hésite à prescrire et une infirmière qui n'intervient pas, tout cela..., nous dit-elle, comme si toute la responsabilité du monde devait peser sur ses épaules. Croient-ils réellement que les patients qui souffrent risquent de devenir des drogués ? Est-ce que c'est de cela qu'ils ont peur ? Honnêtement ! Combien de fois avez-vous vu un cas de surdose de calmant de la douleur ? »

Nicole avait aidé le père de Tracy à passer une nouvelle chemise d'hôpital. Je demandai à Tracy de sortir une minute pour qu'elle n'ait pas à aider au placement de l'urinal.

« Sors pour une seconde, Tracy. Sois pour l'instant seulement une fille, non une infirmière. »

Je connaissais la différence. Je savais combien il était difficile d'être à la fois l'une et l'autre. Il valait mieux être alternativement l'une puis l'autre. Je pris une chaise, m'assis à côté du lit de M. Smyth et lui demandai ce qu'il pensait de la guerre contre l'Iraq.

« J'ai vu beaucoup de guerres, dit-il, et je pense à mes petits-enfants. La guerre n'est pas bonne pour les enfants. »

Il me parla de son expérience dans la marine britannique. Il avait été canonnier dans un sous-marin au large des côtes de Normandie pendant la Seconde Guerre mondiale.

« Vous, les filles, vous êtes des anges », dit-il tandis qu'après le traitement de beauté imposé par Frances, il paraissait un peu moins effrayant.

« Nous ne le sommes guère », dit Justine, secouant la tête vigoureusement.

« Parle pour toi, dit Laura, qui s'accota contre l'appui de fenêtre. *Tu* es peut-être une diablesse, Justine, mais *moi*, je suis un ange. »

« Non, les infirmières sont généralement des êtres humains, des professionnelles qui accomplissent un travail exigeant. Tout ce que nous demandons, c'est d'obtenir des conditions de travail et une rémunération décente. »

« En voilà assez, Justine, lui dis-je. Ce n'est pas le moment. »

« S'il y a des personnes à remercier, continua-t-elle sur un ton plus conciliant, ce sont ces infirmières qui travaillent aux étages. Si vous n'avez pas encore vu une infirmière, M. Smyth, c'est que votre infirmière a huit autres patients dont l'état est moins bon que le vôtre. Tout l'hôpital est devenu une grande Unité de soins intensifs. Le patient typique de l'hôpital est à présent renvoyé chez lui pour être veillé par tout ce qui est disponible et prêt à servir. Les patients actuellement dans l'USI sont ceux qui, il n'y a pas longtemps, étaient considérés irrécupérables. Les hôpitaux doivent évoluer. »

Elle s'arrêta pour reprendre haleine et poursuivit.

« Imaginez le travail à cet étage. Vous courez tout le jour, n'ayant jamais l'impression de pouvoir dominer votre travail, n'ayant jamais l'impression de pouvoir contrôler votre temps ni les exigences qui pèsent sur vous, n'ayant jamais l'impression de faire un travail satisfaisant. Vous savez exactement ce dont le patient a besoin, mais vos mains sont liées. L'institution absorbe toute votre créativité, toute votre initiative et votre pouvoir, et transforme les infirmières en statues de pierre. »

Le père de Tracy écoutait attentivement. « Vous, les filles, vous méritez plus de respect. »

« Non, railla Justine, les infirmières doivent d'abord se respecter elles-mêmes. Nous ne pouvons espérer le respect des autres si nous-mêmes ne nous respectons pas, et nous avons un long chemin à faire dans ce sens. »

J'avais eu l'occasion d'observer les infirmières de cet étage. Je les voyais s'activer, répondre au téléphone, composer les plateaux de repas, prendre une tension et consigner le tout rapidement dans les registres. En outre, avec ce nouveau virus inquiétant, les infirmières devaient porter des masques, des gants, des survêtements et des lunettes de protection et changer le tout et se laver les mains avant chaque nouveau patient.

« Sais-tu ce qui est le plus pénible avec ces masques ? » dit Frances, abaissant le sien un instant pour prendre une bouffée d'air.

« Respirer ? » dis-je.

« Je ne sais pas, mais ils perturbent tout mon maquillage, dit Nicole. Je dois continuellement me remaquiller. Je dois continuellement me remettre du rouge à lèvres ! »

« Cela aussi, dit Frances. Le pire des inconvénients, c'est que vous ne pouvez pas lire l'expression faciale des patients. Et vous ne pouvez pas leur sourire. »

« Seulement avec les yeux », dis-je, lui adressant mon sourire.

« Peut-on imaginer comment se sentent les patients actuellement isolés, ne voyant les infirmières apparaître qu'à l'occasion à leur porte ? Deux yeux par-dessus un masque ? » interrogea Frances.

« Vous m'avez si bien soigné, dit M. Smyth. Comment pourrais-je jamais assez vous remercier ? »

« Ce n'est rien, lui répondit Frances, soucieuse de le libérer d'une telle dette. Je donne 100 pour cent à mes patients. Pourquoi ne donnerais-je pas 110 pour cent à moi-même ? »

Combien de personnes pouvaient-elles dire cela au sujet de l'exécution de leur travail ? Combien d'infirmières pouvaient-elles dire cela au sujet de leur profession ? Combien d'infirmières pouvaient-elles dire cela et que ce soit aussi vrai que dans le cas de Frances ? Étais-je moi-même dans ce cas ? Étais-je disciplinée à ce point ? Pas encore, je le savais, mais j'y travaillais, intensément.

J'avais l'habitude de donner ce que je pouvais, pourtant, à certains moments, je me sentais vidée, irritée et frustrée. Pourtant, je savais ce que je donnais et j'avais appris à le valoriser. J'avais appris comment prendre soin de moi-même et je savais maintenant que je ne pouvais éprouver de la compassion pour la douleur d'autrui que si je trouvais d'abord une place dans mon cœur pour la mienne propre.

Il y avait beaucoup de raisons de célébrer cette nuit-là.

Justine venait tout juste de recevoir son titre d'infirmière et, comme majore de sa classe, elle avait prononcé un discours provocant sur l'avenir périlleux, mais prometteur, du métier d'infirmière. Elle l'avait prononcé sur le nouveau mode plus sobre qu'elle avait récemment adopté. Pourtant, elle s'était arrangée pour tenir son auditoire en haleine et, parfois, pour le faire rire à gorge déployée.

« Si jamais tu souhaitais une pause dans ta carrière, raillai-je, tu aurais un brillant avenir dans la comédie burlesque. »

« C'est amusant que tu soulèves la question, dit-elle. J'ai en effet décidé de quitter la profession d'infirmière. »

« Quoi ? » dis-je en sursautant, pensant un instant que mon commentaire l'avait perturbée à ce point.

« Je me suis inscrite à la faculté de droit. Il est possible que par l'intermédiaire du droit ou de la politique je puisse apporter ma contribution à la profession d'infirmière. Voyons les choses en face. Mon point fort n'est pas le soin des patients. »

C'était bien de sa part d'admettre cela, mais je n'étais pas entièrement d'accord. Elle avait fait rire aux larmes bien des patients, et le rire n'était-il pas le meilleur médicament ? Elle intimidait certaines familles, mais toutes respectaient son intelligence et savaient que son cœur était à la bonne place.

« Tout a changé pour moi la nuit où j'ai perdu totalement mon contrôle. J'ai eu de la chance de ne pas avoir été surprise et que personne n'ait rapporté les faits. »

L'incident en question était survenu il y a quelques semaines alors que j'étais de service. Justine soignait une vieille dame. Lorsque j'arrivai au cours de ma ronde, je constatai qu'il y avait dix pompes intraveineuses en service et six canalisations intraveineuses insérées dans diverses parties de son corps, avec des tubes et des drains partout. Le ventilateur était au maximum de sa puissance et la patiente se débattait si violemment dans le lit que, pour nous permettre de lui donner les soins nécessaires, nous avons dû lui attacher les mains, ce qui ajoutait naturellement à son inconfort. Mais que pouvions-nous faire d'autre ? Nous nous posons encore aujourd'hui la question. Notre réponse, lorsque la famille recommanda de faire tout ce qui pouvait être fait, fut d'essayer de les impressionner, mais pour eux, ce n'était pas encore assez, ils n'attendaient rien de moins qu'un miracle.

Mais, entre-temps intervint la patiente de Justine, une pauvre vieille accrochée à son tube respiratoire en bouche et grimaçant à chacune de nos interventions. Pour moi, la chose la plus pénible était de voir la terreur dans ses yeux. Que pouvais-je faire, sinon regarder ailleurs ? Mais pas Justine. Pas cette nuit. Elle voulait tout voir.

La famille était partie pour la journée et, soudain, Justine apparut.

« Je vais les appeler, dit-elle. J'en ai assez de tout cela. »

« Que vas-tu leur dire ? » Je la suivis lorsqu'elle se dirigea vers le téléphone. Impossible de l'arrêter – je n'ai même pas essayé – et je l'entendis bientôt parler au fils de la patiente.

« C'est l'infirmière de votre mère, Justine Fraser, qui vous parle. Quoi ? ... Est-ce que tout va bien ? Non, tout ne va pas bien... Vous devriez venir tout de suite. Son respirateur fonctionne à pleine puissance et votre mère reçoit tous les médicaments connus, chacun à dose industrielle. Malheureusement, nous ne pouvons guérir la vieillesse ! Si votre mère fait un arrêt cette nuit, je veux que vous soyez ici pour me voir presser sa poitrine et lui casser les côtes pour tenter de faire redémarrer son cœur ! Vous, vous ne pensez pas logiquement. Votre attitude est cruelle. C'est pour vous que vous le faites, pour que votre esprit soit tranquille. Ce n'est pas pour votre mère. »

Incroyablement, de ce que nous avons pu entendre, ils la remerciaient au téléphone.

« J'étais hors de moi, admit Justine, et je le sais. Mais cette nuit-là, j'étais décidée à me laisser guider par ce que je croyais bon pour la patiente. J'en avais marre et j'ai dépassé les bornes ! Je suis gênée par la façon dont je me suis conduite. La façon dont j'ai parlé à la famille n'était pas la bonne. Ils auraient pu déposer une plainte, mais ne l'ont pas fait. »

Secoués par les mots durs de Justine, la famille était accourue et ils se rendirent compte qu'il n'y avait aucun inconvénient à poursuivre le traitement. Peut-être Justine leur avait-elle fait voir la situation différemment et les avait-elle aidés à poser des choix différents. Ou peut-être s'étaient-ils sentis forcés ou choqués par ses paroles. Ou encore étaient-ils soulagés que quelqu'un ait pris l'une ou l'autre décision fatidique sans qu'ils aient eu à supporter aucune de ces graves responsabilités. En tout cas, ils vinrent et nous, graduellement, lentement, nous amenâmes la batterie de machines et de médicaments à l'arrêt. Nous retirâmes le tube et enlevâmes l'équipement et amenâmes la pièce à devenir paisible, à l'exception des sons profonds, rugueux et irréguliers des derniers soupirs de la mère et des sanglots de la famille. Nous avions apporté des chaises le long du lit et restâmes auprès de la patiente et de la famille jusqu'à la fin.

J'observais les dos droits, les bras tendus, les visages aimables et attentifs des infirmières autour de moi, tandis que nous accomplissions ce travail sacré. Je voyais leurs visages et leurs yeux qui rencontraient les miens. Cette nuit-là, j'eus le pressentiment que ce pourrait être la dernière fois que nous travaillions ensemble comme infirmières.

Nous n'avions pas vu souvent Tracy ces derniers temps, elle suivait encore des cours à l'université pour compléter sa formation d'infirmière. De plus, elle était prise par sa jeune famille et soignait en outre son père qui se rétablissait à la maison. Elle avait aussi opté pour un service de nuit et de week-ends et ce régime était dur.

« Mon voisin me souhaite un "bon week-end" et je pense : quel week-end ? Mon week-end se situe le mercredi et le jeudi. Je ne sais pas combien de temps je pourrai tenir ce rythme, dit-elle avec un soupir épuisé. C'est trop dur pour ma famille. J'ai entendu mes garçons parler entre eux l'autre jour, poursuivit-elle. Matthieu disait à Jaques : "Ne t'approche pas de maman. Elle est à cran quand elle travaille la nuit.'»

Mon cœur était brisé. Elles tombaient comme des mouches.

Je regardai Frances.

« Ne t'inquiète pas, Tilda, me rassura-t-elle. Je ne m'en vais pas ailleurs. »

Mais il y avait une certaine réserve dans sa voix.

« Du moins pas pour l'instant », ajouta-t-elle.

Je cherchai son visage pour me rassurer, pour une confirmation, mais je ne le trouvais pas.

« Promets-moi que *tu* ne pars pas ailleurs, Frances. »

Elle ne répondit rien.

« Allons, Pie Bavarde, dit Laura, tu es ici pour toujours. Tu ne partiras jamais. »

« Je ne pourrais poursuivre sans vous », dis-je.

« Ce n'est pas le naufrage du *Titanic*, Tilda. Je suis sûre que tu survivras, dit Frances, gravement. Le directeur des salles d'opération m'a appelée et m'a demandé si j'aimerais travailler là. Il m'a promis de m'envoyer aux cours le mois prochain, mais quand j'ai jeté un coup d'œil aux manuels, j'ai eu des doutes. Ils ne parlent que d'écarteurs, de rochets et de forceps. L'avantage est qu'il ne s'agit que de jours ouvrables et, seulement occasionnellement, d'un appel pour la nuit ou le week-end. »

Je la regardai, incrédule. « Comment peux-tu ? » Je la culpabilisais.

« J'atteins mes quarante-quatre ans cette année, Tilda. Pendant combien de temps encore pourrais-je supporter toutes ces nuits et toutes ces fins de semaines ? Et Noël, et le Jour de l'An ? Le métier d'infirmière convient aux jeunes. Et puis toutes ces souffrances et tous ces morts, cette tristesse de notre métier, ça vous mine avec le temps. »

« Mais, Frances, tu as toujours dit que tu étais capable de dominer les exigences émotionnelles. Rappelle-toi lorsque tu m'as dit que tu étais convaincue que notre boulot était bon parce que nous aidions les gens et que c'était ça qui nous soutenait. »

« Oui, je le crois encore, mais tous ces drames autour de nous me rendent triste. Ils créent plus de tristesse que précédemment. Je voudrais vous donner un exemple d'un cas qui me touche réellement. Vous rappelez-vous cette jeune fille qui n'avait que vingt-quatre ans ? "Ce n'est pas mortel, n'est-ce pas ?" me demandait la mère, mais j'étais trop occupée pour pouvoir lui répondre, sa fille était si mal. Enfin, quand les choses furent sous contrôle, j'allai vers la salle d'attente pour parler à la mère, ce que, d'habitude, je ne faisais jamais. »

« C'étaient des Indiens de l'Est. Je me souviens du sari rouge de la mère et de ses bracelets d'or. Ils avaient certainement été avertis de la gravité de la fibrose pulmonaire. Elle avait soigné sa fille pendant des années et maintenant, elle devait nous la confier et attendre... C'est nous qui, à présent, devenions les mères. Plus tard, pendant que je déjeunais, je pus entendre quelqu'un appeler le nécessaire de secours pour un arrêt cardiaque et je me dis à moi-même : "Reste tout simplement calme et prends ton déjeuner, Frances. C'est ton heure de repos. D'autres pourront se charger de la situation." Mais je ne pouvais rester là assise tandis que ma patiente faisait un arrêt cardiaque et je revins donc à sa chambre. Il y avait du monde. Ils n'avaient pas immédiatement besoin d'une paire de bras supplémentaires, mais je savais où je pouvais être utile. Je me dirigeai vers la salle d'attente. Je n'eus même pas besoin de dire un seul mot. Elle vit mon visage et je dus pratiquement la porter comme un bébé jusqu'à l'Unité de soins intensifs. De toute manière, la fille faisait un arrêt et on en était encore à s'occuper d'elle et la mère ne cessait de me demander ce qui se passait et tout ce que je pouvais répondre était : "Les choses ne semblent pas encore s'arranger." Je n'en dis pas plus, elle n'aurait pas pu en absorber davantage à ce moment-là. Elle s'évanouit sur le sol. Belinda, Ellen, Pang-Mei et Bruno étaient tous de service ce jour-là et ils m'aidèrent à la transporter dans le local du résident de service, où nous la couchâmes sur le lit. Mais elle ne voulait pas rester. Elle se jeta à nouveau sur le sol et se tordait dans des convulsions. J'envoyai quelqu'un chercher une civière pour la mère en cas de besoin. Belinda pensait qu'elle s'était évanouie, Pamela était certaine qu'il s'agissait d'une crise, mais je pus voir qu'il n'en était rien. On suggéra de lui administrer du Valium. Je lui donnai de l'oxygène et je relevai ses signes vitaux. Sa pression sanguine était normale, pourtant, elle perdit conscience. J'insérai un ouvre-bouche pour préserver sa respiration. Nous l'étendîmes sur la moquette. Quelqu'un apporta une couverture chaude. Chacun élabora sa théorie sur l'événement et sur sa cause. J'en connaissais le diagnostic. Le chagrin. Il n'y en avait pas d'autre et le seul traitement était des soins infirmiers. Je me suis toujours félicitée d'offrir ce type de soins, mais cela requiert beaucoup de temps. Maintenant, je ne suis plus certaine de souhaiter passer tout mon temps dans une telle tristesse. »

« Mais ce n'est pas seulement ça, c'est aussi la politique, dit Laura. La dernière goutte qui, selon moi, a fait déborder le vase est survenue il y a environ un mois. J'étais de service et je devais dédoubler l'infirmière dans deux chambres différentes et c'était particulièrement risqué parce que les deux patients étaient particulièrement instables. Pour comble, je disposais de trop peu de personnel pour l'équipe suivante et je devais passer tout mon temps libre à essayer, par téléphone, de trouver des remplaçants. Je n'avais pas assez d'infirmières et nous avons donc dû fermer l'Unité de soins intensifs, refuser un transplanté pulmonaire et le cas de rupture d'anévrisme aortique. Ceux-ci ont dû trouver accueil ailleurs. J'ai dû loger un patient dans la salle de réanimation, mais, comme ils étaient aussi à la limite de leurs possibilités, j'ai dû quitter l'Unité et aller soigner moi-même ce patient pendant quelques heures. Ce matin-là, je me dis : c'en est assez, c'en est trop ! »

Donc Laura et Justine partaient, et Tracy et Frances hésitaient.

Que Nicole parte ne nous avait pas surprises. Nous le savions depuis quelque temps déjà. Elle déménageait à Atlanta en Georgie pour seulement quelques années – elle insistait sur le fait qu'elle reviendrait –, avec son mari Andrew qui était maintenant un chirurgien du thorax, et ils attendaient un bébé. Andrew s'était vu offrir là-bas un poste important dans un grand centre hospitalier.

« Il y a là de fameux terrains de golf, dit-elle. Il faudra que vous veniez tous nous visiter. *Vous tous ! Vous viendrez, entendez-vous ?* » ajouta-t-elle, en exerçant son accent du Sud.

« Là-bas, Andrew espère bien ne plus avoir à attendre des semaines pour que ses patients obtiennent un *CT scan* ou une imagerie par résonance magnétique. Il ne devra plus se précipiter afin de réserver pour ses patients des traitements ou du temps d'occupation de la salle d'opération et il ne devra plus mendier, de-ci de-là, des fonds pour ses recherches. Ce sera un bon soulagement pour lui et je suis sûre que nous serons bientôt de retour. »

« Qui pourrait le lui reprocher ? » dit Laura.

« L'imagerie par résonance magnétique, l'IRM, dit Justine d'un ton moqueur. On n'entend que cela ces jours-ci. Combien de temps devez-vous attendre pour une résonance magnétique? Vous êtes amenées à penser que la RM a sauvé bien des vies. Pourquoi la RM est-elle toujours considérée comme le nec plus ultra de notre système de soins de santé? Mais quand le public se rendra-t-il compte que ce n'est plus de la RM que nous avons besoin, mais bien d'infirmières! Le nombre d'infirmières par habitant est un bien meilleur indicateur de la qualité de nos soins de santé que le nombre d'images prises par résonance magnétique. Lorsque vous êtes malade, c'est d'une infirmière dont vous avez besoin et non pas d'une résonance magnétique. »

« Et qu'advient-il des médecins qui choisissent cette profession par amour du métier? demandai-je. Parce que c'est leur vocation? La médecine est devenue une entreprise, et si on choisit la médecine comme moyen de gagner sa vie, il faut aller aux États-Unis, là où les soins de santé sont considérés comme un bien à acheter et où vous avez la possibilité de choisir le meilleur produit. Les patients sont des clients et si vous êtes riche, vous recevrez de meilleurs soins que si vous êtes pauvre. Au Canada, l'accès aux soins de santé est un droit humain fondamental, un service que mérite tout individu. Dites-moi, avez-vous déjà vu quelqu'un bénéficier d'un traitement de faveur? Un Canadien préféré à un non-résident? Un blanc à un homme de couleur? Un personnage important à un citoyen ordinaire? »

« Ne pourrions-nous pas avoir un soir ensemble sans que ne parlions de notre travail? gémit Laura. Nous avons assez parlé de travail. Qu'en penses-tu, Tilda? Quels sont tes projets? »

Elles se moquèrent toutes de moi quand je leur dis combien j'aimais mon métier. Combien j'appréciais l'occasion qu'il m'offre de travailler à la fois de mes mains et de mon cerveau, de mon corps et de mon esprit. Combien de choses j'avais encore à apprendre. Combien j'appréciais la rigueur du travail d'équipe, l'occasion d'intervenir directement auprès de personnes en crise, le privilège d'accompagner les personnes dans des moments parmi les plus difficiles de leur vie, le défi des cas complexes et la richesse stimulante du travail. Je n'avais jamais voulu m'éloigner du lit des malades si ce n'était maintenant, momentanément, pour prendre une vue plus globale de la profession.

«J'ai trop apprécié», dit Frances en relâchant la fermeture de son jean tandis que nous sortions du restaurant, après minuit.

«Moi aussi», grogna Laura.

«Oui, mais le problème avec ces buffets où vous pouvez manger autant que vous voulez, c'est qu'une semaine plus tard, vous avez de nouveau faim», railla Justine.

Oui, définitivement, nous avions assez mangé.

Bien que suivant nos chemins respectifs après cette nuit de festivités, de souvenirs et d'adieux, je savais que nous serions toujours proches de cœur sinon à portée de main.

Nous étions en juillet et toutes prêtes à accueillir la nouvelle équipe de résidents frais émoulus de leur année d'internat, et qui allaient se joindre à nous pour quelques semaines. L'une d'entre eux, Kendal, rentrait tout juste d'une mission de Médecins Sans Frontières. Kendal, avec ses galoches, ses pantalons de coton fripé, son tricot Sherpa, la sangle d'une mallette noire lui barrant la poitrine, les cheveux courts frisés, arrivait du Cambodge, amenant avec elle quelques médecins de là-bas en visite au Service de soins intensifs. Ils se joignirent à nous pour les visites matinales.

« Ils se sentent découragés, traduisit-elle pour nous. L'un d'eux m'a dit qu'en voyant tout ce que nous avions ici, il ne se jugeait plus médecin. Je lui ai répondu que si j'allais dans son pays, je ne saurais comment traiter la malaria, les victimes de mines personnelles, la malnutrition, la dysenterie ou la lèpre. Je n'ai pas les connaissances nécessaires pour faire face à leurs problèmes. »

Elle écouta puis se tourna vers nous. « Ils disent que ce n'est pas de médecins qu'ils ont besoin dans les pays du tiers monde, mais surtout d'infirmières. »

« Oui, nous pourrions aller là-bas pour leur apprendre à installer un bassin hygiénique », railla quelqu'un.

Encore avec ça! pensai-je. *N'avons-nous fait aucun progrès?*

« Pas exactement, dit Kendal. Ils ont besoin d'infirmières pour enseigner, pour organiser et gérer les cliniques, pour développer des programmes d'immunisation, apporter les premiers soins, former là-bas des infirmières capables de faire tout ce que nous faisons ici. »

Ce jour-là, je travaillais avec Tikki, l'une des infirmières qui venaient de joindre l'USI. Je la patronnais pendant ses derniers jours d'orientation dans l'établissement. Elle avait un petit anneau nasal et des cheveux pourpres hérissés en pointes. Je ne l'avais rencontrée précédemment qu'une seule fois, tôt le matin, vêtue de noir, arrivant directement d'une boîte de nuit dans les Docks. Tikki était diplômée d'université, infirmière novice et plus nouvelle encore dans le domaine des soins palliatifs. Elle semblait compétente et pleine de confiance en elle. Je n'avais aucune crainte quant à son entrée à l'USI.

« Comment allez-vous? » lui demandai-je.

« Très bien, merci. Aucun problème. »

« Quelle est jusqu'à présent votre impression sur cet endroit ? Croyez-vous que vous aimerez travailler ici ? »

Elle parut songeuse et réfléchit un moment avant de répondre.

« C'est un endroit extrême, dit-elle. C'est dur, ici, ce que nous faisons aux patients... et certaines choses me paraissent plutôt... *peu judicieuses.* »

Je fis un signe de la tête.

Peut-être, peut-être. Après toutes ces années, j'essaie encore d'en faire le tri. Nous essayons toutes. Mais je crois qu'en fait, il y a beaucoup de sagesse dans la façon dont nous soignons nos malades. Une chose que je sais avec certitude, c'est que, même si parfois cette sagesse fait défaut, la compassion, elle, est toujours présente. Et le métier d'infirmière m'a appris avant tout que la compassion est la plus grande des sagesses.

REMERCIEMENTS

Merci à Douglas Gibson et à Jonathan Webb de McClelland & Stewart d'avoir cru qu'une histoire d'infirmière méritait d'être contée, merci à Wendy Thomas, Kong Njo, Elizabeth Kribs et à tous les autres qui ont contribué à éditer, à concevoir et à produire ce livre.

Aux patients que j'ai soignés et à leurs familles, je me sentirai toujours honorée par le fait qu'ils m'aient confié leur vie.

Confrontée à l'impossible tâche de remercier toutes les infirmières qui ont inspiré ce livre, j'ai dû me limiter à la courte liste que voici. Je présente à l'avance mes excuses à celles que j'aurai inévitablement oubliées : Lesley Barrans, Georgia Barrett, Dawn Barretto, Stephanie Bedford, Karen Bennett, Polly Ann Boldt, Patricia Bone, Allyson Booth, Richard Bowen, Bryan Boyachuk, Judy Brooks, Stacey Burns, Christine Caissie, Anita Chakungal, Paula Chen, Suzanne Chiasson, Dallas Christian, Sherrill Collings, Sharon Cudek, Ingrid Daley, Penny et Helen Damilatis, Blonie Deza, Belle Dhillon, Maureen Falkenstein, Barbara Farrell, Debbie Finn, Marcia Fletcher, Jo-Ann Ford, Gary Frazer, Roberto Fuerté, Catherine Gadd, Cheryl Geen-Smith, Elizabeth Gordon, Dorota Gutkowski, Janet Hale,

Kathy Haley, Lynda Hattin, Rosie Healy, Helena Hildebrandt, Claire Holland, Grace Ho-Young, Linda Hunter, Tammy Hutchings, Anita Jennings, Isabel Jordão, Lori Karlstedt, Chris Kebbel, Sandi Keough, Anisa Khan, Nydia Khargie, Meera Kissondath, Connie Kwan, Cathy Landry, Kwai Lau, Edna Lee, Marianne Leitch, Murry MacDonald, Shona Mackenzie, Isabella MacLeod, Kate Matthews, James Mazgalis, Bridgette McCaig, Kathleen McCully, Margaret McGrath-Chong, Robert McGregor, Moira McNeill, Carolyn McPhee, Julie Millar, Amanda Moorhead, Sue Morningstar, Denise Morris, Kerrie Murphy, Sue Nash, Cecilia Neto, Patricia Nunes De-Sousa, Lind Nusdorfer, Carol Oyerzabal, Janet Patterson, Kate Pettapiece, Winsome Plummer, Jennifer Post, Jonathan Pridham, Sharon Raby, Wendy Radovanovic, Cherryl Ramsden-Lee, Juliet Ramsey, John Remington, Katie Reposa, Terri Ritter, Karyn Robinson, Therea Robitaille, Karen Roche, Elizabeth Romano, Les Rusland, Carla Samuels, Maureen Samuels, Kathleen Saunders, Jackie Spandel, Paula Spensieri, Rosemary Stangl, Janice Stanley, Marilyn Steinberg, Adrella Suban, Kelly Sundarsingh, Oliver Tadeo, Claire Thomas , Jasna Tomé, Stacey Toulouse, Angela Tozer, Brenda Twa, Amber Verdoni, Jenny Vian, Sue Wegenest, Paulette Weir, Tanya White, Theresa Zamora, Denise Zanus, Mugs Zweerman, et la regrettée Jane Jackson qui, à elle seule, mérite tout un livre.

De nombreux autres spécialistes ont aussi contribué à cet ouvrage. Pour n'en citer que quelques-uns : Jimmy Arciaga, Trisha Barnes, Carolyn Brunette, Laurie Campoverde, Gary Corney, Roger D'Amours, Hanwar Dilmohammed, Sister Teresa Forma, Mary Georgousis, Fernanda Gomez, Gail Henry, Billal Jehangeer, Ludwika Juchniewicz, Brenda Kisic, Urzula Kolomycew, Wade Morey, Cyndy Rahm, Cecilia

Reblora, Rosa Ricciardi, Sandy Rothberg, Loretta Savage, Roman Schyngera, Lola Troper, Gary Wong et Zeinul Velji.

J'éprouve aussi une profonde gratitude à l'égard de ces chers amis et collègues pour m'avoir soutenue et avoir encouragé mes rêves avec amour et patience au cours de ces années : Judith Allan-Kyrinis, Karen Calverley, Ann Flett, Cecilia Fulton, Lisa Huntington, Mary Malone-Ryan, Linda McCaughey, Julia Piercey et Sharon Reynolds.

Merci à Marlene Medaglia pour m'avoir conseillée et formée au modèle d'infirmière que je suis encore en train d'essayer de devenir, à Maude Foss dont le soutien indéfectible m'a été des plus précieux.

J'exprime aussi mon admiration et ma reconnaissance à tous ces médecins compétents qui m'ont tout appris : Richard Cooper, Wilfred De Majo, John Granton, Laura Hawryluck, Margaret Herridge, Brian Kavanagh, Neil Lazar, John Marshall, Janet Maurer, Joanne Myer, Tim Winton et le regretté Bill Mahon.

Je suis profondément reconnaissante au Dr Mark Bernstein pour ses encouragements, sa générosité et aussi pour les portes qu'il m'a ouvertes.

Merci à Rabbi Elyse Goldstein pour ses sages conseils.

Grâce soit également rendue au soutien ferme et enthousiaste des familles de Tony et Daneen Di Tosto, Desmond et Michelle Hirson, et Alan et Rivi Horwitz. Merci à Larissa Ber, Méria Cook, Elise Dintsman, Vanessa Herman-Landau, Mara Koven, Annie Levitan, Ella Shapiro, Dawn Sheppard, Anne Werker, Rhea Wolfowich, Bob et Marcie Young et David Zitzerman pour leur amitié et leurs avis. Merci à toi, Joy Friedman-Bali, ma sœur sur terre, et à Robyn Sheppard, ma sœur de l'air.

J'ai une énorme dette de gratitude envers Barbara Turner-Vesselago, amie et professeure, qui m'a donné le courage d'écrire et m'a appris à avancer sans crainte et à exploiter la veine. Je remercie mes collègues écrivains en chute libre pour avoir lu mes premiers essais et avoir partagé leurs écrits avec moi : Karen Alison, Malca Litovitz, Ann McLurg, Faith Moffat, Sue Reynolds, Monique Shebbeare, Cathy Shilton et Susan Zimmerman.

Je suis reconnaissante envers ma nombreuse parenté. D'abord mes propres parents, feus Harry et Elinor Shalof. Également, Alec et Leah Lewis, Jerry et Bernice Friedman, Dr Shlomo Katz et feu Dr Shirra Katz, Dr Robert et Norah Sheppard, Florence et Richard Weiner et Rita Young. Merci à Robert et Stephen Grant, ainsi que Tex et Bonnie Shalof qui sont mes frères et sœurs.

Merci à vous, Harry, Max et Ivan Lewis – particulièrement à Ivan. Bien qu'il n'ait jamais lu un mot de ce que j'ai écrit, sans lui, je n'aurais jamais pu en écrire un seul.

TABLE DES MATIÈRES